Simone Inês Hykavei

# A MÃE AMOR

Mulheres plenas
Filhos amados
Um mundo melhor

Editora InVerso

© 2023. Editora InVerso

R. Doutor Goulin, 1523 Alto da Glória
CEP 80040-280 Curitiba-PR
(41) 3254-1616 e (41) 3558-8001
editorainverso@editorainverso.com.br
www.editorainverso.com.br
Facebook.com/editorainverso
Instagram @editorainverso

**COORDENAÇÃO EDITORIAL / EDITORA**
Cristina Jones

**REVISÃO**
Barbara Martins Wieler

**IMAGEM DE CAPA**
Unsplash

**CAPA, PROJETO GRÁFICO E DIREÇÃO DE ARTE**
Adriane Baldini

DADOS INTERNACIONAIS DE CATALOGAÇÃO NA PUBLICAÇÃO (CIP)
MONA YOUSSEF HAMMOUD - CRB/9ª.1393

H995a
HYKAVEI,Simone Inês. **A mãe amor: mulheres plenas, filhos amados, um mundo melhor.** Curitiba: Ed.InVerso, 2023
430 p. 15 x 21 cm – PTBR
ISBN: 978-85-5540-331-6

1. Autorrealização. 2. Física quântica. 3. Maternidade. 4. Universo. 5. Feminilidade.

CDD.: 155.32

AUTORREALIZAÇÃO: 158.1
MATERNIDADE: 155.32

Às minhas fontes da luz divina,
Marcella, Demétrio, Guillermo
todo meu amor e profunda gratidão.

Ao Marcelo,
meu amor infinito, escrito nas estrelas.

À minha Mãe,
toda minha honra e amor.

À Silmara, Silvane e Sibele,
gratidão pela mãe que sempre foram
de cada um dos meus filhos.

Às minhas amadas irmãs e irmãos,
— de sangue e que a vida me deu —
Toda a alegria pelo amor compartilhado.

À roda de mulheres, à egrégora de luz,
toda gratidão e amor.

Ao Santi, especial gratidão e infinito amor!

À Anja, em honra pela sua vinda!

Aos meus ancestrais, meu projeto de vida.
Às almas que chegam ao planeta, meu serviço ao amor.
Aos seres de luz, meu caminho em missão.

# SUMÁRIO

# INTRODUÇÃO

Simone nos toma pela mão e nos conduz pelo caminho da sabedoria contida nos sagrados Vedas, no xamanismo, na cultura maia e na física quântica. Este elo de amor e busca por conhecimento criado mostra que a sua vivência intuitiva desde cedo era também algo muito maior, entrelaçada com outras dimensões, visões e até pura ciência. Ela arrebata e prende a nossa atenção ao revisitar momentos da infância e adolescência, e ressignificar aspectos da sua vida pessoal — especialmente nas três vezes que foi convocada pela maternidade.



Simone nos mostra a Deusa Mãe venerada nas antigas civilizações, expressada na arte ao longo dos tempos. Mostra também o resultado de suas experiências e rituais unindo e transformando a relação mãe e filho. Eleva a mulher ao seu patamar, ao seu lugar de destaque — tudo com um novo olhar, aberto a novas perspectivas e em comunhão com o universo infinito de possibilidades.

As páginas deste livro nos chacoalham, nos tiram da estagnação e do condicionamento mental, nos abrindo para uma nova forma de ver. Tudo e todos — seres humanos, animais, plantas e objetos — estamos interligados, interagindo. Nós somos os cocriadores da nossa própria realidade através de uma consciência liberta em potencialidade e infinitas possibilidades. Não enxergarmos isso é não considerarmos nossa participação efetiva enquanto humanidade.

Quando um livro faz você rever a própria vida e ressignificar o que pareciam apenas simples acontecimentos ou pedras pelo caminho é porque ele mexeu fundo na alma. Sensibilidade, intuição, descobertas, espiritualidade. Uma vida à flor da pele... Um turbilhão de emoções e acontecimentos. Defrontamo-nos com a coragem de se expor na sua mais pura essência, de se despir para o leitor, mostrando feridas abertas, abrindo novas perspectivas e visões através da própria experiência e da vivência em áreas inexploradas pela maioria.

Acompanhamos a maternidade como redenção, a catarse feita através da integração completa entre mãe & filho — cada um deles com uma missão determinada naquele momento do processo de vida.



Simone se autodefine um cometa pensante em constante aprendizado e expansão de consciência. Ela é mais: maga em essência, brindada com sincronicidades, fluidez de alma por outras dimensões, experiências reveladoras e transformadoras. E também é um ser guia, uma faísca de luz para quem tem o privilégio de conviver com ela. Aberta às inúmeras possibilidades, ao universo, ao divino, encontrando paralelos, experimentando a vida além da matéria e da dualidade de pensamentos. Aceita orientações internas e embarca no fluxo da (s) vida (s): eis aqui um ser em sua mais pura essência. Sim, todos somos únicos. Ela é única. Senão, não se chamaria Simone, a sonhadora de olhos e coração abertos ao infinito.

Existem livros e livros. E nesta fase da minha vida, só entrego meu tempo com prazer àqueles que mexem comigo, que me acrescentam, que me fazem seguir de mãos dadas com o personagem, mergulhando mais fundo em mim. Isso foi o que aconteceu da primeira à última página deste livro. Ao lado da Simone — que descobri ser uma mestra iluminada que surgiu de repente na minha vida e balançou as minhas estruturas com seu modo de ver e sentir as coisas —, vi que tudo é possível e que as dimensões se sobrepõem. Se ela viu e experimentou, por que não eu, se seguir pelo mesmo caminho? Passei noites de questionamento, revirei memórias, revivi momentos, passei a prestar atenção e anotar meus sonhos. E tudo isso conduzida pelas páginas do seu livro — uma exposição à flor da pele de uma vivência multidimensional e cheia de descobertas surpreendentes, reveladoras e iluminadoras.

Por Maria Izabel Todeschini Ace
*Jornalista e exploradora das coisas e da alma.*

# 1

# O SONHO: A PONTE DE ARCO-ÍRIS ENTRE AS DIMENSÕES

*Estamos vivendo a experiência humana e com ela os paradigmas da dimensão da realidade. Quando acessamos as chaves que abrem as pontes interdimensionais, podemos integrar novas verdades que transformam nosso ser.*

Essa experiência é um dos marcos em minha vida, sentida de maneira tão profunda que os rastros na mente são caminhos facilmente penetráveis. Por isso volto inúmeras vezes a esse que denomino "O Sonho", para que toda lembrança faça emergir os mesmos processos da história vivida. As sensações ainda estão na pele, a cena vive em mim como o dia de ontem ou de outra lembrança marcada pelas fortes emoções, como o nascimento de um filho ou os momentos intensos em família, como o Natal ou a despedida de alguém que fez a passagem.

Estava seguindo o fluxo no modo de viver, cumprindo os horários e as obrigações dos papéis que colaborei para organizar para o *script* de meu avatar. Os registros do campo onírico no diário de sonhos atestam um período em que a *normose* era dominante. Foi um daqueles períodos em que se segue o rumo sem grandes solavancos, o que pode ser bastante interessante. Nas experiências possíveis entre o sono e o acordar, mantinha as conexões em escuta ativa para os códigos trazidos até a consciência pelos sonhos, ocasionais viagens astrais espontâneas, além de outras produzidas com técnicas possíveis para ampliar as percepções e os sentidos. Ainda não tinha tido nenhuma experiência de sonho lúcido e nem participado de jornadas xamânicas.

Seja lá por qual nome possamos categorizar o evento, o que temos para observar e considerar será sempre algum impacto gerado (mesmo que, no infinito agora, revele apenas um pequeno quadro na parede da memória). Ao nos afastarmos para ampliar o foco, podemos ter olhos para ver a incrível e complexa obra formada pelas partes e outros significados, antes, dispersos. A experiência de "O Sonho" faz parte do universo autoconsciente e ao tornar-me o observador do que experienciei, abriu-se uma bifurcação na história de minha vida: em antes e depois do evento.

Eis "O Sonho".

Estava dirigindo em uma avenida de minha cidade, na qual morava e brincava quando criança. O sonho começou comigo ali, no início da extensa rua de onde o horizonte era visível por sobre as ondulações do solo. Diante do volante, avistava o céu do oeste que estava com aquelas nuvens dos desenhos infantis, bem branquinhas e iluminadas, de contornos bem formados, que escondiam o sol ao fundo. As tonalidades suaves do entardecer com seus tons laranjas e amarelos se tornavam violetas e rosados, atraíam meu olhar para esse cenário, que é o meu horário preferido do dia. Entre as nuvens, quase que debruçados em uma sacada, dois seres de muita resplandescência de luz branca observavam- me.

Entre eles, uma íntima conversa e ensaios de olhares sobre mim; pareciam absortos em algo que estavam discutindo há mais tempo do que a minha entrada em cena e, desse modo, seguiam sem que a minha presença fizesse diferença. A cada nova olhada em minha direção, uma pausa na conversa, dessas inerentes a um discurso que se constrói à medida que a observação gera recursos para novos pontos de vista. O subir e descer da planície em meu para-brisa somava-se a uma curiosa sensação de que algo estava para acontecer. Admirava as presenças e seus semblantes me traziam certo conforto, misturando--se ao azul dourado do céu que me remetia a uma obra que tenho em minhas paredes afetivas da memória, uma obra de *Monet.*

Um dos seres possuía uma imagem feminina, cabelos curtos ondulados, voz suave e serena. Era ela quem falava comigo, e antecipando as cenas, revelava-me o que iria acontecer. Suas orientações ofereciam uma clareza de que tudo estaria bem melhor a cada etapa e essa guiança chegava diretamente ao meu coração. Eu segurava confiante o volante e pela ação já automatizada, sabia como conduzir e para onde estava indo. Sabia, nesse instante, que o antigo caminho conhecido já não era o mesmo. O outro ser observava e acompanhava tudo com um sorriso leve, aquele pouco revelador, mas afetuoso, transmitindo segurança.

A serenidade me dava colo e permitia que o inusitado na estrada disparasse a minha criança interior de olhos maiores que a cara! Seguia em atenção plena e em suspensão de minhas crenças e "pré-conceitos" que tendem a padronizar os pensamentos. Sentia a atmosfera genuína da incerteza me oferecer uma paz absoluta e me entreguei ao *momentum*. Tudo estava absolutamente da maneira perfeita como deveria estar!

Então, o enredo passou a se desenrolar e como um diretor de cena, aquele anjo ia antecipando os acontecimentos. Primeiro, avisou-me de que iriam tirar a paisagem! E, enquanto dirigia, eu olhava para os lados e percebia a paisagem se dissolvendo em *pixels* até desaparecer por completo. A estrada ainda estava lá, flutuando no nada, mas apoiando meu carro em uma visão inédita. Achei muita graça e comecei a rir, o que me deixava mais leve para continuar. Dirigia achando divertido estar em plena flutuação! A rua boiava no ar e aqueles seres iluminados seguiam na direção para onde eu me conduzia.



Novamente, o sereno comando deu outro aviso, enquanto ambos se entreolhavam e me miravam ao longe, disse que iriam tirar a estrada. E, enquanto falava, a rua granulava e os pixels iam dissolvendo o que formava o caminho até sumir. Era incrível a sensação, olhava pela janela e o carro estava no ar. Uma euforia invadia-me. Dirigindo meu "aero carro", seguia contente sem analisar a viabilidade ou pensar além do exato tempo-espaço onde ocorria a experiência. Mesmo sem paisagem e sem a estrada, continuava seguindo em direção à iluminação daquele céu e dos dois seres.

Em poucos instantes, a guia iniciou outro aviso, em um tom mais pausado, que iriam tirar o carro. Instantaneamente, o volante se foi entre meus dedos, o apoio do entorno do banco, pedais, encostos desapareceram. Sem nenhum elemento para me sustentar, comecei a experimentar o corpo no nada, sem peso. Mexia meus braços e minhas pernas para me certificar de que ainda tinha algum controle, ainda conseguia executar os movimentos ordenados conforme desejava. Então a sensação de voar absolutamente livre invadiu meu ser e desfrutei aquela maravilha, rodopiei, brinquei com um corpo sem peso e gargalhei. Sentia a amplitude mergulhada em mim, toda a minha identidade em liberdade me oferecendo a chance de ser espírito. Sorvia o *momentum* sem perceber que acabara a distância entre o corpo e o espaço. A perspectiva mudou algum tempo depois, compreendi que estava ocupando todo aquele espaço. O limite que sentia ser meu corpo guardava a ideia de constituir a minha identidade. Em instantes, o fino limite que sentia em unidade de mim acabara e a separação entre o todo também. Estava solta no ar, em plena consciência ativa de meu universo pessoal, que, sendo a amplitude do espaço total, me estendia em fluidez harmônica pelo campo todo.

Minha mente foi invadida por um turbilhão de sensações e pensamentos simultâneos. A ideia de que a separação acabara me trazia uma sensação indescritível de harmonia e de liberdade que jamais havia conhecido. Um pensamento dicotômico invadiu a mente sobre qual seria a próxima cena. Compreendi aonde a experiência estava me levando e fiz a predição de que no próximo aviso seria para o fim do que me identificava em consciência. Minha mente estava ativa e expandida na potencialidade da matriz divina. A consciência universal estava integrada em minha presença unitiva e a comunicação instantânea e não-local integrava o meu ser. Compreendi a linguagem dos anjos e a mente de Deus. Era uma sensação em todo meu ser de um amor generoso e expandido, intenso e profundo. Algo que não é contido em palavras para descrever. O genuíno espírito divino. Sentia um infinito amor em plenitude. Um amor que não cabe em um só corpo, um oceano luminoso que se estende em tudo que somos.

Voltei à cena e à mente em unidade que me alertava o que estava para acontecer: a dissolução do que era conhecido como eu mesma, o meu avatar planetário. Em uma percepção de tempo e espaço completamente diferentes da realidade, voltei-me aos dois seres que me observavam, que foram se aproximando. Absorta na linguagem do amor incondicional do todo compreensível, fragmentos de percepção me levaram a sentimentos contrários ao meu instante. Os seres ressurgiram em minha visão, mantendo a bondade e ternura em seus olhares; separamo-nos novamente no espaço divino. Voltei a vê-los distantes e percebi as suas emanações que me acolhiam e compreendiam em profundidade o que minha mente decidia.

As emoções foram me reconectando ao meu corpo, passei a sentir meu coração acelerado, meus movimentos desordenados, a respiração ofegante. O pensamento de que perderia o meu corpo e com ele a minha vida me acoplou imediatamente aos meu filhos. E meu amor foi definitivo para deliberar a escolha por eles. Entre o infinito amoroso e em perfeição a uma vida com eles, mesmo com as cargas da mente humana colapsadas na realidade da Terra, escolheria ainda sim. Se um minuto a mais fosse a companhia de meus filhos, voltaria do paraíso para ter os olhos deles nos meus e sentir nossos corações entre os abraços.

A ansiedade alterou a harmonia, o medo foi brusco. Olhei para mim e imediatamente meus contornos e minha imagem foram se refazendo. Voltei à conhecida forma manifesta que me identifica, separada do espaço, em corpo e mente, em limitações. Recusando-me a continuar a viagem, minha decisão atrelou um teto sob a minha cabeça e ali pude me apoiar e me empurrar em pequenos solavancos para baixo. À medida que descia, o teto baixava, permitindo que continuasse apoiando meu desejo de voltar para a realidade em um a um e mais um outro impulso. Até que código de comunicação dimensional se reestabeleceu em minha habilidade e pude afirmar loquazmente: "—Eu quero voltar para os meus filhos!". Então, acordei.

Viver essa experiência onírica fez emergir determinada clareza em minha mente que só conseguimos quando ultrapassamos os domínios da razão. "O Sonho" estabeleceu um novo ambiente em minha consciência, que denomino como uma "matriz de autorreferência", ou seja, o espaço tido dentre as experiências vividas que demarcamos como uma chave referencial de sentimentos e emoções que reforçam nossos valores. É o locus que deixamos guardado na memória afetiva para onde podemos retornar nas vezes que necessitarmos acessar os processos que remontam a mesma experiência — a inteligência de nosso sistema corporal reproduzirá as cenas exatamente iguais às vividas.

Dessa maneira, "O Sonho" me presenteia com atalhos neurais e emocionais para dirigir a mente e o coração em cada vez que sentir necessário. Relembrar que estamos sendo guiados para a harmonia. Os comandos da nossa família galáctica elucidam percursos e, de alguma maneira, nos convidam a participar. A vida se organiza em um campo quântico que nos envolve na potencialidade de nossa natureza essencial de puro amor e plenitude. Somos integrados e sem limitações entre a nossa consciência local — a mente, tudo que somos aqui e agora, e a consciência não-local — a Fonte que Tudo é, a natureza de Deus, a conexão com a matriz de nossa verdade essencial. Somos uma parte da mônada divina — a consciência superior de um amor imenso e sem nenhuma restrição ou condição, infinito e pleno em perfeição.



Estamos na experiência humana para desfrutar das emoções e das possibilidades da realidade, somos uma mente unitiva que em suas diminutas proporções pode manter a chama acesa do espírito divino. Cada consciência no planeta tem uma missão individual, única, e a assinatura vibracional particular. São os nossos códigos tonais singulares em acordes e cores exclusivos. Somos seres espirituais em vivência terrena, podemos trazer a integração da consciência de Deus para vivermos na mente local em cada dia que acordarmos nessa dimensão.

**TODA NOITE, POSSIBILIDADES SÃO ABERTAS.**

# MÃE – A MATRIZ DIVINA NA TERRA

Quase a maior parte do que fazemos e do que pensamos são "âncoras" estruturais de nosso desenvolvimento e crescimento, fincadas desde quando éramos muito pequenos. Elas estão arraigadas nas crenças fundamentais que foram sendo construídas nos primeiros anos de vida enquanto absorvíamos tudo à nossa volta, o ambiente e as interações da família. Mas, principalmente, o campo físico e sutil de nossa Mãe - a matriz essencial dos alicerces de toda a vida.

Ser mãe é ativar o sistema integrado da nossa mente em unidade, a consciência local à não-local — denominada como a fonte, o universo, o supremo, a mente divina, o eu superior, Deus. Como a matriz divina, somos geradoras da vida. Nutrimos e sustentamos todo o campo informacional que somos, como um oceano luminoso onde um ser estará banhando-se desde antes da concepção, na gestação e parto – quando nascemos mãe & filho (a) em um exclusivo e inédito Universo. Acredito que somos com cada filho (a) uma composição no mundo da experiência da coerência quântica, um modelo do todo, em perfeito entrelaçamento. A energia da luz em toda a potencialidade de amor se sente atraída pela frequência daquela mãe e vem assumir a matéria fornecida pelo aporte do campo atômico materno. Vamos nos transformar em cada nascimento no Universo Mãe & Filho (M & F) e ampliando a consciência; seremos a fonte de energia e matéria para coermergir em uma forma de vida mais coerente, compassiva e amorosa.



Estive por quase vinte anos na coordenação de uma grande escola, referência na cidade pela formação de bons cidadãos e exemplares profissionais. Em anos de práticas e orientações às famílias em estreita relação com o desenvolvimento das crianças, desde os primeiros anos da infância até o fim dos anos fundamentais do ensino, pude assistir e acompanhar centenas de histórias humanas. Com isso, tracei minha investigação e pesquisas de campo sobre esse intrincado e misterioso relacionamento que *A Mãe* coconstrói com cada um de seus filhos –

transformando a existência para toda a vida. Os anos de estudos, somados às minhas transformações pessoais desde que me fundei mãe aos dezoito anos de idade, e em cada novo nascimento do Universo M & F, aos vinte e três anos e depois aos trinta e três, resultaram na concepção de que nasce em cada relação algo exclusivo e entrelaçado entre as duas consciências. Há um circuito que se alimenta e traz aos dois um contexto de frequências e vibrações que se afetam mutuamente pela sinfonia trazida da fonte de luz que baixa em nossa vida.

A experiência em "O Sonho" trouxe a mensagem das esferas superiores a respeito da minha missão especialmente. Desde que as minhas estruturas foram dissolvidas da fonte divina e reajustadas como uma identidade pessoal (o ego e as posições nos sistemas), passei a experimentar a unidade de dois corações em um só corpo, compreendi verdades que iluminaram a minha consciência. Enquanto o foco profissional estava na prioridade das melhores horas e dos mais produtivos anos de vida, experimentei um norte guiado pelos seres de luz que radicalizaria todas as estruturas. Novos percursos se abriram em minha vida, mais uma vez brindada com a maternidade, e deu-se a abertura consciencial em salto na existência.



O reencontro com a espiritualidade veio com a busca do autoconhecimento para ser a matriz divina de um espírito luminoso. Muitos estudos e registros das rotinas, dos sonhos e das conexões ampliadas em portais interdimensionais permitiram acesso a pacotes de informações de níveis superiores, desde a gestação e antes dela (quando o novo espírito já estava em meu campo), a novos patamares de pensamentos e a vida recodificada. Abertura de novos campos de existência, reeducação para novos olhares. Complementações em cursos da nova ciência e formações em linhas terapêuticas quânticas. Criação de linhas de pesquisas em experiências com a maternidade, com trabalhos práticos com grupos femininos e em atendimentos terapêuticos de mulheres e de mães e/ou filhos.

Pelos caminhos físicos e sutis que trilhei, colecionei sensações e intuições que foram sendo alinhavadas entre as teorias e experiências que culminaram no encontro com a física quântica e *bum!* A minha mente avistou novos paradigmas para as linhas de pensamentos que foram sendo documentadas nas escrituras destas linhas ao longo de muito tempo. Nascendo o terceiro Universo M & F, as práticas e as pesquisas precisavam ser esquadrinhadas sobre a nova consciência nesse entrelaçamento. Direcionando a minha mente como observadora desse salto existencial, inseri o foco central sobre a mulher em novas possibilidades de buscar a si mesma. Enquanto percebia-me trilhando referências internas de localização nos novos paradigmas e experimentava a relação mãe e filho em novas frequências, fui ampliando a consciência.

Era fundamental voltar aos saberes do feminino ancestral cultivado por antigas tradições orais e pelos povos originários, como as antigas filosofias xamânicas. Aprender a ver além dos olhos e sentir o que significa ser parte desse campo de vida quando nos religamos à mãe terra e passamos a ler as linguagens de todas as formas de energia. Redescobrimos a nossa verdadeira essência de filhas da terra e dos céus – unindo os conhecimentos ancestrais aos das altas esferas -, oferecida pela consciência do filho. São esses seres de luz que nos convidam a ascencionar a mente e coemergir entrelaçados no Universo M & F(a), gestando uma nova humanidade.

As sincronicidades vão surgindo nessas buscas e organizando do que precisamos. Conheci pessoas que são exemplos de canais diretos de comunicação espiritual — que acoplam seres interdimensionais e vêm corroborar as aprendizagens a partir das considerações trazidas por esses avatares — como, por exemplo, Rodrigo Romo e seu campo de trabalho estelar, a *Rometria.* Autor e multiplicador em parceria com seus guias dos ensinamentos baixados do cosmos e assinados a quatro mãos ou mais, transcreveu inúmeros livros (mais de cinquenta!), ministra cursos no Brasil e no exterior, formando terapeutas.

A diferenciação de seus cursos é a sintonização que cada pessoa recebe ao final do período de um dos guias pessoais dos comandos estelares do Rodrigo, elucidando parte da chamada "carta estelar" que cada alma percorre até estar aqui nessa experiência humana, bem como os nomes dos seres que são da hierarquia pessoal, das ordens de que fazemos parte e da família galáctica à qual pertencemos.

Na revelação que recebi de parte dos percursos de minha alma, soube que já fiz parte de grupos humanos dedicados à ajuda aos outros, ao ensino e à cura. Minha linha de mentores pessoais são femininos em sua quase totalidade. As conexões mais íntimas de frequências são com mães cósmicas. E me acalenta a leitura de minha missão: o resgaste de almas que são parte da minha família galáctica e que estão perdidas, quer dizer, por não saberem quem são ou estarem desconectadas da espiritualidade. Sigo nessa existência humana nas mesmas linhas dos grupos a que já pertenci, trabalhando com mulheres e mães na maior parte do tempo. São anos pesquisando e estudando a física quântica e alinhavando-a com a maternidade e a espiritualidade. Dedicando-me a (re)conhecer-me nas múltiplas mulheres, integrando que somos parte de um mesmo campo morfogenético estruturado ao longo da história. E quando atingirmos a massa crítica de cura e consciência, daremos o salto para a novos patamares de relações humanas para uma vida mais plena.



Podemos compreender a "Carta Estelar" também, como a abertura de uma parte de nossos *Registros Akáshicos* — em **sânscrito:** आकाश, transl. **Ākāśa,** que significa o princípio original em que todas as coisas são/estão — ou "éter", de acordo com a cosmologia tradicional indiana. Portanto, os registros são como uma biblioteca cósmica do passado, presente e futuro. Algumas linhas de pensamento, como a antroposofia, de Rudolf Steiner, escritor de uma obra toda chamada "A Crônica do *Akasha*", o considera como o grande arquivo suprassensível. Outra autora, Helena Blavastky, se refere ao *Akasha* como a fonte de toda a vida, o reservatório de toda energia, o movimento contínuo de tudo. Há maneiras de se buscar leitores de *Registros Akáshicos* e compreender sobre os desígnios da alma. Certamente, na rede ou próximo a nós, há pessoas qualificadas para fazê-lo.

Em sua mais recente obra e formação, "A Ordem Amarylis", Rodrigo Romo ressalta muitos conhecimentos a respeito do feminino ceifados ao longo do tempo histórico e que estão atualmente sendo resgatados para que as mulheres possam voltar a sua essência divina em harmonia. Afirma em seus ensinamentos que o espírito de um novo ser que acopla na mãe carrega a maior parte da vibração da energia do campo neural e espiritual dela em pelo menos 75%. E, ainda, quando o pai não se conecta ao filho desde a concepção, em intenção e atitudes efetivas para estabelecer o entrelaçamento quântico, a energia da mãe acoplada para o desenvolvimento da gestação do novo ser pode chegar em 100%. Entenderemos sobre isso mais adiante quando aprofundarmos sobre os princípios da física quântica. Veremos como todo o ser da mãe fornecerá o aporte físico, energético, etéreo e espiritual para o novo ser, desde a sua entrada no berço planetário, no ventre feminino. Em outras formações presenciais com Rodrigo Romo, registrei dos ensinamentos repassados sobre como permanece um cordão energético que mantém a ligação entre a Mãe & Filho (a) até os 9 anos da criança.

A argentina Andrea Barnabé — uma humana a serviço da ascensão planetária — é outra mensageira da Bibliotecária Cósmica. Barnabé possui conexão direta com sua família interestelar da Confederação Galáctica — os mentores que intervém desde 2012 para ascensão do planeta à 5ª. /6ª. dimensão — e da Ordem *Melchisedeck* — mestres dos arquivos cósmicos. Andrea nos traz as informações atualizadas das estruturas que regem e dirigem o sistema onde nosso planeta está inserido na galáxia, contando sobre a ascensão planetária que estamos vivendo. Ela nos informa que antes da concepção, a mãe está escolhida em contrato anterior entre as almas, inclusive se sabe a data de quando ocorrerá a vinda do bebê. Então, dois anos antes da concepção, a alma do filho ronda o núcleo da Terra até localizar a sua mãe e fica em torno dela, plasmando seu campo atômico para poder gerar a sua morfogênese física. À medida que toma todo aporte energético, copia por completo o campo atômico que fusiona em um único para os dois — mãe & filho. Nesse período que antecede a entrada no nível planetário, enquanto toda a informação da mãe está sendo plasmada, é bastante comum a comunicação do filho com sua matriz. São inúmeras as possibilidades, dependendo da abertura e disponibilidade consciencial da mãe. Uma das mais comuns são pelos sonhos — por serem portais acessíveis para a mente, fazem parte do cotidiano e, portanto, não causarão desconforto. A comunicação por entre as dimensões é aceita mais facilmente. Há muitos relatos desses contatos já divulgados em lindas histórias — conhecemos algumas delas e iremos expor nas páginas seguintes.

## A DIMENSÃO DA EXPERIÊNCIA

Acordar de um sonho — e abrir os olhos nessa dimensão — significa pousar nossa mente e todas as estruturas que fazem parte do instante presente em um campo de energias e frequências com nosso avatar físico - o representante dimensional - e emergir na cocriação da realidade. Somos uma rica e complexa composição de informações associadas, em contínuo movimento, que ampliamos e transformamos em cada novo dia de nossa experiência. Olhamos no espelho e vemos a imagem que temos, formas exclusivas, belezas singulares, mapas de traços únicos. Para sermos presença, somos um compêndio dos registros dos sinais captados e traduzidos pelos aparatos sensitivos, externos: visuais, táteis, auditivos, olfativos; e os internos: cognitivos, sensitivos, intuitivos. A eles somam-se as contínuas trocas energéticas e frequenciais em nosso campo pessoal com o ambiente externo e interno, ininterruptamente em movimento. Há ainda as conexões com a espiritualidade, da realidade local para o todo, da consciência local ao campo quântico unificado.



Construímos os arranjos dos limites em formas de quem somos em consonância com as vibrações que captamos do campo morfogenético de nossa mãe desde antes da concepção, na gestação e nascimento e nas múltiplas relações que fizemos ao longo de nossa história, percurso desenhado desde que acertamos os compassos de nossas estruturas atômicas fusionadas em um mesmo campo quântico, do dia um aos primeiros e fundamentais anos de vida — na relação com a nossa mãe, nossa primeira fonte de energia e informação planetária. A partir do dia da entrada nas vibrações planetárias no campo do Universo M & F, nascemos como parte dessa composição. Passamos a emitir e receber sinais, orquestrando as possibilidades harmônicas em melodias, que fazem surgir os ritmos e os tons das experiências que vamos registrando.

## VALORES E CONCEITOS DA REALIDADE

Éramos um só com o campo das infinitas possibilidades, contido no universo estendido e expansivo. O infinito — o todo absoluto que rege um potencial puro do vir a ser. Algumas escrituras antigas referem-se a um oceano primordial, onde tudo repousa na absoluta harmonia e amor. Gosto de refletir sobre os ensinamentos dos livros dos *Vedas* (a palavra Veda em sânscrito significa "conhecimento") - considerados pelos historiadores um dos mais antigos livros literários que se tem registro. Escritos em sânscrito — a linguagem considerada vinda do próprio Deus Brahma — na Índia antiga, dividem-se em quatro coletâneas de hinos e cânticos: *Rig Veda, Yajur Veda, Sama Veda* e *Atharva Veda.* São ricos materiais para apreciação e estudos, há muita sabedoria sobre toda vida e o universo.

Os físicos, matemáticos e filósofos atuais têm considerações distintas sobre o conceito do "Infinito", mas concordam em um aspecto — o indivisível. Na experiência de "O Sonho", estive nesse campo estendido, sem limites entre o que somos e o todo. Flutuei na infinitude, onde simplesmente se é consciência em amor infinito — a sensação maravilhosa que de tão profunda nos fornece a possibilidade de retornarmos àquele instante, acionando a chave que ativa a matriz de referência da nossa essência. Na realidade finita e valorável onde vivemos a maior parte da existência, perdemos a conexão com o infinito da consciência não-local. mesmo que a mães amem sem medidas ou os filhos nos amem sem condição, exigência, sem julgamento, incondicionalmente. A partir do momento que criamos uma medida, um valor para qualquer coisa, passamos do campo estendido da potencialidade pura, do infinito potencial ao objeto. Mesmo que os poetas ainda nos ofereçam outras medidas...

Desde muito pequenos, fomos ensinados a ver, a nomear e a conceituar, a nos importar e desejar as coisas à nossa volta. Aprendemos a identificar os valores familiares e culturais nas interações e experiências ao longo da vida. Quando nascemos, estamos voltados ao nosso espaço interior e fusionados ao campo toroidal da mãe. Esse, por sua vez, está contido dentro de um ambiente multifatorial, que interpela os modelos para o novo ser olhar para o mundo e construir as medidas. Ver, sentir, tocar, cheirar, nomear, conceituar, usar os sentidos para formatar o corpo e inseri-lo nas três dimensões — forma, largura, altura, profundidade — além do tempo — considerado a quarta dimensão. Nós, mães — como a matriz divina na terra —, somos um campo informacional, onde o todo da criança estará acoplado desde antes da concepção e nos primeiros anos de vida que fundamentam a existência para toda a vida. Um exclusivo Universo Mãe e Filho emerge no nascimento de dois seres entrelaçados, que são afetados, sensível e profundamente, e reestruturados continuamente. Sobre essa relação íntima e de natureza própria que existe somente entre cada par é que estive debruçada em anos de reflexões, estudos e experiências para compor essas escritas. Um vislumbre de iluminação para compreender uma nova relação Mãe & Filho (a) que a física quântica descortinou em princípios e fundamentos. Vinha pesquisando e trabalhando sobre teorias e práticas educacionais inovadoras, produzindo conteúdo para escolas da infância e suas dinâmicas psicopedagógicas quando coemergi no Universo M & F pela terceira vez. O Sonho ilustra o meu processo — a vida anteriormente construída foi se dissipando para abrir espaço para um novo patamar de minha consciência.

Crescemos e nos desenvolvemos no contexto conceitual para o mundo externo, de onde vêm algumas deformidades que incorporamos. Estamos em crise de valores, de hábitos, de relações e de crenças. Ansiamos pelo bem e nos sentimos mal. Queremos a felicidade, mas olhamos para o lado com inveja. Julgamos o que é diferente e não está dentro do que nos pertence de alguma forma. Desejamos um mundo melhor e não conseguimos fazer a nossa rotina de paz. Não conseguimos estar em paz. Andamos ansiosos para conquistar algo que o padrão cultural e a sociedade nos impõe. Atingimos as metas, os objetivos, conquistamos os espaços e ainda estamos agitados, atribulados, descontrolados, desestruturados, doentes e infelizes. Na maior parte do tempo, vivemos em meio a sentimentos de reação de luta ou fuga, no modo de vida chamado de sobrevivência. Seguimos estressadas, cumprindo as agendas e as responsabilidades, entre o trabalho e a casa, sem tempo para conseguimos ficar conosco mesmas para simplesmente sentir e ser.

Em minha experiência onírica de "O Sonho", estar na presença dos seres me iluminando, me conduziram a perceber que estamos sempre guiados. A programação habitual nos consome em quase cem por cento do tempo. Vivemos sob a mente operativa, dominada pelos 95% de automatizações que ao longo da vida fomos incrementando, assumindo, incorporando como pessoais: meu jeito, meu gosto, meu modo, além daqueles itens que passaram a fazer parte do elenco: meu carro, minha casa, meu chefe, meu gato. Até minha enxaqueca, minha tendinite, minha hérnia, até doenças mais tristes, incluímos em primeira pessoa, atribuindo a nosso ser. Assim, seguimos a mesma estrada e dirigindo as ações no ritmo do modelo cultural, dos padrões mentais e das crenças familiares, além dos arquétipos coletivos, das forças fortes que nos conferem modelos, de modo inconsciente. Será que teríamos a capacidade de nos "soltar no ar" sem as cargas emocionais, sociais e de toda ordem para adentrarmos no campo da potencialidade pura onde simplesmente somos a consciência unificada, denominada também de o Grande Espírito, o Eu Superior, para percebermos o que realmente somos? Como retornaríamos à vida ordinária? Se desligarmos todo o passado e nos religarmos à fonte criadora, a mente de Deus, o que veríamos em essência?

Se fosse retirado todo o entorno à nossa volta, a paisagem, a estrada, o cartão de visita, os sinais da rede, o trabalho, a casa, o carro, o que restaria? O que faríamos, como nos sentiríamos, quem seríamos?

Se procurarmos as causas das aflições que nos sobrecarregam, estaremos localizando as "âncoras" nas quais fincamos os conceitos que consistem na soma dos valores e das medidas das construções internas, ou seja, tudo aquilo associado ao nosso humanizar-se, com os quais fomos nutridos e registramos como nosso sistema de crenças e de valores. Nos habituamos a esse arcabouço e vamos o realimentando. Quando ocorre um lapso no sistema — como um sonho ou alguma experiência extrassensorial enquanto dormimos ou outra forma de colapso, inclusive uma nova gestação —, ganhamos uma oportunidade para desbloquearmos a mente condicionada.

Em "O Sonho", adentrei ao modo harmônico do Ser em estado de criação, sem corpo, sem tempo e espaço, sem a identidade construída. Convertida em consciência pura, senti a verdadeira natureza de meu ser. O espírito livre, sendo o amor infinito e sem medidas, fluido com a totalidade, na abundância perfeita e em harmonia. Talvez tenha morrido naquela noite ou tive a conhecida experiência de quase morte, quem sabe. Podemos experimentar o mundo todo com nossas percepções e sentidos, passear por valores culturais e aprendermos, adaptarmo-nos. Contemplar revoluções e adquirir conhecimentos, desenvolvermo-nos em múltiplas habilidades, pensamentos e emoções, buscar aprender mais sobre a vida no planeta. Mas a fundamental transformação se inicia em novas estruturas internas. Quando podemos esvaziar os cenários ilusórios fixados no mundo externo e escolher adentrar em nossa essência como consciência divina. Deixarmos ir o passado padronizado que nos instiga a vivermos automatizados e dissolver todo segundo acumulado e registrado como sua identidade.

A partir desse vácuo na existência, sentir o que significa a consciência de fora do tempo e espaço locais, expandindo em liberdade, plenitude e simplesmente ser. Quando entramos no estado criativo do ser, o infinito amor em plenitude nos absorve no campo quântico das infinitas possibilidades. Experimentamos um instante de integração da verdade divina em nossa consciência e acoplamos a fonte luminosa em potencialidade pura. Somos o ser desde a consciência não-local, a fonte divina — que se manifesta na mente quando chegamos a um estado de coerência com o coração, em amor e harmonia.

Como Mãe, o marco na existência foi profundo. Finalmente compreendi sobre quem são nossos filhos, como chegam em nosso ambiente interno — o primeiro local onde absorvem as informações, onde são imersos na totalidade do seu ser. Somos o infinito, o campo estendido para o novo espírito acoplar depois de se desdobrar da totalidade da Fonte, da consciência divina da harmonia e perfeição infinita.

Se considerarmos o que autores do campo espiritual afirmam quando se referem às energias entrelaçadas entre a Mãe & Filho (a) — que até os 9 anos mantemos um cordão umbilical energético de alimentação desse universo —, saberemos que os laços entre mães e filhos superam o conceito da separatividade dos corpos ao qual estamos acostumados no modo de ver e operar a mente, é apenas uma camuflagem física. Estamos correlacionados pelas frequências e vibrações, de nossas mentes locais e pela consciência não-local. Seremos o campo que nutrirá o novo ser pelo que temos a oferecer, pela consciência do que somos. Somos a Fonte de absolutamente tudo para o desenvolvimento de uma nova vida.



# O FEMININO SONHADOR E A MATERNIDADE

Pude coletar ao longo de anos de experiências compartilhadas entre mulheres variados depoimentos entre a mente local da mãe e o não manifestos da consciência do bebê. Observamos que, com a intenção cuidadosa em relação aos sonhos, tiveram experiências pessoais com seus filhos antes de saberem que estavam grávidas, antes de acontecer a concepção e durante a gestação. Também encontramos mulheres que, por exemplo, optaram por não ter filhos nessa experiência humana e tiveram algumas revelações no campo dos sonhos para compreenderem seu *darma* e as escolhas da alma. Essa é a história de minha amiga íntima, e da vida inteira, que escolheu não ser mãe. Sentia que havia algo em suas vidas passadas que a faziam saber que nessa existência a maternidade não lhe caberia. Em uma ocasião, tive um sonho com ela (chamarei assim a experiência: sonho), e tenho a experiencia nítida e tão real quanto a vigília, um acesso a um portal dimensional.

Estávamos em um edifício de no máximo quatro andares, com vãos abertos nas paredes das escadas que davam a visão que ficava em frente a uma praia. Mas o prédio era longe do mar, enxergávamos as extensas restingas antes da areia. No sonho, estávamos subindo as escadas com muita pressa e aflição. Dava para enxergar, ao longe do alto mar, navios se aproximando e outros já atracados na praia. Havia soldados saindo deles, empunhados de armas e avançavam em direção ao prédio. Lembro de estar de mãos dadas com a minha amiga, de ter visto nela uma mulher e eu, uma criança. Mas sentia a mesma sensação de dar a mão a ela hoje como a conheço. O medo tomava conta da rapidez da cena, até ela me colocar embaixo de uma cama e duas outras crianças que estavam juntas também, para depois ela mesma se esconder. Pude ver então as botas dos soldados com restos de areia invadirem o local e irem puxando as crianças pelos pés e os gritos de todos afligirem meu coração, até eu mesma sentir o puxão pelas pernas e tentar me segurar naquele espaço sem qualquer chance de fugir. Assim acordei com esses sentimentos vívidos, e ao relatar o sonho à minha amiga, nossos corações souberam que fomos para além do sonho. Estivemos juntas nesse trauma em algum lugar do universo, onde não existe o tempo e espaço como conhecemos, são os paralelos dimensionais. Nossa relação a partir dessa revelação tomou uma proporção de amor inexplicável, de laços infinitos. Tornamo-nos conscientes de que há mais entre o nosso encontro nessa vida e sentimos a forte necessidade de seguirmos juntas. Essa é mais uma das intenções desse livro. Abrirmos espaços de trocas genuínas entre as mulheres e as mães sonhadoras e suas experiências no campo quântico. Ampliarmos as possibilidades de conexões entre as dimensões quando a consciência da deusa criadora se instaura na mente local.

A maternidade cria um campo toroidal ou morfogênico — em entrelaçamento hierárquico — entre os campos da mãe & filho (a) compreendido pela física quântica. O modo perfeito de laços em dupla gestão, em relação de harmonia e equidade, trata-se de um novo modelo de ser. A mulher está no modo do Ser Deusa em expansão do Amor. Nada mais potente e transformador do que a observação em puro estado de Divindade em concepção, gestação, nascimento e crescimento de si mesma e de um filho (a), entrelaçados em seu novo espaço de vibrações e tons de melodias exclusivas que compõem o que chamamos de universo - o campo desses dois seres indivisíveis em suas conexões físicas, sutis e espirituais para todo tempo que existirem sobre a Terra.

O campo toroidal — padrão encontrado na natureza, que existe em todos os lugares desde átomos a galáxias — é o "Torus". É um campo eletromagnético em torno de tudo que existe desde o macro existencial ao micro — da galáxia, aos sistemas do universo, do planeta Terra, o corpo humano e nas formas de vida, desde uma semente, uma fruta, uma planta, árvore, animal. Todas as manifestações possíveis seguem um mesmo movimento. O Torus permite que acessemos à energia limpa e abundante das fontes da natureza, que amplia o campo eletromagnético. Abastece nossas pequenas baterias internas, os chakras e os sistemas energéticos de nossos corpos, como os meridianos ou nadis — compreendido na medicina chinesa como os condutores da vitalidade. Mas somente quando somos escolhidas por um espírito de luz para sermos a sua mãe, o extraordinário acontece em nosso campo toroidal! Seremos religadas à fonte divina de amor potencial e incondicional pela consciência de nosso filho, bem antes da concepção, por dois anos como vimos, em média. Estaremos reconectadas à consciência superior, da potencialidade pura mesmo estando vivendo como humanas. Essa verdade é o caminho a ser seguido na vida. Precisamos parar, respirar e integrar essa sabedoria e compreender o significado transformador! Estarmos autoconscientes de que somos o Templo Mãe - onde uma nova forma de inteligência, de algum lugar de fora dessa estrutura de tempo e espaço, capta as nossas melodias para se fazer humano. Uma consciência não-local, ligada à fonte divina, vem ser a estrela guia para um convite a uma nova potencialidade existencial, entrelaçada conosco.

# O CAMPO QUÂNTICO NOS PORTAIS

Somos uma identidade da matéria experimentando o campo quântico. Exatamente como afirmo ocorrer no Universo M & F, abrimos um portal na consciência local entrelaçadas entre as duas mentes e acoplamos as informações da consciência não-local. Vivemos a realidade física e somos reconectadas à dimensão divina no elo da criação de cada nova vida. A potencialidade da mente de Deus é religada fisicamente em nosso ser Mãe pela consciência do espírito do filho! Somos a possibilidade da manifestação da divina verdade, da iluminação, da comunicação instantânea com as outras dimensões, da cura pelas palavras e mãos; da transformação de toda a realidade na frequência perfeita do amor incondicional. Somos cocriadores de um Universo M & F em novos patamares de humanidade em uma nova frequência planetária. Se estamos na *3ª*. /*4ª*. dimensão, recebemos os pacotes da consciência da fonte divina de nosso filho em pelo menos uma oitava acima da realidade vivida. No mínimo, estamos acoplando em nosso campo seres divinos de vibrações e conscienciais amorosas vindas da *5ª*. /*6ª*. dimensão, que já trazem formas de ser e de viver das altas esferas, nas quais a essência e os valores são de pura perfeição e luminosa amorosidade. Rodrigo Romo e Barnabé afirmam que os seres que chegam são de *7ª*. /*8ª*. dimensão para além, dependendo do que nós, suas mães, conseguimos alcançar. O caminho para a iluminação nos chega pelos filhos, e a nossa autoconsciência na busca das chaves para os saltos de patamar tornará possível a manifestação do mundo.

Pelo campo dos sonhos compreendemos a hierarquia entrelaçada, a relação criação — criatura, a mente que observa e que cria os eventos oníricos. Da mesma maneira que ocorre na maternidade, acessamos a códigos no modo de ser deusa criadora e a criatura, quando integramos o Universo M & F. Somos a fonte e o canal dos sinais entre a comunicação entre as dimensões e a não-localidade — instantânea e sem uso de sinais — entre as consciências — inter-relacionando ao campo unificado das mentes locais da mãe e filho (a). A observação do campo dos sonhos nos oferece as compreensões que podemos integrar e estender à maternidade — o potencial para o salto na existência. Passemos a ver e a sentir o que está mais além da mente local, daquilo que pensamos sobre os pontos de inquietude a nosso respeito, das questões fundamentais de por que e para que estamos aqui. Os caminhos para seguirmos e quais novos mapas desejamos traçar, o quanto carregamos na bagagem pessoal de nossos antepassados, de nossas vidas passadas. Alinhavando traços e elementos de nossa essência misteriosa, teremos subsídios para orquestrar a mais linda e amorosa sinfonia que é a nossa Vida em conexão autoconsciente. Nos sonhos e na consciência entrelaçada do Universo M & F, adentramos em dimensões paralelas, que transitam em algum lugar e em qualquer tempo. Partes de nós mesmos, subdivisões de nossa consciência divina, da potencialidade pura que vive em nós, integrando as infinitas possibilidades aos arranjos de nossa Maternidade e nosso modo de Ser Deusa em cocriação de um novo universo. A consciência quântica nos conecta em sonhos e nosso Universo M & F orquestra as nossas sinfonias, os elementos subjetivos, os trajetos e as significações que fizemos desde que, em forma de energia, chegamos a esse mundo e fomos experimentando, compondo a nossa arte em linguagens múltiplas. É a parte unitiva de nós mesmos o guia interno, a fonte, a luz, a voz da alma, o Deus interno. Oferece compreensões e novas possibilidades a respeito de coisas das quais ainda não temos domínio, seja pelas ciências, seja pelas crenças ou pelas limitações que nos fizeram ser o que somos.



A consciência não-local do nosso Filho, que nos acopla anos antes da concepção, nos torna portal interdimensional entre a nossa potencialidade e a fonte divina. Somos canal e fonte do amor e da perfeição quando estamos integradas ao Filho que faz parte do universo e vem nos convidar a emergir em novas vibrações frequenciais. A partir da concepção, estamos integradas a uma consciência divina que desenvolveremos sendo um único campo quântico na experiência humana. A dimensão da realidade e tudo que fomos até esse *momentum* não cabe mais. Somos verdades pessoais, fabulosas interações internas; somente nós mesmos podemos decifrar os códigos que vislumbramos nos sonhos. E, ainda assim, a natureza incerta, complementar, não-local da consciência poderá nos dar sobreposições e descontínuos significados, de acordo com o olhar de nosso momento. Exercitar as composições de significações, e as inclusões para o nosso olhar é um treino para a nossa investigação. Precisamos de geradores de buscas de quem somos, da verdadeira natureza, a nossa essência. Para nos desfazermos de tantas certezas construídas ao longo de processos inoculados pela cultura, crenças e padrões, modelos ultrapassados de pensamentos que afirmamos como nossos, precisamos chegar ao centro do labirinto de nosso ambiente interno. Transformando-nos mutuamente à medida que o filho se torna mais humano e nós, mais divinas, a deusa em cocriação e *cocriando-nos*. Somos a humanidade em crescimento e a divindade adentrando a terra. O Universo M & F oferece a reconexão entre dimensões, religa-nos a novas estruturas não-locais da fonte primordial que nos guia na plenitude do amor em perfeição. Estamos sendo preparadas e preparando um novo ser cósmico de infinita luminosidade amorosa a ser e estar no planeta. Somos a consciência em salto existencial e nossas vibrações em possibilidades divinas nos convidam a nascermos como a nova humanidade.



*E eu vos direi: "Amai para entendê-las!*
*Pois só quem ama pode ter ouvido*
*Capaz de ouvir e de entender estrelas.*
Olavo Bilac, 1888.

# A SONHADORA SIMONE

A minha experiência pessoal no campo dos sonhos vem desde criança com vastos materiais, ricos em detalhes, que ficavam por longos períodos coexistindo na minha mente da vigília. Na puberdade, *momentum* de expansão da existência, passei a ter clarividência, tanto na vigília como em sonhos, e perceber e sentir as presenças espirituais. Recebia informações, acessava campos vibracionais e outros eventos, além de sofrer das paralisias noturnas espontâneas que geravam medo, e para a família católica era algo do mal, que deveria ser interrompido. Quando muito jovem, passei a registrar no diário os acontecimentos da vida, e incluía nos relatos os sonhos, que com o passar dos anos se tornaram o foco dos registros. Vivi inúmeras e fascinantes aventuras, algumas marcantes que trago em memória afetiva pelas muitas reflexões que me presentearam e os profundos aprendizados que alteraram o curso da minha jornada. Algumas experiências foram tão reveladoras que me parecem, ao longo de anos de caminhada, as possibilidades para compartilhar o tema tão revelador e controverso; foi por meio delas que inaugurei o primeiro capítulo desse livro. Se somos um e entrelaçados que estamos a tudo no universo, pelo campo dos sonhos, ampliamos as potencialidades do ser humano quando colocamos no bolso uma chave a mais. E mais dourada ela vai se tornando à medida que incorporamos mais sabedoria. Coletei experiências e selecionei algumas para exemplificar que a dimensão onírica abre as pontes iniciais para adentrarmos ao universo autoconsciente. Ampliamos a observação de nós mesmos, nesse local onde somos livres e estamos na essência das melodias singulares que vibram em nossa alma.



Recebi informações em sonhos sobre como deveria realizar ou dar continuidade a algumas sequências de trabalhos. Assim como acontece nas sessões de atendimentos individuais, quando diante das modalidades que eram possíveis, recebia o tratamento adequado para aquela demanda, antes de serem iniciadas na fisicalidade ou continuadas, vendo o pacote todo a ser feito, da mesma forma, alguns atendimentos foram iniciados antes, em sonhos e orientados para darmos sequência em sessão presencial. Deixamos de estar na separatividade das leis da física clássica, crendo que os eventos ocorrem independentes de nós e que os arquétipos coletivos universais sempre nos arrebatam a uma vida limitada ao que sempre foi.

O segredo é fluir com as possibilidades da mente local em fusão com a consciência superior. Abrir-se ao divino universo, fora do espaço-tempo dimensional. Encontrar paralelos e experimentar vivências além da fixidez da matéria, dos efeitos causais, da dualidade dos pensamentos. Extrapolar os sentimentos e as emoções conhecidas. Talvez pelo contingente experiencial, poderemos compreender que o inusitado e fabuloso universo da consciência superior não está na mente que dirige o ordinário modo do uso dos sentidos, do pensar e do agir. À medida que passemos a usar as histórias pessoais para ampliarmos as possibilidades do campo quântico, em nossa expansão consciencial, teremos mais vislumbres da infinita potência que somos.

# 2

# OS SONHOS, PONTES DIMENSIONAIS

*Dividimos a nossa experiência humana entre a vigília e o sono. Em algum momento da história, deixamos de nos importar com a parte intrínseca de nossa natureza quando a consciência integra novas possibilidades para além da realidade física. Os sonhos são portais interdimensionais que oferecem as chaves a respeito de quem realmente somos, e qual a verdadeira missão de nossa alma que vive o avatar humano.*

Sonhando, construímos as pontes que acessam nossas verdades fundamentais. Os dois níveis de realidade da mente consciente e inconsciente agem sem distinção. Temos uma sinfonia entre os aspectos conhecidos e as profundezas de nossos arquivos. Com os sentidos externos adormecidos, nossos olhos não podem captar as ondas de possibilidades — os elétrons espalhados pelo ambiente — para colapsarem em realidade manifesta. Em nosso universo onírico, não há medida. Sem a fixidez do mundo macro e as leis newtonianas, as articulações ocorrem em infinitas possibilidades. Enquanto dormimos, adentramos a um campo de potencialidade pura e podemos captar pistas a nosso respeito para além da identidade na experiência humana. Somos os observadores do *self* quântico — a totalidade de nosso Eu Sou, da consciência superior que está fora do espaço e tempo —, sem as aparências camufladas e separadas da realidade da vigília.



*Como temos a certeza de que não estamos vivendo um sonho, se somos feitos dessa mesma matéria?*

Diante dos paradigmas da física quântica, fica mais evidente que somos feitos daquilo que são feitos os sonhos. Portanto, sendo sonhos, como não os evidenciamos? Não incluímos os sonhos em nossa vida como uma das horas mais genuínas do autoconhecimento? Com o *momentum* da ligação com o divino, com os representantes espirituais? Como não mantivemos a sabedoria milenar das tradições orientais, das filosofias xamânicas, dos antigos reis do passado, todos em escuta ativa sobre os sonhos? Dessa maneira, somos desconhecidos na essência de nossas verdades, desligados da rede não local onde reside toda informação potencial para as possibilidades infinitas. Seguimos adestrados em nossas escolhas e caminhos quando retiramos dos sonhos a conexão com a Fonte criativa e amorosa que - independentemente da nossa fé e da forma como vivemos a espiritualidade - oferece uma vida em missão espiritual na experiência humana. Os sonhos são a ponte interdimensional, capaz de iluminar a mente com os códigos de nosso universo particular, fornecendo as chaves para adentrarmos nos labirintos mágicos que compõem a consciência de quem somos.

# OS SONHOS PELOS TEMPOS E ESPAÇOS



## XAMANISMO E OS SONHOS

O Xamanismo é a prática espiritual mais antiga do mundo, com registros históricos desde o homem paleolítico. Considerado hoje um legado da humanidade, traz a concepção da interconectividade de todas as formas da natureza e de que a realidade é um sonho, e os sonhos também são reais. Cada uma das dimensões, a da experiência, a sonhada e a vibracional, traduz uma específica assinatura de cada parte que compõe o universo, físico ou sutil. São sagradas e podem ser acessadas para a busca da medicina perfeita para todos os males.

Os xamãs, considerados como "aqueles que vivem em conexão", são os guias espirituais; conselheiros, intermediários entre os mundos dos homens e dos espíritos, podem ser considerados os psicólogos ou terapeutas mais antigos da história. Esses homens e mulheres "medicinais" dialogam com todo espaço-tempo em rituais sagrados e se comunicam com todas as manifestações, incluindo as físicas e não físicas, como um campo de informações. São oráculos dos sonhos da comunidade, curandeiros de males físicos e espirituais, guardiões da sabedoria das tradições e dos ritos, dos usos e costumes das ervas, dos instrumentos de poder, das canções, da linguagem entre todas as manifestações sutis e físicas, humanas e espirituais.

Se observarmos com profundidade a filosofia xamânica, compreendemos a manifestação dos princípios da física quântica, conturbados e discutidos por muitos cientistas e pela sociedade civil. No xamanismo, a vida é compreendida na sensibilidade da harmonia junto da mãe terra e do pai céu, em respeito profundo. Honra-se cada pequena partícula como parte de um entrelaçamento vibracional complexo para a manutenção do equilíbrio entre os mundos internos e externos.

O xamã sente cada direção de ar, o movimento das folhas, o voo dos pássaros, o cantar dos grilos; lê cada pegada no solo, a corrente dos rios, o ritmo dos ciclos, o fluxo de todo detalhe da vida, compreendendo que cada pequeno movimento contém o universo. Toda sutil existência está em comunicação, cada cena tem sentido e organiza a consciência do Grande Espírito que vive em manifestação através de absolutamente tudo.

O xamã sabe que dentro de nossas veias corre o mesmo fluxo dos rios, que nossos minerais são os mesmos que os da terra e que o bater do nosso coração pulsa na frequência dela, que nosso cérebro e os intestinos são um só e estão correlacionados à rede intraterrena das raízes das árvores e às estrelas da via láctea. Ele sabe que temos a energia de um animal que vibra em nós e que podemos considerar nosso poder e evocá-lo para ver além das formas, que somos do mesmo odor que determinada erva, que temos a energia de uma planta específica. Se precisamos ampliar a visão, ele nos oferece as penas da águia; se nos falta força, nos conecta ao chifre do búfalo; pode entrar em um cristal e esperar a sua sabedoria aquietar as nossas dúvidas; pode colher as gotas amanhecidas nas folhas ao raiar o dia e fazer um floral, aquecer as ervas e retirar as dores em um emplastro, nos oferecer o sabor do chá de alecrim para ampliar a nossa aura.Ele acende o fogo sagrado e escuta o que diz, transmuta nossas dores e eleva nossos prantos.

O xamã toca seu tambor e irradia a frequência da mãe terra e capta nossa rede neural e energética. Podemos chegar a ondas *theta* em alguns minutos, acessando parte das nossas intrincadas zonas dos sistemas cérebro-mente ou conectando as pontes entre a dimensão física e a espiritual. A sabedoria milenar xamânica sente cada pessoa e compreende como construir as pontes para nos religar ao que nos é essencial quando nos fundimos entre as dimensões, onde as vibrações são captadas pelo coração e sintonizadas na alma.

*Somos animal, planta, flor, rio, céu e terra, todo sagrado existente, somos cada vibração da natureza em formato humano, afastados do que nos permite a harmonia e a cura.* Na filosofia xamânica, tudo tem um espírito:

– *"Mitakuie Oyasin!" - Somos um!*

- *"Aho!" - Salve!*





Tive a grande honra de adentrar aos conhecimentos xamânicos da tradição Lakota nativa, do Centro Oeste Norte americano, por meio de experiências vivenciais de autoconhecimento chamada "De Volta para Casa", por quase cinco anos. Meu coração perdeu a couraça que me mantinha afastada das sutis verdades e maneiras de ver e viver a existência. Meu ser integrou o respeito profundo por tudo, cada manifestação de energia, camufladas em formas físicas distintas, onde cada um pertence ao todo e traz a sua assinatura energética para compor o universo. Somos a composição do Grande Espírito, em suas infinitas manifestações! Todas as formas da natureza, aquelas que consideramos vivas e outras, que na nossa formação clássica desconsideramos por não serem conscientes ou por considerarmos inferiores, estão em comunicação o tempo todo em um campo existencial. Fazem parte da consciência maior, não-local, regente, para que a vida se propague e em harmonia. Nessa filosofia de vida, não existe nada que não esteja perfeito e cada arranjo de experiência deve ser sorvido em gratidão. A alquimia, a magia, a intensa capacidade de leitura de cada pequeno sinal da existência, do campo unificado onde todos estamos conectados nos dão a dimensão do sagrado ao viver. Nas simples experiências cultivamos sabedorias milenares com a força das energias que cada elemento oferece. Relembramos as teias invisíveis que nossos antepassados nos mantêm a eles conectados. Voltamos a honrar quem somos e de onde viemos, ritualizar os eventos cósmicos e terrenos. Resgatamos a sabedoria de escutar a mãe terra e todos os seus movimentos. Nada, nenhuma folha de árvore se manifesta sem que haja um propósito. Abrimos nossos olhos para ver bem além das formas.

As jornadas xamânicas são sonhos na vigília, guiadas pela frequência do tambor e enuviada pela fumaça do Chanupa – espécie de cachimbo que se fuma com ervas e fumo elaboradas de acordo com a intenção do que se quer oferecer ao Grande Espírito. São aberturas de visões e saltos dimensionais, na busca da "Volta para a Casa", o seu templo interno e o olhar para aquilo que está para ser visto, integrado e curado. Damos ao nosso coração a posição central da existência, a bússola, o protetor, o sábio e o guerreiro.



Serei eternamente grata àquela egrégora formada no Sertãozinho, interior de Minas Gerais e à grande sabedoria da amada "Magui", Magdala Ferreira, com sua humildade perspicaz e profundos ensinamentos que me tocaram a alma. Foram anos de muito trabalho e esforço para se obter a visão da águia, arrancar as próprias unhas e penas com o bico já desgastado pela vida e, na retidão e recolhimento, ampliar a consciência de mim mesma, retornando ao voo solo com fluidez. Minha gratidão infinita à Magui e a cada uma das irmãs que lá encontrei e enlacei meu espírito, hoje mais selvagem e sagaz. Gratidão imensa à minha madrinha Lili, Liliane Simplício, que me abriu esse caminho e me deu as mãos, entrelaçando nossas vidas.

Na filosofia xamânica, há uma tradição de ver o universo como uma teia de aranha, a teia da vida, na qual cada pequeno pensamento e movimento afeta o todo. Cada um de nós experimenta os sutis arranjos da sua teia familiar, na qual estão todas as memórias guardadas –

desde os mais distantes familiares, os segredos, acordos, os excluídos, os destinos e as escolhas de cada pessoa de seu clã. Todo pequeno detalhe que compõe o arranjo da sua teia vive no emaranhado da sua história de vida em manifestação, sem distinção entre o passado, presente e futuro. Dessa maneira, os pontos da teia familiar serão afetados por toda criação consciente que fizermos usando palavras, sentimentos ou visualizações, alterando pontos e articulando novas e infinitas possibilidades, em que tudo tem poder e todo ato afeta a todos, entrelaçados na teia universal. A cura xamânica irá afetar a pessoa, sem distinguir o corpo ou o espírito, e com a concepção de que somos um, afetará toda a teia familiar, melhorando o todo. Se um físico quântico se aproximar do xamanismo, ficará assombrado como essa sabedoria ancestral da humanidade carrega verdades desde o início dos tempos, recém comprovadas pelas ciências.

Os xamãs guardam os mistérios de estarem acordados em práticas meditativas e se deslocarem pelos mundos para trazerem as revelações de conhecimentos para benefícios de seu povo. Eles vivem em estado permanente de êxtase para se relacionar, sentir e se comunicar com as energias de todos os elementos e seres, compreendendo a vibração do espírito de cada uma das coisas. Nas jornadas xamânicas (espécies de transes) ou nas viagens oníricas, atravessam os véus da ilusória percepção linear do espaço-tempo, passeando no chamado "AxisMundi", e podem acessar diferentes dimensões, aconselhar-se com xamãs do passado e ancestrais da sua nação. Buscam ampliar a visão e conhecer a causa dos sintomas que acometem uma pessoa e usar as vibrações que cada consciência dos diferentes níveis de existência oferece, desde o povo pedra, povo terra, água, fogo, ar, éter, além do povo em pé, como são conhecidas as árvores, em cada uma das quatro direções de onde vêm os avôs guardiões da roda xamânica – cada tradição tem os específicos. Os xamãs podem se metamorfosear em animais para encontrar caminhos sagrados de cura.

# OS SONHOS COMO PONTES ENTRE O POTENCIAL INFINITO E A MANIFESTAÇÃO NA VIDA

Conhecemos alguns dos sonhos sonhados por alguns sonhadores que aprenderam a se comunicar e integrar as informações nessas pontes multidimensionais e mudaram alguns caminhos em suas vidas.

A tão estudada e decorada por todos que já passamos pelo ensino médio, a conhecida tabela periódica, foi finalizada em sonho pelo seu criador: o cientista russo Dmitri Mendeleiev. Onde estavam as soluções para a finalização da descrição dos elementos químicos da matéria? Uma conectividade criativa com algum pacote de energia de fora do tempo e espaço ou acesso ao campo informacional etéreo ou ainda conexão com a espiritualidade? O químico alemão, Keukule Von Stradonitz Aldrich, resolveu a estrutura do anel de benzeno, com o qual se ocupava há tempos e não encontrava solução, sonhando com a serpente que morde o próprio rabo, o *Oroboros*, compreendendo a chave para seu problema. O renomado artista Salvador Dali admitia que o ambiente onírico estimulava suas melhores ideias, retratando seus sonhos em sua arte. Dali se utilizava de uma técnica de adormecer sentado segurando uma colher na mão para assim que entrasse em sono profundo, derrubasse a colher e com isso acordasse com a memória nítida dos sonhos para compor suas obras. O pintor desenvolveu o processo criativo centrado nas visões que iluminavam a sua consciência. A exemplo, temos a obra manifestada por Dali após registrar os eventos sonhados, intitulada "Sonho causado pelo voo da abelha ao redor da romã um segundo antes de acordar, 1944."

Também a música sorve as influências dos sonhos. Compositores já admitiram escrever canções baixadas na consciência durante seus sonhos, como ocorreu a Keith Richards com a música *"I can't get no – Satisfaction"*, da banda Rolling Stones, um grande sucesso que alterou a agenda de sucesso da companhia fonográfica. Mr. Paul McCartney conta que sonhou com a mãe, falecida quando tinha 14 anos, lhe dizendo o trecho de *"Let it Be"*. A composição artística foi baixada em sua mente consciente, em uma ponte interdimensional que pôde acessar a consciência não-local de sua saudosa mãe. O seu maior sucesso, *"Yesterday"*, emergiu totalmente em um sonho. Há relatos de Mr. McCartney, que voltou à vigília cantarolando e perguntando de quem era a música que estava na sua cabeça. Atento às informações vindas do campo dos sonhos, Paul pôde registrar a canção quando percebeu que foi o portal onírico que baixou em seu repertório uma nova composição. Obras inéditas, como ambas do famoso Beatles, foram acopladas a sua mente local pela consciência não-local por intermédio de um agente divino, como a sua mãe, ou teria ele acessado o campo quântico estendido no campo das infinitas possibilidades? Ou será ainda que Mr. Paul tem alguma chave para adentrar a algum portal dimensional que acessa a espiritualidade?



Carl Gustav Jung pesquisou incansavelmente a natureza dos sonhos, de onde parte de suas teorias estruturaram-se. Reconhece o mérito de Freud por ter aberto as pistas para as pesquisas e interpretações dos elementos oníricos. Dizia que "os sonhos nos mostram a verdade natural e sem verniz", embora com uma linguagem simbólica específica. Considerava o consenso universal de que os sonhos, em todas as épocas e em todos os povos, sempre foram um oráculo que transmite a verdade. Jung considerava que o inconsciente era algo espiritual e que os sonhos são uma maneira de comunicação, por meio da qual as imagens oníricas revelariam algo sobre nós mesmos, nossos relacionamentos com outras pessoas e situações de nossas vidas. Os sonhos, para Jung, são o recurso mais eficaz para a construção da personalidade, uma vez que manifestam o conjunto dos valores religiosos, morais, filosóficos, aspectos do *self* pessoal e do inconsciente pessoal e coletivo – os arquétipos – em um processo de individuação, a busca fundamental da vida. Os motivos mitológicos e arquetípicos devem ser considerados como a função transcendente, quando apresentam símbolos histórico-culturais universais, unindo os opostos entre o consciente e o que podem estar comunicando em seus aspectos do inconsciente coletivo. Jung instituiu a conceituação da força forte do inconsciente coletivo que é algo que absorve a nossa consciência sem que tenhamos domínio, estando no campo estendido de onde provém as ideias superiores.

Jung foi julgado pelos contemporâneos como um metafísico, pelas suas considerações filosóficas, religiosas e históricas para se referir às conexões psíquicas. Ele compreendeu que os sonhos são o estado inconsciente complementar sobre o conhecimento preciso da consciência naquele exato momento quando eles são constelados. A grandiosidade da mente de Jung pode s considerada em suas evoluções estruturais em relação aos sonhos ao longo de suas publicações, as possibilidades do encontro do campo dos sonhos com a espiritualidade, representando o criativo, o maná – a potência da psique, isto é, a "alma" do grego. Em sua obra "A Essência dos Sonhos", 1945, Jung incluiu em sua análise algo absolutamente inovador, um princípio da nova ciência, nomeada por ele de "física nuclear", a não-localidade, a comunicação instantânea a distância, sem uso de sinais, conseguindo admitir e reconhecer os sonhos telepáticos, que antecipavam no tempo e no espaço acontecimentos por pressentimento de algo particularmente afetivo, diante da importância humana do acontecimento, como, por exemplo, um falecimento. Aconselhava o conhecimento das ideias do autor Stewart E. White, especialmente duas obras intituladas *"The Unobstructed Universe"* e *"The Road I Know"*, equacionando a relação da região dos espíritos com a dos sonhos, utilizando em trinta anos de suas práticas a respeito do tratamento das neuroses o método da imaginação ativa. À sua busca, Jung acrescentou a criptomnésia, uma memória oculta de processos inconscientes ou até de vidas passadas que podem ser apresentados na relação dos sonhos e ainda a percepção extrassensorial. Afirmava que a complexidade da natureza dos sonhos exige a investigação durante uma vida inteira, em estudo detalhado. Depois de meio século de práticas e pesquisas, Jung se inclinou a admitir que as suas ideias se aproximavam das concepções da física quântica.

Seu colega Wolfgang Pauli ficou por anos compartilhando ideias a respeito dos sonhos e declarava ser o ambiente onírico seu grande laboratório. Grandes pensadores e construtores de teorias modernas, como Freud, Jung e Pauli, desenvolveram suas práticas científicas pelo caminho dos sonhos como chaves de acessos à consciência, em que cada qual em sua área de trabalho buscava os caminhos que os levassem a suas realizações de alma na experiência humana.

Um dos maiores cientistas da humanidade, Nicola Tesla, alegou que parte das suas teorias sobre a energia livre e outros inventos surgiram praticando técnicas de sono e sonho, como, por exemplo, o que conhecemos por sono polifásico. Nessa prática, dorme-se em períodos curtos durante intervalos equidistantes ao longo do dia, podendo escolher por ter ou não algumas horas de sono durante a noite. Dessa maneira, entra-se mais rápido na chamada fase REM do sono, que é uma fase fundamental para restabelecer as funções cognitivas, consolidar memórias e controlar a vigília, o momento de despertar e acessar outros planos de consciência. Tesla desde a infância via flash de luzes ofuscantes e, quando jovem, aos poucos conseguiu dominá-las, trazendo essa potência, que denominava como talento excepcional, como parte fundamental de seu imaginário. Afirmou que cada uma de suas invenções se iniciava em suas visualizações, que as tinha como reais diante de seus olhos como qualquer outro evento, que se ampliavam em detalhes e perfeições, antevendo possibilidades, realizando predições e correções para, posteriormente, materializá-las. Relacionava-se intimamente com a vida e a terra, pois acreditava que todas as coisas do mundo possuíam um impulso de carga elétrica e mesmo estando separadas, estavam ligadas.

*"O Universo está vivo em todas as suas manifestações, como um animal pensante. A pedra é um ser pensante e sensível, tal como as plantas, as bestas e o homem. Uma estrela que brilha pede para ser vista e se não estivéssemos ensimesmados entenderíamos sua linguagem e sua mensagem. A respiração, os olhos e os ouvidos do homem têm que cumprir com a respiração, os olhos e os ouvidos do Universo."* Nikola Tesla, entrevista para revista Immortality, 1899, Colorado Springs.

Como vimos, há distintas linhas filosóficas e tradições de concepções sobre os sonhos. Desde os tempos memoráveis e em quaisquer linhas de pensamentos, são objetos e processos "religiosos", quer dizer sobre "re-ligare", que nos religam à consciência superior, não-local, da potencialidade pura. São portais mágicos que nos trazem mais sentido e outros significados em nossas angústias vitais, fendas de oportunidades multidimensionais que podem ser aproveitadas. Assim, recebamos o passe dourado da fábrica de chocolate mais fabulosa que as experiências do campo onírico e suas potências quânticas infinitas têm para nos oferecer.

## SUBINDO AO CAMPO EM A BUSCA DA VISÃO



Estamos aqui em um aparato cérebro-mente que tem limitações para decodificar os sinais em nossa posição de observação. Olhamos para a realidade e o que ela aparenta ser? Registramos pelos sentidos o mundo externo, nos vemos separados, percebemos as coisas por um efeito da causa. Estamos inseridos no tempo e nas condições da matéria na realidade observável, na qual desde muito pequenos aprendemos e firmamos nossa identidade diante do que o mundo externo nos oferece.

Vamos aos Princípios fundamentais da física quântica sendo observadores dos elementos oníricos em nossa consciência local e avançando nas potencialidades infinitas que as pontes para o campo da potencialidade pura podem permitir que experimentemos. Como campo quântico, podemos compreender um domínio não-local em que se encontram as ondas de possibilidades, o oceano leitoso no qual tudo coexiste em unidade, no tudo-nada do vácuo, m que somente somos energia em potência disponível para o colapso. Desse imenso infinito possível, conectamos em nossos sonhos os elementos para divagar entre a mente local e a mente divina, não-local, superior, infinita e criativa. Nos elementos oníricos, podemos reconhecer a superposição coerente, na qual a possibilidade de tudo que não é esta abraçada a tudo que pode ser em equidade na potencialidade, sem colapsos de ondas para que a medida gere uma escolha. Vemos o surrealismo de Dali impregnado em cenas cósmicas, isentas do ou *isto* ou *aquilo*, as múltiplas dimensões criam incríveis cenários e ações que aparecem e desaparecem instantaneamente, sem que víssemos os caminhos percorridos, o que nos demonstra outro princípio quântico: da incerteza.

No campo unificado, as partículas não podem ser medidas em sua posição ou trajetória, assumem o desaparecimento e surgem instantaneamente em outro lugar, assim como elementos dos sonhos, difíceis de serem capturados pelo observador. No amplo campo quântico e suas possibilidades, podemos ser um cérebro-mente em um campo de informações repleto de ondas potenciais de energia, que podem se comportar também como partículas, compreendendo então mais um princípio da física quântica: da complementaridade. Nos sonhos, vivemos a cocriação da realidade da matéria onírica, podemos nos servir de uma hierarquia entrelaçada, experimentando simultaneamente o observador e o criador, alternando as interfaces em equidade e manifestando inovadoras ideias.

Prestando atenção em nossos sonhos, não podemos mais voltar à vigília e considerar a realidade como aquela de Descartes, que nos prende à camuflagem física de que somos feitos, separados do todo, na qual os sentimentos e emoções não afetam o todo e os eventos acontecem independentes de nossas ações. Quando nos tornarmos os sonhadores nas horas despertas, enquanto estamos na vigília, mais sentidos abriremos para escutar os sinais não-locais — para vermos com outros olhos, intuirmos e integrarmos tudo que nos acontece à perfeição e a harmonia que o universo oferece em cada pequeno momento de vida. Somos viajantes interdimensionais, vivendo a experiência humana, desbravadores da consciência e suas potencialidades em manifestações.

Estamos em construção permanente, podemos integrarmo-nos ao todo em perfeita harmonia. Sentir a mãe terra que nos permite a vida na superfície, entrelaçar a nossa observação a todos os pequenos fragmentos de manifestações que se apresentam nesse campo de informações que é a realidade da vigília. Sonhando, somos convidados a desprender-nos, soltar todo o pacote conhecido em nosso nome, endereço, tipo sanguíneo, registro geral, identidade, e fluir. Experimentar, aprender com a consciência local em vagas potências descontínuas sobre o improvável, incerto, complementar, criativo multiverso quântico.

# APRISIONANDO OS SONHOS PARA ACESSAR AS PONTES INTERDIMENSIONAIS

Cada vez que abrimos mais um espaço de observação do próprio universo autoconsciente, criamos uma lente subjetiva e as coisas parecem se alterar na logicidade da mente. Paralelos são abertos e passamos a ampliar os processos de expansão da consciência em autorreferência.

• Registrando diariamente os elementos dos sonhos, em atenção amorosa e traduzindo a sua multidimensionalidade em palavras escritas, figuras, gráficos ou desenhos, algo mágico aproxima os campos;

• Retiramos o véu da separação e entrelaçamos as realidades e compreendemos novos significados. Nossa mente passa a ter dúvidas sobre o campo onírico e o da vigília;

• Desafiamos o aparato cerebral a observar cada dimensão e a fluidez nos fornece ao menos mais uma lente para apuramos os fatos e testemunharmos os elementos interdimensionais;

• Abrimos os campos, físico, sutil, energético, espiritual, e passamos a uma presença atenta e ativa no infinito agora, ampliando as interações dos campos de energia ao fractal de luz que somos.

O autoconhecimento será uma constante e incluiremos a consciência local e não-local em uníssono, em que as formas, o tempo, o espaço, as interações de toda ordem e dimensões têm outros conceitos e novas matrizes de leituras. Nada consistente, nada palpável, tudo articulável e de combinações em miríades de possibilidades. Ao acordarmos pela manhã, ampliaremos a lupa para os sonhos, adentrando aos ambientes por onde estivemos nas horas de conexão com o universo estendido, com a potencialidade da Fonte divina, dos portais infinitos em múltiplas dimensões. Quanto maior a serenidade e a intenção de retirar os véus entre a consciência da vigília e os sonhos, mais claros e nítidos vão se tornando os códigos dos enigmas que podemos experimentar. Ao criarmos registros nesse *momentum* intermediário, em que janelas ainda não se fecharam, seremos testemunhas da sincronicidade entre nós mesmos e o universo. Perceberemos o avatar divino desenhado à imagem e semelhança dos seres iluminados, dotados de conexões com outros programas para além da terceira e quartas dimensões. Estamos aqui, mas não somos daqui e nossa natureza essencial é uma ínfima potencialidade da onda-partícula da matriz universal do amor infinito e perfeito. Registrando a maior quantidade de detalhes, escrevendo, gravando, criando códigos pessoais para depois serem traduzidos e decodificados, vamos retirando a percepção da separação, integrando sentidos desconhecidos, pois as pontes ainda não se dissolveram. Quantas vezes nos lembramos por instantes dos sonhos e, sem fazer qualquer registro, nos esquecemos deles definitivamente? Portanto, é essencial registrá-los para criar o diálogo entre as dimensões, acoplar os significados, atrair a sincronicidade entre as nossas consciências – a mente local e a consciência não local – legitimando as manifestações, entrando em suspensão dos padrões dimensionais que abrem lacunas para novas frequências atuarem em nossa vida.

# ESTRATÉGIAS PARA AMPLIAR AS PONTES ENTRE AS DIMENSÕES

Dos registros de meus sonhos aprimorei tendências e habilidades que muito cedo, ainda menina, se faziam presentes em minha existência. Traduzindo as experiências no código escrito, aprisionamos pela linguagem construída por nossa cultura nessa dimensão, vamos dissolvendo os limites dos códigos cifrados a respeito da nossa própria natureza divina. Um outro elemento sob um novo ponto de vista para as dimensões escondidas, que permitem emoções, sensações, experiências e acessos interdimensionais singulares e absolutamente exclusivos. Assim como no nosso universo autoconsciente, nos sonhos, somente um único observador tem acesso: nós mesmos! Entretanto também podemos ser o único obstáculo.

Existem algumas estratégias para burlar a mente, quando não conseguimos lembrar dos sonhos. Uma delas é, por exemplo, incluirmos no diário os registros da noite como se tivéssemos tido algum sonho. A mente se mostra mais ligeira de que seu "engano" e abre a direta defesa liberando os bloqueios e a história emerge — *voilá!* E rememoramos partes ou todos os sonhos. Nossa mente não sai da posição de comando, lembremos desse modo *operandis* quando a observarmos! Aconselhamos amigos e familiares a fazerem seus registros e a mesma mudança foi clara a todos. As possibilidades para quando abrimos essa ponte entre os sonhos e a mente local, são instigantes. São tantas maravilhas quanto infinitas as situações nas quais podemos entrar!



Os sonhos remetem nossa alma a ambientes mágicos e acessamos as chaves para escancarar portais para os universos paralelos. Os "coelhos brancos" nos puxando para nossos buracos internos, a fim de experimentarmos outros mundos. Podemos procurar o caminho das pedras amarelas com os sapatinhos vermelhos em busca do grande oráculo interno que somos, vislumbrar as bruxas boas e más que fazem a história pessoal refletir nossa luz e a sombra. Dar vida ao nosso imaginário e escutar as bonecas falantes, os sábios ocultos nas bibliotecas etéreas que nos dão conselhos e nos fazem as perguntas que sempre nos fizemos. No *self* quântico, acendemos as luzes dos porões e verificamos que aquilo que nos dava medo não era tão assustador e que nossas bagunças eram pistas de tesouros. Sacudimos as velhas roupas empoeiradas e descartamos o que não queremos mais, separamos os pacotes herdados, que fomos obrigados a aceitar e repaginamos as imagens no espelho da alma. Descobrimos que somos mais poderosos que nossos heróis e escolhemos as capas para cada aventura que iremos experimentar e em qual companhia, guiados pelos mapas de possibilidades referentes aos níveis de nossa consciência.

# ENTRE OS SONHOS E A VIGÍLIA, ESPECTROS DA CONSCIÊNCIA



As atuais pesquisas na neurociência moderna, demonstram que o nosso cérebro- mente não faz distinção entre o que capta do ambiente externo pelos sentidos e cocria a experiência, daquilo que é criado pela consciência quando utilizamos o pensamento e a visualização. O ganhador do prêmio Nobel de medicina (1987), Susumu Tonegawa - foi quem descobriu que quando recordamos, ativamos os mesmos mecanismos cerebrais de quando vivemos a experiência. Lembrar e pensar em detalhes produz efeitos bioquímicos no organismo exatamente iguais ao da experiência vivida. Ou seja, se incluirmos o ambiente onírico à mesma produção de processos sistêmicos, os eventos de nossos sonhos serão incluídos em nossa mente como parte da dimensão da realidade na vigília. O que, por óbvio, amplia as nossas interações entre os campos vivenciados como cocriador e a própria obra criada. O que é a consciência local e as leis que regem as interações locais será entrelaçado com o que faz parte de outras dimensões e estão além das manifestações físicas e mentais. Mais pontes interdimensionais nos convidarão a experimentar o universo quântico e seus princípios em experiências extraordinárias, sejam pela telepatia, clarividência, clariaudiência ou em comunicação com antepassados ou com seres espirituais. Ainda que possamos em nossa imaginação ultrapassar os domínios clássicos, extrapolar os limites impostos pelas quatro dimensões e criar verdadeiras cenas surreais, a maioria de nós enfrenta a pobreza da liberdade criativa e mesmo no ambiente mental, nos encontramos aprisionados pelos padrões da realidade observada na vigília. Comecemos pelo presente que nos é oferecido todas as vezes que dormimos – o campo dos sonhos!

# 3

# A PRIMEIRA CHAVE: COMPREENDENDO QUEM SOMOS

*Somos uma orquestra de padrões e crenças dos sistemas da realidade dimensional, inseridos em um campo toroidal que estrutura as forças que resultam na morfogênese de nosso ser. Desde a concepção, acoplamos as frequências de nossa mãe, na melodia de seus tons e cores para nascermos e nos desenvolvermos humanos. Enquanto não integramos a consciência não-local em nosso modo de ser, mantemos os portais fechados e em uma mesma estrada. Seguimos como produtos e (re-) produtores dos (contra-) valores.*

Nascida em 1970, fui uma criança que experimentou os reflexos das conquistas feministas nos contravalores assumidos pelas famílias para moralizar a educação dos filhos que vieram após os princípios da revolução sexual.

Engravidei de minha primeira filha aos 18 anos, depois de esperar a maioridade para me autorizar a ter relações sexuais com meu namorado paciencioso e apaixonado há dois anos. Nosso encontro foi daqueles escritos nas estrelas. Estudávamos na mesma escola no ensino médio, mas não tínhamos a mesma turma de amigos. Acabamos nos encontrando em um evento musical de alunos quando ele já havia saído para a faculdade. Desde o primeiro beijo, fomos acertados pelo cupido. Marcelo era um jovem bonito e inteligente, com ar irreverente e atitudes diferentes das convencionais. Cursou um ano de filosofia e seu pensamento divergente foi alimentado pelos grandes nomes que fizeram as mudanças na história humana. Como adolescentes, vivemos as turbulências na relação e assim nos constituímos pais. Foi um choque para as famílias de ambos! Na dele, a crise foi feia, pois o acontecido descumpria o programa que o pai tinha para o primogênito, com investimentos em estudos internacionais e continuidade do nome da família. Na minha, a ideia de que eu era uma boa menina, a predileta da mãe, diferente da geração dos quatro primeiros filhos, criada em escola religiosa e que não fazia "essas coisas", causou rebuliço. Quebrei a ordem natural da vida, tendo irmãos bem mais velhos, pois, para eles, eu ainda estava na etapa do "crescer", e não na do "se reproduzir". Nosso amor era intenso e quando fomos noticiar às famílias, os planos estavam todos traçados. A reserva da data feita para o casamento na igreja, local escolhido para uma festa simples onde os amigos poderiam comemorar nossa nova fase.

Fui temporã, cheguei para abalar a estrutura de uma família interiorana: fui a quinta filha, com diferença de dez anos do irmão mais velho e seis do quarto. Minha história inicia sem o acolhimento do meu pai, que tentou fazer a minha mãe interromper a gravidez. Dentre outros comportamentos, como comprar nove carros, mudar o comportamento tão exemplar de bom esposo e companheiro, amoroso e que priorizava a família, para furtivo e festeiro. Revelações que um pouco mais tarde mostrariam que ele estava doente. Foi um abismo na vida de minha mãe, que passou a gestação toda tentando compreender quem era aquela nova persona no corpo do marido. Uma revolução bombardeou os hábitos e padrões familiares. Meu pai precisou buscar tratamento de saúde em capitais maiores com recursos e tentativas de diagnósticos bem incertos para a época. A carreira promissora e em ascensão do chefe da família numa instituição federal sucumbiu à fragilidade do estado de saúde e a medicina tinha limitação sobre o diagnóstico.



Fui entrelaçada ao amor profundo de minha mãe que, desde a notícia da gestação em situação de abalos emocionais pelas distorções de todo ambiente familiar, e especialmente na relação do casal, desejou a maternidade como nunca. Fez promessas a Santa Inês para que a criança fosse saudável, daí o meu nome do meio. Há um relato que minha mãe contava e recontava, segundo o qual, quando estava em um salão de beleza e entrou uma moça loira, alta e muito linda, ela firmou seu olhar e seu pensamento na jovem e visualizou-me assim quando crescida. Fui o bebê mais rechonchudo, rosado e lindo da cidade, narrou a minha mãe, a mais cuidadosa e amorosa que podia ser. Meu pai fez uma festa enorme para comemorar, provavelmente motivado pela culpa.

Desde meu nascimento, minha mãe, que sempre teve seu trabalho, priorizou a atenção, o afeto, a presença para mim, causando ciúmes entre os mais velhos, que viviam ao mesmo tempo a perda da figura do pai provedor, presente, atencioso, trabalhador para o pai frágil e inconstante, além da reconfiguração da mãe, que direcionava toda a sua qualidade, sua energia e seu amor ao bebê Simone Inês.

Cresci como o foco da atenção privilegiada de minha mãe, em uma relação intensa de amor. Desenvolvi minhas estradas com a estruturação firmada na infância e, mesmo em turbulentas e difíceis situações vindas das crises de saúde de meu pai e seus transtornos de humor, sentia o que é fundamental para uma criança: alvo do profundo olhar de consideração, afeto, confiança, cuidado de minha mãe, estruturando-me no amor incondicional. A partir daí, percebia-me um ser com capacidades e habilidades, que saía e voltava em movimentos de crescimento e autonomia para o mundo externo e, ao retornar, tinha o aconchego e o impulso vital das palavras de minha mãe, que me forneciam a energia necessária para as flechas fossem lançadas cada vez mais longe.

Os movimentos feministas também ecoavam no coração e nas mentes das jovens. O direito pela igualdade das mulheres na sociedade rompia espaços e fundamentava discursos, e os comportamentos questionavam a condição construída pelos valores patriarcais. Era o chamado segundo movimento feminista que eclodia diante de nossos olhos.

As mulheres passaram a ter domínios sobre suas escolhas sexuais em função da adesão à pílula anticoncepcional, que dava a elas livre escolha do parceiro e do prazer. As donas de casa monogâmicas eram estruturas que deveriam ser ultrapassadas. Na França, o aborto fora votado como escolha constitucional, aprovado em assembleia nacional, abrindo polêmicas pelo mundo ocidental desde o início dos anos 1970. As mulheres queriam poder renunciar à maternidade com apoio legal e usufruir da ascensão de salários e cargos na carreira profissional. Era a época da integração das políticas dos vários movimentos de lutas civis e minoritárias.

A partir da década de 1980, as conquistas sexuais dos movimentos ganhavam outros julgamentos. As instituições religiosas faziam apelos aos dogmas e eram seguidas pelas famílias que queriam colocar em ordem a casa. Represaram as manifestações dos movimentos feministas para as crianças do ambiente. As mentes infantis, que receberam esse colorido barulhento de passeatas e queimas de sutiãs em praças públicas e calçadões, não foram incluídas nos discursos. Mais uma vez, emudeceram-me. A mim e a uma geração de meninas que não construíram as suas crenças baseadas na liberdade sexual.

Minha irmã mais velha, nascida uma década antes da minha, foi uma grande mostra viva das mulheres irreverentes da época. Épica! Suas cores, seus amores, suas contestações sobre a educação dos pais e da escola, sobre o sistema e as jurisdições, ensinavam-me pelo exemplo.

Foi a primeira pessoa que vi meditar, isentar a carne do cardápio, abandonar as antigas receitas das avós e da mãe, incluir a soja e outros grãos, reaproveitar materiais muito tempo antes de se falar em reciclagem para criações autênticas e polêmicas na decoração de interiores. Transformava nosso quarto em suas instalações de arte. Era interessante ver o significado criativo que uma colcha de crochê vermelha, feita pela nossa avó, recebia na mão dela. Outras vezes, eram os ambientes sociais seu foco de intervenção, os móveis mudavam todos de lugar, alterando os pontos de vista, as formas de convívio, os usos, a luminosidade e os diálogos. Fazia poses controversas e caretas em fotografias, que eram tiradas com máquinas que usavam filme! Minha mãe ficava uma fera quando se estragava um clique.

Eram brigas de gerações entre minha mãe e minha irmã. O *status quo* da sociedade familiar interiorana da época e uma rebelde recém-chegada à capital, inteligentíssima e vanguardista, dobrando as mocinhas da cidade. Minha irmã estudava no colégio onde só os mais intelectuais entravam em cursos dificílimos, masculinos em sua maioria. Influenciada pelos movimentos do mundo, estava entre os grupos que quebravam a banca. Talentosa como atriz dramática, uma vez que a família era um exercício rotineiro, foi estudar teatro, tendo aulas com mestres aclamados da cidade. Poetas e poesias encontravam-se nos pátios e nos bares. Os rádios propagavam músicas de significados dúbios. As danceterias enchiam-se de fosforescentes, brilhos e danças sensuais. Ídolos eram presos. O rock era a mania mundial. Sons psicodélicos e metálicos invadiam as radiolas. Nada de ordem, nada limites paternos, nada das velharias da mamãe, muito paz, amor e *rock and roll!*

A imagem da mulher moderna era associada à cozinha mais equipada. As mídias expunham mulheres sensuais e seus aparelhos como objetos de desejo. Campanhas publicitárias de sutiã, acessório remodelado nessa época para exaltar as qualidades tão femininas, mostravam os dois ícones da época: de dia, a imagem de Jackie Kennedy e, à noite, a de Marilyn Monroe. Essa cena é um bom exemplo dos significados.

Ter um filho era uma opção das mulheres. Surgiam as produções independentes como um modo de criar um filho sem o marido/pai. Assim como o casamento não era mais o destino obrigatório. As meninas estudavam cada vez mais, aprendiam línguas, outras filosofias, ciências. Se tivessem filhos – sob a ciente possibilidade de perder o emprego ou a promoção para o colega –, deveriam ser poucos, um ou dois. Mais que isso era para as meninas sem acesso à cultura e aos saberes conquistados pelas feministas. Mulheres sem recursos financeiros ou intelectuais, à margem da sociedade.



A educação da criança passou a ser compartilhada entre o pai e a escola, desde o nascimento dos bebês, estando a mãe casada, separada ou divorciada. Crescia a geração de crianças institucionalizadas, sem papel familiar definido: na ausência materna, as carências afetivas e, na perda do papel paterno, sem limites. Uma delegação de posições que acabavam com uma criança não legitimada em suas necessidades e seus direitos.

Meninas-moças tinham as amizades pelas participações em eventos escolares, geralmente em escolas religiosas que dominavam as opções da classe média. Os discursos religiosos manifestavam-se contra as pílulas anticoncepcionais, e as mulheres que as usavam faziam-no com culpa. Explodiram as moradias em apartamentos e os hábitos culturais dos bairros foram mudando: nada de falar com pessoas estranhas nas ruas, aceitar coisas oferecidas por elas, andar à noite desacompanhado, vestir ou usar roupas, decotes, saltos ou cores que desabonassem as condutas morais afirmadas.

O império patriarcal das sociedades e das instituições continuava com suas forças e impunha suas regras entre os jovens que voltavam aos modelos masculinos de poder e relação. As mulheres eram diferenciadas entre as "para namorar e casar" e as demais - estas para aproveitar, tirar uma casquinha, beijar, ter relação sexual e não ver mais. Os telefonemas começaram a fazer parte dos relacionamentos.

O sexo começou a ser mais praticado, mas as atitudes variavam conforme os valores e a vivência conjuntural da família e da comunidade religiosa. Os grupos variavam de acordo com as influências, as contenções e repressões das pulsões. Havia aqueles que se denominavam liberais, e praticavam sexo pelo prazer, sem compromissos com parceiros e tentavam convencer os demais com eventos festivos e conversas provocativas. Outros preservavam os valores religiosos e morais, faziam as suas descobertas sexuais envolvidas em sentimentos e estabeleciam-se como casais que conquistavam esse direito, às vezes apoiados pelas famílias. Existiam grupos de jovens que somente dedicavam-se aos estudos e outros ainda que passeavam pelos grupos e estabeleciam seus comportamentos em conformidade com o padrão do pensamento do parceiro, já compromissado ou alvo de conquista.

As jovens engravidaram aos montes. As clínicas de aborto clandestinas eram procuradas cada vez mais pelos sonhos interrompidos dos desesperados adolescentes. Praticamente todos eles conheciam alguém que já tinha feito aborto. Os mais corajosos optavam pelos casamentos. Proliferavam, na classe média, as noivas barrigudas cada vez menos constrangidas, adentrando as igrejas, os cartórios ou as cerimônias dirigidas por pastores. O desenho das famílias incorporava avós que criavam os filhos dos pais adolescentes que não tinham se assumido como casal ou que desistiam de casamentos atribulados pelas turbulências comuns do período do próprio desenvolvimento associado aos cuidados do bebê.

As condições econômicas eram fatores determinantes e concorrentes da maternagem. Quando o jovem casal ganhava o bebê precocemente, o pai ainda conseguia continuar seus estudos e batalhar pelas mesmas condições de trabalho que seus colegas solteiros. Ou se o jovem casal tivesse o privilégio de poder contar com o apoio de seus familiares, estes assumiam os custos como forma de investimentos futuros e normalmente apostavam nos rapazes para as graduações e pós-graduações. As mães adolescentes paravam seus estudos onde estivessem quando engravidaram e, consequentemente, diminuíam suas chances de boas vagas de trabalho. Procuravam ajudar o orçamento doméstico criando seus filhos e voltando-se aos cuidados da casa ou partiam para trabalhos que não exigiam diplomas universitários, como vendas ou atuação nas escolas elementares, por exemplo.

Fui fazer o magistério, no ensino médio, pela opção de profissionalização que oferecia, uma maneira de o quanto antes poder entrar no mercado de trabalho e conquistar a minha independência financeira. Assim que me formei, aos 17 anos, comecei a trabalhar como professora da educação infantil e, no ano seguinte, recebi minha primeira convocação para a maternidade. Foi o ambiente para o amor ser descoberto. Marcelo e eu demos as mãos e, unindo nossos corações, fomos ser um casal para sustentar a nossa família. Tenho muita admiração pelo corajoso jovem que aos dezenove anos decidiu encarar os imensos obstáculos para assumir a posição de pai e marido. Ainda cursando a universidade, foi atrás de oportunidades de trabalhos que favorecessem a nossa mudança para um lugar que pudéssemos constituir um lar.



# MANTER AS ESTRUTURAS OU REINVENTAR-SE

Aos 18 anos, fundei-me como mulher e mãe simultaneamente.

Mãe e professora coemergiram em mim.

# A PRIMEIRA CONVOCAÇÃO À MATERNIDADE

Minha primeira filha foi a força propulsora para o despertar de minha consciência quântica. Antes de nosso nascimento, mãe & filha, vivi desajustes entre o que sonhava e a realidade. Adolescente e mãe eram papéis difíceis de se encaixar. Aos sete meses de uma gestação conturbada, com vários sintomas clínicos, a Marcella chegou ao mundo! Pesando 1,720 quilos, ensinou-me as maiores lições sobre a vida.

A principal delas foi a do amor incondicional. A vinda prematura da Marcella ensinou-me que a unidade "mãe & bebê" transcende a forma ou qualquer condição na materialidade: somos uno, somos uma hierarquia entrelaçada – o sublime valor da dimensão quântica, a condição fundamental para a mulher despertar sua consciência. Um bebê prematuro precisa ter a mãe em sua companhia para vencer os possíveis problemas que surgem nas horas e dias após o nascimento. Naquele tempo, os hospitais não consideravam esse entrelaçamento e as regras previam o isolamento do bebê por riscos de infecção. Só podia ver minha filha pelo vidro. A dor que acumulava em meu corpo, tão jovem e já mutilado pelos meses de tratamentos e internações, fazia o reflexo naquele ser que totalmente inspirado em minha alma, expunha na vitrine o descompasso de uma história. Os dias de hospitalização da Marcella eram, cada um, comemorados em silêncio, vinte e quatro horas a mais de conquistas – a apreensão nos rostos dos avôs era nítida.



Em meu olhar e meu coração, nunca existiu um segundo de dúvida, somente a certeza de que tudo daria certo. Juntas, aprendemos o significado de superação. A comemoração do dia de irmos para casa em buzinaço pela cidade foi um novo nascimento. A relação começava com a autorização do pediatra para sairmos do hospital, modificando o peso verdadeiro da Marcella na receita de alta para os dois quilos exigidos pelas regras. Qual é o peso das coisas? Nas primeiras

24 horas em casa, a bebê engordou o correspondente a uma semana no hospital. Emoção do pediatra, que acompanhou a luta pela vida desde o nascimento, e minha, pois, nesses 21 dias de distanciamento forçado, aprendi mais a respeito de mim mesma e dos verdadeiros valores da vida. Era uma mulher parida em cada dia pela própria filha, que arrebatava qualquer cansaço em força, todo sentimento em vitalidade e, ao contrário do tamanho físico, demonstrava a enormidade daquela alma que serenamente se agarrava em presença amorosa de vida.

O entrelaçamento do Universo Simone & Marcella foi a compreensão dos campos unificados em mesmas frequências. Éramos um uníssono em dois corpos, nossa energia expandia-se ou contraía-se em sincronicidade, talvez pela pouca idade, a inocência ainda acesa em mim, menos acoplada ao sistema e às estruturas que nos afastam de nossa essência. Ou pela força espiritual dessa estrelinha que chegara sem me avisar, arrebatando tudo o que conhecia por viver, e nos presenteou com a harmonia das ondas propulsoras do amor!



Podem ser ambas, a abertura e a entrega daquele *momentum* no oceano luminoso do ser do amor incondicional. Nascemos como mãe e filha marsupiais, antes mesmo do invento do *sling*. Uma mãe canguru e sua filha grudadinhas, corações aquecidos e a imensa alegria em estarmos juntas. Sentíamos o mundo todo, tínhamos juntas sono, gripe e febre. Desenvolvemos as habilidades que nos eram imprescindíveis para nossos papéis, da mútua compreensão, de que cada uma de nós precisava. A relação nesse universo Mãe & Filha foi sendo construída na parceria amorosa e a comunicação era instantânea e sem necessitarmos de sinais. Nossos olhares, eram janelas para nossas almas, qualquer dificuldade era simples. Nosso amor nos dava segurança e confiança que nada poderia atrapalhar e nos tirar da plena realização do nosso encontro. Todas as etapas do crescimento eram compartilhadas pela presença bondosa que oferecíamos uma à outra.

Na dimensão da experiência, nos relacionamos com o mundo por toques, cheiros, sons e formas, temperatura, luz, captados pelos cinco sentidos, sensações que vão nos dando as medidas e os gostos das coisas relacionada coletivos. As ciências são admitidas quando podem ser comprovadas pela experimentação, e as experiências repetidas. Vivemos para as rotinas que valorizam a produção de bens de consumo, dos cargos que mantemos, dos confortos que a tecnologia proporciona a todos. A dimensão física é inebriante e associamos nossa felicidade ao que podemos ter.

Quando nasci na primeira maternidade, experimentei os valores mais profundos da consciência quântica, o amor incondicional, a bondade, a alegria, a compaixão, talvez o processo mais difícil e raro. A minha filha despertou em mim a potencialidade do estado de ser divinamente humana: ser mãe! Mas minha mente ainda estava no nível da percepção do padrão construído para as mulheres da pós-modernidade. Ser alguém de valor na sociedade era ter no sobrenome alguma instituição laboral. O campo atômico fusionado com a minha mãe, além do ambiente sociocultural, estruturava esses valores. Em meu caso, ter sido mãe adolescente me fez interromper os estudos no terceiro grau. Precisava trabalhar com as crianças pequenas - as escolas que admitiam a formação que até aquele momento tinha conseguido concluir, o ensino médio. Foi assim que meu modelo padrão de mulher acabou formatado.



Como professora de educação infantil, deliciava-me dando aula. Os espaços da escola e de casa complementavam minhas habilidades, eu brincava muito e as questões a respeito das crianças começaram a invadir meu tempo. Lia, pesquisava, planejava aulas incríveis e, aos poucos, fui sendo mais respeitada como profissional e desenvolvendo uma carreira. Para os olhos alheios que pouco acreditavam que o casamento de dois adolescentes que se tornariam pais em alguns meses duraria muito mais, íamos bem e, com autonomia, seguíamos a vida. O meu marido Marcelo, primeiro namorado e amor, aos vinte anos, superava-se colocando a família como seu foco. A batalha pelo reconhecimento de que era capaz de assumir os fardos eram pílulas diárias de superação. A companhia do céu fez a sua parte, colocando a situação em uma potencialidade de casal que poderia crescer e se desenvolver pelo amor que nutria. E naquele pai e marido, especialmente, brindando-o pelo caminho para que as aspirações para crescer profissionalmente viessem na velocidade da luz. Ele não desperdiçava tempo para compor ideias e trabalhava muito. Sempre contava que algumas das coisas que depois deram certo e foram fonte de renda e sucesso tinham surgido prontas na mente, como se alguém as enviasse e ele, atentamente, as organizasse e colocasse em prática.

# QUAL SIGNIFICADO SOCIOCULTURAL EM SER MÃE E TER UM FILHO?

Em meu contexto, estruturado pela carga das forças propulsoras que em casa foram meus modelos: minha mãe e a irmã mais velha, essa, a jovem repleta de ideais e ativista dos valores que emergiam, a maternidade era uma face das experiências e compreensões sobre a vida que não se encaixava nos valores e nos papéis do feminino. Ser mãe era um conceito para aquelas com pouco estudo e sem recursos, alheia das informações, religiosas e cheia de dogmas que não aderiram as pílulas, por exemplo. Ou para mulheres que tinham sido aprisionadas pelas décadas anteriores que ainda sonhavam em encontrar seu príncipe e se casar para serem felizes. A morfogênese de meu campo vibrava com outras imagens de mulheres, realizadas com seus fazeres profissionais e com ganhos rentáveis, eu igualmente precisava alcançá-los.

A profissional ganhava reconhecimento pelos pais, que queriam seus filhos como meus alunos, e pela coordenação, que admirava minhas criações e atuações docentes. Já as crianças... ahhh... eram minha fonte de alegria e me motivavam a levantar a cada dia, preparar aulas criativas e divertidas, mesmo com tantos afazeres entre a casa e o trabalho, amava a relação professor & aluno que me gerava vontade em aprender e a ler cada vez mais. Deixava a minha filha na creche ao lado da escola onde trabalhava, até que atingisse a idade dos 4 anos, que era o primeiro nível aceito e viesse para o mesmo espaço. Queria muito que estivéssemos na mesma escola, por ficar mais próxima a mim e facilitar a logística.

Comecei o terceiro grau sem opção de escolha — pedagogia. Justamente porque o ensino médio superava o que essa cadeira tinha para oferecer. Meu sonho era cursar psicologia, mas seriam mais anos nos quais teria as noites ocupadas, sem a disponibilidade para estar com a minha filha. O cargo assumido no trabalho exigia uma carga diária intensa e a responsabilidade com a administração escolar, além das pedagógicas, não permitia acompanhar e estar com minha filha como gostaria. A minha companheira de vida parecia acolher as etapas difíceis e seu amor compreendia as horas mais duras em que estávamos separadas. Sentia seu apoio ao receber seus bilhetes e desenhos deixados pelos cantos em segredos, incentivos que me alegravam. Eram meus amuletos, carregava comigo na bolsa, no carro.





# A SEGUNDA CONVOCAÇÃO À MATERNIDADE

No segundo mês de faculdade — exatamente no dia do meu aniversário —, *Marcelo sentiu o exato fluxo da conjunção amorosa mais perfeita - o "momentum - co-incidência de forças favoráveis, a sincronicidade entre as possibilidades!* A vida em propagação se tornava manifesta e aconteceu a concepção de meu segundo filho!

A gravidez inesperada, no momento que iniciava a graduação, era um novo sinal. Quando avançava na estrada que reforçavam os modelos assimilados pelas crenças familiares e culturais, meu espírito driblava as estruturas para me fazer compreender a minha missão. Ainda não pude compreender, as condições pessoais não estavam disponíveis para isso. Aceitei os fatos e, com serenidade, integrei as realidades e segui a faculdade grávida. Fiz muitos cursos de férias durante a gestação para liberar os créditos e a carga horária de cada semestre, podendo ficar mais livre e ter mais tempo para dedicar à família. Depois do nascimento do Universo Simone & Demétrio, levava-o todas as noites para aula. E em muitas ocasiões, também a filha mais velha, com o propósito de estarmos juntos.

Nessa vez, eu e Marcelo estávamos mais alinhados no relacionamento. Dois jovens trabalhadores, constituindo a própria família. A paternidade já fazia parte de seu ser, aguardava outro filho tão logo a natureza consentisse. Ele intuiu que seria um menino e sentiu com clareza em todas as suas células a concepção. Estava muito contente e demonstrava sua realização. Com isso, o espaço paterno e a relação desde a gestação com o bebê se estreitaram.

A minha carreira ascendia ao mesmo tempo que a gravidez se desenvolvia. A identificação aos modelos femininos de sucesso permitia que eu tornasse a profissional cada vez mais segura e capacitada. A maternidade era um fator que favorecia a consolidação dos saberes mais profundos com a infância, nutrindo uma espécie de formação extra a partir da experiência. Durante a licença maternidade, encaixei os cuidados e a amamentação do bebê ao máximo de horários que me permitissem realizar as matérias do curso universitário para que, até a conclusão, eu estivesse mais noites em casa com a família.



## UMA NOVA CONSCIÊNCIA ENTRELAÇANDO MEU SER

Demétrio era maravilhoso, o bebê mais lindo que já havia visto! O amor incondicional era emergente, espontâneo. Em nenhuma noite de seus primeiros meses nesse planeta chorou. Mamava e dormia. E crescia. Relacionava-se com a família de maneira especial. O Universo M & F cocriava a relação com o que significava a serenidade. Essa base relacional inundava nossos seres em um estado divino e harmonioso. A concepção do Demétrio, ocorrida em profundo ato de amor como presente de aniversário de meus 23 anos, acoplou um campo atômico de altas frequências que permitiu ao seu espírito luminoso o ambiente favorável para sua acolhida. Meu berço planetário estava absorvido pela consciência não-local de um divino ser de dimensão superior onde reina a paz e a harmonia. Os lampejos do caminho para o despertar da minha consciência pareciam ser avistados.

O Universo Simone & Demétrio expandia a comunicação não-local e instantânea. O campo divino de onde o meu filho ainda se abastecia me enviava fontes de compreensão na medida exata que precisava diante das rotinas turbulentas pelas atribuições excessivas. Parecia que eu estava à frente de um mestre, sentia que a sua alma era uma sábia anciã realmente. Na maior parte das vezes, nem requeria explicação, meu filho compreendia as situações antes que eu mesma. Quando havia necessidade de lhe explicar algo a ser feito ou alguma regra a ser cumprida, se visse o sentido, adotava o comportamento ensinado. E bastava uma única vez para apreender o que era proposto. A sua sensibilidade auditiva era imensa, contraditórias às perfeitas e minúsculas orelhas. Não tolerava som ou vozes altos. Tampouco locais agitados e aglomerações. Mamou até o dia em que decidiu parar, aos 9 meses. Em nossas rotinas, preferia quando estava tudo na mais perfeita ordem. Adorava a paz de nossa casa, estar no espaço do lar com sua irmã e seu pai era como ficava feliz. O contato com as suas coisas era a possibilidade de um portal de imaginação – brinquedos, bonecos e simples objetos criavam um mundo à parte. Tinha esconderijos de peças secretas, assim como sabia o lugar de cada um dos objetos do seu quarto. Se alguma coisa era mexida para a limpeza e retirada do lugar, reclamava. Primava pela rotina dos objetos também.

O espírito de luz do Demétrio era de tamanha grandiosidade que me concedeu sua energia compassiva e, bondoso, em amor incondicional, acoplado ao meu campo morfogenético, me forneceu os pacotes de informações que nosso Universo M & F precisava para a harmonizar toda a vida. Acredito que os pacotes de luz me reenergizaram para novo formato de ser humana. Precisava elevar as minhas frequências para poder ser a sua matriz divina na terra. Era uma etapa a mais em minha escalada consciencial.

Mesmo estando tão atribulada, entre os compromissos profissionais e estudos, a casa, marido e a filha de apenas 5 anos, meu ser mãe tornava-se mais iluminado. Nesse período, estava com 23 anos e pude aproveitar pela primeira vez a gestação - sem nenhum enjoo matinal, vômitos, cansaços ou situações emergenciais. Planejava e desejava o que podia antecedendo a chegada do bebê. Nessa etapa da minha consciência, a preocupação entre a gestação e o nascimento eram da ordem da materialidade: arrumar o espaço, o ambiente; comprar o enxoval, os acessórios. Estava vivendo a experiência da maternidade e tendo tempo e algum recurso para escolher o enxoval das cores que queria, bordados com o nome do bebê e os motivos ornando nas peças, todos os itens que me davam a sensação de estar agora em uma posição arquetípica de mãe faziam parte do esperado e podia corresponder a um planejamento.



Bem diferente da fase da gravidez da Marcella, na qual o inesperado foi regra e tínhamos que pensar em situações tão complexas quanto o enfretamento das famílias, a situação nos empregos, moradia, além dos problemas gestacionais que surgiram após o casamento. Ao nascer de sete meses, o foco estava na sobrevivência da bebê e na recuperação da jovem mãe, abalada emocionalmente e puérpera de uma cesárea de emergência, com placenta acreta e curetagem, só citando as questões clínicas. Nascia como mãe e a solidão assolava a minha alma quando era obrigada a deixar minha filha sob os cuidados hospitalares. Foram 21 dias de afastamento, sem poder sequer tocá-la. Queira muito amamentá-la e não permitiam, era o auge do vírus HIV e não sabiam bem qual eram os protocolos de contaminação e propagação. Portanto, a segunda gestação me dava acalento na alma ao sentir tanta tranquilidade. O nosso estado físico perfeito e o desenvolvimento do Universo M & F em condições emocionais estáveis e saudáveis eram novidades e tratamos de aproveitar. Amava olhar a barriga crescendo, curtir detalhes semana a semana e ser identificada grávida pelos desconhecidos. Era uma sensação bastante satisfatória, inédita! Usei todas as roupas que faziam me parecer mãe bem antes de as medidas e contornos estarem alterados. Amava as batas e macacão de gestante! Cortei os cabelos acima dos ombros, troquei as lentes de contato por óculos. Olhando as fotos dessa época, meus filhos sempre riem muito por eu parecer bem mais velha do que era. Faz sentido se olharmos para o significado do *momentum* e a construção de meu psiquismo. Já havia passado pela posição de ser a mãe adolescente e pouco aceita pelos grupos sociais que frequentava. Éramos uma família diferente e poucos amigos das turmas da Marcella se aproximavam. Alguns casais faziam amizade conosco, aqueles que não eram fechados nos padrões da ordem natural dos relacionamentos ou do que se é socialmente esperado. Além disso, ainda havia pressão e expectativas por parte das duas famílias de origens, dos demais espaços que frequentávamos, clube, igreja, outros amigos.



Interessante observar que quando ocupei o cargo de maior responsabilidade na escola, com a chefia do setor, essas diferenças desapareceram. O respeito pela mãe e pela esposa vieram à medida que os valores na folha de pagamento subiram. Isso reforçou em minha mente as crenças e padrões culturais de que o papel da mulher profissional é o que tem valor no consenso da sociedade civil. O arquétipo coletivo de sucesso e felicidade está relacionado ao quanto poder a pessoa tem no microuniverso de que faz parte, que permite o acesso aos bens de consumo.

## NOSSOS FILHOS, AVATARES DAS ALTAS ESFERAS

Há inúmeros exemplos de registros dos casos de pessoas em conflitos na vida, com questões de baixa autoestima, sem realização afetiva /

profissional, dificuldades nas relações com os outros e com o mundo, que buscam ajuda terapêutica e se submetem a sessões de hipnoses para olhar a mente desprovida do aparato cerebral, podendo ir e vir no tempo e adentrar novos espaços do campo quântico. Um grande percentual das questões se refere desde antes da concepção, acessando a consciência do bebê quando já acoplada à sua mãe, que assimila fatos da história dela e da constelação familiar que afetam suas vidas como um todo. Outros registros também bastante traumáticos são da vida intrauterina e do evento do nascimento.

Os estudos mais recentes da clínica de bebês, a exemplo do enfoque pré-natal e perinatal, comprovam que todas as experiências da gestação alteram o temperamento, desenvolvimento e crescimento do bebê. Especialmente a experiência do parto deve ser integrada e reconhecida na sua natureza singular como um dos eventos mais importantes para o surgimento do Universo M & F (a).

O extraordinário Dr. William Emerson, do APPPAH - *Association of Prenatal and Perinatal Psychology and Health,* e seu pioneiro trabalho psicoterapêutico com bebês, focaliza o trauma do nascimento. Assistir às demonstrações de psicoterapia entre o Dr. Emerson e um bebê de três meses oferece à sociedade civil a possibilidade de compreensão da presença e da consciência desde antes da concepção, durante toda a gestação em entrelaçamento íntimo com todas as experiências da mãe, até o evento do parto. Ele tem inúmeros trabalhos desde o fim dos anos setenta, tentando elucidar o que os bebês têm expressado sobre suas experiências sencientes em todas essas fases. Depois de vinte anos de experiência, ele passou a trabalhar com bebês para resolver seus primeiros traumas (Emerson, 1998, 1999a, 1999b, 2001a e 2001b). O Dr. Emerson afirma que podemos tratar traumas do nascimento logo após o parto, prevenindo décadas e décadas de sintomas! Os adultos podem relembrar de todo o caminho até a concepção, uma vez que o sistema nervoso não está desenvolvido o que temos são as estruturas celulares que armazenam todas as memórias. E se adultos, podem acessar essas memórias celulares, os bebês o fazem com muita facilidade. Em anos de trabalho e registros de seus casos, Dr. Emerson afirma que os bebês trazem no nascimento os traumas do parto em si, mas também de outros períodos, todos são reativados por essas memórias. Sua colega e aluna, Dra. Wendy Anne McCarty, foi transformada em sua clínica com bebês, depois de anos seguindo os conhecimentos clássicos aprendidos na psicologia pelos ensinamentos revolucionários. Pôde ter a mente catapultada e o coração tocado quando cursou aulas com Dr. Emerson. Em sua obra *"O Extraordinário Mundo interior dos Bebês"* (2006), demonstra vários estudos de casos de bebês que, não compreendidos em sua comunicação, apresentam variados sintomas. Choros incessantes, sonos interrompidos, cólicas, refluxos, dificuldades de amamentação ou de ganho de peso, agitação... Esses quadros são fruto das dores pretéritas vividas antes mesmo do nascimento, quando passaram por traumas e sofrimentos no parto, situações em que sentiram a iminência da morte, manipulações que causam dor, nascimentos com marcas por não terem sido bem-vindos pelos pais. O momento do anúncio da sua presença no útero ou a sensação ao ser olhado pela mãe após o nascimento. As discussões do casal pela gestação inesperada, ou quando o bebê tem um gênero diferente do desejado. São situações nas quais as energias dissociam-se da harmonia e do acolhimento. Caso o amor não se estabeleça como a frequência de todo ambiente do campo morfogenético da mãe ou de ambos, quando já fusionado após a concepção, o bebê demonstrará em seus sintomas. Até que tudo isso seja reconhecido pela mãe e contado para o filho, por mais difícil que possa ser, não poderá integrar e, enfim, assimilar e perdoar. As experiências do Dr. Emerson e da Dra. McCarty demonstram que bebês e crianças pequenas lembram e falam sobre os episódios que viveram, mas sem que sejam olhados e considerados, trazem os sintomas como formas de linguagens para que possamos compreendê-los. Os estudos pré-natal, perinatal e pós-natal estão elucidando tais questões como fundamentais para o projeto humano. Todas as experiências ocorridas nesses anos fundamentais formam todas as estruturas e modos de ser no mundo com os outros e com nós mesmos. Os elementos de fundação são implícitos, observáveis em recém-nascidos, e são levados por toda a vida, logo, devem ter a mais alta prioridade.

Nossos filhos são consciências, altamente perceptivos, ligados à Fonte divina desde antes da concepção, de onde se mantém ligados no pós-natal pelo tempo quanto for a sua missão de alma: durante toda a gestação e nascimento, mantendo a comunicação extrassensorial mais direta nos primeiros anos de vida, ou para bem mais, se o ambiente estiver favorável para o acolhimento e compreensão sobre quem são e quais habilidades podem ter, principalmente se o Universo M & F (a) estiver fusionados para essa possibilidade. São avatares das altas esferas que acoplam nosso ser e trazem o amor incondicional, quer dizer, sem nenhuma condição, sem julgamento... Apenas nos oferece o mais profundo amor a nós, suas mães e ao planeta.

Todas as experiências vividas pela consciência da mãe, sejam físicas, oníricas, mentais, energéticas e espirituais, são acessadas pela consciência do Bebê. Mas o fabuloso nessas recém perspectivas é que quando são incluídas como ativas – como o ser sencientes que são - em cada uma das experiências, e incluídas em respeito e em verdade, essas maravilhosas almas que chegam como nossos filhos nos acolhem e nos perdoam. E podem ser exatamente o que são em essência. As nossas incoerências são vistas como parte dos aprendizados, como humanos em construção que somos.

Mesmo que minha consciência tenha dado pequenos saltos como a deusa cocriadora desse singular Universo Simone & Demétrio, estava ainda com poucos recursos internos. Abasteci-me do que a fonte divina de meu filho ofereceu, para me suspender e deixar-me ser tocada pelos olhos e alma de meu pequeno avatar. Ainda assim, certamente me levaram para além de meus limites e minha posição no tempo e espaço, redobraram minha potência amorosa para nutrir a nossa cocriação & coemergência como dois humanos mais perfeitos em cada interação.

Cada mãe recebe de cada filho um pacote de energias para que possa evoluir como ser, saltar em sua consciência e se aproximar mais da perfeição divina da sua essência de deusa criadora. Não precisaríamos fazer ou pensar muito. Basta estarmos conscientes e nos deixar reformatar. Reprogramar todo arcabouço estruturado até a chegada do seu filho.

De que forma poderíamos evoluir enquanto humanidade se não for pelos novos seres que chegam ao planeta? Nós, mães, somos a matriz divina existente na Terra para a propagação dos avatares de luz. Precisamos expandirmos em percepções a nosso respeito e valorizarmo-nos como projeto essencial e prioritário à humanidade em nova frequência de luz e de amor. Em cada ser que nos acopla, compreendermos que recebemos um grande espírito, que a sua luz é a Estrela de Belém em nossa existência, um convite para elevar nossas consciências em ascensão! E a cada filho, uma nova reformatação será concedida. E em cada dois seres nessa relação, um novo Universo M & F (a) é criado, cada uma das partes em sincronia no emaranhado amoroso, profundamente transformado.

Na gestação do Demétrio, acredito que os parâmetros do Dr. Emerson, poderiam aferir dados de trauma do bebê referentes ao momento da "convocação da maternidade", uma vez que me preparava para a promoção profissional e era necessária a formação universitária. Ou seja, atrelada aos padrões de pensamentos, uma gestação nesse contexto não estava dentro dos parâmetros da possibilidade. Analisar a alma do bebê que escolhe a mãe, antes da concepção, nos faz voltar aos princípios da física quântica - o conceito da "Incerteza" quando não conseguimos localizar o elétron em sua trajetória ao mesmo tempo que a sua posição, ou um ou outro dado estarão indisponíveis. Na consciência não-local, do campo da potencialidade pura, sabemos que não existe o tempo linear e as informações – as nuvens de elétrons - circulam por todo o espaço. A consciência divina do Demétrio antes de aceitar o convite da concepção já estava na matriz da informação correlacionada à consciência da sua mãe. Acessando e decodificando no fluxo contínuo do espaço-tempo, alguns cenários à sua frente eram incertos. Em todas as possibilidades, a única que não seria descartada era exatamente o contexto, assumindo o cargo novo de chefia nos dois turnos do dia e ingressando na universidade no turno da noite. Observando o ambiente interno que estaria disponível para ele, e pelas razões que somente a sua alma conhece, acoplou naquela trajetória ou naquela posição de incerteza o campo correlacionado à sua "fonte mãe" que escolheu, e a concepção aconteceu.

Um amor profundo, incondicional, na verdade estrita do termo, a consciência não-local do bebê não fez alguma exigência para que determinadas condições precisassem existir para que pudesse se apresentar em meu campo quântico e me presentear com sua alma crística. Nasceu no dia que escolheu, no solstício do verão: 22 de dezembro, uma quarta-feira de lua crescente, data em que a Deusa Mãe, Deméter - a consciência da terra – é reverenciada. Generosa e abundante, oferece suas sementes para a humanidade se fartar. Essa é a frequência da alma de meu filho, onde quer que esteja, torna a terra rica e frutífera. Sua presença em minha existência fez prosperar tempos felizes, expandi meu ser em todos os aspectos e meu solo se tornou mais fértil a cada dia. Nutrimo-nos amorosamente no Universo M&F, e a família, em alegria, e sustentamos as boas experiências em nosso lar.

*O nome escolhido aos 3 meses de gestação, que faz alusão à Deusa, foi o dia no qual Demétrio escolheu nascer, coincidindo com o pedido do pai, uma vez que tinha prometido ao seu avô de mesmo nome que quando tivesse um filho, o homenagearia. Palavras são fontes criadoras de ondas de propagação de energias, os nomes são mantras, que atraem determinadas intenções pela frequência que emitem e emanam. Em qualquer língua, há uma carga frequencial em cada letra geradora de som, criando uma espécie de padrão vibracional para o campo toroidal da pessoa, do ambiente, das relações.*

*As letras das linguagens faladas criam padrões de ondas, que criam vibrações, que são frequências e sintonizam campos morfogenéticos que que são trazidos à manifestação. Sabemos que pensamentos atraem as frequências, e as palavras ("o Verbo") manifestam!*

Recebi de uma colega de sala da universidade, nos dias em que meu filho estava comigo, a observação de seu ponto de vista da calma com a qual eu interagia com o Demétrio, mesmo que estivesse trabalhando os dois turnos do dia, iniciando novas responsabilidades e aprendendo-fazendo como exercer a função como coordenadora pedagógica na escola (afinal, não poderia fechar a escola para reorganizar as práticas!).

*Estava em uma boa referência, nossos campos morfogênicos fusionados eram de harmonia e de muito amor. Já havia se passado cinco anos desde o nascimento da filha mais velha, o esposo estava trabalhando e alcançando reconhecimento em posições profissionais de seus sonhos. Ingressara na agência de publicidade mais desejada na época. Éramos uma família jovem que se subsidiava pelos próprios recursos, podíamos poupar para realizar o sonho comum a todos, a construção da casa própria. À estabilidade familiar, paradoxalmente aos horários das rotinas e das responsabilidades, sobrepunham os desafios. Eu e o marido Marcelo vivíamos uma mesma fase de projetos familiares - estávamos em mesma vibração de energia, propagando um campo toroidal forte que trazia para a manifestação as conquistas. Tínhamos um casal lindo de filhos e as rotinas e tarefas domésticas eram vistas com leveza e compartilhadas, ambos se apoiando e fortalecidos no amor.*

O feminino encarado como uma taça sagrada, o verdadeiro Santo Graal, tem sua sustentação pela haste, o elemento fálico do masculino que complementa a estrutura finalizada no círculo sem fim do equilíbrio entre as duas forças. A Mulher que se sente amada, amparada e sustentada pela energia amorosa de seu companheiro será a fonte mais rica e abundante de perfeição do amor ao seu ser materno. A hierarquia entrelaçada entre mulher & mãe, equilibrada e em harmonia baixará da fonte unificada de potencialidade pura, o supremo sopro do oceano luminoso, para manifestar o belo, o bem, o justo. Com a sua estrutura, edifica o lar, e mostras do edílico poderão ser manifestadas. Mesmo o vento negro assolando a terra campo afora, a frequência serena e amorosa da mãe, entrelaçada pela fonte divina de seus filhos, no mágico fluxo incessante da relação entre as mentes e a consciência não-local, poderá colapsar ondas do amor divino e cocriar o campo toroidal perfeito para toda a família.

Vivemos momentos de muito amor durante a amamentação do Demétrio, realizando um sonho anteriormente não vivido. Dedicava a estar na presença ativa quando o nutria, abastecendo-nos em olhares e nossas almas em perfeita comunicação, a plenitude em nosso Universo. Aquele ser crescia cada dia mais amoroso e manifestando o completo pacote da perfeição física, da inteligência e da amorosidade.

# MULHERES EM PROFISSÕES

Uma mulher inserida na perspectiva do mercado de trabalho tem o foco de organizar a chegada do bebê para poder sair de licença; e se for possível, só na hora de ir à maternidade, de maneira a não atribular as obrigações e os compromissos profissionais. As mulheres que são profissionais liberais agem dessa maneira antes do nascimento e, geralmente, encurtam a licença-maternidade, voltando o quanto antes para o trabalho, assim que suas condições puerperais lhe permitirem.

Esta é a maneira como estamos observando a maternidade no mundo pós-moderno: o feminino e seus valores estão em nós, mas somos profissionais, estudamos, batalhamos pelos espaços sociais, econômicos e as conquistas alcançadas, não podemos sofrer perdas porque tivemos um bebê. Somos produtos da cultura e, inseridas nos contextos dos quais querermos fazer parte, nosso sentimento de pertença, de capacidade e de confiança está fundamentado ao que o mundo considera como valor — o título, o cargo, o salário, os contatos, a posição profissional.

Ser mãe é um trabalho que exige dedicação integral e uma entrega em uma posição que a cada dia apresenta novos desafios. Mesmo se os diplomas alcançarem o PhD, diante do ser pequeno à nossa frente, ligado em nossas vias conscientes e inconscientes, nos sentiremos expostas a um não saber que incomoda e nos faz inseguras, temerosas, desconfortáveis. A maternidade é considerada como algo que não agrega valor à sociedade civil. Nós, mulheres, também compartilhamos dessa posição e agimos alimentando a frequência desse campo morfogenético, sem dar prioridade ao filho. Inclusive, somos as principais críticas de outras que decidem por terem filhos e abdicarem das suas profissões.

Já participei de histórias de mulheres que ocupavam cargos de chefia em grandes empresas e hostilizavam outras mulheres — as que pretendiam engravidar —, assumindo os modelos do patriarcado e fazendo pressão sobre perder as conquistas alcançadas ou serem afastadas. Essa pressão também atingia as mães que planejavam estender o período de licença-maternidade previsto em lei, somando as férias. Quando a instituição tem a sua grande maioria dos cargos diretivos compostos por homens, a situação tende a ficar mais ameaçadora. Há, ainda, a discriminação velada, como a não contratação de mulheres para determinados cargos, ese o fazem, são analisadas as condições que pressupõem a maternidade, muitas vezes optando por aquelas que já formaram a família ou que optam por seguir sem filhos.

Na maioria das culturas ocidentais, a opção de uma mãe em tempo integral dedicada a um filho é algo marginalizado, uma vez que não gera um produto capitalizável. A concepção de mãe é admitida com menos valia, visto que não gera recursos para alimentar o ciclo de produção materialista. A primeira pergunta que as pessoas fazem umas às outras ao se conhecerem é: "o que você faz?" Isso quando a pessoa que acabamos de conhecer não chega se apresentando com o currículo e o cartão profissional. Se a mulher, com toda formação acadêmica realizada, se apresentar como mãe, os olhares das pessoas geralmente são de desolamento, descaso ou pendendo ao deboche.

A felicidade e o prazer das mulheres pós-modernas que vivem as engrenagens do sistema estão diretamente associados ao sucesso pelo qual tem acesso aos bens de consumo, que nos proporcionam conforto e avanços tecnológicos surpreendentes em diversos aspectos proporcionados pelo trabalho. Para as mulheres inseridas na profissão como elemento principal de sua vida, ter um filho começa pelo planejamento do momento em que o seu trabalho tiver menos danos ou em que estiverem ganhando o suficiente para manter o padrão ao qual se encontravam acostumadas. Para as mais eficientes, há metas a serem cumpridas, como alcances materiais, corporais, mentais e relacionais, até mesmo sonhos antigos, antes da gestação. Digamos que podemos compreender dessa maneira a diferença entre ser mãe e ter um filho.

Somos um complexo sistema de construção, de todas as relações vividas, desde antes da entrada no berço da humanidade no ventre de nossa mãe, em nossa concepção, gestação, do evento do nascimento. Somos frutos do universo que cocriamos com a nossa fonte-mãe, como esse entrelaçamento se expandiu e manifestou, em qual época e contexto nos desenvolvemos. Com toda carga cultural e familiar, seremos uma singular expressão da consciência universal colapsada em nossa humanidade. Nossas mentes nos fazem suplantar os sinais, os encaminhamentos das forças superiores, de fora das regras e das convenções do nosso tempo-espaço. Os arquétipos coletivos também são forças propulsoras de movimentos que não percebemos e até que consigamos tornarmo-nos conscientes, regem nosso caminho. Somente quando nós, mulheres, criarmos uma nova consciência sobre o profundo significado do Universo M & F (a), sua implicância para o projeto humano e o alvorecer da vida em novas frequências, poderemos gerar novas estruturas na sociedade civil.

# 4

# NOVAS POSSIBILIDADES CONSCIENCIAIS

*A consciência que nos rege está além da dimensão da experiência. Pode abrir verdades e manifestações em possibilidades infinitas para nos religar à fonte divina — onde somos essência em verdade luminosa. Há muitos caminhos para as aberturas conscienciais. Estarmos na presença plena, dos sonhos, das informações sutis. Os portais que nos tornamos quando estamos gestando ou com crianças em nosso lar podem nos presentear para os saltos que precisamos para a integração da luz.*

Os padrões e crenças acoplados a minha história me faziam acreditar que eu era "A profissional!" Eu fazia a estrada, dirigia os caminhos, propunha as reformas, os viadutos... Quanto mais acreditava nisso, mais vivia essa realidade, o espaço se ampliava, alimentava meu ego, criava minha identidade, e me deixava mais aprisionada àquilo. Troquei de papel inúmeras vezes, cada um deles para mais desafios e maior visibilidade. Estava apegada à paisagem, à estrada, às pessoas, aos projetos. Acreditando que ali era meu lugar, que fazia por amor e pela razão de viver.



Estava no auge de projetos maravilhosos, construções de uma educação para a infância inovadora. Fui convidada a fazer parte de um seleto grupo de estudos e pesquisas sobre a infância na mantenedora da escola. Seríamos responsáveis por mudanças que mexeriam com as estruturas de anos e anos do que se conhecia por educação infantil. Fizemos pesquisas, estudos profundos, formação de professores, até que chegava o tempo das mudanças visíveis - retiramos mesas e cadeiras de salas de aulas, reorganizamos os currículos, os processos, os registros e as observações. Nossas concepções de infância transformaram a escola. Os pais não acompanharam nossa velocidade e exigiam as velhas rotinas. Os superiores não calcularam os custos que o novo exigia e relutavam em investir no segmento que, para a instituição, já funcionava no vermelho. Na escola onde atuava, tínhamos um grupo fantástico de professores que abraçou os ideais, dedicou-se muito e causou a verdadeira reforma. As relações com as crianças estavam embasadas em discussões, estudos, experiências, fazendo nascer novas práticas pedagógicas. A autoestima crescia, a educação infantil fazia história em nosso universo e o posicionamento profissional era científico. Foi uma época mágica para nós que assistíamos há tempos à desvalorização por parte da comunidade e dos colegas de profissão – que nos julgavam como "professorinhas", "tias" da escolinha, que só serviam para brincar. Anos escutando as associações pejorativas para a educação infantil, engolindo sapos e jacarés de diretores, governantes, pais e colegas. Na sociedade civil, de maneira geral, a fase mais importante da vida de uma pessoa, estruturante, criativa, de janelas de oportunidade para se aprender, construir todas as relações consiga mesmo e com o mundo, não é valorizada e tampouco dada prioridade.

A identificação profissional era tamanha que reorganizei o que me era conhecido sobre ser mulher. O entorno era um espelho, e minha imagem bem-sucedida no campo profissional encobria os outros papéis. Era a mãe que estava sempre com os filhos dentro da escola – enquanto minha carga horária não me permitia sair assim que as aulas acabavam, as minhas crianças faziam várias atividades extraclasses, esportivas, de arte, música, religiosidade, o que podia alargar o horário para enfim voltarmos juntos para casa. Mesmo assim, inúmeras foram as vezes que ambos ficavam até muito tarde perambulando pelo pátio da escola.



Acreditava que o trabalho se sobrepunha a tudo, afinal, essa era a crença familiar e cultural. Debruçava-me entre os projetos e teorias inovadoras de educação no grupo de estudos e sonhava com as possibilidades que estavam em minhas mãos em coordenar novos tempos para a infância de nossa escola. Apoiada pelo círculo profissional entre a escola e a mantenedora, sentia-me autossuficiente para dar conta da casa, dos filhos, das minhas decisões e escolhas. Parecia que conduzia bem a direção da minha vida, pela primeira vez, com autonomia. Vivia a rebeldia da mulher com poder, identificada aos valores do patriarcado. Repetia os modelos da soberania que se alimentam do entorno e expandem em autoconfiança. Era a sensação de liberdade, inebriante, de uma mulher de sucesso identificada repetindo os padrões automatizados daqueles que vivem nos arcabouços da nossa alma. A força inconsciente que está arraigada ao arquétipo coletivo vem arrastando o que houver como um vento negro em campo aberto, sem deixar restar nada no lugar, é furacão.

As primeiras manifestações em minha existência das profecias celestiais que tive em "O Sonho" começaram a se estruturar em meu caminho. As dissoluções do que estava por vir deram início. Não conseguimos ver com a mente entorpecida pelas rotinas inebriantes, que alimentam o ego e nos fazem espelho. Os padrões construídos em nossas bases estruturais são mais fortes que nosso coração. O contexto cultural e familiar me dava insumos para que a identificação com o feminino legitimado fosse pelo trabalho. As demais relações estavam atreladas ao fazer e à posição profissional, que corroeu a relação afetiva. Os projetos que eram comuns já tinham sido construídos. O tempo dedicado ao casal não estava nas prioridades. Mesmo assim, recorri ao que estava ao alcance para que voltássemos ao fio inicial da meada.

Foram alguns anos refletindo sobre a relação e quais rumos tomar. Os filhos eram nosso maior ponto de angústia entre a separação e a situação. Há um abismo entre o que cada um na posição que ocupa na constelação familiar vê como realidade e nos níveis de hierarquia há pesos distintos. Os labirintos da mente de quem toma as decisões tendem a tornar-se intransponíveis quando há envolvimento das almas daqueles que amamos muito. O bom pai que sempre foi me fazia renunciar às tristezas e, a cada dia que raiava, voltava a acreditar que podíamos refazer o enredo. Comecei a praticar corrida como um vácuo para a mente – silenciar o pensamento: enquanto o corpo se movimenta, a respiração expulsa as tensões e dificuldades, criamos espaços para ponderar. Um lapso no tempo e espaço me dando a lucidez, desligando os sentidos externos - a pulsação da corrida religando o ambiente interno. Precisava ampliar os pontos de vista, cavar túneis subterrâneos e descobrir mais sobre mim mesma. Frequentei linhas terapêuticas, até encontrar uma possibilidade para meus arranjos, convidei o Marcelo a fazê-lo. Sem sucesso. Não era o planejado e jamais imaginado que haveria um fim - mas assim foi. Foram treze anos de casados, uma história do primeiro amor e das descobertas da vida a dois.

Estava separada do marido, mas não do uniforme nem do crachá. Minha satisfação estava em fazer parte daquela estrada. As mudanças enormes em minha vida pessoal sacolejavam-me, agarrada à direção, meus faróis iluminavam só um trecho do caminho.

Trabalhando e escrevendo muito, organizando cursos, proferindo palestras e pausando a vida em reuniões, pesquisando e participando de congressos mundo afora, fazia parte das mentes pensantes e elucubrantes sobre a infância naquele tempo, estávamos perseguindo as linhas pedagógicas em processos para as escolas. Foram anos esclarecedores sobre minha essência. Descobri a minha paixão pela pesquisa e pelas inovações que transformam.



Então, em um fim de expediente, uma amiga do trabalho, parceira na coordenação, me chamou para irmos a um *happy hour.* Estávamos em plenas trocas de sentimentos sobre os relacionamentos, quando um rapaz veio conversar, e no fim, trocamos os telefones. Sem dar muita importância, segui em frente. Já no dia seguinte, recebi uma ligação e um convite para jantar. Propus irmos ao cinema e assim nos encontramos no início da noite, em frente ao guichê. Eu, completamente trabalhadora, de uniforme, sem retoques ou preocupações. Ele, arrumadíssimo, saído do banho e arrumado para um encontro. Já no primeiro minuto do filme, despejei um tijolo de verdades no rapaz: que eu era recém-separada, que o divórcio estava ainda em processo, tinha casado aos 18 anos, tinha uma filha de 13 e um filho de 9 anos, não tinha tempo para compromisso e tampouco estava querendo isso no momento. Pensei que ele se levantaria e sairia correndo. Talvez esperasse por essa reação. Desejasse... Era o dia 1! Mas para a sincronicidade do universo se mostrar mais em perfeita ordem, o moço desimpedido insistiu e persistiu.

Planejei passo a passo um modo de levá-lo para os meus filhos conhecerem. E fizemos bem! A Marcella e o Demétrio assimilaram bem a situação, ao menos externamente. Aos poucos, fomos incluindo programas coletivos e levando a nova fase com alegria. A cada quinze dias, meus filhos frequentavam a casa do pai. Meu cuidado era para que pudessem sentir o sabor da vida em harmonia no novo mosaico de família.

As responsabilidades no âmbito profissional se ampliavam, ocupava o cargo desde a educação infantil até o fim da fase fundamental I, com mais frentes de atuações, grupos docentes distintos e uma reestruturação administrativa que remodelava as antigas relações escolares, tornava o desafio pedregoso. A minha formação e prática educativa traziam premissas bem diferentes. Na educação infantil, a observação e o acompanhamento da criança sempre foram mais aprofundados, além das aprendizagens, cada comportamento, o emocional e o familiar entrelaçavam-se em foco. A equipe pedagógica, professores e auxiliares são verdadeiros caleidoscópios para buscar ver cada aspecto do desenvolvimento, apresentado da maneira mais ampla e divergente que se consiga, para escaramuçar mais e mais daqueles prismas encontrados nas melodias particulares. Por essa e por tantas maravilhas, sou apaixonada pelas fases iniciais da vida – dentro e fora dos muros escolares. Assim motivada, profundei os estudos, as pesquisas e as práticas na primeira infância. Nessa fase, tudo é de tamanha sensibilidade e importância, nossos olhares que não conseguem penetrar nas linguagens da criança que comunica o tempo todo. São profundos, são os ancoramentos feitos naquilo que se traduz em um novo ser e suas complexas singularidades. A fase é reconhecida pelos órgãos competentes e especialistas como tão especial que não se nomeia ensino como nos períodos subsequentes, que correspondem pelo ensino-aprendizagem-avaliação em processo. Para as crianças de zero a seis anos, o que fazemos é *educação,* a constituição genuína dos valores, gostos, sentimentos, inteligências e relações para o que de mais precioso existe: a vida. O que aprendemos na escola, do zero aos seis anos, vive em nós para sempre, por isso as famílias estão inseridas em uníssono com a equipe escolar - ambas instituições precisam juntas escutar e compartilhar a infância em diálogo constante e em mútua confiança. As emoções são indissociáveis das aprendizagens, as formações dos professores são continuadas, além de mais especializações exigidas.

Em países desenvolvidos, por exemplo, no Canadá, para um profissional poder dar aulas na educação infantil são exigidos anos de trabalho nas áreas subsequentes e mais pós-graduações. São os que são mais bem remunerados e as escolas são as mais bem equipadas tanto no aspecto físico quanto humano. As escolas mais renomadas mundialmente, conhecidas pelas concepções de infância, são as do sistema público da cidade de *Reggio Emília,* no norte da Itália. Tivemos o privilégio de participar do primeiro encontro para a América Latina com o grupo de estudos e pesquisas. A sociedade civil compreende o valor da infância para o desenvolvimento de novos cidadãos que trarão a vida em comunidade para patamares mais altos. Consideram as crianças como o centro da vida das famílias e da sociedade civil. Desde a fundação desse sistema de educação, a cidade conta com alto nível de qualidade de vida para todos os habitantes e as crianças que são educadas ali hoje estruturam novas bases de relações para a vida ordinária que englobam todos os segmentos sociais e culturais. São reconhecidos e pesquisados como modelo de vida por vários países, comunidades científicas e universidades. Todo investimento feito para a infância gera uma riqueza humana inigualável que se perpetua para todo o contexto daquela comunidade. Não se trata da referência política, mas da humanidade. Outros países da Europa, como Suécia e Dinamarca, com os mesmos valores incluídos sobre o futuro de seus países a partir do desenvolvimento da infância, inspiraram-se em *Reggio Emília* e reestruturaram toda a relação da comunidade a partir da educação da infância. Quando o Estado como um todo volta-se para a prioridade dos seus cidadãos a partir do olhar à mãe desde a gestação, o parto, até os primeiros anos de vida, o ciclo construtivo das famílias, escolas e sociedade civil passa a transformar-se auspiciosamente. O salto na qualidade de vida e felicidade de todos passa a ser nutrido e multiplicado. Os institutos mais renomados, como Harvard, e os cientistas mais criteriosos do mundo se aproximaram desses modelos educacionais quando seus pequenos cidadãos começaram a crescer e puderam comprovar a diferença no sistema de valores em todos os âmbitos das sociedades. Inverter as polaridades nos olhares das pesquisas científicas e propiciar o envolvimento consciente de toda a sociedade civil para desde o embrião do novo cidadão fará nascer novas estruturas para a vida mais justa e voltada à essência humana verdadeira.

# UM ENCONTRO REAL QUE RETIROU O VÉU ENTRE O SUTIL E A EXPERIÊNCIA

Os véus que dividem as dimensões e nos fazem acreditar em nossa percepção na vigília, podem ocasionalmente nos trazer para algumas experiências que são verdadeiros potenciais de desdobramentos. Há mistérios no universo e não conseguimos ver pela mente linear, em justificativas lógicas. A comunicação trazida na experiência de "O Sonho" mantinha sua voz contínua, fazendo as estruturas todas serem dissolvidas. Com a amorosidade dos anjos, a convite da luz do campo quântico, rompem-nos as cenas da realidade.



Depois de sairmos das compras de Natal, no dia 23 de dezembro de 2002, como havia prometido aos meus filhos, fomos jantar no primeiro café 24 horas que tinha aberto na cidade — a novidade do ininterrupto local era parte atrativa do programa. Pedimos lanche e nos sentamos a uma mesa onde falávamos dos desejos do aniversariante — afinal, no dia anterior, meu filho acabara de completar nove anos. Notamos os movimentos agitados de um senhor alto e forte, que entrou no pequeno salão falando alto com a proprietária e evidenciando um sotaque estrangeiro. Sem cerimônias, pediu para se sentar à nossa mesa, apesar de outros lugares estarem vagos. Meus filhos estranharam o comportamento, mas, transmitindo segurança a eles em meu olhar, gentilmente consenti. Ele foi puxando a cadeira e contando que estava em uma festa e os "Anjos do Senhor" o trouxeram até mim. Agora que nos viu entendia as razões e sabia o porquê. Já passava da meia-noite e, portanto, era véspera de Natal. Como a sua fala, seus movimentos e sua energia nos deixaram um pouco surpresos e apreensivos! Soltava predições a respeito da vida da minha filha Marcella, de meu filho Demétrio. Dentre outras misteriosas revelações, virou-se para a mesa logo atrás da nossa e começou a revelar para uma moça coisas que a fez me perguntar quem era aquele "ser". Coloquei-me na mesma posição que ela, estava assombrada e, ao mesmo tempo, entusiasmada com o desconhecido senhor. Para comprovar seus "poderes", pediu o dedo da mesma moça e, segurando-o por segundos, deixou-a pálida, quase desfalecida. Precisou de auxílio para voltar a si. Mais assombradas, as pessoas queriam saber por mim quem ele era. Minha filha já estava com medo e levou-me ao banheiro para que fôssemos embora. Acalmei-a, afinal, tinha apenas 13 anos, dizendo-lhe que era um momento especial de encontro com fatos que não eram logicamente explicados, como se estivéssemos em um sonho. Podíamos nos manter tranquilos, escutar o que ele tinha a nos dizer e, depois, tínhamos a liberdade de escolher em que acreditar. Voltamos para a mesa e, então, o homem que se apresentou como "Ali" pediu à Marcella que inventasse símbolos relacionados ao que desejava para a sua vida. Primeiro, ela fez uns comuns, estereotipados, que podiam ser compreendidos por qualquer um, e ele a corrigiu, dizendo que deveria criar símbolos exclusivos, de leitura pessoal e indecifrável pelos outros. Enquanto criava, foi descrevendo fatos que ela tinha vivenciado há poucos dias e fazendo constatações de seu comportamento nos relacionamentos, nas amizades, nos segredos íntimos. Aquele foi o momento que nos fez refletir sobre os seus poderes e vidências e o que é que exatamente pretendia conosco. Meu filho, que completara mais um ano de vida, em sua serenidade constante, dialogava sobre o que entendia e pedia ajuda para compreender algumas palavras que se misturavam entre os acentos estrangeiros. Mas ele não demonstrava nenhum sinal de apreensão — parecia que estava com um antigo conhecido. Conversava e ouvia algumas predições a seu respeito como quem escutasse uma história.



Em interação comigo, disse que a infecção renal que tratara há pouco ainda estava presente e que poderia me dar a cura definitiva. Sabia que esse problema vinha se repetindo em mim e inclusive citou que já havia eliminado alguns cristais de cálculos renais, o que se confirmava. Pedindo a autorização, fez algumas imposições das mãos e me ofereceu água para beber. Pude sentir tonturas e a região abdominal foi invadida por ondas de energia que circulavam diferentes. Depois de algumas outras revelações e falas a respeito de meu contexto atual, e sobre eventos que já tinham ocorrido em minha vida, ele parou a minha frente e, olhando bem fixo nos meus olhos, bebendo água diretamente da jarra que tinha nas mãos e suando excessivamente, fez uma pausa e silenciou. O assombroso fato da noite foi quando se ajoelhou com os braços abertos e colocou a sua testa em meu ventre e disse-me que viu a sua deusa em mim e que em "agosto teria um grande homem em meu ventre com uma missão para com a humanidade!"

Dentre tantas falas impressionantes, revelações misteriosas, predições empolgantes e assustadoras, a experiência foi bastante incomum. Saímos dali e demoramos dias para digerir as impressões que tivemos, quais seriam os significados e as aprendizagens para nossas vidas. Concordamos que vivemos uma aventura, uma oportunidade que compartilhamos, um encontro com algo de uma dimensão paralela, como túneis que acessam informações de outras realidades, que mexem com as nossas certezas e desafiam nossas dúvidas. Como uma experiência de um sonho ou de um encontro interdimensional, algo que chegou até nós por agentes de fora desse tempo-espaço e comprovam que o mundo não é esse que nos ensinaram, tão objetivo, dominado e probabilístico. A noite foi para a memória, um lugar no esquecimento em nossas rotinas ordinárias; local onde convivem os sonhos e as experiências pouco comuns.

# A TERCEIRA CONVOCAÇÃO À MATERNIDADE

Em julho do ano seguinte, observando as mamas aumentarem de volume, estranhei e liguei para o médico. Estava usando o contraceptivo DIU (Dispositivo intrauterino ) de tecnologia avançada e garantida, fazendo as revisões do protocolo. O médico conseguiu um encaixe de horário no mesmo dia para uma ecografia com o colega que trabalhava no mesmo andar de seu consultório e entendia essas súbitas necessidades. Sem alguma lembrança ou associação da experiência de dezembro, entrei para a sala do exame com a intenção de descobrir algo funcional ou hormonal.

"Saco gestacional de seis semanas!" Foram as palavras do médico que realizava o exame. No dia 14 de julho, portanto, descobri que estava grávida há seis semanas, fruto de meu segundo relacionamento. O médico, que acompanhava minha saúde feminina há muitos anos aconselhou-me a preparar os laços de fita, porque somente o embrião feminino resistia ao ambiente de PH alterado que o material do dispositivo intrauterino proporciona ao útero. O doutor retirou o contraceptivo com facilidade, parecia que estava posicionado para sair. Ainda assim, alertou-me de que poderia haver algum sangramento. Nada. Nenhuma gota de sangue. Tudo na mais perfeita ordem e proteção! Comemoramos em casa, com meu segundo companheiro, a vinda de uma irmã para Marcella e Demétrio. Foram as crianças que lembraram das palavras do "Ali." E as reflexões a partir disso tomaram conta da casa. Éramos nos quem fazíamos predições e a imensa curiosidade para a confirmação do vidente aumentava a cada detalhe lembrado.

No final de agosto, o médico solicitou uma ecografia e, crentes de que poderíamos saber o sexo do bebê, fomos todos juntos, era a prova da confirmação da história. Quem teria a verdade – a medicina e seus fatos sobre o ambiente não propício ao gameta masculino se desenvolverem causado pelo dispositivo intrauterino ou a espiritualidade que nos enviou o anúncio da chegada de novo homem em meu ventre no mês de agosto? A ecografia não pode nos satisfazer, disseram-nos que não poderiam dizer o sexo do bebê porque estava incerto. Mas o mês predito estava no fim, como não iríamos saber a verdade? Resolvi marcar outro exame em uma nova clínica. Liguei na quarta-feira, dia 27 de agosto, e as palavras da atendente iniciaram a sucessão de fatos misteriosos: "Nossa, que coincidência! O horário das oito horas de sábado acabou de ser desmarcado. A senhora pode vir no dia 30, nesse horário?"

*Sábado, oito horas do dia 30 — último dia útil de agosto em que poderíamos ser atendidos e saber se confirmávamos as palavras do vidente ou a previsão médica seria afirmada. A ecografia mostrou-nos que sim! Era um menino! O grande homem que venceu seus primeiros obstáculos, do contraceptivo que impedia a vida de organizar-se ao ambiente pouco favorável para suas estruturas celulares. Estávamos muito emocionados, vivemos a anunciação profética há seis meses, agora confirmada no tempo e no gênero de quem se fazia presente. A alegria do pai em festa transbordou aos olhos! A minha filha Marcella e eu, de maneira instantânea, estávamos inseridas novamente na noite do café. Quanto assombro sobre as coisas vividas — quantas coisas aquele oráculo nos disse sobre todos nós! Em minha mente, queria saber quem ele era e de onde surgiu. Quanta emoção vivia em minha intimidade por ter a clareza do milagre pelas duas condições que impediam a vida de se manifestar. E ali estava a minha alma entrelaçada em mais um avatar, e dessa vez com conexões interdimensionais já manifestadas. Meu filho Demétrio, que pulava de alegria por receber a notícia de um companheiro de aventuras, teve outra ideia: "Mãe, agora você faz um filme — Jesus Dois, A missão!" Rimos aos montes!*

Na próxima consulta, ao ver o exame, o experiente médico não se conteve em emoção: "Um menino!" Pausa e a emoção contida no canto dos olhos. E, sem conhecimento de história alguma, olhou-me pensativo: "Esse menino tem uma missão especial... praticamente um milagre um embrião masculino resistir, isso é traço em pesquisa, é quase inacreditável!"

# AS NOVAS DIREÇÕES BAIXADAS PELAS ORDENS SUPERIORES

Os planos das ordens superiores transcorrem além daquilo que temos estruturado. A perspectiva que "O Sonho" me fez ver - a dissolução do conhecido mundo da experiência, onde se imagina ter a direção nas mãos, já estava planejado em detalhes. Todo o ilusório desapareceria. E novas possibilidades chegavam dos Céus. Por alguma razão, os anjos do Senhor não estavam me localizando até que Ali me conduziu ao potencial da Deusa. Houve uma cura naquela noite, o que a mente local denomina de infecção renal ou qualquer obstrução das vias urinárias, os mentores podem chamar de reconexão com a Fonte que Tudo é. Em um outro dezembro, Deméter me ofereceu seu portal e nascemos mãe & filho entregues ao serviço da abundância das sementes do amor. No último solstício antes da gestação, uma ponte dimensional atravessou os mundos e alcançou a visão dos que vivem para além da fisicalidade e me viu divina. Já havia Ali a estrela do menino que da luz se fazia homem. O espírito de meu filho estava acoplado em meu campo morfogênico e sua chegada exigia reconfigurações do sistema e das programações.



A mente envolvida nas responsabilidades que só cresciam e o relacionamento ainda muito precoce não incluíam os mandatos divinos. A vida encontrava-se entrelaçada há seis semanas, no dia 14 de julho, o contraceptivo tinha dado licença ao saco gestacional que se alocou firme e decidido. A família se reuniu para jantar e ver com os aparatos físicos aquilo que as imagens ecografavam. Um passo para um novo Universo e uma revolução para as estruturas estava só anunciando...

A concepção de meu terceiro filho abriu mais uma grande oportunidade para que, enfim, pudesse compreender a mim mesma. Mas somos moldados pelo ego, estava totalmente identificada com os papéis profissionais. Como poderia escutar a maternidade chamando-me para assumir meu darma, a minha alma em missão humana?

Sentia-me poderosa, forte, segura, cheia de alegria por ter recebido de presente um bebê, depois de ter ampliado os conhecimentos sobre as concepções da infância. Ter aprofundado tantas teorias, compartilhado ideias sobre as relações e valores, visto escolas em práticas inovadoras e suas relações com as famílias sensibilizou meu ser a mais paixão para com as crianças pequenas. Dessa vez, faria diferente. Acreditava que esses subsídios dariam à maternidade um novo olhar. Todos os investimentos no trabalho, vividos ao longo dos anos em extrema dedicação e identificação, trariam os recursos para a coemergência de uma nova consciência para nosso Universo M & F.

Os mandatos superiores da diretoria espiritual, dentre o campo informacional sob nossos pés e a imensidão do universo, são multiversos de possibilidades. Uma nos encontrou naquela noite especial que antecedia ao Natal. E o canal de comunicação se formatou por um homem desconhecido que falava por metáforas, causando estranhamento dos ouvintes temerosos, e pouco adeptos. Falava a língua dos homens, mas abria o portal para os anjos. Tocou meu coração e reverenciou-me como a deusa de seu mundo, enquanto eu vivia um deserto. Abriu meus olhos para que um novo coração batesse em meu ventre. Fusionou o campo do oceano luminoso do amor infinito a todo meu ser. Minha consciência então relampejava a luz de novos tempos!



## DESEJO PELA MATERNIDADE

O chamado de convocação pela maternidade é o que nos escapa dessa mente local, que planeja e argumenta um tempo para adequação dos critérios e revisão dos caminhos. Havia detalhado um foco em meu futuro próximo, quando assim decidisse retirar o contraceptivo e preparar a nutrição do corpo com elementos para enriquecê-lo e tornar meu ventre mais harmonioso, após tantos anos de um corpo estranho tomando conta do ambiente. Ser convocada significa não ter a oportunidade de escolher se quer primeiramente ter um filho e quando. É ser escolhida pelas esferas superiores para que atenda a um chamado.

Nem sempre vem em congruência com o caminho que estava à vista a nossa frente — em minha história, não. A maternidade me atraía e sabia que queria ser mãe! Sonhava com esse momento, mas em um planejamento diferente. Em algumas circunstâncias, quando se têm mais direitos a assumir os riscos, encontramo-nos frente a encruzilhadas - o típico *momentum* no qual tudo depois daquele passo será diferente e se optássemos pelo outro lado, a vida transcorreria de outra maneira. Existe a possibilidade que uma decisão a ser tomada como essa signifique sofrimento, porque exige de si mesmo assumir os riscos e ao fazer a escolha, deixar para trás aspectos que fossem importantes.

Nessa ilusão a que estamos submetidos na dimensão da realidade, é sinal de felicidade quando se têm escolhas — das minúsculas como comprar isso ou aquilo, o que quero comer, qual livro elejo — às mais prazerosas, como o destino da viagem, o parceiro que me faça bem, o lugar onde posso trabalhar. Planejar e escolher os ritmos e as bifurcações a serem seguidas na existência oferece o sentimento de estar no comando, ter a posse da sua existência. Nutrindo nosso ego, o conjunto identificatório que alimentamos na roda da vida, em satisfação. Somos o que escolhemos, porque desejamos, dessa maneira temos voz e nossa existência tem sentido. E quando viver por convocações se torna o seu destino? Quem está escolhendo? Seria privilégio ter um destino ou fazê-lo, conduzindo a existência pelos seus planos?

Somos seres em aprendizado e sabemos que trazemos na bagagem os arquétipos, o campo morfogênico, os símbolos e os contextos culturais, os padrões de comportamentos que moldam a história. Há uma tendência submersa no inconsciente que nos faz agir em nossa unidade local, associada aos aspectos subjetivos das relações construídas como observadores da realidade. Nosso feminino traz a marca das mulheres de todos os tempos do planeta, desde a era antiga; a memória ancestral vibrando nas bases de nosso sistema nervoso, os mecanismos aprendidos de luta ou de fuga, para sobrevivermos e aprendermos a viver enquanto espécie.

Além disso, temos a história do contexto sociocultural, onde nosso Eu Sou (a consciência superior, nossa parte junto da fonte; a presença Eu Sou é o mesmo que nosso Deus interno!) foi sendo nomeado e enquadrado. O significado e o sentido do ser mulher, oprimido e dominado nas diversas tentativas de apagarem seus traços dos anais que valorizam a sociedade civil. Em nossos tempos de maturação dos processos para nos tornarmos o conjunto de uma obra, em beleza imperfeita e unicidade de manifestação e máxima exclusividade.

Inseridos nos movimentos da segunda fase do feminismo – que preocupados corretamente com o aspecto da valorização das mulheres enquanto profissionais tendeu a subestimar a possibilidade da maternidade que muitas têm em gerar e criar seus filhos. Não são todas, naturalmente, que possuem esse desejo. Mas sim, são muitas que possuem o desejo da maternidade como parte da sua plena felicidade. Estamos colocando luzes e sons de alta frequência para aquelas tantas que não saberiam escolher pela maternidade por terem sido frutos desse ambiente social e cultural ativos. A sociedade ocidental assumiu responsivamente aos movimentos feministas e a maternidade foi desvalorizada. Como mulheres crescidas a partir de então, somos produtos da cultura e dos valores a que fomos expostas e passamos a estudar e nos especializar com o objetivo maior de fazer carreira, objetivamos a profissional como primado essencial.



Se, porventura, expressamos o desejo de abandonar a área para qual investimos tempo e economia, somos duramente julgadas e enquadradas como traidoras da sua classe profissional, da emancipação batalhada pelo feminismo. A maternidade e todo o Universo M & F (a) na sociedade civil, no paradigma do patriarcado, ficam subjugados ao lugar do desmerecimento, da desestima, depreciação, desvalorização. São associados ao saber e fazer sem necessidade de formação, sem critérios ou exigências, podendo ser exercido por qualquer pessoa. Basta gostar de criança e cuidar das necessidades básicas, estará feito. A mãe não recebe posição de respeito ou merecimento, está suscetível a críticas de todos os níveis e julgamentos, inclusive pelas próprias mulheres.

Como muitas de nós, mulheres, podemos desejar algo desprestigiado que confere menos valia diante dos valores dominantes?

Como sabem as mulheres que estarão felizes e serão as mães que planejaram e imaginaram enquanto ainda não experimentaram?

# MÃE - A ESCOLHIDA ENTRE TODAS

Acreditamos que as questões podem ser interpeladas diante da espiritualidade. Toda a motivação para contar essa história e escancarar peças íntimas em praça pública ocorreu por trazer verdadeiras transformações em minha maneira de olhar para a vida e suas relações, como uma unidade que somos do todo. Os processos que aconteceram em minha experiência, de fato, podem ser a abertura consciencial para muitas outras mulheres. Como meu modelo de mente arquetípica, identificada com a profissão e com os produtos da cultura, poderia compreender e se render se não fosse abduzida pelas consciências superiores?



Como somos a mãe em nível de consciência adequado para recebermos em nosso berço planetário os espíritos de frequências elevadíssimas que nós geramos, criamos e nutrimos?

Transformar a vida em todo o planeta a uma maneira de ser e se relacionar pautada nos valores da essência do Universo M & F é possível a partir de nós, mulheres. Continuarmos mantendo os valores do patriarcado e assumindo posições que mantêm as mesmas estruturas seria como ter um programa de altíssima qualidade em 8K pronto para o *download* e colocarmos para rodar em um radinho de pilha AM.

Quando nos aprofundamos em estudos e nas práticas expansivas no autoconhecimento – como a atenção aos sonhos, os treinamentos das viagens astrais, a meditação –, conseguimos compreender quanto é maravilhosa a experiência da liberdade absoluta, espalhando nossa mente no oceano primordial do universo. Sem um corpo físico e as limitações impostas pelos sentidos e pelas forças dimensionais, sem as identificações que nos limitam a nomes e papéis, sem a camuflagem da separação, nossa consciência torna-se o universo, religa-se ao espírito, ascencionamos a outro nível. Aproximamo-nos em compaixão ao que fez nosso filho. Seja qual for o caminho de cada viajante estelar, com muitas experiências acumuladas em sabedoria do espírito, em algum *momentum* de sua jornada, amorosamente se oferece para acoplar no campo quântico de entrada da nossa realidade, no portal de uma mulher. Qualquer que seja a dimensão espiritual de onde venha, quando aceitou ter a experiência humana em entrelaçamento com a mãe elegida, precisou fazer decaimento energético para a frequência planetária em 4D. Somos Marias, todas nós, Mães. Quando somos eleitas por um espírito de luz a fazer parte dessa dimensão pelo nosso campo vibracional!



Em cada nascimento do Universo M & F (a), temos a oportunidade de transformar a história. Mesmo sem termos a consciência das conjunções e conexões, dos acordos possíveis, sempre há uma orquestração física e espiritual para combinar aos arranjos da linguagem dos anjos que estarão em nosso corpo, se transformando em osso dos nossos ossos, sangue do nosso sangue, pele da nossa pele, cérebro de nosso cérebro, coração do nosso coração.

Quando viajamos no astral ou acessamos visões parapsíquicas, temos claras visões de locais onde as forças negativas estão impregnadas e atraem seres de mesma qualidade. E da mesma forma, quando encontramos um guia ou chamamos uma consciência que pode nos proteger e encaminhar, temos a possibilidade de experimentarmos o significado da alta frequência de luz espiritual – o profundo amor infinito. Há seres que são pura compaixão, outros a bondade perfeita, ou ainda seres de cura que somente estão doando os seus campos energéticos para o bem maior.

E nossos filhos, qual essência espiritual possuem? De qual dimensão nos localizaram?

São criadores, expansores, doadores?

É possível que seres de frequências mais baixas, das densidades iguais ou inferiores a que experimentamos na 4D, adentrarem em nosso ventre?

# OS PORTAIS DA MATERNIDADE

*"A maternidade cria um campo morfogenético — o modo do Ser Deusa em expansão do Amor. Nada mais potente e transformador que a observação de si mesma em puro estado de Divindade em concepção, gestação, nascimento e crescimento de um filho entrelaçado ao seu universo, para construir pontes Inter dimensionais."*



Quando estamos no modo Deusa, a criadora de um novo universo está ativada em nós. Somos o Portal da fonte divina estamos em ligação direta à consciência não-local, de onde está acoplado ao ser de luz que gestamos. Todos nossos corpos - físicos e sutis - estão integrados e absorvendo as luminescências do oceano luminoso da mente de Deus. Somos a mãe cósmica em manifestação criadora, trazendo seres da mais alta frequência para serem humanos! Somos a fonte terrena que abastece seus níveis energéticos para a manifestação. A nossa consciência local, quanto mais disponível a receber os pacotes de informações do campo quântico onde tudo é amor e perfeição, onde reside a verdade divina em essência, dará maiores saltos às oitavas superiores. Alterando as frequências do campo morfogênico que somos fusionados ao do nosso filho, teremos a matriz física, energética, espiritual, gerando novos padrões de nascimentos.

Consideramos que a cada maternidade recebemos, ao menos, um ser da dimensão mais acima de onde nossa mente local está inserido. Portanto, no universo Simone & Marcella, nascemos com as frequências da 5D/6D. No universo Simone & Demétrio, nascemos uma oitava acima, em 7D/8D, e no universo Simone & Guillermo nascemos em uma a mais 9D/10D. Esses pensamentos podem significar um foco para nos entregarmos aos seres sencientes e conscientes das fontes divinas que chegam até nosso campo e nos presenteiam com novas possibilidades de relações sustentadas pela perfeição do divino amor infinito.

Como na experiência de "O Sonho", estava diante de seres de luz, mas, dessa vez, sentindo e experimtando os eventos na fisicalidade. O que foi dissolvido foram os véus que separam as dimensões e as comunicações extrassensoriais se manifestaram. Na madrugada de terça-feira, 28 de outubro, com 22 semanas de gestação, acordei com ruídos e movimentos no quarto. Abri os olhos, sentei-me na cama e a primeira coisa que vi foi um ser sentado aos pés da cama, com as mãos sobre os joelhos me olhando serenamente com um leve sorriso no rosto. Usava uma túnica branca e tinha luz própria, que o tornava visível no ambiente escuro. Lembrei que seu semblante era conhecido. Já havia estado exatamente do mesmo jeito, quando estava grávida da Marcella, em um dos internamentos de emergência pelo que passamos. Esteve da mesma maneira, no quarto do hospital, me oferecendo tranquilidade à mente local. Seus cabelos curtos louros ondulados estavam iguais e acredito ser um ser feminino, pelos traços delicados. Os sons vinham do outro lado do quarto, e chamaram a minha atenção. Eram ruídos diferentes, metálicos, e em um tom agudo muito específico. Ao dirigir minha atenção para o que se passava, vi alguns seres de luz branca iridescente, entrando e saindo, entre o quarto e o banheiro. Senti um amor invadir-me em ondas de calor e a paz emanada dos olhos do ser em minha cama estava em meu coração. A atmosfera estava absorta por raios luminosos que formavam uma névoa com suaves movimentos. Pontos de luzes, pairavam no ar e saindo e entrando dos contornos dos seres, onde a força da iluminação parecia sublinhada. Seus movimentos demonstravam alguma resolução importante, percebia que discutiam sobre algo. A impressão era de divergências entre eles, parecendo uma reunião em que teriam que chegar a uma mesma opinião, então alguns mostravam mais seus argumentos e outros os contra-argumentavam. Observei em minutos a cena naquele estado captada pelo campo frequencial de outra dimensão – onde nos sentimos em plenitude e imersos em amor. Até que a lógica assumiu a mente e fiquei assombrada com aqueles sons e movimentos e foquei os compromissos que tinha na manhã seguinte. Estavam interrompendo meu sono e precisava dormir. Comecei a falar com eles, com a naturalidade de quem pede coisas aos amigos. Que fossem fazer seja lá o que estivessem fazendo em outro lugar porque o meu horário pela manhã começava cedo e eu precisava descansar. Segundos depois, a mente acerta mais um encaixe na realidade e percebendo o que fizera, mudei o tom para mais amorosidade e comecei a rezar um Pai Nosso. Agradeci a presença deles e o retorno do silêncio, que aconteceu no mesmo instante. Voltei a dormir.

Na manhã seguinte, em meio a uma reunião de diretoria, que ocorria toda manhã de terça, tocou o meu celular. Estranho, ligação de casa. Era sabido entre todos da família que somente em emergência poderiam me ligar nesse horário. Era o atual companheiro, dando a notícia pelo telefone de que estava indo embora. Desliguei atordoada e não escutei mais uma palavra da reunião, só ficava tentando entender o que significava aquela ligação. Estava sonhando? Não conseguia atrelar a nenhum fato relevante que viesse à memória. Não tínhamos tido nenhuma briga, nada.



Cheguei em casa no almoço e o Demétrio me esperava na porta – seu corpo demonstrava tamanha dor: os ombros caídos, cabisbaixo, voz embargada. Foi um golpe muito duro. "Venha ver, mãe, o que ele fez". Pegou a minha mão e me levou a cada uma das peças da casa que estavam desmontadas, restos de uma segunda relação ficaram por ali. Em meio à dor resumida em lágrimas, meu filho tentava me explicar que o havia acontecido. Nenhuma palavra foi dada ao Demétrio. Esperava a minha chegada para que pudesse ter acolhimento e ser ouvido. Queria detalhar a sua tristeza e a preocupação do que teria acontecido para isso, já que estava com o filho dele na barriga. Esse momento é uma das cenas que tenho em minha memória de uma matriz profunda de compaixão e perdão pelo que causei aos meus filhos. O adulto não foi responsável por quem cativou, não antecipou as feridas do amor puro que tinha recebido, não cuidou da sensibilidade e das emoções da criança que estava em casa, não a considerou com a compaixão que merecia. Tampouco lembrou do impacto que tudo isso causaria no próprio filho sendo gestado. O Demétrio, ainda na sua primeira infância, se comovia por mim e pelo irmão. A sua bondade interior, em altruísmo, pensava mais em nós e como ficaríamos sem ter o pai da criança por perto do que em seus sentimentos. Queria uma explicação que eu também não tinha. Tentei trocar as energias, mudar o foco dos pensamentos, mas a dor ao ver meu filho tão fragilizado expunha a minha emoção. Abriu um abismo em meu coração e a ferida sangrava.

Percorri em minutos a história do encontro com esse homem - como pude me deixar levar para uma situação tão dolorosa, envolvendo meus filhos? Pedi perdão nesse dia e em vários outros. Muitos outros, à medida em que o Demétrio crescia. Conversávamos sobre esse assunto para que a ampliasse a compreensão em cada etapa que a mente amadurecia. Abençoo-o e energizo-o em todos os dias quando estou em orações ao acordar e ao deitar-me. Trabalhamos o campo energético e espiritual para que as boas frequências de cura o abasteçam de novos pacotes de luz, e que as suas estruturas se edifiquem no imenso e profundo amor de seu irmão.

O companheiro abandonou a história e eu abandonei o papel de esposa. Estava tão inserida no trabalho que imaginava que dali viesse a sustentação e a luz no fim daquele enredo. Fiquei bastante alterada pelo abandono e não passei bem por meses. O choque trazia pensamentos recorrentes à mente que persistiam. Primeiramente, como lidaria com a gestação sem nenhum apoio do pai? Como meus filhos mais velhos poderiam ficar sem meus recursos – pois estava devastada - e a atenção que mereciam? Como a situação financeira iria ser resolvida, uma vez que no novo relacionamento tínhamos feito compras importantes, de grandes valores, que se traduziam em questões para serem resolvidas? Estava frustrada por ter criado grande expectativa de nova vida em família, me sentindo muito culpada de ter incluído meus filhos na vida de uma pessoa que não era um bom exemplo de valores e caráter.

Esvaía-me em total falta de vitalidade para ver no modo ampliado a experiência e poder integrar o significado para a evolução e aprendizado. A observação de minha mente que observava a tudo causava imensa compaixão com o filho que estava sendo gestado. Esse choque profundo alterou o ambiente e como o ser senciente e consciente estava sentindo e compreendendo as alterações pelos pensamentos atrelados às negativas emoções que ressentiam em todo meu ser – tristezas, medos e raivas. Meus outros dois filhos acompanhavam- me dia a dia. Conversávamos sobre as mudanças que iam ocorrendo e meu compromisso com eles era de transmitir a tranquilidade e a certeza de que estava tudo na mais perfeita ordem. Sei que sabiam que a coerência entre as palavras e as atitudes estava difícil, mas como seres de luz e amor que são, apoiavam-me incondicionalmente, sem julgamentos. Nunca questionaram as minhas escolhas, evidenciaram meus erros, demonstraram revoltas. Foram sempre duas fontes amorosas de pura bondade e compaixão, os braços acolhedores que me traziam à tona para respirar. Foram aqueles dois seres iluminados à minha frente na experiência de "O Sonho", agora em forma de meus filhos. Meus melhores recursos para encontrar momentos de alegria. Para que nós três conseguíssemos dissolver as cenas impactantes a que fomos obrigados a viver, fomos nutridos nas frequências luminosas - eu, Marcella e Demétrio – em cada *merkaba* de luz que somos, e que estendemos em nosso campo compartilhado: a nossa casa. Recebemos os pacotes de luz da fonte divina, perfeitos naquilo que precisamos pelo ser que mais fora atingido – o bebê em gestação. Graças às frequências superiores de sua consciência não-local, e acoplado na fusão do campo morfogenético de nosso Universo M & F, pudemos, camada a camada, irmos nos curando, nos revitalizando e fortalecendo, e trabalharmos a mente e o coração para acreditar que iríamos ser felizes os quatro. Aprendemos a absolutamente dar graças com coração inteiro a tudo que se passa! Mesmo que durante o contexto não consigamos ampliar a visão, precisamos confiar que estamos sendo protegidos e em constante acompanhamento da fonte divina, diretamente ou pelos canais de luz que nos enviam para nos trazer a harmonia e perfeição do amor infinito. Ainda mais se estamos no modo da criação da humanidade, gestando ou nascendo em novo Universo M & F (a), com crianças pequenas em nosso lar. Somos a matriz morfogênica do amor na terra. Nada pode estar mais protegido e cuidado pela fonte que tudo é da potencialidade pura em amor.

# O ENCONTRO COM A VERDADE

Um ano depois de ter vivido o encontro com *Ali*, no próximo solstício de verão, fui buscar eu mesma um encontro. Encontrei uma vidente que tinha o dom de ver a aura. Lendo nosso campo, podia contar histórias a respeito dos percursos de nossa alma e dos *Registros Akáshicos* que acessava. Essas experiências em minha família sempre foram comuns. Desde que era criança, ia com minha mãe a muitos tipos de ambientes à procura dos mistérios. Minhas irmãs também gostavam de buscar as videntes em leituras de cartas de tarôs ou búzios. Naquele momento de gestação, estava em busca das respostas sobre o que tinha acontecido, alguma informação cósmica que pudesse abrandar o trauma. A senhora abriu a porta e, com seu rosto paralisado na minha barriga, foi logo me perguntando se eu sabia o que tinha ali. Fiz-me de desentendida, não queria antecipar os fatos já vividos ou preditos. Disse-lhe que sim, era um menino! E ela retrucou, falando que não era isso a que se referia, mas a respeito da maravilhosa luz que estava vendo naquele ser. Sua iluminação era tamanha que tomava todo o ambiente! A senhora virava os olhos e apontava para todos os lados. Mais uma vez, as emoções invadiram-me em misturas de alegrias e assombros, mais dúvidas sobre as experiências ocorridas, inúmeras questões. E, para confirmar as revelações sem que eu dissesse uma palavra, proferiu: "Esse é um grande homem com uma missão para com a humanidade!" As mesmas palavras. Qual seria a probabilidade dentre a miríade de possibilidades em ouvir exatamente a mesma predição? A sincronicidade da perfeição do campo quântico envia mais uma vez a potência do verbo para que a minha mente local integre a consciência não-local. Para que esteja aberta a receber os sinais que demarcam uma nova frequência acoplada em meu ser.

Nos minutos seguintes, parei a mente no caminho entre as dimensões e vagueava pelo oceano luminoso, flashes vieram à mente. Lembrei da história de minha vida, desde o nascimento da Marcella, as experiências de quase morte pela qual passamos e uma força vindas dos céus para a manutenção da vida. Voltei ao contexto da chegada do Demétrio, as janelas da sua alma serena desde o nascimento, e as últimas marcas em nossas vidas, quanta grandiosidade em um corpo de menino. Estava paralisada, respirando e integrando as informações que invadiam. A atenção voltou à presença quando a vidente passou a falar sobre os seres no quarto naquela madrugada, descrevendo o que tinha ocorrido. Realmente, estava diante de um portal de comunicação novamente. Mas agora explicado pelos códigos da linguagem padrão – "Ele não saiu, foi tirado de lá". Minha mente saltou imediatamente para as cenas. Foi mesmo uma importante reunião, e os detalhes do que senti emergiram. Os seres espirituais iam e vinham resolutivos, era perceptível um impasse a ser decidido. A informação baixou com clareza – alguns seres deveriam estar favoráveis e outros não a respeito da permanência do pai na vida da criança. E compreendi mais além - o porquê abriram aquele portal no instante que tomavam a decisão. Aqueles devem ser os guias que fazem parte das hostes do espírito do Guillermo, os comandos estelares de suas frequências dimensionais, seres da 9D/10D, pelo menos. Onde somente há luz e amor, não há mais fisicalidade, somente a divina presença em perfeição.

Imaginei muitas vezes depois, durante a gestação, quais teriam sido os motivos para que os seres se deixassem serem vistos por mim naquele fórum resolutivo, eles fizeram questão. Sabiam que estaria onde estava com a vidente e que nesse dia poderia compreender, afinal, o tempo e o espaço como conhecemos só existem nessa dimensão. Para acalmar a minha alma, abrandar a culpa que sentia, pacificar meu coração, permitiram que eu soubesse - as ordens eram do escalão superior. Mais uma vez, fomos encaminhados nessa situação, pelos guias espirituais da família galáctica do Guillermo. As consciências da dimensão superior decidiram que a dor do abandono a todos nós deveria ser o mal menor.

A resolução dos mentores das ordens superiores me trazem à luz para compreender sobre a questão do campo morfogênico livre de qualquer interferência de aporte energético do pai que pudesse ser conectada pelo bebê. Sabemos, pela espiritualidade - através do Rodrigo Romo –, que quando o pai se conecta com o bebê em gestação, pode oferecer pelo campo quântico de 25 % ou mais de informações. Quando existe a intenção do pai em se relacionar, conversar, quando ele está presente e cria intenções com os pensamentos e sentimentos, pode fazer com que as suas energias adentrem no campo fusionado mãe & filho. Diante da decisão dos seres de luz, a saída do pai nesse período gestacional transformou todo aporte energético, físico, mental, espiritual a 100% materno. Nada que não viesse do amor incondicional da fonte que tudo é, não-local e de nosso Universo M & F estava autorizado.

# ERA ALGO TÃO DIVINO, LUZ EM FORMA DE MENINO



No dia escolhido para o nascimento – precisamos marcar a cesárea –, acordei e fui tomar banho para ir até a maternidade. Quando olhei minha barriga, percebi luzes minúsculas em toda a sua volta, um cinturão de fótons envolvendo toda a região abdominal. Uma onda de amor e felicidade invadiu meu ser. Paralisei entre a realidade e meus pensamentos – sorvia aquela expressão divina mais uma vez se manifestando diante de meus olhos. As lembranças do estranho homem Ali - ajoelhando-se à minha frente e suas palavras sobre meu ventre... Retornei aos seres de luz de imenso amor que me fizeram assistir à conferência em prol de meu filho, quantas esferas luminosas e raios em torno da nuvem que os rodeava...Meu ser estava tomado em emoções, o coração em lágrimas de amor. Aquela incrível luminosidade não se alterava aos meus movimentos, paralisei o tempo e esquadrinhei cada detalhe.

Nada do que já tinha vivido era tão intenso e profundo quanto aquele momento. Meu ser, no ápice da manifestação criadora, estava cercado de luzes. Mais elementos divinos apontavam para as minhas conexões entre o que eu fazia e o que eu deveria ser – hoje eu entendo. Queria ter compartilhado o momento com mais alguém. A Marcella e o Demétrio estavam dormindo nos seus quartos. Éramos eu e o Guillermo em manifestação divina na experiência da luz. Chorei, muito emocionada pelo presente. Criei nossa íntima conversa e carinhos, da mais amorosa relação. Pensei sobre ter sido a escolhida para todas as experiências divinas que esse espírito de luz me ofereceu, amorosamente em compaixão ao meu ser tão centrado em bobagens terrenas. Em imensa gratidão, falei com meu filho sobre o quanto estava feliz por ser sua mãe e agradeci a sua vinda. Pedi perdão pelos momentos difíceis que havíamos passado nos últimos meses. Disse que me esforçaria para que a nossa relação nesse mundo, que logo nasceria, fosse uma jornada de iluminação. Eu estaria disponível para aprender suas lições de luz e o ensinaria a ser um bom menino, e depois, um homem bom. Que ele me ensinasse a ser a sua mãe e que eu o amava profundamente e para sempre, com todo meu ser. Uma aura amorosa me encheu o coração, senti todo o físico e os corpos sutis ampliados na atmosfera luminosa do puro amor, vindo diretamente da fonte. Tudo era uma vibração intensa. Nada à minha volta existia, dissolvem-se tempo e espaço, eu e meu filho éramos uma fusão de profundo amor. Retornei ao que experimentara em "O Sonho" e integrei o oceano luminoso que somos com a consciência não-local. Senti-me um avatar espiritual, reconhecendo-me como a deusa mãe de um filho divino. Fui transformada a um estado de graça e de alta frequência luminosa. Estava no caminho de conexão dos xamãs, na dimensão dos sonhos e seus portais mais harmoniosos, sentindo a egrégora espiritual iluminada nos acolhendo, protegendo e nos guiando.

Fui para a maternidade já renascida pela luminosa manifestação de amor divino, que ultrapassa as formas e as dimensões, abastecida pela fonte que tudo é, serena, em plenitude e harmonia de meu ser. A deusa mãe de percepção estendida em compreensão luminosa para com a humanidade. A família e as amigas que me esperavam para o evento comentavam sobre a energia que eu estava irradiando. Parecia ir a um encontro. Ao meu encontro definitivo e transformador, no qual nasceria entrelaçada ao Universo M & F emaranhada no profundo e pleno amor.

Com toda a emoção, entreguei-me ao que fosse preciso: "Eis me aqui"! Com a clareza da transformação que aquele caminho me oferecia, era o tornado que conduzia às pedras amarelas do mágico, às bonecas falantes, ao coelho branco de cartola, ao reino das fadas e dos devas da natureza, ... Levava às estrelas, às galáxias, aos multiversos. O campo morfogenético dá em harmonia, o portal de luz que abriria ao ser divino para aterrissar no planeta. Estava por fim sem a cisão dos sistemas cerebrais, em coerência com meu coração. O campo áurico vibrando no amor, minha consciência local integrada à superior — entrelaçadas ao espírito do meu filho.

Enfim compreendi para além das estruturas que era o encontro de mim mesma, com minha verdadeira natureza. Finalmente meu coração compreendeu a força que um espírito de luz nos oferece ao nos escolher como sua fonte dimensional. Minha consciência em flash deu um salto de órbita! Fui dissolvida para me tornar A Mãe Amor!!



Dia 14 de fevereiro, sábado de sol, céu claro - Dia Internacional do AMOR. Nascemos Mãe & filho às 8h13. O obstetra o recebeu dizendo: "Seja bem-vindo ao mundo, Guillermo!" Bem-vindo, meu menino divino! Senti seu cheiro e toquei seu corpo em pura emoção. Recebo-o em nosso universo em amor incondicional para vivermos a experiência humana em luz divina! Bem-vindo, meu filho, irmão, afilhado, neto, sobrinho, meu amigo! Grande homem! Desde a gestação, ouvíamos a música que me tocou e escolhi para ele - que permaneceu tocando como mantra no quarto mais visitado no período, na tentativa de traduzir o indecifrável.

A mudança de toda minha vida chegava por uma anunciação prometida, em um cinturão de fótons, no dia do amor, por olhos que lentamente foram me mostrando o azul celeste do infinito universo e me deram a medida de uma nova consciência.

# NOSSO AMOR ESTAVA ESCRITO NAS ESTRELAS

O Guillermo tinha meses quando eu e meu primeiro amor, Marcelo, voltamos a namorar! Foi um retorno tido como impossível pelos que conheciam a história toda, mas nosso amor foi crescendo junto com o bebê. Tenho a clareza em meu coração de que foi o espírito de luz desse ser que nessa experiência humana se chama Guillermo que uniu as almas que haviam se perdido.

As coisas desnecessárias dissolveram-se, as fundamentais estruturaram-se depois que optei por ser mãe em tempo integral e não retornar ao campo profissional. Fomos experimentando um mundo de possibilidades criativas para nossas relações. Sim, eu escolhi! Conscientemente de que viveria a minha missão em estado de amor e graça profundos para aprender a ser e estar no Universo M & F. Ser a mãe disponível e em atenção plena, em escuta ativa, em presença amorosa, organizando as rotinas e expandindo nossos sentidos nas experiências de vida compartilhadas. Era disso que esse iluminado espírito precisava para crescer e ser a potencialidade pura em manifestação humana no planeta!

A integração da consciência não-local à mente local conduzia nossos estados potenciais às formas de viver e de nos relacionar, que fomos registrando em histórias de nosso universo M&F, depois deram os insumos para a escritura desse livro. A iluminação que a consciência alcançou desse nosso nascimento abriram frentes de compreensão na mente que criaram novos circuitos cerebrais e vimos como a física quântica explica os fundamentos do Universo M & F (a).

A coemergência de um novo campo morfogênico no lar se expandia. Refizemos nossos pactos de amor como casal e nos entrelaçamos em família novamente. Marcelo e eu fomos estreantes juntos em algumas das experiências mais marcantes de nossas vidas. Agora mais uma: éramos (re)casados. O Gui começou a imitar os irmãos e a chamá-lo de pai. Conversei sobre a fala imitativa e que, se ele quisesse, poderia ensinar o Guillermo a chamá-lo pelo nome. "Imagine, ele é meu filho!", retrucou veemente! O relacionamento entre os dois sugere o amor das estrelas, de onde vêm os seres da luz, que amam incondicionalmente e arrebatam as cascas. Nada e nem ninguém sai ileso da presença de um ser iluminado. Somos todos transformados pela presença do Guillermo em nossas vidas.

## O AMBIENTE INTERNO E EXTERNO EM MOVIMENTO

O bebê estava sendo meu foco em casa desde o nascimento. Organizei os ambientes, os materiais, o tempo, as intenções, tudo para aplicar os conhecimentos sobre a infância dos últimos cinco anos mais frutíferos profissionalmente e coemergir na relação do Universo Simone & Guillermo. Passei a registrar, como no "diário de sonhos", o que via, escutava, sentia, experienciava, refletia. Anotava todas as elucubrações que conseguia fazer na medida do meu olhar, era meu "diário de bordo". Sabia que o tempo era inexorável e tinha pesquisado muito e trabalhado sobre o registro – a comunicação escrita – nos processos pedagógicos. As experiências nas escolas com os registros dos trabalhos feitos criteriosamente para expandir os pontos de vistas e as posições davam-me insumos para rever as relações e me aproximavam das linguagens do meu filho.



Registrava minhas observações, sentimentos e experiências com o Guillermo para ampliar a consciência a respeito de todas as facetas de nosso Universo. Com o registro, incluía um terceiro elemento à relação, um observador que narrasse os fatos, estruturasse as cenas e trouxesse novas reflexões. As interferências em meus pacotes de energia vinham da fonte não -local fusionada ao nosso campo morfogênico pela presença do espírito de meu filho. Precisava incluir novas práticas que expandissem os canais de comunicação com a fonte divina e elevassem as frequências tanto físicas, do entorno, dos corpos, quanto as sutis. A meditação passou a ser rotina, sem quaisquer ensinamentos ou mestres externos. O espectro de observador como parte da consciência não local fez a mente alcançar novos patamares de visão. A conexão entre mãe e filho atingiram códigos de reciprocidade, bondade, criatividade, presença, respeito. Integramos as capacidades, habilidades e maneiras de ser de ambas as consciências e mentes locais, que sustentam o Universo Mãe e filho e as relações para com os outros e todo o mundo.

Essa conexão é muito diferente do narrador dos registros escritos, que falam do significante e fundam a lógica no discurso. Gradualmente, minha mente que observava estava acoplada aos meus olhos, tinha as duas percepções: a horizontal, que mirava os olhos do outro, e a vertical, que me via de fora da relação. Esse observador passou a ser meu mestre como minha medida de transformação. A meditação silenciosa amplia o espaço mental e nos conecta à consciência superior, não-local, é uma linha direta com o campo da potencialidade pura. Atribuo a prática diária meditativa à conexão profunda com os aspectos superiores da consciência que acessamos quando aprendemos a observar a mente sem julgamentos, absorvemos significados ampliados para ser e interagir na experiência cotidiana e relativizamos mais facilmente os problemas, uma dádiva com que a serenidade nos abastece.



Foi com um novo nível de consciência que acolhi e integrei as perdas que vieram pela frente. Porque como aprendemos na relação com o campo informacional da mãe terra, o que eu evito nos visita. A forma de lidar com as imperfeições que somos e encarar os traumas, com coragem e sem vitimização, nos liberta. Torna o nosso crescimento possível pelas oportunidades aprendidas.

Abrimos muitas frentes de trabalho e relacionamentos entre os profissionais e pais de crianças pequenas. As paisagens nas escolas eram completamente distintas, as relações baseadas em novos diálogos, as salas de aulas não pertenciam mais a um regente, eram espaços ricos de práticas colaborativas, com os planejamentos que continham as intenções de várias áreas do conhecimento em harmonia. As crianças eram cidadãs de direitos e incluídas nos processos pela escuta ativa, os professores eram pesquisadores e pensavam criteriosamente como aliar as observações vindas em uma visão circular contidas em seus registros às práticas educativas, as famílias participavam diariamente na leitura dos diários e nas mostras que fazíamos em cada final de período dos projetos desenvolvidos e das experiências aprendidas. Marcamos o tempo em nossa rede de escolas como nunca antes tinha sido visto, os espaços eram potenciais para uma nova educação que traria reflexos em toda a comunidade e ultrapassaria os muros da escola.

Da escola da infância para os demais segmentos cristalizados em processos e procedimentos escolares, iniciamos uma tormenta que não tinha como ser impedida. Fazíamos reuniões formativas e encontros com os professores de todos os níveis para demonstrarmos os movimentos que havíamos iniciado e garantir que a onda se propagasse até o fim dos currículos. As resistências eram inúmeras e as articulações entre os poderes estavam sendo questionadas. Os professores do ensino fundamental II e os intocáveis docentes do ensino médio começaram um burburinho sobre uma possível ascensão minha para a direção geral da escola. Acredito que o vespeiro foi cutucado e fantasias ilusórias criadas pelos que estavam dirigindo a instituição. Realmente, depois de algum tempo, quando os episódios se sucederam, pude imaginar verdadeiras trincheiras que foram construídas em meu caminho. Na época, meu compromisso com a escola que sonhávamos não permitia adentrar aos carteados bem jogados. Na minha essência, acreditava que pelas experiências e profundos estudos e pesquisas realizados poderia de fato colaborar com os passos seguintes na inovação de uma educação adequada para os espíritos muito mais evoluídos e de altas frequências que aqui aterrissavam.

# DISSOLUÇÕES DIANTE DOS OLHOS PARA A CONSCIÊNCIA SE MANIFESTAR

As estruturas foram sendo, uma a uma, dissolvidas. A erupção se deu desde o dia que o espírito de luz se acoplou em meu campo quântico, associando-se às minhas frequências e absorvendo meu ser para a luz adentrar à matéria, para a mulher se fazer deusa. As ordens celestiais trataram de colocar as mensagens oníricas para suavemente soprarem os ventos da nova era.

Dia 1 de abril de 2005, quando o Guillermo tinha um pouco mais de um ano, fui demitida. Um paradoxo: no Dia da Mentira, a verdade. Segundo as palavras dos diretores para nossa equipe de trabalho, as minhas asas estavam grandes demais para continuar na escola – foi o que ouvi. Acredito que estavam, havia um ser das altas esferas fornecendo-me a sua luz há algum tempo. O anjo que me permitia ver por entre as nuvens a sua serena presença já estava em meu lar. Senti-me naquele cenário, no evento de "O Sonho". Olhei de um lado e de outro, e as coisas se dissolveram. Um silêncio abriu os portais internos. Apenas a minha mente me observava. A nova paisagem fez emergir as cenas, os jogos. As máscaras despiram-se, os papéis desapareceram e, assim, voltei para casa.



Sempre imaginava como seria a minha despedida da escola. Vi tantos colegas nessa situação em diferentes reações que me surpreendi com meu próprio comportamento. Estava serena, encarando o fato com naturalidade. Voltei ao local do início de minha vida profissional, lá no pátio da educação infantil e que possuía um prédio à parte dos demais segmentos da escola. Era o ambiente da minha infância como professora, onde me gestei e fui nutrida, dei os primeiros passos em minha caminhada, fundei-me trabalhadora, anexei o sobrenome da instituição ao meu, descobri um potencial inovador que descontinuava as estruturas e desenvolvi com garra e esforço o labor que em troca ganhou respeito e criou espaços até alcançar voos mais altos e conseguiu abrir as asas. Para as mentes que se assentavam no poder, fizemos sombras demais para aquele caminho e, sem aviso prévio, decidiram interromper o acesso. Sentei-me no banco que ficava perto da porta de entrada. Foi ali que me reconheci e me estruturei como a profissional que agora iria abandonar. Levaria toda a história comigo, aquela personagem encerrava o singular enredo. Respirei algumas vezes e absorvi o momento. Entrei no espaço da mente e o filme da existência construída passou pelo meu coração. Agradeci profunda e especialmente a alguns guias, dessa vez, pessoas reais, mas tão iluminadas quanto os seres de luz daquele sonho, que me ensinaram a ver além, a acreditar em fazer diferença sempre e a buscar a energia compartilhada por anos. Sabia que aquela hora chegaria, afinal, a mudança é a mais permanente condição e aceitar o *momentum* é fundamental para viver as emoções em paz.

Tinha consciência de que doei toda a energia que pude para o bem da infância e da educação. Os processos continuariam –assim é a roda da vida. Respeitei meu tempo de despedida, levantei-me e voltei para casa.



# O SALTO PARA UMA NOVA DIMENSÃO DA CONSCIÊNCIA

Enquanto estava vivendo aquela rotina de dedicação e envolvimento na escola, tudo me fazia sentido. Estava tão dentro da cena que não era possível imaginar-me saindo dela. Os espaços que foram se ampliando e os desafios que se manifestavam eram viciantes. Alimentavam meus poros, faziam-me bem, deixavam-me feliz, enraizavam-se em meu ego. Inebriavam a minha mente. Toda a minha história estava absorvida naquele ambiente e parecia que não havia nada além dali.

As dimensões daquela realidade pareciam ser o todo do Universo. A paisagem, a estrada, o caminho conhecido, a imagem, as relações, tudo era parte de mim. O microuniverso para meu ponto de vista era o campo unificado, não via separação entre a minha identidade e a da instituição. É comum pensarmos sobre a impermanência e imaginarmos que a compreendemos, mas criamos uma tamanha identificação com as coisas que geram um apego e não conseguimos viver sem elas. É o nosso ego que faz as coisas terem a nossa cara. O nosso eu, aquilo que eu sou, é substituído pelo "o que eu faço", "o que eu uso", "o que eu gosto". E, em cada tempo histórico-cultural, acrescentamos outros – atualmente, por exemplo, "o que eu posto".

Algumas situações na vida chegam por convocação externa ao tempo-espaço de nossa malha dimensional, de onde a consciência não-local, unificada no potencial transcendente, nos oferece oportunidades para vivermos a experiência humana, na descontinuidade criativa. Abre- se um abismo tanto quanto for o tamanho da montanha escalada.



A respeito dessa situação particular, recebi a informação para compreender além. Eu estava no teto de todas as expectativas! A consciência superior iluminada de meu terceiro filho, entrelaçada a mim desde antes da concepção, em sua sinfonia amorosa, interferia e atuava no campo unificado das infinitas possibilidades para romper, radicalizar e mudar toda a estrutura. A sensibilidade de seu espírito criativo emaranhado em meu campo quântico e sincronizado à minha consciência local, me escolheu. O ser de luz sabia bem antes de minha consciência, antes do meu tempo chegar ao meu espaço, que eu estava pronta.

A dissolução de toda a identificação e apego era imprescindível. Radicalizar as estruturas para compreender. Com o fechamento dessa página da história, fui à procura de outros significados. Precisava reconstruir minha subjetividade, minha feminilidade, minha maternidade. Era a ponte de arco-íris da fonte divina que se materializava para ir em busca de minha verdadeira natureza.

# DARMA OU CONVOCAÇÃO A DESPERTAR

Uma amiga de infância, depois de muitos anos sem vê-la:

– Nossa, foi preciso o terceiro filho para você aprender a SER mãe?! Entrei em suspensão com aquelas palavras. Elas ecoaram em meu universo.

*Qual Mãe? A Mãe que eu tive? Que existe em mim como padrão do inconsciente coletivo? Quais Mães que coabitam em meu ser? Posso ser qual Mãe? A Mãe que quero ser? Quem sou eu? Eu Sou? Eu, Quem?*

A sincronicidade do universo nos coloca no fluxo para que possamos nos descobrir, encarar a razão pela qual vivemos, encontrar as habilidades singulares que carregamos em nossa natureza primordial e seguir a nossa missão no mundo, o nosso darma. Falam os estudiosos e cientistas de diversas linhas de pensamentos espalhados pelo mundo que todo ser humano tem uma questão primordial sobre saber quem é e por que está aqui.

Pessoas insatisfeitas na maior parte do tempo, que não conseguem entender o sentido do que fazem nem da sua existência, não tiveram a resposta sobre seu darma. Vivem no automático, seguindo o rumo em que as coisas se encaixaram por um determinismo que acompanha a organização ascendente. Além de não fazerem parte de nenhuma das decisões a respeito da vida, acreditam que não há o que realizar para mudar. Ou gostam mesmo do modo como as coisas se organizaram e vivem o cenário, o script, seguem o texto desfrutando da ilusão. Outras estão presas aos modelos do materialismo e direcionam toda a sua energia para conseguir a concretização de seus desejos. E nunca estão realizadas porque a obsolescência programada dos bens de consumo as faz seguir aprisionadas no infinito movimento do mais novo. Há também quem encare seus afazeres como meio, um jogo que torna possível seus verdadeiros prazeres com quem e com o que ama.

Pode ser que já tenhamos passado por fases com perfis diferentes. Dependemos dos estímulos externos, das imagens, das conquistas, para seguir o percurso, para organizar nossos pensamentos a respeito de nós mesmos. Temos modelos e doutrinas para acreditar que somos o que a cultura e os valores sociais que comunicamos e que geralmente estão associados ao que fazemos com sucesso e ao quanto produzimos, além das dicas, sinais, empurrões, o encadeamento de situações que chegam até nós pela consciência superior. Mesmo assim, nossas mentes estreitas, condicionadas, fixadas, não conseguem entender o mandato, decifrar o código, assimilar os arranjos, escutar a melodia.

Aprendemos desde criança a abrir os olhos, os ouvidos e os sentidos em geral para o externo e fomos afastados da nossa riqueza interior. Assim que os bebês aprendem a fazer gracinhas, os adultos estimulam-nos a ganhar aplausos, a mostrar o que fazem, qualificando suas atitudes como feias ou bonitas, de sorte que encorajam a imagem a se desenvolver em torno de determinadas qualidades. À medida que as crianças crescem, aprendem a desejar coisas para complementar essa imagem, usando-as como enfeites ou adornos, e assim se sentem em conformidade com os conceitos apreendidos, positivos ou negativos, para mostrar novamente, agora aos amigos, que têm. E, se têm, sentem-se pertencentes ao mundo. O competitivo, imagético, onde a compreensão da felicidade do ser encontra-se vinculada à produção, ao materialismo nas relações e valores. E que dão acesso aos objetos, ao poder de compra, que serve de filtro ao grupo de que podem fazer parte.



# A INFÂNCIA EM NOSSO CONTEXTO CULTURAL

Há pesquisas sobre o tempo que as crianças usam para conversar e conviver com os pais, considerado menor em relação ao período que passam diante das telas. A mídia influencia hábitos, impõe comportamentos, modela os gêneros, estimula os desejos, erotiza precocemente, convence as crianças a se tornarem padronizadas, condicionadas e manipuladas. A infância está encurtada, adulterada, aculturada, passou a ser um alvo importante da indústria, do modelo perverso da sociedade materialista. Os estudiosos do marketing sabem que as crianças influenciam 80% das decisões de compra dos pais, pois são obstinadas pelo ato de comprar. O objeto de desejo é considerado um motivo de vida ou morte, a criança dispõe-se a usar qualquer tipo de artifício, de sedução, de moral para atingir os pais. Assim que realizam a aquisição do bem ou do objeto, aquilo perde o foco, e elas passam a desejar um novo item como seu sonho de consumo, entrando na roda que move os valores ilusórios. Esse comportamento aprendido estende-se para todas as instâncias da vida da criança, do jovem e até de adultos, que seguem vivendo nesse labirinto. Desejam o que não têm, agem para conseguir ter e, então, sentem que podem, que fazem parte, que têm felicidade, sentem que são!



Nossa vida transforma-se em um paradoxo, algo tão cheio de coisas e vazio de significados. Ficamos procurando o sentido da existência no mundo material e infinitamente criamos recursos, tecnologias, soluções, buscando as pontes para o paraíso, enquanto aumenta a quantidade de pessoas desequilibradas, desestruturadas, intoxicadas, adictas, transtornadas, doentes e infelizes.

# OS FILHOS DAS MÃES

Diante das conjunções culturais e sociais da pós-modernidade, múltiplas versões femininas despontam nos ambientes profissionais. Mesmo que sejamos um bom número nas grandes empresas e que tenhamos salários melhores que no passado, ainda há um caminho à equidade. Já estamos em áreas que faz pouco tempo não admitiam mulheres. Porém, as concepções de gênero ainda estão atreladas às capacidades, e nesse ponto precisam ser dissolvidas. O crescimento das necessidades do mercado de trabalho está em transformação, variada gama de coachs, de pós-graduações e cursos para formações são oferecidos aos profissionais e exigidos em boas oportunidades. Não basta ter diplomas e conhecimentos. A atualidade necessita de relações de trabalho nas quais o foco da inteligência seja as emoções e a resiliência; em que sensibilidade, intuição, empatia sejam expressas em ações criativas e inclusivas. Os valores da essência feminina acoplaram nos discursos. São manifestações que estão no campo da potencialidade ou naturalmente em nós, mulheres.

Estamos nos percebendo em crise, desenvolvendo sintomas psíquicos, por termos nos afastado de nossa natureza essencial e assumido as posições que historicamente nos tornavam menosprezadas, adotando como características os valores do patriarcado. Assumimos mais e mais espaços no trabalho, sobrecarregando-nos em volumes e turnos, responsabilidades para além dos horários comerciais. Bebendo dos ambientes rígidos, acumulando tensões, cargas extremas de estresse para manter as conquistas, o prestígio, as remunerações. Estamos cisadas, identificadas com padrões sociais repudiantes, competindo, oprimindo, dominando, guerreando, senão com o mundo, conosco mesmo e entre nós.



Nossos filhos ficaram sem a sua Fonte, sem a conexão com a possibilidade do alimento divino na terra, sem o contato com a natureza, com abundância e com a sabedoria da mãe. Assumem os valores dos quais foram alimentados, são consumidores vorazes, associados às marcas, ao ter coisas, se identificam com contra-valores. O hedonismo é o palco mais visitado, dependendo do nível de desconexão com a Fonte-Mãe. Crescem nos pecados capitais, pois não se abastecem da nutrição que a maternidade entrelaçada ao seu campo energético e vital provém. São cabeças autogestadas, sem o corpo tocado e simbolizado, sem postura, com vocabulário empobrecido sem a linguagem e a nutrição maternas, para além das palavras. Não há compreensão do ser em sua potencialidade para que se sintam capazes e confiantes. Estão sem a energia que proporciona o acolhimento e o cuidado, que ensina a cooperação e a gentileza. Que legitima seu ser em missão na terra e todas as suas potencialidades.

As crianças crescem com a moeda da troca do afeto pelo apego material e exigem cada vez mais cedo o que consideram seus direitos: os objetos que, programados para a obsolescência, devem rapidamente ser substituídos. Têm muitos itens de tudo, algumas compras permanecem nas caixas, ignorados depois do impulso. Têm dificuldades para saber como brincar, o que inventar, como imaginar, As mídias tornam nossos filhos passivos em receber produtos barulhentos, velozes, multicoloridos. Daí não conseguem prestar atenção ao canal de mono estimulação chamado professor. Os livros perderam a atração. O diálogo com pessoas se utilizando de dois canais básicos da atenção, ouvir e falar, são enfadonhos. As crianças estão perdendo habilidades importantes, como olhar nos olhos mantendo o foco visual para captar além do que é dito. Interessar-se pelo outro, com empatia, perceber se pode ajudar e oferecer-se espontaneamente são alguns exemplos.



Os bebês ficaram sem colo, procurando onde se apoiar, sem a conversa sobre as suas sensações. Absorvem o ambiente estressado e captam toda a vibração do campo toroidal da sua mãe, informações manifestadas por ela e bem mais além disso, as inconscientes. São captados pelas telas multi-estimuladoras em informações agitadas que os fazem sem corpo, sem significantes que os marquem e os posicionem, sem o olhar da medida dos verdadeiros valores do amor e da felicidade, colapsados pela fonte-mãe.

# AS INSTITUIÇÕES FAMILIARES E ESCOLARES

O espectro de visão da criança em expansão e criatividade, em movimentos de descoberta pela investigação, pela rica variedade de fontes, de interações – mais cedo para umas e um pouco mais cedo ainda para as outras, tem sido transformado pelos conceitos que servem de acesso ao modelo social do materialismo. Os objetivos que as escolas oferecem aos pais podem ser analisados como garantia de pertença ao "aprender a ser alguém na vida". O nome da escola passou a ser mais um sobrenome da criança e, depois, do jovem. Dominar as informações para poder ter alguma chance de continuar fazendo parte do sistema é a habilidade mais apreciada pelas famílias e pelas escolas. Para as instituições que estão em relação direta com a infância, olhar a pessoa que traz suas riquezas, seus pensamentos e sentimentos, suas experiências em famílias múltiplas, que está entre seus pares no ambiente escolar, que vive criando em cooperação a manifestação das suas experiências, exige a reestruturação delas mesmas, pois mantêm as suas pedagogias há muitas décadas. Instituições que sempre foram os muros de sustentação de valores para o sucesso das economias, que recebem normatizações de postos avançados nos modelos sociais e culturais da atualidade, precisam ser legitimadas pelos resultados. Melhor é a escola que acessa às melhores universidades. Melhores as famílias que acessam às melhores escolas, em sincronia de responsabilidade.



Nenhum dos contextos consegue se posicionar na abrangência do que a infância se abastece na pós-modernidade. Nem os pais conhecem o que o filho pensa, conversa, brinca, desenha, convive com os pares, inventa, como coemerge o ser criança. Na escola, o multiverso das famílias tornou-se reflexo de discussões entre os pontos de vista, com a determinação de orientar ao seu modelo, que é um outro, dependendo da filosofia e dos processos político-pedagógicos que se envolvem no processo. Além disso, a maneira como as escolas segmentam e apresentam o conhecimento, que é coerente com a visão clássica de mundo, do valor do ser inserido à sociedade materialista, torna-o enfadonho e sem sentido. A vida nas sociedades pós-modernas é estimulante, os movimentos e a produção cultural têm chegado instantaneamente dos eventos em diferentes lugares do mundo para as pessoas. As informações misturam-se e os valores que as diferenciavam estão multifacetados – características de pluralidades de universos são a tônica de grandes centros urbanos. É difícil delinear o que é importante e o que vai ser fundamental para as sociedades, para onde estamos direcionando nossos processos e produtos. São raras as iniciativas e os investimentos como sociedade civil para integrar a Infância como o pilar fundamental para novas estruturas e relações institucionais que geram novas possiblidades de vida.

O corpo, que para a infância é um espaço de articulação e constituição da autorreferência, dos conceitos e das estimas pessoais, porta de acesso à comunicação e à interpretação desse mundo desde os bebês, precisa ser contido, formatado, regrado, inserido na medida do tempo-espaço e de valores desintegrados de sua singularidade. A família e a escola retiraram-se da posição de pares da infância, de investigadores dos seus curiosos e inovadores percursos.

Desconhecem que as crianças são divinas, que trazem na sua natureza a descontinuidade criativa que a humanidade tanto procura. Apresentam verdades em múltiplas linguagens, manifestações de seus pensamentos por todos os seus poros pela leitura das experiências complexas.

As relações do Universo M & F(a) podem transformar as formas das instituições familiares e escolares à medida que os sujeitos forem recodificando a si mesmos e passando a movimentar novos modelos de vida. Somos seres em relação e, a cada nível de organização social a partir do Universo inicial, em toda a sua singularidade e unicidade, esta pode aos poucos ser ampliada. Uma pequena flor pairando sobre águas serenas forma círculos que se expandem e afeta todo o ambiente. A pequena parte do todo que somos tem a mesma força potencial do universo inteiro, o grão de areia que falta para um salto na existência. Podemos nos sentir isolados em posturas e assertivas ações para manifestarmos em pequenas sendas na realidade estruturada, mas precisamos de apenas algumas consciências ressonantes em novas possibilidades para atingirmos o campo da potencialidade pura, que permite o salto para a morfogênese assumir novas formas.

# NOSSOS FILHOS EMARANHADOS EM NOSSAS POSSIBILIDADES

A frequência energética do planeta vem sendo alterada há tempos. As manifestações de uma nova consciência sobre o agir têm exemplos bonitos em segmentos que estão atrelados aos paradigmas materialistas. Há alguns anos, as mulheres encontram-se sintonizadas com uma necessidade de conexão com a maternidade, ajustando sua forma de viver em descontinuidade aos modelos anteriores, dando saltos em sua existência, integrando a consciência quântica e criando maneiras criativas de ser mãe.

Os sinais de novas frequências energéticas estão disponíveis a todas as mulheres que buscam entrelaçar-se aos novos movimentos de expansão da consciência. Já estão entre nós exemplos incríveis de universos "mães & filhos" alimentando-se e sendo alimentados pelas ressonâncias de novas melodias, que mostram formatos de integração do templo mãe aos modelos de vida na sociedade. Vemos mulheres buscando articulações sobre aquilo que fazem e o que gostariam fazer, imaginando, trocando experiências, experimentando caminhos compostos entre a maternidade e a economia, recriando canais de energia maravilhosos nos desenvolvimentos pessoais e nas relações com seus filhos.



Convivi com estrelas brilhantes ao longo do tempo-espaço e, especialmente, desde que parei de olhar para as mulheres de meus modelos padronizados e conectei-me à convocação para a minha missão, passei a ter um foco ampliado de visão sobre os valores essenciais para a felicidade. Sincronizei minhas experiências às de outras mães fantásticas e distintas, que incorporaram a vibração da frequência da consciência não-local para, a cada experiência, em cada dia, gestar, nutrir, recriar, cocriar a forma de ser a Fonte e o canal - divina e dimensional: A Mãe.

Descobri as minhas asas e passei a experimentar seus movimentos e meus ritmos, a me ver em imagem criativa-criadora, posicionando minha consciência como fonte para novas dimensões criativas. Em meditação na presença, silencio o condicionamento, expando a deusa em mim, respiro bons ares. Energizo meus ambientes interno e externo em rituais intuitivos, integro os meus sonhos a essa dimensão. Submeto-me à experiência da descontinuidade que traz desertos, confusões de medidas, dores, meu mundo subterrâneo.

Precisei dos pacotes complementares da luz divina em essência amorosa e infinita me tocar por três vezes, para compreender o meu darma. Viver a experiência da mãe com consciência integrada ao meu *self* quântico. Precisei das linguagens dos homens e dos seres celestiais para refazer minha imagem e encontrar minha luz. Desconstruí toda a minha imagem baseada nos princípios e nos modelos do patriarcado para conseguir encontrar a posição em minha existência que favorece o desenvolvimento de meu Universo M & F. A vinda de meu terceiro filho anunciava não somente a sua chegada iluminada, mas a transformação profunda de todo o meu ser, de todas as relações, dos ambientes, instituições, concepções.



Os bebês que estão chegando ao planeta vêm com a missão de ser fonte de ressonância das vibrações das ondas quânticas, do campo da potencialidade onde as consciências superiores confabulam e atuam em criativos movimentos para aberturas de portais interdimensionais. Exigem a mãe em suspensão de modelos anteriores e condicionamentos, efetivam o desligamento da mente barulhenta e a convocam para um exclusivo campo morfogenético da sua natureza divina, em hierarquia entrelaçada ao amor incondicional. O primeiro salto existencial na coemergência do universo M&F radicaliza as estruturas da fonte-mãe. A sincronicidade do universo não local, da fonte divina, em comunicação instantânea com a consciência local do filho, traz uma específica melodia que se entrelaça ao potencial da mãe e a convoca a integrar a dimensão da realidade ao campo quântico. Há histórias singulares de experiências e relações com a maternidade, desejos, coincidências, movimentos e reformas nas estruturas entre o feminino no patriarcado e as convocações que buscam a integração e reenergização de nosso ser em missão à nossa existência, acionando a coemergência do universo M&F.

Há pouco tempo, acreditávamos que tudo que levávamos para o resto de nossas vidas aprendíamos no jardim de infância, que os fetos não tinham sistemas cerebrais ativos e, portanto, não poderiam sofrer quaisquer influências durante a fecundação e gestação. Pensávamos que no nascimento e no primeiro ano de vida, o bebê não entende nada o que está passando em volta dele. Nos anos de vida iniciais, a criança é muito pequena e passiva diante das experiências. Não tem noção das situações para ser respeitada e ser a prioridade na família e na sociedade. Estabelece suas relações com quem a cuida e qualquer pessoa pode satisfazê-la. Não compreende a linguagem e tampouco se comunica até quando inicia a sua fala. Ainda que tenhamos comprovações em pesquisas cientificas e estudos reveladores revirando todos esses paradigmas do avesso, pouco sabemos a respeito da vida pré-natal e perinatal, o período que antecede a fecundação, a gestação, o nascimento, além dos primeiros anos de vida da pessoa, em que as marcas são estruturantes e fazemos os alicerces para a vida inteira. Mesmo que tenhamos tantos anos de informações a respeito dessas fases iniciais da vida, sobre a complexa e decisiva relação de cada Universo M & F, ainda as considerações se limitam aos profissionais que vão trabalhar com os adultos e seus traumas já instaurados. Remediamos as fundações mal estruturadas e vivemos na *normose*, em que as doenças e os transtornos psíquicos, os conflitos, a competição, os ganhos materiais e a produção do lixo institucionalizado estão na regência dos modelos sociais e culturais.

Perdemos o senso coletivo e a busca pessoal sobre a maior riqueza existente no mundo: a humanidade. Somos uno com o planeta Terra e o deixamos adoecer com uma história de ações e inconsciência. Nossos filhos se abastecerão do campo morfogenético em complementaridade, no físico e energético, e estarão vivendo o ciclo destrutivo, desde a interação hierárquica entrelaçada ao nosso ambiente interno e em todo reflexo do que plantamos e nutrimos no ambiente que vivemos e no macro significado de interações.

Como manifestamos a potencialidade para coemergir a nova humanidade enquanto:

- Destruímos nossa casa planetária?

- Ruímos nosso templo nos alimentando física, mental e emocionalmente de toxicidades?

- Entorpecemos nossos lares com hábitos destrutivos?

- Valorizamos a produção e o consumo que devoram as relações?

- Afastamo-nos da nossa essência em sermos a terra em sabedoria e nos revelarmos em assinatura vibracional que fecunda, gesta, gera e alimenta nossos frutos?

# TODA UMA HUMANIDADE SE INICIA NA INFÂNCIA



Desde muito pequenas, as crianças estão apresentando desajustes e transtornos multifuncionais, criando necessidades de atenção, respondendo aos valores que aprenderam como a medida das suas fontes. As inteligências múltiplas, descontínuas, criativas, ou seja, a potencialidade infinita da criança, sem legitimação e não incluída com todo o seu ser, desorganizam-se e fazem com que adoeça. Os desajustes de multi ordem de contextos familiares e sociais afetam profundamente a energia da criança, e o que ela não conseguiu pela harmonia passa pelos tratamentos nos consultórios especialistas em "psi", levando pais e educadores a buscar em outros enquadramentos pelos conceitos de normalidade em relação ao esperado. As escolas, assim, enquadram-nas em rótulos e confirmam as faltas que as famílias oferecem como possibilidade de visão.

A infância hoje está medicalizada, o Brasil domina o recorde do uso da Ritalina para contenção dos comportamentos considerados como *déficit* de atenção com ou sem transtornos de hiperatividade. A realidade social da dominação dos laboratórios farmacêuticos que incentivam a doença engoliu a infância. O *modus operandi* da vida em sociedade, confusa, negativa e doente, incluiu a criança no discurso e ressignificou a potencialidade.

A infância expõe na vitrine o que absorve em seu campo morfogênico em relação à fonte mãe ou ao ambiente:

- Todos os conteúdos internos e externos, conscientes e inconscientes — desde nove meses antes da fecundação, pelas ciências, e dois anos antes pela espiritualidade — estão presentes no campo quântico que origina a matriz essencial do universo M&F, onde a vida fusionará e crescerá;

- O parto e suas relações, a forma do nascimento, as intercorrências, a manipulação do bebê antes, durante e após o nascimento. A expressão da mãe, seus sentimentos, pensamentos e palavras no momento que vê o bebê pela primeira vez;

- O contato com o bebê desde o nascimento;

- Como estava o contexto cultural, econômico;

- Se houve planejamento e intenção na gravidez;

- Como estava a relação entre o casal, se havia relacionamento amoroso;

- Como a mãe recebeu a notícia de que estava grávida;

Desde a pré-concepção, a concepção, gestação — todos os aspectos inconscientes da mulher, além de tudo que ela vive, sente, pensa, sonha, imagina, influenciam nas células do filho, desde a primazia do desenvolvimento. A epigenética propaga o conhecimento do significado ao que antecede a genética, a formação das células no mais esplêndido e espetacular movimento de vida. Em nenhum outro *mo-*

*mentum* a inteligência celular que se organiza em intenso e contínuo crescimento terá tanta importância para a sustentação do ser. Como é a estrutura de sua casa, capaz de sustentar novos andares? Estamos nessa potência da estruturação da vida, durante o que irá suceder após a fecundação e na gestação, que será a fundamentação para o desenvolvimento de uma vida inteira.

O nascimento é uma marca profunda, cada detalhe é uma história diferente. Se o bebê entrou em trabalho de parto, se foi manipulado ou aconteceu alguma interferência nas ocorrências naturais. Se houve uso de medicamentos ou anestesias, além de toda maneira como ocorre o *momentum*, em qual ambiente, iluminação, manuseio, forma de tocar o corpo e as ações realizadas por outros que estejam auxiliando ou realizando o parto. Faz algumas décadas que o nascimento virou algo dos homens, e as mulheres e os bebês não são capazes de serem os protagonistas. Os discursos vão sendo construídos pouco a pouco para as mães, que não têm ancas boas, que não têm idade, sobre a pressão, que é alto risco. São meios para se retirar da mulher a sua força antropológica e absolutamente feminina, essencial e natural.



Os bebês sabem nascer! Desde o nascimento podem oferecer às mulheres novas medidas para verem, integrarem, compreenderem, que são conscientes, sencientes e estão ativos na relação com o Universo M & F desde o princípio, para as mães olharem seus movimentos em harmonia e perfeição, em referência à fonte divina a que estão conectados. Quanto menos interferência e mais natural for o nascimento, mais o hormônio do amor estará percorrendo naturalmente os corpos e os campos da mãe & filho. A decisão da mulher em assumir o seu parto fará com que se aproprie do potencial feminino do seu corpo, sentindo as conexões com sua força selvagem, se descobrindo uma fêmea entrelaçada ao sagrado feminino, e todas as mulheres de sua ancestralidade irão ancorar em seu ventre.

# CRIANÇAS SÃO A CONEXÃO COM O CAMPO QUÂNTICO

As crianças são conectadas aos aspectos da consciência não-local desde o acoplamento ao canal energético do campo morfogenético da mãe, antes da fecundação. No nascimento e nos primeiros anos de vida, têm mostrado atitudes e discursos incapazes de legitimar as inadequações nas quais construímos nossas bases de vida. Suas características e coerências entre o coração e a mente questionam as instituições arraigadas ao saber-poder, aos conceitos clássicos de educação, aos processos de ensino-aprendizagem baseados na repetição e na memorização e na disciplina rígida do corpo, nas linguagens e formas de expressão sem liberdade e criatividade. Enfim, a tudo o que é ditado pela linearidade dos resultados, pelas especializações de olhares, pelos padrões materialistas dos valores, estão em desacordo com as vibrações da consciência divina que são integradas em sua mente local - não servem para seu ser divino viver como humano. A distância entre o que conhece e sente em sua integração consciencial e o mundo que se apresenta a sua volta - e então acabam sendo rotuladas. A família e a escola veem-se confusas pela autoridade não legitimada, pela impossibilidade de pedagogizar o convívio e acertam o uníssono destino das crianças aos consultórios das "psi" - para afirmar as pesquisas patrocinadas pelos laboratórios farmacêuticos. Os espaços onde as crianças deveriam encontrar acolhimento, segurança e afeto tornam-se reflexos das distorções e das aplicações dos parâmetros da *normose*. As crianças perdem o viço com tratamentos medicamentosos ou intervenções inadequadas. Há percentuais estatísticos assustadores sobre a medicalização da infância atualmente no planeta.

A Ritalina — nome fantasia do princípio ativo *Metilfenidato* — é um medicamento indicado para os diagnósticos de transtornos de hiperatividade e *déficit* de atenção e, apesar de ser um estimulante, usado em pequenas dosagens, pode aumentar a capacidade de concentração e memorização, melhorando o desempenho escolar e o comportamento inadequado. Os casos crescem assustadoramente de diagnósticos de TDAH (Transtorno do *Déficit* de Atenção e Hiperatividade), depressão, e transtornos psíquicos. As instituições abandonaram seus compromissos com os valores humanos e se renderam ao gozo hedonista e à produção das engrenagens condicionantes.

As crianças alimentam-se do industrializado, comem primeiro com os olhos o gosto das embalagens, dos pacotes coloridos e artificiais. Querem experimentar a vida dos personagens que associam aos produtos e ao estilo de ser que desejam por imitação dos modelos dos programas e canais midiáticos ou da moda. Poucas ingerem alimentos crus, conhecem os nomes de frutas e legumes, algumas sequer sabem que não é do supermercado que vêm os alimentos. As crianças repetem os slogans e cantam os jingles que automatizaram ao se relacionarem por horas passivas diante das telas, as companheiras possíveis, que estabelecem os padrões da euforia entre os desejos de compra. Os poucos grupos de amizades normalmente estão atrelados ao acesso às mercadorias das mídias.



Temos adolescentes e jovens refletindo as imagens dessa forma de viver, envolvidos em problemas sociais que crescem e engolem as mentes que vagueiam sem rumo e direção. As pesquisas recentes mostram o tamanho do monstro em números, um movimento de 2 milhões de dólares por minuto em armas e drogas no planeta. Este não é mais do fantasioso imaginário criativo, mundo do poderoso Hércules que derrotou a Hidra, de sete cabeças. Como então enfrentar esse monstro de mais, muito mais cabeças? Ou usaríamos a experiência do mito cretense de Teseu que enfrentou o Minotauro? Talvez, nessa era de becos e trajetos escuros, estejamos buscando o poder de Harry Potter para as nossas trevas.

Somos seres aprisionados nas sombras de nossas cavernas, e os nossos aparatos mentais não estão preparados para lidar com dimensões mais avançadas. Daí que simplesmente não enxergamos quem são essas crianças e o que querem comunicar. Assim, como só conseguimos ver 4% da realidade pela capacidade de discriminação da luz percebida pelos olhos, outras dimensões de experiências baseadas nos valores positivos e verdadeiros são indecifráveis à compreensão humana atual, pois as estruturas mentais são estreitas e focadas em padrões negativos. A transformação para conseguirmos sincronizar essa luz ao mundo começa pelas mães! As mulheres precisam reconfigurar-se e compreender sua parte no propósito de vida do planeta. Somente nós, mulheres, somos criadoras!

Precisamos ir em busca das chaves para acionar a deusa que somos e nos transformar profundamente. Integrar a consciência da mulher e da deusa, ser a Fonte-Mãe do amor divino nesse mundo. Somente se alimentando nessa fonte, a humanidade será recodificada e reiniciada. A nova configuração da humanidade precisa da ascensão de nossa consciência e da integração da fonte divina em manifestação no planeta, reconfigurarmos nosso Universo M & F (a) pelos espíritos amorosos que nos entregam em totalidade a esperança de uma vida iluminada na terra.



# PACOTES DE LUZ PARA UMA NOVA MANIFESTAÇÃO

Quando já estava com meu terceiro filho em meus braços, folheei algumas vezes o diário de sonhos do período: na efervescência profissional somada ao casamento descontinuado e uma nova versão pessoal saindo do casulo, percebi o quanto já tinha descrito os eventos anteriores nas versões oníricas e nas linguagens que não conseguia decodificar. A memória de um vendaval que não me deixava caminhar e ondas gigantescas apontando em um horizonte do qual corria no sentido contrário tentando subir a montanha mais alta estava escrita. Repetidos registros de situações nas quais eu entrava vestida inadequadamente e às vezes despida, me fazendo acordar em desconforto. Outras imagens que andavam em looping era de eu estar atrasada e correndo atrás do tempo, em variadas histórias que tiravam a nitidez da mesma mensagem, onde não conseguia terminar o que fazia em cena e o tempo acelerava para o fim e não estava preparada.

Lembro das visões acumuladas daquilo que a mãe terra e todas as consciências me sinalizavam. Esse campo vivo de informações que oferece a todo instante o oráculo. Mas meu coração xamânico ainda não estava desperto. A casa onde morávamos tinha uma arvore anciã que ficava próxima ao portão de entrada do condomínio onde estávamos ao lado. Na primeira vez que iria sair para jantar com o novo namorado, um galho enorme se desprendeu e interrompeu a saída do carro. Não entendi e fui de táxi. Outra cena ocorreu no trabalho: recebi um buquê de flores com um cartão de três palavras (eu que estava acostumada ao marido poeta e que mandava textos versados). Sentei-me à mesa que ficava em frente a uma janela onde víamos parte de um parque e na pequena fresta que ventilava o ambiente, uivos me fizeram ir até a paisagem. Foram minutos e o céu limpo foi tomado de escuras sombras, um forte vento ergueu os trajes e os cabelos de um grupo de mães que falava alto no pátio e gritando correram até seus carros antecipando o temporal. Abri mais a janela e tudo que estava solto sobre a mesa foi arremessado ao chão. Um sabiá de peito amarelo pousou no parapeito enquanto eu organizava os materiais e, em instantes, virando o pescoço típico dos pássaros, encarou-me. Lembro de me alegrar e voltar a atenção às flores no vaso. Pássaros mensageiros dos céus ainda não faziam parte de minhas informações. Tampouco a consciência leria um vendaval armando as águas que escurecem a luz, me detive ao deleite do aroma que enchia a mesa. O universo é a potencialidade infinita amorosa e busca a harmonia em todos os contextos. Portanto pela sincronicidade irá abrir os canais de comunicação com toda e qualquer consciência para demonstrar e reestabelecer a perfeição a que somos destinados por ordem divina.

Quando já era praticante da meditação, meses depois que havia escolhido estar em casa e ser a mãe sem crachá, estive algumas vezes sobrevoando uma dimensão paralela e via como seriam os caminhos se aquela estrada dos últimos anos profissionais continuasse. Os anos de pesquisas e produções coletivas se mostravam como uma das encruzilhadas que, se seguisse na maneira automatizada que a vida tinha sido arrumada, provavelmente uniria o desejo que vibrava na alma em morar em outro país e seguiria as pesquisas em alguma universidade para colaborar com estudos sobre os anos iniciais de vida. A cena vislumbrada era de uma mulher cheia de papéis à sua volta, várias telas abertas no computador em assuntos iniciados e uma pasta envelhecida de couro que, pendurada nos ombros, me acompanhava nos caminhos floridos de uma instituição universitária. Andava com pressa e chegava a uma casa cheia de vasos de folhagens verdes e dois gatos que vinham me receber e pedir afagos. Olhava aflita as horas do celular e chamava meus dois filhos adultos, a Marcella em um país europeu e o Demétrio ainda na nossa cidade. Cada qual com suas famílias e meus netos acenavam em pixels suas saudades, era meu aniversário.

Será que assim me transformaria? Poderia ser uma dentre múltiplas possibilidades, mas essa foi acessada. Estaria feliz com essa montagem? Em cada oportunidade que o filme torna a rodar em minha mente, mais gratidão por cada pequeno quantum de energia que chegou até as minhas possibilidades e colapsou na sequência de realidade que compartilharei.



Dentre os sonhos e seus signos, as informações do campo da realidade, as intervenções espirituais, o destino em pequenas escolhas, vimos versões surgindo, se dissolvendo ou se materializando, em cada pequena cisão que trazemos no recorte do enredo da vida inteira. Aquele que percorremos minutos antes de sairmos da casca humana, com o bilhete para a volta para a casa. Seja para uma faxina ou para arrumar as novas malas em busca de novas aventuras conscienciais.

Quando a consciência superior acessa os canais da nossa mente local, as percepções são possíveis no fluxo do universo que ocorre em paralelo. Todo pensamento cocria uma possibilidade e a prática meditativa é umas das chaves de acesso para percorremos um entre o céu e a terra e experimentarmos além dos sentidos, acompanharmos os voos livres e soltos no oceano luminoso das outras dimensões.

Naquele ano, os grilos vinham sobrevoando a minha casa e pousando em meus ombros desde que a terceira gestação apareceu. A medicina do grilo na leitura da sabedoria ancestral do xamanismo traz a voz da sua consciência interna e a conjunção da voz do grande espírito te convidando à atenção.

# 5

# A SEGUNDA CHAVE: OS PRINCÍPIOS DA FÍSICA QUÂNTICA — ESPELHOS PARA O UNIVERSO M & F

*As maravilhas da física das partículas, no fabuloso mundo quântico, convergiram em meu ambiente interno e nas experiências de todo meu ser – sustentando novos paradigmas na ciência. Há algo espiritual e revelador, nas suas comprovações que adentram as íntimas peças de nosso ser mãe, reconfigurando-nos. O Universo M & F (a) é a experiência prática dos princípios científicos da física quântica. Ressignifica a maternidade fazendo coemergir uma nova consciência na existência. Somos nós, Mães, as propagadoras das novas estruturas para o nascimento de uma nova humanidade.*

As experiências que transformaram a minha existência radicalmente para que eu encontrasse a missão de alma e passasse a cumprir seus desígnios nessa experiência humana começaram a ocorrer desde quando o espírito do ser de luz das altas dimensões acoplou em meu campo atômico morfogenético. Bem antes de que pudesse saber que havia sido a escolhida para ser a mãe do Guillermo, a sua consciência não-local inserida na fonte divina, já trazia movimentos e interferências nas ondas e vibrações que se convertiam nas experiências. Quanto maior é a frequência dimensional dos espíritos de nossos filhos, de onde vem até nosso campo planetário, mais tempo precisarão para estarem acoplados, plasmando às nossas informações até conseguirem entrar definitivamente na concepção. Vivi as revelações em sonhos, tive contatos com anjos manifestados em homens recebendo anunciações, separei, assumi novas responsabilidades em cargos profissionais que me ampliaram a sabedoria pela infância e suas relações, enamorei-me, abri portais interdimensionais, recebi contatos de seres de luz, engravidei nas impossibilidades das leis clássicas, fui abandonada, recebi proteção para as fusões do campo quântico estarem na essência de meu ser, aprendi a meditar, a buscar conhecimentos, nasci em luz junto de um avatar divino, transformei-me. Etapas de desenvolvimento pessoal, busca de autoconhecimento, de ascensão espiritual. Acendi a paixão de ser uma pesquisadora de novas áreas do conhecimento e da espiritualidade. Descobri a Física Quântica e em cada leitura, o campo de visão se ampliava e eu saltava em novos patamares da autoconsciência – era isso! A cada integração dos princípios quânticos, mais maravilhada com a tradução mais perfeita que uma ciência poderia fazer sobre O Universo M & F (a). E ao mesmo tempo, esse universo era a evidência prática de um campo científico difícil de ser compreendido, mesmo dois séculos depois de suas teorias serem comprovadas. Quem não experimentou a maternidade como fonte mãe tem a sua vida entrelaçada à sua mãe. Portanto, compreenderá também mais de si mesmo e terá a grande oportunidade de se aproximar da verdade iluminada que talvez ela nunca pôde compreender. A Mãe em sua cocriação no universo com seu filho (a) tem habilidades e práticas experienciais que testam, comprovam e podem ser exemplificados cada um dos princípios da Física Quântica, que deixou muitos cientistas desorientados, e ainda deixa! Ser Mãe é um humano – inserido na dimensão clássica e suas leis e paradigmas - que manifesta cada um dos princípios dessa ciência e evidencia particularidades extraordinárias! Se integrarmos cada um dos episódios que são manifestados no Universo M & F (a), os cientistas poderão se abastecer de inúmeros fatos que elucidarão à sociedade civil, levando a clareza para o que ainda está pouco compreendido. Cabe a nós, mães, estabelecermos em nossas relações as posições que legitimam nossas criações – nossos filhos que são os avatares da nova era, se forem nutridos de nossas consciências iluminadas –, quando entrelaçadas pela sabedoria que a nova ciência confere à compreensão de nosso Universo M&F.



# A VOLTA PARA CASA

Voltar para casa, dissolvida de minhas posições profissionais, fez um retorno ao espaço de meu lar interno e uma nova conjunção mental surgiu em minha mente e um campo morfogênico inédito foi reconfigurado. Diante das muitas horas de estudo, pesquisas, ganhos teóricos e práticos em anos da experiência profissional dedicada à infância, estava agora com todo o contexto dentro do lar para viver o maior projeto da vida. O espírito de luz de meu filho Guillermo, sua conexão com a fonte não-local, reorganizou as raízes e ampliou as asas para voarmos em família novos horizontes. Seus comandos estelares geraram em mim novo nível de consciência, com acesso ao campo quântico da missão que estava em *potentia*. Uma infinidade de possibilidades abria-se em meu caminho.

Escolhi ser mãe em tempo integral, uma posição que absorvia os desígnios das mensagens oníricas e, especialmente, o salto consciencial que compreendia os pacotes baixados da fonte pelo ser de luz desde que acoplou em meu ser, reformatando os programas. Cada um de meus três filhos viviam demandas bem diferentes: Marcella, com 16 anos, Demétrio, com 11 e Guillermo, um bebê de 1 ano. Estava com novas chaves internas, o coração fora do corpo entregue ao amor, pelo amor, com amor. Compreendia que a ampliação do sistema para alcançar a visão de cada um dos meus universos.

Nenhuma formação acadêmica nos prepara para o conhecimento mais profundo das relações mais verdadeiras. Dentro de casa, estamos no mergulho das verdades onde encontramos as almas. As dinâmicas são incessantes e exigentes. Estamos em exposição nas 24 horas em pleno estado da essência dos seres. A meditação passou a fazer parte da rotina diária e o tempo em que a mente ficava acoplada na consciência não-local sentindo o oceano imenso de luz não estava na medida da realidade. Estudava e refletia sobre as teorias quânticas e aconteceu que aqueles conhecimentos passaram a ser a forma como observava atenta as experiências. Somente mergulhada no íntimo de cada universo, minha consciência passou a observar de um outro ponto de vista as minhas próprias observações.



Assim como em alguns sonhos, temos a percepção de ver as cenas sem que estejamos participando do filme. Ficamos dirigindo, às vezes com lampejos de que estamos em um sonho. Essa estranheza do início do surgimento da mente que observa foi sendo acomodada à medida que me dissociava das distorções de minhas imagens acumuladas na vida inteira. Usava com a família os conceitos quânticos em nossas conversas como utilizamos os advérbios. Criei até bordões como: "isso se chama...", para contextualizar as teorias em nossas convivências. Variadas e ricas conversas entre os filhos mais velhos nasciam dessas novas perspectivas e instigavam-nos os pensamentos em mais pesquisas.

Passei a incluir na meditação duas maneiras de escutar e ver as experiências vividas:

• Na relação horizontal com meus filhos e principalmente com o bebê: esquadrinhando em outro ângulo de visualização;

• E verticalmente — examinando as nossas mais variadas e estimulantes rotinas. Isso tornou-se parte integrante de meu olhar.

Demorei um tempo para entender o que era a mente que observava e, aos poucos, a presença desse terceiro elemento estava acoplada ao momento da experiência, trazendo uma perspectiva diferente aos meus olhos. Parecia um mestre em mim, orientando-me para mais coerência, mostrando-me linguagens não compreendidas, percebendo o espaço de maneira simultânea. Conseguia ver as duas formas ao mesmo tempo: eu na coemergência do Universo M & F, da relação entre a dupla, e outro eu de fora. Trabalhando a minha atuação, dirigindo a cena, no ato em que as coisas aconteciam, transformando-me. As cenas vividas começaram a surgir como se eu visse um filme. Assim, foi mais fácil, muito mais, perceber o que não vislumbramos quando estamos inseridos numa determinada experiência.



Era nítido analisar meus furos e os sentimentos que despertavam. O corpo em ação conseguia antecipar algo pré-conceptivo e abortar a reação. O enfoque mais transformador foi perceber o quanto não compreendemos a comunicação das múltiplas linguagens de um bebê, nesse caso, o Guillermo — que era quem estava inserido em nosso universo em totalidade.

Cada vez mais praticava as meditações, ao fim do dia, com um foco específico, visualizava nesse caso as nossas experiências vividas no dia e deixando a mente fluir — observava a mim e as relações sem conceituar, julgar, analisar ou associar emoções e atitudes. Concentrava-me para a verdadeira natureza de minha mente: a de ampliar a perspectiva e iluminar o Universo M & F. Sincronizando-me à consciência quântica, não local, sentia nosso universo mergulhado em um oceano leitoso de amor. O olhar para cada experiência torna-se mais generoso, passava a ver e a acolher meu filho em serenidade plena, em atenção profunda ao maravilhoso ser de luz. A meditação se torna mais um portal de religarmo-nos à mente divina e estendida, que nos possibilita integrarmos a visão da harmonia perfeita do universo em uma única frequência — a do Amor! Uma prática complementava a outra: a experiência intensa da relação com o Guillermo, com o entrelaçamento das energias e intenções. O campo da visão atrelado ao tempo-espaço relativo e focado ao Universo M & F permitia-me estar em presença inteira em cada momento vivido e a meditação religava-me à mente quântica. Essas ferramentas me oportunizaram uma visão ampliada, saltos criativos sobre a relação, a construção da comunicação e a coemergência da realidade. E os registros escritos organizavam o pensamento.



A consciência do que somos fará o colapso das ondas infinitas em potencialidade pura do campo quântico de onde os bebês acabaram de se afastar parcialmente. Recém-chegados a essa realidade, estão em integração das consciências local e não-local. Vivem em conexão com a Fonte que tudo é, onde somente uma potencialidade do vir a ser está em um arquivo informacional. Os colapsos das ondas que serão manifestadas na realidade da experiência vêm das nossas medidas de Mãe. A nossa observação em relação ao que podemos ver – transforma nosso filho em imagem e semelhança do que somos. Pela meditação, podemos deixar de colapsar dentro das crenças e padrões estabelecidos em nossos arcabouços e contemplar o ser de luz que está em nosso Universo em sua pequena face humana e imensa vibração divina. A consciência local cada vez mais funciona em estado de atenção como uma organizadora de um cerimonial para um grande mestre.

# O ESPECTRO DA LUZ

Para meus olhos, foi a compreensão do Universo M & F que permitiu um salto em minha consciência. As minhas partículas acertaram o compasso, sintonizaram e iluminaram a minha mente. Localizei a vibração dessa melodia cósmica e, entoando alguns acordes dos infinitos arranjos, passei a revolucionar as estruturas mentais, energéticas e espirituais. Incluí leituras de áreas do conhecimento totalmente novas para meu aparato cérebro-mente, a física quântica e variadas teorias a partir dessa nova ciência, participei de grupos de estudos, ampliei os sentidos internos e as experiências como pesquisadora autônoma. Passei a redigir sobre as reflexões que fazia a partir das novas informações e tornei-me aficionada por memorizar pela escrita as experiências que vivia com o ser de luz que me iluminou a ser integralmente mãe e experimentar a ciência das infinitas possibilidades nas nossas relações.

Permito-me fluir entre as experiências e teorias com a leveza descontinuada e criativa da dimensão dos sonhos. Vou registrando percepções e ideias sem os rigores científicos ou sociais que poderiam bloquear essa produção. Tenho desprendimento em voar pelos conceitos da física quântica e associá-los aos meus campos de possibilidades, sabendo que esse momento é apenas o começo de uma nova visão a respeito da vida nesse planeta. Acredito que haja mais, muito mais para descobrirmos em nossas verdades, relativizarmos nossas percepções e sem dogmas estarmos abertos à suspensão de nós mesmos, descortinando novas possibilidades criativas.

# LUZ ÀS MÃES SOBRE A CIÊNCIA DE SUAS EXPERIÊNCIAS

Os primeiros dados que foram comprovados na física quântica pelos cientistas causaram verdadeiros assombros a eles próprios! A esse respeito, há uma conhecida frase, dita pelo renomado físico Niels Bohr: "os que não ficam chocados quando tomam conhecimento da teoria quântica não podem, possivelmente, tê-la compreendido". Alguns aclamados cientistas que se debruçaram para tentar derrubar os conceitos que se avistavam sobre o mundo subatômico das partículas acabaram sendo surpreendidos e indignando-se com as comprovações que reforçavam as necessidades de quebras de paradigmas.

Os pressupostos arraigados às leis da física estavam claros e determinavam a realidade clássica:

- O funcionamento do mundo existia independente de nós;
- Era controlado pelo mecanicismo e eletromagnetismo clássicos;
- Os conceitos físicos objetivos e todas as partículas elementares já estavam mapeadas;
- Conhecíamos as causas, os efeitos e as trajetórias das partículas;
- A realidade estava bem mapeada, experimentada e determinada.

Albert Einstein e Erwin Schroedinger, renomados pensadores, foram tomados pelos paradoxos da quântica quando tentavam demonstrar provas contrárias em alguns experimentos e acabaram por encontrar mais comprovações assombrosas. Desde a década de 20, os cientistas que se dedicavam à física quântica estavam concentrados em alguns poucos e Einstein representava um personagem com notória influência sobre a sociedade científica. Em 1935, Einstein publica um artigo sobre o *Experimento EPR* (Einstein, Podolski & Rosen) intitulado "Pode a descrição mecanicamente quântica da realidade física ser considerada completa?". Presumia que a estranheza quântica seria entendida e o realismo comum reinariam novamente. E protestava: "Eu não posso acreditar na teoria quântica, porque ela não pode ser reconciliada com a ideia de que a física deva representar uma realidade no tempo e o espaço, livre de ações fantasmagóricas à distância." Alguns experimentos observados associavam a física das partículas aos conteúdos que eram de domínio do misticismo e da religião, tornando a nova ciência ainda mais refutada pelas mentes brilhantes que ficavam atordoadas — e ainda existe.

## PARA SERMOS O OBSERVADOR QUÂNTICO DO UNIVERSO M & F — VAMOS AOS PRINCÍPIOS DA COMPLEMENTARIDADE



Esse foi um dos primeiros fatos que tornaram as características matemáticas dos sistemas quânticos, portanto calculadas na precisão e no rigor, em experimentos científicos confirmados. Foi a descoberta das maravilhosas mágicas quânticas! Destacadamente Einstein enfureceu-se com as probabilidades incertas que a realidade passou a ter. Costumava dizer que Deus não joga dados com o universo.

O experimento da fenda dupla evidenciou a demonstração sobre a natureza complementar da matéria se utilizando de elétrons. O que exatamente são os elétrons? São as partes dos átomos, as menores partículas fundamentais da matéria, que trazem energia potencial para tudo o que será colapsado das ondas para a matéria, os objetos. Feixes de elétrons - os fótons, as partículas da luz - eram arremessados a uma parede que continha duas fendas, duas aberturas e, ao fundo, uma tela fluorescente que captava a imagem formada pelo padrão da interferência. Ao serem apresentados como ondas entrando pelas duas fendas, os elétrons demonstravam na parede de fundo um padrão de interferência de ondas como o esperado, ou seja, ondas gerando interferência de ondas. O que se tornou assustador foi o momento em que o experimento passou a arremessar os elétrons em um movimento bem lento, como partículas, para que atravessassem as duas fendas, e o que acharam na parede do fundo foram interferências de ondas. Como assim? Eram partículas. O mais assustador ainda ocorreu quando o medidor foi instalado para observar o comportamento dos elétrons e constatar como ele podia ser uma partícula e gerar uma onda de interferência – será que ele interferia nele mesmo? Será que o elétron se subdividia? E o que se verificou com a presença de um medidor foi somente o comportamento como uma partícula. Ou seja, o elétron, quando observado, perde a sua natureza potencial de ondas, tendo o comportamento de uma partícula.

Sobre o experimento da fenda dupla, disse o prestigiado cientista e ganhador do Nobel, Richard Feynman, em 1990:

> *"O que eu vou lhes dizer agora é o que nós ensinamos a nossos estudantes de Física no terceiro ou quarto ano da escola superior. (...) minha tarefa é convencê-los a não lhe voltar as costas somente porque não conseguem entendê-lo. De fato, os meus estudantes de física também não conseguem entender... isso porque eu tampouco não entendo. Ninguém consegue ."*

O princípio da complementaridade nos dá uma nova ideia sobre a natureza dos elétrons, que podem ser ondas em fluxo espalhados pelo espaço. As ondas de potencialidade pura, em infinitas possibilidades, e dependendo da maneira como são medidos, podem ser vistos como partículas. Os elétrons têm natureza *complementar,* são, portanto, ondas de energias e partículas de matérias *ao mesmo tempo.*

Feynman ainda nos oferece a superposição quântica das partículas, afirmando que o quantum, a menor das partículas subatômicas, antes do ato da medição, está em todos os lugares e ao mesmo tempo.

É estranho para nosso sistema de pensamentos lógicos acostumados a saber que dois corpos não ocupam o mesmo lugar no espaço. Ou seja, cada objeto que observamos está localizado em um local, em um tempo, e possui as dimensões conhecidas pelos nossos sentidos: altura, largura e comprimento – e existem independentemente de nós. Para integrarmos a complementaridade, veremos como o universo é feito e quais são as possibilidades descobertas pela comunidade científica, comprovando, até o momento, que as coisas existem espalhadas pelo campo potencial ou - o campo quântico - enquanto não são observáveis em miríades de possibilidades. Existem as 3 dimensões espaciais com que nos relacionamos e mais o tempo, considerando-o como uma outra, em nossa realidade observada. Além de mais 7 dimensões recurvadas no tecido do universo. Sim! Já está cientificamente postulada a existência de 11 dimensões. Essas teorias, uma delas conhecida pela Teoria das Cordas, cujas premissas vamos expor logo adiante, têm alguns adeptos. O mais maravilhoso da nova ciência é estarmos em plena ebulição de ideias. A comunidade científica pelo mundo está repleta de pesquisas para compreendermos mais a respeito do universo. Quem sabe um de nossos filhos poderá ser a consciência que trilhará novas pontes de arco-íris à construção dessas sabedorias.



# INFORMAÇÃO PARA SALTOS NA MENTE

O Conhecimento nos torna mais coerentes e flexíveis, uma mente mais ampla em possibilidades. Sairemos das sombras do mito da caverna de Platão e passaremos a vislumbrar a dimensão da experiência quando integrarmos a janela de oportunidade que o universo onírico nos oferece. Neste mundo, os objetos são e não são ao mesmo tempo, aparecem e desaparecem incessantemente, se dissolvem dependendo da luz mental e podem voltar a se formar em novos aspectos se mudarmos de posição nas experiências. Além dos acessos interdimensionais que a consciência pode experimentar em infinitas possibilidades. Trazer a natureza dos sonhos para a vigília pode ser uma forma de integrar a natureza complementar do campo quântico. A meditação é outro caminho fundamental para observarmos a realidade com a consciência de fora do espaço tempo, para além da limitação da velocidade da luz, compreendendo que estamos entrelaçados ao todo potencial das ondas de probabilidades. Ao desenvolver em meditação a expansão da mente local, silenciando os pensamentos condicionados, percebemos que somos complementares - adentramos ao espaço da consciência não-local, antes de colapsarmos. Assim vive um sábio iogue, um exímio meditador, um xamã, um sonhador lúcido, um paranormal. Somos Mãe e nossa natureza já nos conecta à consciência integrada – precisamos escancarar essa janela de oportunidade para tornamo-nos conscientes das nossas potencialidades. Somos quânticas – somos a Deusa Mãe, um Templo onde religamos os campos toroidais, nosso e do filho, sincronizando mentes, corações e sistemas com a fonte divina –, em um encontro com a harmonia e perfeição que somente a frequência do amor infinito permite!



# MODO DEUSA MÃE, O TEMPLO DO AMOR

A nossa natureza feminina integra a complementaridade quando somos Mulheres e nos tornamos Mães. Estamos na experiência humana com todas as limitações que a fisicalidade e as suas relações impõem e nos conectamos à fonte divina da criação, no ato da pura potencialidade, sendo divinas nas entoações mais perfeitas entre o céu e a terra. Expandindo- nos humanas e divinas, criadoras e criaturas, tocadas pelas frequências criativas que transformam energia em filhos. Somos uma experiência interdimensional, acoplando as potências da mais alta frequência divina, o amor incondicional, que se manifesta diante das nossas possibilidades e assume-se humano em coexistência conosco, acoplando como modelo de nossa consciência. Vimos algumas experiências citadas nos capítulos anteriores que exemplificam esses conhecimentos. Quando mais mães forem sendo tomadas pelas inspirações que as informações que estamos trazendo podem dar, ativamos as informações que subsidiam a criação dos caminhos singulares a cada Universo Mae & Filho (a) coemergir em sabedoria e clareza de nossas potencialidades. Conectaremos nossos aparatos mentais à fonte divina, onde somente reside o amor incondicional, na verdade e na luz.

Observaremos e cocriaremos nossos filhos como espíritos das altas dimensões, que certamente trazem em seu ser os paradigmas da física quântica já instaurados e assimilados – fusionando nossos campos – compreenderemos. Seremos a mudança que esperamos da sociedade civil a partir de nossos Universos M&F.



# PRINCÍPIO DA INCERTEZA

O Princípio da Incerteza resultou de um desdobramento desse experimento sobre o comportamento incerto dos elétrons que não obedeciam às probabilidades matemáticas da lógica clássica convencional. Quando tentamos compreender o *momentum* do elétron, ou seja, o seu comprimento de onda, perdemos a sua posição! Tentando compreender onde está o elétron, isto é, a sua posição, perdemos o seu fluxo, o *momentum*, ou seja, seu espalhamento de onda. O que Heisenberg comprovou foi que, em qualquer momento, apenas uma das variáveis complementares — posição e *momentum* — pode ser encontrada com certeza. Esta é a natureza incerta dos eventos quânticos. Diante dela, Einstein afirmava que a mecânica quântica era uma teoria incompleta, por não conseguir descrever os estados de dois elétrons correlacionados. A probabilística quântica para o cientista implicava um Deus jogador e segundo ele, Deus não joga dados, como citamos anteriormente. Conta-se que Bohr recomendou a Einstein: "Não diga a Deus o que fazer."

Esse conhecimento traz à nossa mente a natureza das infinitas possibilidades para existir o colapso e para a matéria manifestar-se. E, se o comportamento da potencialidade está atrelado ao olhar do observador, que é a medida nossa autoconsciência, é fundamental. Somos os cocriadores desse mundo como vemos. Trazemos a existência das ondas de fótons, as menores partículas da luz, em matéria manifesta. Tudo que conhecemos a partir do momento que abrimos nossos olhos são as luzes refletidas nos objetos captadas pelos nossos aparatos físicos e traduzidas pelo cérebro-mente. Esse sistema físico-espiritual que converte fótons invisíveis em contornos, limites, espaços, pontos, retas, linhas, planos, movimentos, faces — toda a realidade transformada em qualidades observáveis.

Para que as possibilidades infinitas do campo quântico possam se manifestar pelo colapso da onda, a consciência local escolhe existir como autorreferência ao *self*, em sincronicidade que nos separa da consciência universal, não-local, de fora do espaço - tempo. Somos uma descontinuidade incerta do fluxo quântico de potência infinita, um cérebro-mente que se identifica como "eu" e cocria a hierarquia entrelaçada de sujeito e objeto, uma autoconsciência.

Como Carl Jung denomina a cocriação da realidade, é a manifestação da sincronicidade como inconsciente coletivo, que reside no domínio transcendente, uma espécie de nuvem, uma operação de fora do tempo-espaço, no qual residem os arquétipos da humanidade. Podem ser associados, da mesma maneira, a um campo morfogênico - descrito por Rupert Sheldrake , em que estão memorizadas as formas de manifestações associativas a um arquivo, a partir de uma primeira formatação inicial, gerando um tipo de padrão informacional. Como já explicamos a respeito do campo morfogenético das mães que são fusionados ao dos filhos, de onde são frutos de nós mesmas - em toda nutrição absorvida nos níveis físicos, energéticos, emocionais, espirituais.

Qual explicação para vivermos inseridos na realidade e sem nenhuma intenção acessarmos automaticamente o inconsciente coletivo ou o campo morfogênico? Temos, para tanto, o Princípio da Não-Localidade.

# PRINCÍPIO DA NÃO-LOCALIDADE

Esse é outro Princípio que deixa os cientistas e os defensores das ciências newtonianas de cabelos em pé. E há autores recentes, como Robert Nadeau e Menos Kafatos, que consideram a não-localidade como "a mais importante na história da ciência". Em sua obra *The Non-Local Universe* (1999), eles oferecem uma visão revolucionária da não-localidade. Argumentam que, uma vez que cada partícula do universo foi "emaranhada" com outras partículas como os dois fótons nos experimentos de 1997, a realidade física no nível mais básico é uma totalidade indivisa.

A localidade se refere à ideia de que a única forma para os objetos serem influenciados seria pelo contato direto, em mesmo local, onde temos percepções diretas. Admite-se que todas as interações são mediadas por sinais transmitidos através do espaço-tempo. O resultado esperado em qualquer interação de partículas separadas por locais diferentes decreta a velocidade da luz como a máxima existente na realidade física. A conhecida teoria de Einstein sobre a relatividade proíbe a interação instantânea à distância. Conhecemos as coisas separadas entre si e que não interagem — essa é a doutrina da objetividade forte. Os paradigmas vigentes são da física clássica, o qual aprendemos e com o qual nos relacionamos na vigília automatizada — acreditamos que os objetos são reais, feitos de matéria densa, sólida e independentes uns dos outros. Os experimentos repetidos milhares de vezes por cientistas da física quântica de várias partes do mundo mostram que essa visão não se estende à essência da natureza da realidade.

Como vimos no experimento da fenda dupla, a natureza dos fótons é complementar em ondas e partículas ao mesmo tempo. São potencialidades que se espalham por todo o espaço até que sejam colapsados em uma partícula, existindo a partir daí como matéria. Quer dizer, a separatividade em um objeto só ocorre após o colapso da função de onda. A não-localidade comprova que existe uma dimensão para além do espaço-tempo, portanto fora dos limites da velocidade da luz einsteiniana, que guarda em *potentia* — *potencialidade* — de todas as informações antes dos colapsos. É campo da potencialidade pura ou campo quântico, onde todas as coisas estão em emaranhamento quântico. Sabemos que é a consciência que traz à existência material o que está em *potentia* infinita, que colapsa as ondas de probabilidades. Os experimentos de Alain Aspect e de John Bell foram revolucionários e comprovaram a não-localidade. Nada, nem mesmo as defendidas variáveis ocultas, poderia salvar o realismo materialista. A não-localidade indica uma transferência de informações sem se utilizar de sinais locais para a comunicação. Ela ocorre a partir de duas partículas emaranhadas, que podem receber as informações pela comunicação instantânea. Albert Einstein a esse princípio se referia como "ação fantasmagórica à distância", por realmente não haver explicação para além do espaço-tempo reconhecido.



# CAMPOS MÓRFICOS OU MORFOGENÉTICOS

Rupert Sheldrake, biólogo inglês, apresentou-nos a teoria dos campos mórficos ou morfogenéticos, que são sistemas de informação com propriedades auto-organizadoras e inerentemente integradores, que envolvem nosso corpo para além das células e conseguem estabelecer um campo estendido que nos conecta à outras pessoas. A ressonância mórfica é um processo difuso e não intencional que articula coletividades de qualquer tipo, tornando as informações particulares em coletivas, quando atinge uma qualidade de força maior. Quanto mais um organismo for semelhante a organismos anteriores, maior será a sua influência sobre ele por meio da ressonância mórfica. E quanto mais organismos semelhantes houver, maior será a sua influência cumulativa, vindos dos anteriores que geraram padrões. A ressonância mórfica ocorre pela presença do passado que modifica os eventos probabilísticos, por exemplo, a formação de cristais em uma forma inovadora num laboratório do mundo e imitada, em seguida, em locais distantes sem correlação alguma com o primeiro, por exemplo. O incrível experimento que ele realizou sobre como 580 cachorros e 300 gatos, antecipando a espera da chegada de seus donos à casa, mostrou a conexão entre os seres.

## MOLÉCULAS DA ÁGUA EM RESSONÂNCIA




O prestigioso trabalho do Dr. Masaru Emoto pôde demonstrar que as moléculas da água modificam sua forma, sua essência – pela energia do ambiente, pelas intenções e pelos pensamentos. Pudemos conhecer nas experiências com suas fantásticas fotografias comprovando que tudo nesse planeta está entrelaçado, até partículas de matéria desprovidas de "inteligência" no conceito clássico de concebê-la.

## RESSONÂNCIA DAS PARTÍCULAS DE MATÉRIA

São incríveis também as partículas respondendo aos sons nos experimentos hoje mais conhecidos como *Cymatics* — demonstradas pela primeira vez em 1787, pelo físico e músico alemão Ernst Chladni — e consideradas as bases para a ciência do som. As figuras de Chladni foram criadas a partir de um experimento com areia em uma placa de metal que vibrava com a estimulação do arco do violino, formando padrões geométricos, o que comprovou que o som afeta a matéria física, são frequências vibracionais.

Em 1967, Hans Jenny, um médico e pesquisador suíço, artista e cientista, publicou o livro *Cymatics - a estrutura e dinâmica de ondas e vibrações.* Neste livro, Jenny, como fez Chladni 200 anos antes, mostrou o que acontece a vários materiais colocados em placas de metal que vibram em membranas, formando diferentes padrões geométricos e alternando os movimentos pelo som. A partir dessas descobertas, vários experimentos têm sido vistos pelo mundo, reproduzindo inúmeras estruturas geométricas a partir de frequências específicas. Quanto mais alta é a frequência aplicada, mais detalhado e complexo é o padrão resultante, podendo este ser associado às formas das coisas que conhecemos como os padrões de flores, alimentos, plantas, pele dos animais, etc. As partículas fluídas da água são especialmente sensíveis às frequências de ressonância, como demonstradas ricamente pelo trabalho do Dr. Emoto.



# MÃES COCRIADORAS DO UNIVERSO M&F – OBSERVADORAS DO POTENCIAL QUÂNTICO

Somos canal de energia, emitindo e captando com o ambiente local e com o todo do Universo, em comunicação instantânea. Os desejos e as intenções podem fazer surgir uma supernova e levá-la a desaparecer logo em seguida. Ou podem alimentar-se das energias dos nossos pensamentos e crescer, ir tomando forma e lugar, alterando os ambientes internos em formas e padrões. E da mesma forma como alteramos com as frequências que emitimos pelas palavras, emoções, intenções e pensamentos, os ambientes externos – afetando-nos e sendo afetados. Compreendemos que somos influenciados pelo campo quântico e influenciadores pelo entrelaçamento – afetando inclusive situações bem distantes e até outras dimensões. É assim que um ganho individual ou um aprisionamento pode se tornar coletivo, tal como Jung discorreu sobre os arquétipos. A mãe e o filho são conectados não-localmente desde antes da concepção e se mantem emaranhados em sincronicidade para muitos anos além do nascimento. Dizemos, pela vida toda, somos correlacionados e nos afetamos mutuamente.

Os saltos conscienciais para ocorrer em um grupo específico e toda a coletividade modificar suas estruturas neurais, a partir das informações adquiridas necessitam de um número que foi calculado por cientistas que se refere à raiz quadrada de um por cento da população. Conhecemos a história sobre um grupo de macacos que habitava duas ilhas tropicais, da mesma espécie, mas sem qualquer contato perceptível entre si. Depois de várias tentativas e erros, um esperto *símio* da ilha "A" descobriu uma maneira engenhosa de quebrar cocos, que lhe permitia aproveitar melhor a água e a polpa. Ninguém jamais havia quebrado cocos dessa forma. Por imitação, o procedimento rapidamente difundiu-se entre os seus companheiros, e logo uma população crítica de 99 macacos dominava a nova metodologia. Quando o centésimo símio da ilha "A" aprendeu a técnica recém-descoberta, os macacos da ilha "B" começaram espontaneamente a quebrar cocos da mesma maneira. Não houve comunicação entre os macacos e os conhecimentos foram incorporados por toda a espécie. Trata-se da consciência não-local atuando e tornando a informação apreendida para todos, formando um campo morfogenético para aquele sistema. Os próximos macacos que nascerão a partir dessa experiência já trarão consigo a informação apreendida pelos ascendentes.

# MENTES INTERLIGADAS — FENÔMENOS EXTRASSENSORIAIS

O cientista Dean Radin, PhD em psicologia, expôs seus profundos trabalhos teóricos além de experimentos científicos detalhados a respeito de como somos mentes interligadas. Uma vez combinando as características da física, em relação às conexões não-locais e da neurociência, incorporamos o significado do contínuo não-local do Universo no cérebro-mente em íntima comunhão. A maior parte de nossa percepção consciente é dominada pelo que nossos sentidos percebem. Mas também estão entrelaçados ao universo, apesar de que os efeitos locais são preponderantes, podem influenciar as mentes não localmente em sistemas que podemos compreender por circuitos mentais mais complexos, isto é, formas de consciência e de efeitos psíquicos coletivos além de nossas concepções. As mentes se encontram em toda parte e em todo tempo, em coerência com o princípio da complementaridade. Entrelaçadas ao campo quântico, podem se manifestar mais frequente e facilmente em estados alterados ou em sonhos e suas derivações. O entrelaçamento aumenta em proporção ao número de interações, portanto ampliamos a nossa visão de que entre o campo emaranhado do Universo M & F (a) estarão intimamente relacionado e afetarão um e outro, simultaneamente. Nesse campo morfogênico fusionado, ambos correlacionados pelas suas células e sistemas, pelas mentes locais e como já vimos, pela consciência não-local pelo espírito do ser de luz – teremos a telepatia e a percepção extrassensorial como partes intrínsecas das relações. Assim como mãe & filho, outras pessoas de uma mesma família obterão melhores resultados de telepatia em relação aos estranhos, pela sincronicidade das interações.

Radin ainda nos apresenta os trabalhos de estados entrelaçados entre a natureza, no artigo publicado em 2005 pelo físico Johann Summhammer, a respeito da "Cooperação quântica entre os insetos", demonstrando que insetos – como formigas e borboletas – entrelaçados poderiam realizar tarefas mais eficientemente do que usando sistema clássico de comunicação. A tradição tibetana dos sonhos e a literatura extensa sobre os bardos, abordadas na obra do autor complementam a visão de o que dizem respeito das capacidades que nossas mentes podem experimentar, dos denominados 'psi'. Mesmo que sejam eles apenas estágios iniciais da consciência de níveis mais profundos da realidade. Muito interessante é o Projeto Consciência Global apresentado e dirigido por Roger Nelson, que permite inferir períodos de coerência mental de caráter global como resultado de importantes eventos da mídia que atraíam grande atenção do público. Esses momentos de coerência incomum em celebrações de ano novo, momentos de meditação, ataques terroristas, eventos esportivos, acordos de paz, inícios de guerras, trágicas mortes de celebridades, afetariam todos os aspectos do ambiente. Isso demonstra que todo animal, planta e rocha, enfim todo o planeta é atingido e se comporta de maneira diferente em momentos de coerência global. Comprovações medidas ao longo de vários anos, entre 1999 e 2005, em transições globais como essas, geram efeitos da ordem de 80 contra uma, confirmando a previsão de que a mente global, maciça move e modifica a matéria. As visões comprovadas a respeito da psi coletiva – se utiliza das funções-chave de atenção e intenção, nas quais a mente navega para as denominadas PES – naturais ou treinadas, a Percepção Extrassensorial. Sugerem que os fenômenos psíquicos são como os seres humanos: experimentam a conectividade quântica. Postulemos tudo isso ao nosso Universo M & F – somos PES e além – infinitas são as possibilidades!




Os trabalhos distintos de Nadeau, Kafatos e Radin apresentam mais comprovações sobre a nossa natureza, complementar e não-local, ao demonstrarem o quanto a conexão entre a nossa mente é muito mais íntima que poderíamos imaginar. O quanto a consciência além do espaço-tempo está em comunicação instantânea pelo campo entrelaçado no qual nos encontramos no chamado universo. Somos uma mente global, emaranhados na consciência não- local, experienciando as percepções de nosso cérebro-mente singular em sincronicidade com o todo. Afirmando as palavras do xamanismo, do *Mitakuie Oyasin*: somos a realidade, somos o universo, somos um!

# PARA INTEGRAR NA CONSCIÊNCIA

O universo como vemos é uma coemergência da possibilidade da nossa mente, somos cocriadores do nível de realidade que conseguimos alcançar. Nada muda em nossa vida, até que nos transformemos. Não vemos as coisas como são, mas como somos!

# TUDO É ENERGIA! PENSAMENTOS, SENTIMENTOS E ATÉ OS OBJETOS MATERIAIS



Temos que nos conhecer como seres de energia, frequência e vibração. Emitimos energia e captamos energia. Nossos pensamentos são energias em *potentia*. Nossas palavras são energias já manifestadas e em propagação. Absolutamente tudo o que pensamos gera uma carga energética, que passa a vibrar e atrair cargas similares, podendo se manifestar em alguma realidade, física ou não. É como se fôssemos abrindo *pop-ups* dimensionais e jogando, na rede energética do Universo, novas cenas a partir dos nossos pensamentos. Vimos um pouco sobre a existência de mais dimensões do que as quatro conhecidas, onde agimos e manifestamos nossas experiências.

Passeando pelos conhecimentos que foram deixados como Legados para a Humanidade, como as antigas escrituras dos Vedas, a mais antiga literatura a que podemos ter acesso, os conceitos filosóficos que agregam fundamentos amplos de qualquer religião, percebemos como é explicado o Universo pelas consciências que habitaram o planeta há centenas de milhares de anos A.C., a *Akasha* — é o próprio oceano universal, a impressão etérea estendida através de todas as coisas, o campo que contém toda a informação agora e para sempre, do passado, presente e do futuro, o qual pode se tornar uma unidade fractal do todo, desde uma partícula subatômica até galáxias inteiras, em espirais cósmicas que refletem o padrão do original.

Os blocos de construções de tudo que se manifesta a partir da *Akasha* primordial são emaranhados caóticos de formas e de ordem, como os sistemas matemáticos traduzindo o universo. Em antigas Construções de Templos podemos ver o uso de fractais em suas estruturas, evocando a matriz de uma fonte divina em potência criadora. São as nossas mentes que reconhecem certos padrões e os captam em criações limitadas pelo que somos. Toda a potencialidade do universo em sua natureza essencial não pertence a um tempo ou espaço, não possui dimensões e não tem qualidade ou valor.

Os *Registros Akáshicos* guardam desde as partículas subatômicas até as galáxias, espaço unificado onde surgem todas as coisas. Para os antigos orientais, o campo vibratório é a raiz de toda experiência espiritual e pesquisas científicas. É o mesmo campo energético que os iogues, místicos, xamãs, santos, budas, observaram ao olharem para dentro de si mesmos. Os mais antigos registros do ser humano, os *Upanishads,* considerados escritos antes dos tempos de Buda, em estimativa entre os séculos XVI a VII A.C., que derivam dos textos hindus, os Vedas, apresentam o *"Nada Brahma"*: sendo o *Nada* igual a som/vibração e *Brahma* — o nome da totalidade, o Universo, o criador. Nele está escrito:



*"Brahma, O Criador Sentado em sua Flor de Lótus*
*Abre seus olhos e o mundo vem a existir*
*Brahma fecha seus olhos, E o mundo deixa de existir"*

Nossas memórias não-locais espalham-se por toda a malha espacial, em multiversos. Temos partes de nós espalhadas nos espaços paralelos e nos tempos paralelos. Podemos também nos remeter à dimensão dos sonhos e demais viagens astrais, que são experiências quânticas vividas por todos nós. Acredito que são infinitas as dimensões, e o que faz diferença é a capacidade que temos para conseguirmos compreender. Essa compreensão está relacionada à maneira como somos, o quanto integramos à consciência não-local em descontinuidade criativa, ao nosso sistema complementar e incerto do cérebro-mente local, em saltos descontínuos de criação pura –ampliando as nossas versões pessoais.

# O CORAÇÃO, A CONSCIÊNCIA LOCAL E NÃO-LOCAL

A cada etapa da expansão de nossa consciência humana, seremos capazes de articular as dimensões e as tantas sabedorias quanto estivermos desenvolvendo nosso cérebro- mente, que se relaciona com o mundo físico a partir do modelo anterior memorizado que foi estruturado pelos sentidos. O nosso aparato físico-espiritual faz uma representação interna do que significa o mundo exterior, a partir dos sistemas captadores dos sinais locais – como comecemos e utilizamos na mente da vigília. Mas podemos acessar as potencialidades de nossos sensores:



• **Visão:** nos permite ver e captar as ondas potenciais para os colapsos — abri-los e se fazer presença na unidade da mente local — fechá-los e acessar a consciência não-local;

• **Audição:** abrir os canais para receber informações interdimensionais;

• **Olfato:** o primeiro sentido aberto ao nascermos e o último a perdermos quando morremos, também acessam odores não locais ou os intuitivos da realidade quando: "algo não nos cheira bem";

• **Paladar:** nos permite a percepção da conexão primária do acolhimento — ativa as memórias afetivas pelas conexões com a mãe desde a gestação e fases iniciais da vida. Muitos espíritos de luz — nossos filhos - não toleram determinados gostos do planeta, pela frequência bastante densa que na realidade apresentam ou que não são compatíveis com as suas de altas dimensões;

• **Pele:** o maior órgão sensorial que avisa ao coração as leituras que faz dos campos — dos ambientes e das pessoas / seres. Portais/conexões interdimensionais podem também enviar sinais pela pele. Os arquivos das memórias celulares desde a concepção estão armazenados nela. Em traumas ou choques é por onde os primeiros sinais são ativados para a fuga ou luta - quase simultâneo ao coração;

• **Coração:** o maravilhoso centro de todo nosso campo. Equilibra todos os corpos e as conexões entre todos os níveis — físicos e sutis. Primeiro - por milionésimos de segundos a perceber todo campo externo e coordenar os sinais nos demais sentidos. Capaz de predizer situações futuras de riscos e enviar sinais. Leitor sensível de todo campo externo e integrativo aos sistemas internos. Possui neurônios próprios que se comunicam à mente e aos intestinos. Centro somático do sistema complementar de operações - da mente local e da comunicação não-local para da vida e das relações entre a Mae & Filho (a).

Nosso coração tem seu próprio sistema nervoso e neurônios. É a maior antena de captação de energias locais, enviando ao cérebro numerosas informações que afetam como sentimos, pensamos e percebemos as interações. Ao contrário do que imaginávamos, é o coração a inteligência que envia mais mensagens ao cérebro. E em complementaridade, o fabuloso sensor da consciência não-local, acessando a não localidade, podendo sentir as nossas emoções a um dado evento antes mesmo dele ocorrer, e filtrando aos sistemas operacionais da vigília e das demais habilidades nos sonhos e nas experiências extrassensoriais, extrafísicas.

# OS PARADIGMAS QUE RESULTAM NAS ESTRUTURAS SOCIAIS

Nossos filhos nascem dotados de energia excepcional, conectados à dimensão superior de fora do tempo-espaço, à consciência não-local. Podemos manter a maternidade inconsciente, afastarmos esses espíritos das habilidades extraordinárias e os formatarmos humanos nos sistemas e estruturas condicionadas, como a humanidade vem fazendo há tempos e executando as mesmas formas de ser e de viver. Mantermos esses seres aprisionados a baixas vibrações de nossa dimensão – afastados de suas verdadeiras naturezas divinas, das missões pelas quais vem até nosso campo para nos transformar e ao planeta. Tornam-se artificializados, predadores pelo consumo incessante das coisas que são atribuídas ao significado do ser. Continuarão modelados pelos padrões históricos, sociais e culturais. Aprenderão a atribuir à existência às coisas separadas umas das outras – nomes, identidades, classificando, diferenciando, valorando e desejando. Emitirão julgamentos e se posicionando a partir deles. Adoecemos nossos filhos e os afastamos das altas frequências da fonte de onde saíram e se mantém conectados nos primeiros anos de vida.

A física quântica está comprovada desde o ano de 1920 e ainda não está assimilada como novo paradigma em todas as áreas da ciência. Existe uma pirâmide de escala para as ciências que postulam o avanço dos conceitos atrelados ao nível inferior ditando o próximo – como a matemática na base das comprovações cientificas que sustenta a física, que por sua vez embasa a química e essa a biologia que será o fundamento da psicologia. Se a matemática ainda é compreendida pelos pensamentos Cartesianos – Newtonianos, que implicam a visão objetivista da realidade, baseará a física e a química com suas estruturas das leis clássicas da matéria. A teoria clássica da física Newtoniana propõe um modelo de movimento, suas causas e efeitos que dará os pressupostos para toda a compreensão da vida cotidiana. E seu campo de validade abrange boa parte dos fenômenos naturais, reforçados pelas nossas relações com o mundo externo. Daí ocorrem os desdobramentos para a maneira como nossos conceitos para a medicina, a educação e os demais fundamentos econômicos, sociais e culturais - baseados nos valores materialistas.

As comprovações extenuantes que os cientistas mostram não nos alteram os paradigmas e seguimos confortáveis mantemos as velhas formas de ver. Somos tão limitados que enxergamos apenas 4% do Universo. Os fótons, as partículas da luz, que são possíveis de serem captados pelos nossos olhos, integram uma pequena fração do espectro da luz. Os 96% restantes não vemos. São invisíveis aos nossos olhos. E há quem ainda afirme que só acredita vendo... A população ainda está presa à doutrina da objetividade forte, mesmo que já tenha tido experiências de comunicação à distância ou evidências de realidades paralelas por meio de outras manifestações. Ainda que experimentemos o universo quântico na dimensão dos sonhos, conectemos predições relacionadas geralmente a quem amamos, sintamos o mais poderoso e sublime amor incondicional por um filho ou um amor verdadeiro, leiamos, estudemos e tenhamos acesso a informações em rede, os anos de condicionamentos formataram nossas mentes.

Quando entramos no modo Deusa Mãe, o Templo Amor, todos os princípios da Física Quântica estão em nossas experiências. Somos as vitrines das manifestações do campo quântico no planeta. Em nosso Universo M&F, comunicamo-nos desde a fonte não-local à nossa mente e consciência, ampliando os pacotes de luz do campo morfogênico acoplado ao espírito de nosso filho. Passamos a criar portais dimensionais, como vimos nos capítulos anteriores, os exemplos em meu universo pessoal. Somos uma Rede planetária de Mães – podemos expandir um novo paradigma para a vida – integrando a Física quântica em nossos Universos. Precisamos ser o movimento que desejamos para o nascimento de uma nova humanidade, em que novas estruturas de valores colocam o Universo M & F (a) como o foco principal de uma sociedade civil a se desenvolver em novos paradigmas. Quando atingirmos o percentual necessário, daremos o salto de nível consciencial para reconstruir a hierarquia entrelaçada da vida na frequência do amor. A potencialidade divina será a matriz das relações entre os seres da terra, em integração à harmonia e perfeição do universo.

## A HIERARQUIA ENTRELAÇADA

Nossa reflexão sobre a energia entrelaçada entre tudo, que gera tudo, remete-nos imediatamente ao bebê. Quando ele sincroniza seu espírito e sua consciência não-local à consciência local da mãe, começa seu processo de inserção no mundo físico, podendo ser por meses ou anos, até chegar à entrada no ventre materno pela fecundação. Da sua criadora no mundo manifesto, vai recebendo o aporte de energia que se traduz em cada uma das suas células, dos seus sistemas e funções. Então a energia espiritual expansiva e amorosa, entrelaçada hierarquicamente ao Universo, na *potentia* infinita, vai se canalizando para um corpo físico. Na gestação, mãe & filho em hierarquia entrelaçada, em seu campo toroidal fusionado, são uno. Compartilham vibrações, sentimentos, pensamentos e sonhos.



No nascimento, outra fase de inserção no mundo, o bebê respira pelo abdômen em movimentos energéticos de contração e expansão similares ao do próprio cosmos, para crescer em virtuosa escala. Inicia sua experiência no mundo da matéria em estado de meditação profunda, mantém- se conectado à consciência não-local, tem maneiras divinas de se comunicar sem a necessidade dos sinais ou dos sentidos para ver, compreender, crescer. Abastece-se da Fonte-Mãe e da consciência local que somos, para se nutrir das medidas que geram os colapsos das ondas de potencialidade pura, onde sua existência está em infinitas possibilidades para ser e se manifestar. O bebê está entrelaçado ao campo unificado desde antes da concepção e se faz humano entrelaçado à consciência da sua matriz de vida, a mãe – a quem se oferece em amor incondicional. A consciência divina, amorosa e a abundância infinita estão na potencialidade em toda mãe. Desde que o entrelaçamento do espírito de luz acopla em nossa vibração, precisamos integrar nosso ser e nos transformar-nos pela consciência não-local do filho.

# REALIDADE EXISTE À NOSSA MEDIDA — VEMOS O QUE SOMOS!

Se nossos aparatos mentais fossem calibrados para assimilar os fótons de maneira distinta da que usamos, poderíamos ver um mundo totalmente diferente. Exercitemos a nossa flexibilidade em nosso modo de ver a realidade da vigília. Por exemplo, se observássemos pela condição térmica, veríamos feixes luminosos de cores, dos quentes aos frios, circulando e unindo a realidade. Será que os objetos teriam os mesmos contornos? Quais seriam os nossos valores para os apegos e desejos, se observássemos somente ondas de calor?



Estudos recentes na universidade de Londres do *Imperial College London*, liderados pelo pesquisador Robin Carhart-Harris, utilizaram o LSD (ácido lisérgico) em voluntários saudáveis e combinaram diversas técnicas de escaneamento cerebral de última geração para visualizar como a substância altera o funcionamento do cérebro. Foram mapeadas muito mais áreas cerebrais — e não apenas o córtex visual — que contribuíram para o processamento da visão. Embora os voluntários estivessem vendo coisas que faziam parte das visões de sua imaginação e oníricas, foram relatadas por eles como 'vendo com os olhos fechados'. As funções distintas e especializadas que operam como redes independentes no cérebro entram em colapso e o sistema se torna mais unificado, sendo a base da profunda alteração do estado de consciência. O efeito também está relacionado pelas pessoas com a "dissolução do ego", perdendo o sentido do "eu" individual para uma reconexão maior consigo mesmo, com os outros e com a natureza.

Conhecendo os surpreendentes dados da pesquisa, suponhamos que nosso cérebro-mente tivesse esse funcionamento mais unificado sem o uso de quaisquer substâncias, em seu estado natural. Como seria a nossa visão da realidade, de nós mesmos e das relações que estabelecemos? Essas pequenas duas hipóteses sobre como seria a nossa possibilidade de nos relacionar com o todo, a partir da reestruturação de nosso cérebro-mente, nos oferece reflexões sobre o que de fato são as experiências que cocriamos.

## A NEUROCIENTISTA QUE REVELOU O QUE É A REALIDADE

A neurocientista americana, a Dra. Jill Bolte Taylor, que aos 37 anos sofreu a experiência traumática de um AVC (acidente vascular cerebral), o qual danificou partes do hemisfério cerebral esquerdo, afetando as funções do raciocínio linear e lógico, se transformou em uma oportunidade para explicitar novos saberes sobre como é a nossa relação com o mundo. Como uma estudiosa experiente do cérebro, suas funções e funcionamentos, a Dra. Jill dominava os assuntos como observadora da ciência, e ao mudar a posição para a observadora do seu próprio cérebro a par e passo com a doença ocorrendo em seu sistema, vivenciou surpreendentes e maravilhosas faces dos mecanismos para além de todas as teorias conhecidas. Conseguiu recuperar-se totalmente em oito anos de tratamento, e hoje, curada, dá palestras a respeito da sua profunda transformação de vida. Com a perda das funções do hemisfério cerebral esquerdo afetado pelo AVC — como andar, falar, ler, escrever e ter memória, que orientam nossas tarefas desde as mais simples e estruturam os nossos conceitos —, prevaleceram as funções do hemisfério direito. Os dois hemisférios possuem sistemas absolutamente distintos em seus processamentos. Para chamar por socorro quando percebeu que estava sendo vítima de um AVC, dois comandos brigavam entre os pensamentos, um que avisava que teria que tomar alguma iniciativa rapidamente e o outro que colocava a atenção na visão para o mundo externo transformada e os sentimentos de conexão entre ela e o todo. Conseguiu encontrar o telefone porque sabia onde este ficava, sobre a mesa, e ao priorizar a urgência que a situação exigia, pôs-se a chamar por socorro. Porém, a função para o braço direito dominante, discar, já não executava sem a ajuda da mão esquerda. A decodificação dos números no aparelho não era mais possível. Eles eram *pixels,* códigos da linguagem computadorizada. Então encontrou um cartão de um colega que poderia vir ajudá-la e por comparação dos pixels desenhados no cartão com o do telefone, ia percebendo a similaridade, e por fim conseguiu fazer a ligação. Ao pedir por ajuda para a pessoa que a atendeu, sua voz eram grunhidos incompreensíveis no outro lado da linha. Finalmente, o colega compreendeu que havia algo errado e correu para a casa da Dra. Encontrou-a caída no chão, já desacordada. Tudo o que ela via era a *energia* e, em silêncio total da mente ruidosa do hemisfério afetado, sentia-se enorme e expansiva. Não conseguia mais perceber a distinção entre os objetos e seu corpo, somente as sensações de unidade e de paz com o Universo. As formas das coisas do mundo eram campos de energia unificados, não tendo distinção entre o corpo dela e a parede, por exemplo. A mudança de perspectiva por uma especialista na área sofrendo na pele o que de fato ocorre na maneira de ver e se relacionar com o mundo, trouxe informações genuínas para neurociência sobre o sentido ilusório das percepções da fisicalidade, da falsa ideia de que existe a matéria separada de nós. Foi uma imensa oportunidade para comprovar que a cisão na estrutura de nossos hemisférios cerebrais divide a nossa consciência. Para sermos inscritos nesse mundo, exacerbamos as funções lógicas e cognitivas das operações mentais que consistem em habilidades parciais de nosso cérebro à nossa verdadeira natureza. Estamos sublimando a parte de nosso aparato cérebro-mente que permite nos sentirmos em unidade conosco, com o outro e com o Universo, captarmos o fluxo energético de plenitude, nos tornarmos fonte somente de amor e paz. A incrível experiência da Dra. Taylor pode nos ajudar a redimensionar quem somos nós, mostrando-nos a possibilidade de sermos livres nas escolhas de consciência no mundo, se calarmos essa mente racional e repleta de memórias negativas condicionadas. Outro importante dado da experiência integradora da cientista em referência ocorria quando pessoas que cuidavam de sua saúde ou que vinham vê-la incluíam-na nas conversas, com amorosidade. Então, a energia dela era expandida e entrelaçava-se com a da pessoa, formando uma força positiva. Todavia, quando era desconsiderada, tratada como se não estivesse presente, ela sentia e podia ver a sua energia retraindo-se ou tornando-se densa.

# O QUE É A CONSCIÊNCIA? COMPREENDENDO AS NOSSAS POTENCIALIDADE

Nossas maneiras de pensar o mundo e de nos relacionar têm nos deixado doentes e infelizes. Quanto mais crescem as tecnologias, os recursos e os acessos à informação, mais incapazes nos sentimos para tomar a vida em nossas mãos e dar um basta. Nós, mulheres, fomos aprisionadas em sociedades patriarcais que cortaram nossas ligações com nosso lado feminino, intuitivo, criador, sensível, expressivo e sensual. Sempre nos fizeram não acreditar em nossas habilidades, na deusa que somos.

Sei que estamos ressurgindo como mulheres e mães em configurações fluidas às consciências não-locais que chegam até nosso campo pelos nossos filhos. As dimensões superiores e suas mentes divinas estão escolhendo as mães que estão na potencialidade do campo quântico para se tornarem as deusas cocriadoras das novas formas de ser e estar nesse planeta. Temos elementos para virar do avesso - ou da maneira que inventarmos - as concepções limitadas e passivas nas velhas estruturas e mentes. Podemos assumir nossos poderes e empoderar aqueles que amamos, os nossos filhos.

# NOVAS CIÊNCIAS DO FUTURO

Quando meu olhar se defrontou com a fabulosa física quântica, desde as primeiras leituras, acoplaram-se em minha mente significados e conexões entre a pedagogia, a infância, o feminino, a maternidade e o ser.

Foi instantânea a compreensão – na verdade, um relâmpago de lucidez, aquela abertura que faz as águas se abrirem na mente e nada do que foi existe mais da mesma forma. Um salto quântico das correlações entre o mundo macro que conhecemos e o mundo das partículas. As maravilhas que o cérebro, limitado em nossas concepções, passa a integrar: as ações fantasmagóricas à distância, a incerteza das qualidades pela necessidade do observador, a informação espalhada pelo campo potencial aguardando nossos pensamentos e sentimentos para a manifestação – e que são alterados pela intenção positiva ou negativa, a massa populacional gerando interferência no campo pela intenção coletiva, nada nem ninguém vive isolado no planeta – afetamos cada pequeno movimento do outro lado do mundo, as inteligências distintas entre as coisas que não vêm do aparato físico, que não existe topo da cadeia – estamos em rede, nosso coração é a prioridade em nossa autoconsciência. E o mais perfeito: nossos filhos nascem com todo esse potencial a ser manifestado – dependendo de nós, mães para coemergirmos e sermos e vivermos essas possibilidades! E coconstruírmos nossas estruturas e parâmetros na sociedade civil.



Como esses elementos estão tão presentes em nosso ser e, ainda assim, consideramos o mundo tão objetivo, racional, linear, estatístico? Compreender "o olhar" como referência pessoal de medida, de interpretação da informação coloca-nos na posição de cocriadores de nossas vidas. **Absolutamente tudo que surge é uma coemergência de nossa consciência.**

O célebre Dr. Amit Goswami, autor da obra *O universo autoconsciente - como a consciência cria o mundo material* (2007), colocou as leis da física clássica em outra perspectiva. Ele revolucionou a maneira de integrar a ciência e a espiritualidade, devolvendo à nossa consciência a participação ativa dos processos da vida quando expôs a verdadeira liberdade presente nos seguintes planos:

• Na descontinuidade da mente, portanto saindo do condicionamento dos pensamentos e as ações, podemos ampliar espaços onde está a potencialidade criativa no fazer e no ser;

• Na não-localidade, a comunicação instantânea sem a necessidade de usos de sinais, portanto é a nossa capacidade de desenvolver a consciência para acessar a *potentia* transcendente, sem sinais e de maneira instantânea, no fluxo contínuo de infinitas possibilidades do Universo;

• Na hierarquia entrelaçada, a coemergência de dois ou mais objetos em um sistema entrelaçado em equidade e mútua comunicação energética e informacional, um sistema de parceria, no qual significamos o uno do Universo, nossa capacidade de sermos uma unidade e o todo ao mesmo tempo.

Inúmeros trabalhos despontam no meio acadêmico, revolucionando a maneira de pensar as ciências. Isso pode nos dar pistas para ampliarmos nossa visão sobre nós mesmos, e passarmos a incluir mais possibilidades de ver o mundo. Estamos no *momentum* do fluxo de novos pensamentos sobre todas as coisas que acreditávamos estar dominadas. Que nos sirva para, ao menos, descentralizarmos as verdades e nos deixar confusos, desestabilizados, em suspensão das correntes e pesos do que formatamos que somos, temos condição de não nos levar tão a sério!

# ACESSANDO A POTÊNCIA DO CAMPO QUÂNTICO

A consciência quântica não-local dava seus lampejos em minha mente desde a minha primeira experiência materna. O amor profundo e incondicional, o entrelaçamento hierárquico sentido com todo o meu ser, a comunicação do olhar, a alegria em pequenas doses na vida compartilhada com os filhos, comunicação não-local, saber e sentir cada filho sem as palavras ou os sentidos compõem valores de outra dimensão. Em cada uma das convocações à maternidade, já eram trazidas à vitrine sombras e luzes de meu percurso particular do encontro de mim mesma. As pontes de arco-íris entre a vigília e os sonhos, entre as dimensões, criam possibilidades para vermos além dos olhos. Incluímos a leitura de cada fato que se manifesta em nossa frente como sincronicidade entre a mente local e a consciência superior, não-local, de onde a nossa unidade faz parte do campo da potencialidade pura. Em minha forma de conceber as consciências não-locais, acredito que existe uma no campo quântico que seja a matriz de cada unidade local.

Para usarmos a metáfora de andares de um edifício nessa realidade dimensional, estamos no quarto nível em nossas operações mentais e conexões. Às vezes, pela meditação ou pelas viagens astrais, sonhos, ou ainda por comunicações parapsíquicas, conseguimos adentrar nos andares mais altos, como no quinto, sexto até o sétimo. Mas a consciência não-local, sendo a regente superior dessa unidade do quarto andar, está mais acima um pouco, talvez no oitavo, nono, décimo nível. Além disso, acredito que haja outras consciências mais avançadas que podem ser nossos guias e anjos protetores, que estão em níveis mais altos ainda, como nos níveis décimo segundo, vigésimo segundo, trigésimo terceiro. Algumas dessas consciências superiores são apenas luz e amor. Porém, elas ainda têm um elevador em seus níveis que podem acessar os nossos andares mais baixos por pura compaixão, pela missão que escolhem ou pelo serviço que prestam à humanidade. Então existe a super consciência superior, a grande matriz consciencial que abrange a todas as demais, de todos os níveis desse enorme edifício, que é potencialidade na máxima amorosidade, luminosidade, que consideramos como sendo A Fonte que Tudo e Nada é. Uma metáfora para que a mente consiga ilustrar os possíveis arranjos. As dimensões são bem mais complexas e nada hierárquicas. Por onde existe a conexão com a fonte da perfeição e do amor incondicional, não há escalas ou níveis de importância. Os valores são para o bem maior, para a harmonia do todo. As imagens no computador, por exemplo – com mais dimensões, nos permite ampliar a percepção e nos aproximarmos do misterioso campo quântico.

## PARADIGMA DA SOCIEDADE CIVIL

Temos clareza de que a maternidade traz em si a possibilidade de manifestar o que cada aspecto da sociedade civil tem como potencial de transformação. A maternidade evoca a amorosidade em todas as interações, o não julgamento e o acolhimento das individualidades, a empatia e a compassiva relação. A escuta de todas as múltiplas linguagens, a colaboração e a parceria, a alegria em cada pequena conquista. Uma professora, quando é mãe, terá uma perspectiva mais compassiva em relação às crianças e às demais mulheres com as quais trabalha e se relaciona. Uma assessora psicopedagógica amplia seu modo de ver os processos de ensino- aprendizagem e avaliação, entendendo as relações afetivas e emocionais como estruturantes para o grupo de professores, que adquire outros valores de comunidade e para a sala de aula.



As escolas e seus processos pedagógicos, em sua maioria, se tornam a mais dominadora das instituições sociais. Utiliza-se de um ensino massivo a todas as crianças, sem distinguir as individualidades e as habilidades que são características pessoais. As crianças continuam sendo vistas a grosso modo somente pelas duas áreas privilegiadas

das matrizes curriculares. Perpetuamos o modo de fazer, aprender e ser, pela repetição e pelo condicionamento. E não na plenitude dos seres em mente-corpo-espírito, em consciências divinas em missão na experiência humana. Uma sociedade que valoriza e prioriza a Infância se desenvolve em respeito às diferenças, em acolhimento cuidadoso pelo ser, em parcerias colaborativas.

Como uma escola desenvolveria a potencialidade de um ser de luz, um avatar Crístico? Seria capaz de revisitar as suas práticas e a partir dos seus ensinamentos reconstruir os processos? Escutaria em múltiplas possibilidades o que as consciências das altas vibrações demandariam?

# COEMERGÊNCIA EM MANIFESTAÇÃO



Quanto mais multiplicidade de olhares, divergentes pensamentos, hipóteses infinitas, pudermos acessar da consciência divina que se manifesta em assinaturas próprias, maiores serão os inputs informacionais que alimentaremos em nossos hardwares. Se nomeamos, definimos, conceituamos, valoramos, pontuamos, classificamos e, também, excluímos todas as infinitas possibilidades daquilo que poderia vir a ser, dos atos descontínuos da consciência criadora. Todo ato de medir e julgar existente nas potencialidades do cérebro-mente, em nossos olhares e sentidos, limitam-se a exatamente como somos. Quando tornamos conscientes as manifestações coletivas da realidade que vivemos, colapsando em unidades o aspecto da divindade em nossa imagem e semelhança, ainda assim haverá informações geradoras de vibrações pelas forças eletromagnéticas, pelos campos morfogênicos e pelos arquétipos planetários, que sobrepujam as nossas medidas.

Pensamentos sobre o tempo e suas eras, repassadas ao longo do eixo espacial, tornam o oceano infinito do universo em segmentações que em cada contexto histórico precisamos para nos definirmos enquanto humanidade. As questões fundamentais que percorrem toda mente sobre a vida: qual o sentido da existência; o que é realmente essencial; qual significado da existência; são perseguidas por todos os povos desde a antiguidade. Os conhecimentos sobre a etnologia e o desenvolvimento das civilizações nos oferecem insumos para aproximarmos as visões adquiridas diante daquilo que se consegue compreender como a totalidade em cada tempo e espaço. Apenas nos aproximamos de fractais da consciência superior akashica, universal e não-local. Portanto, nos utilizando de nossas mentes categorizantes, podemos nomeá-la como a consciência de Deus, o grande espírito, a fonte que tudo é e não é simultaneamente, a inteligência cósmica e universal, o campo da potencialidade pura. E mesmo integrando todas as verdades em mais verdades, ainda assim rodamos em um sistema limitado. Enquanto somos uma mente local, limitada a um aparato cerebral por mais bem sofisticado e alimentado em múltiplas informações, veremos apenas partes das inúmeras camadas que se movimentam em mais informações e mais camadas vibracionais. Contudo, enquanto não integrarmos essas condições preliminares para nos despirmos da arrogância de posicionarmo-nos como a forma superior da natureza, não avançamos em nossas imagens distorcidas na separatividade.



Há canais espirituais trazendo notícias das estrelas sobre os eventos que vão se sucedendo no planeta. Com a facilidade das mídias atuais, o acesso está cada vez mais possível, embora a quantidade de ilusões seja similar. Quando vamos acessando mais informações a esse respeito, vimos que existem os certificados de veracidade. Existem pessoas que vivem em comunicação direta com seres estelares e espécies de inteligências para além da nossa dimensão, e sentem a missão de difundir o privilégio que recebem.

Acompanho desde que era bem jovem Matias De Stefano, um argentino que desde pequeno tem sua consciência aberta e lembra de passagens da humanidade em suas vidas passadas. Desenhava seres de muitas raças extraterrestes e a mãe atribuía isso à sua fértil imaginação. Ele via os seres em torno dele, como vemos as coisas em nosso ambiente, porém acreditava essa realidade era comum. Somente na adolescência, percebeu que a realidade não era o que ele podia ver. Na maioria desses casos, a família, ao buscar ajuda médica, acaba por enquadrando em algum protocolo. Matias foi tratado como esquizofrênico e medicado com psicotrópicos até os 21 anos. Até que uma terapeuta catalã, de acesso a mais sabedoria, percebeu o privilégio com o qual nasceu Matias e passou a orientá-lo e à família, resultando em mais expansão do seu ser e trazendo benefícios a todos os que o acompanham. Di Stefano foi estudar pedagogia para se especializar nas crianças e em como guiá-las, pois deseja que não passem pelo mesmo. Quando se é um canal espiritual em missão humanitária, as possibilidades de sua missão podem ser mal-vistas pelas estruturas e sistemas padronizados. Realizou diversos encontros entre crianças e pais na Argentina e vem viajando pelo mundo com alguns seguidores, realizando palestras e ensinamentos em locais onde sente os influxos de energia em especial vibração. Atualmente se denomina um psicopedagogo do ser para compreender melhor a transformação do planeta e civilização humana - auxiliando cada um a encontrar a sua missão.



Di Stefano integra a consciência não-local e a mente local e faz leituras, comunicando- se desde a fonte divina, sem a percepção linear do tempo e espaço dimensionais. Destaca que cada lugar da Terra possui um campo vibracional de energia para ajudar a sustentar as energias para ascensão da unidade. Matias ensina que existe uma consciência planetária e está representada em cada um dos continentes. Na Europa, teria uma representação do coração da terra, de onde saem os pulsos culturais que fazem com que os povos se conectem por milhares de anos, que se estendem como força quando reconhece a expressão de culturas na América do Sul – onde vive a consciência dos povos originários que integram todas as formas e seres sendo uma unidade, com seus rituais xamânicos de respeito e honra a tudo entre o céu e a terra. Dentro do continente sul-americano, o Brasil tem um portal que permite a união de todas as raças, culturas e credos, abrindo o principal centro energético que é representado pelas árvores que são verdadeiros neurônios planetários, na Amazônia. Quando tais vibrações se unem com o conhecimento que vem do pulsar do coração europeu, integramos e ampliamos a consciência de todos os seres. Estamos em um processo de despertar como família humana em rede, depois de 12.000 anos, em lento caminho de integração, acessando as ferramentas que permitem cair as estruturas biológicas de separação que ruirão todos os antigos sistemas que não servem ao bem comum.

Tal qual os trabalhos de Matias, conhecemos outros trabalhadores da luz conhecidos mundialmente como Corey Goode, David Wilcock, Drunvalo Melchisedek, Carina Greco, Christine Day, Lee Carrol. Também os já citados anteriormente: Rodrigo Romo e Andrea Barnabé, e tantos outros expoentes em diversas localidades que têm ampliado e descentralizado as informações. Quando nos interessamos, percebemos que há literaturas e fontes em vários setores para buscarmos o autoconhecimento e ampliarmos a rede de informações planetárias que vai organizar novas estruturas em todos os sistemas e níveis de consciência.



# POTENCIALIDADES DE NOVAS LEITURAS

Acreditamos que quando absorvemos os "downloads" que vão sendo disponibilizados nas ondas potenciais que inundam o planeta de tempos em tempos, reiniciamos os sistemas em um nível acima de consciência. O espectro da luz captado pelas lentes atinge novas cores. Existem variadas iniciativas mundiais de massa, por meio das quais as pessoas intencionam em um amplo coletivo de questões planetárias, e convergem seus pensamentos, posturas, rituais em possibilidade de colapsar da fonte divina novos pacotes de energias que sejam transmutadas de questões que nos causam dores e sofrimentos e possam manifestar a harmonia. Há mais conhecimentos para adquirirmos consciência sobre os movimentos energéticos em manifestação. Sabemos que a realidade física no nível mais básico é uma totalidade indivisível, somos emaranhados em um campo quântico. Compreendemos que se desligarmos a mente operativa do hemisfério cerebral esquerdo, iremos perceber a realidade de maneira diferente das aparências físicas a que somos acostumados. Poderemos acessar a perspectiva complementar de nosso cérebro-mente e ver simultaneamente mais de um aspecto da realidade.

Já foram possíveis experimentos que comprovaram os estudos sobre os insetos – nos quais acreditávamos não existir inteligência – que já destacamos anteriormente. Similarmente com as plantas e árvores, há estudos recentes em diversos países que as retiram da posição muito abaixo dos animais e elevam a biologia em um paradigma que coloca a vida no centro, em um novo paradigma – de visão mais holística. Inúmeros experimentos comprovam a inteligência nos vegetais, uma espécie de processamento vegetal de informações, que pode ser comparado à rede de inteligência artificial. As plantas se comunicam entre a espécie utilizando de códigos de linguagens próprios para a manutenção da vida e preservação da família à qual pertencem, por exemplo, localizando pelas químicas secretadas nas raízes, que pertencem ao seu grupo familiar, economizando água para que todas sobrevivam. Elas se defendem de ataques de animais como vacas e cavalos, por exemplo, criando uma espécie de néctar que atrai as formigas que ficam sobre elas, formando verdadeiros escudos amigos. As plantas têm memória, testadas em situações que forjaram quedas repetidas e que suas folhas recordaram delas por um mês. Uma das maneiras de se comunicarem umas com as outras pode ocorrer por compostos orgânicos voláteis, que viajam pelo ar e avisam a doença de uma planta fazendo que as folhas vizinhas recebam esses químicos e tornem-se mais resistentes. Temos a sabedoria ancestral adquirida e recentemente comprovadas pela ciência, de que as plantas ouvem nossas conversas e gostam de música, trazendo maior vigor e crescimento a elas. Isso fica visível aos olhos.

Será que os benefícios ocorrem somente a elas? Estamos todos em interações e em vários níveis, inseridos em um campo quântico. Também somos modificados quando proferimos palavras a qualquer que seja o objeto de nossas intenções. Também afetamos e somos afetados pelos pensamentos que emitimos para aquilo que está diante de nossos sentidos no ambiente, mas para muito além disso, para o que está correlacionado conosco.

A consciência da Mãe Terra se comunica continuamente com todas as partículas físicas e não físicas, etéreas e vibracionais, entre o campo de informação externo e em todas as camadas internas - lembrando o que vimos no Capítulo 1 sobre o campo toroidal de informações, em contínuo movimento. Exatamente como a estrutura do planeta, somos cada um de nós e de todas as coisas, unidades menores com os nossos movimentos informacionais em todos os níveis e em continuidade - um mesmo sistema toroidal. Em nós, seres humanos, temos a consciência não-local em integração com o sistema local aferindo um campo de informação a partir de nosso centro cardíaco, o coração.



Para o Universo M & F (a), essa integração é mais intensa e correlacionada intimamente. O campo quântico é uma inteligência perfeita que busca a harmonia e o amor em movimentos contínuos em interações. Tudo afeta a todos, das menores partículas até as galáxias.

# O INVISÍVEL AOS OLHOS

A medida do nosso olhar como observador da realidade é que traz o significado e a manifestação daquilo que a nossa mente em seu estado de consciência no *momentum* consegue alcançar. É o que faz a cisão, o colapso das possibilidades infinitas da energia em *potentia*. Foi meu primeiro elo de amor com a física quântica, tornar ciência algo que era de minha vivência intuitiva. E vindo da medida do olhar, algo que, para minha existência, sempre teve muito significado. O meu nascimento foi mais demorado do que o dos meus quatro irmãos mais velhos porque, segundo a explicação do médico da minha mãe, eu estava vindo com os olhos abertos, posicionando a cabeça com o rosto para ter a possibilidade de ver, o que tornava difícil a manobra do encaixe da cabeça pelo crânio, mais comum no parto normal.

Outro aspecto significativo foi a maneira como capto o mundo pela forma de olhar. Desde bem pequena, nunca vi as cenas com um foco restrito, mantendo o campo da visão como uma ampla antena captadora de mínimos sinais do ambiente e das interações. Talvez o animal do poder que faz meu totem pessoal me ofereça a medicina do olhar dos felinos, capturando os estímulos com atenção plena e ampliada. O Grande Espírito da Leoa que vive em mim me oferece sua habilidade. Saudamos: Aho! Em algumas situações, essa qualidade torna-se embaraçosa, até invasiva. Alguns chegam a admitir que meu olhar os incomoda e que se sentem capturados em raio-x. Diria: talvez *gama*! Ter um campo de visão com a lente no modo ampliado permite que mais luz adentre à mente. Como ocorre com a estrutura de uma máquina fotográfica, quanto maior estiver a extensão da abertura da câmera, na menor quantidade de tempo, e assim a imagem terá qualidade diferenciada. As partículas da luz, os fótons, espalhados na nuvem do campo potencial da manifestação dos objetos são verdadeiros raios cósmicos aos meus olhos e as cenas saltam em minha mente.



O cérebro-mente recebe muitas informações pelos olhos e pelos sentidos. Possuímos um sistema específico chamado "Reticular Ativador Ascendente", que tem uma função mágica. Situado na parte primitiva dos neurônios, na zona do talo encefálico, faz um rastreamento de tudo que está em nosso entorno e filtra fazendo permanecer somente o que nos interessa.

Como ocorrerá a filtragem dependerá diretamente do nível de consciência que somos. As interpretações de todos os fatos vividos, ouvidos, imaginados serão leituras informacionais que ancoram em nossos sistemas de crenças absorvidos do campo morfogenético desde a gestação, nascimento e primeiros anos de vida. Nosso aparato cérebro – mente compara aos nossos modelos, matrizes de percepções, ao que lemos e ao que nem sabemos que absorvemos – as comunicações do inconsciente, os movimentos energéticos toroidais que são sentidos em nosso centro cardíaco – e faz uma representação interna do mundo exterior captado pelos sentidos físicos e além – extrafísicos, como os campos de possibilidades não-locais espalhadas pelo universo, em seus fluxos informacionais. Há quem possa, por exemplo, ver com os olhos que não são os aparatos físicos, mas dos sentidos parapsíquicos, e se comunicar com seres que compartilham o espaço conosco, mas em outra frequência vibracional, estabelecendo a comunicação de maneiras que as suas próprias antenas estarão compatíveis. Há quem comunique-se vendo seres espirituais, outros ouvem, sentem sinestesicamente, inclusive há os que podem ser combinados em mais de um fator. Há quem receba informações completas diretamente na mente. Outros sentem o ambiente onde entram, pelos estados alterados de consciência que são possíveis em meditações, sonhos e viagens astrais. São inúmeros os casos e possibilidades de interações que vão muito além dos sentidos físicos e da realidade.

Somos afetados em cada experiência, em todos os sentidos e em níveis distintos de informações. A observação de Heráclito estava perfeita – nunca somos o mesmo que fomos em uma nova situação –, somos o movimento em expansão do universo, e acredito que depois dos conceitos, a nova ciência foi mais bem compreendida em sua totalidade.



# A EPIGENÉTICA — PARA ALÉM DA GENÉTICA

As mais recentes comprovações científicas a respeito das células, a Epigenética, comprova que somos muito mais influenciados pelo ambiente onde elas se desenvolvem do que pela carga genética. A membrana celular é o verdadeiro cérebro da célula e, portanto, responde ao seu entorno em expansão de vida e crescimento, quando o ambiente é favorável. E ao contrário, em situação de toxicidade, como em agressões do estresse, produz os hormônios, como cortisol, adrenalina e noradrenalina. Diante disso, todo o ambiente onde ocorre a fecundação, a gestação e o crescimento da vida de um novo ser, absolutamente tudo que aquele Universo M & F sentir, experienciar, incluindo os conteúdos inconscientes da mulher, toda complexidade das interações reais e imaginárias – que para o sistema são iguais –, deixarão suas marcas epigenéticas. Cada célula possui uma inteligência biológica que transforma o DNA em proteínas necessárias para o funcionamento de vários processos vitais. Interruptores químicos, ligados ao DNA, ativam ou desativam os genes, informando ao sistema quanto e qual proteína produzir. Pelos estímulos captados pelo ambiente, pelos hábitos, dietas, níveis de estresse é que esses interruptores darão as informações para a multiplicação das células, ligando ou desligando certas marcas. Sabemos que por "ambiente" para a criança, podemos considerar a fusão dos campos com a sua mãe, desde antes da concepção e após o nascimento ainda pela coerência do emaranhamento entre ambas. Além, há ainda os ambientes externos, onde o Universo Mãe& Filho (a) estará inseridos. Toda essa composição alteram os genes que as células utilizarão diante dos marcadores. Portanto, os mecanismos epigenéticos são responsáveis pelos estímulos ambientais que controlam a atividade genética. As crianças precisam de um ambiente positivo para ativar os genes que determinam como os neurônios – do cérebro, coração e intestinos – se conectam e criam as redes neurais que tornam os sistemas saudáveis.



## A NEUROCIÊNCIA E ATUAIS PESQUISAS

As mais recentes descobertas da neurociência comprovaram que, se nos propusermos, podemos ser os escultores do próprio cérebro. Todas as informações e caminhos percorridos pelos sistemas neuronais são aprendidos e são priorizados pelo hábito. Quando aprendemos novas coisas, novos percursos são feitos e novas comunicações são estabelecidas. Os mais utilizados, com maiores pesos sinápticos, serão continuamente reforçados. A partir da consciência voluntária frente aos antigos caminhos ao longo dos hábitos aprendidos, conseguimos estabelecer novos padrões de respostas e substituir antigos processos. Assim somos os arquitetos de nossos caminhos neuronais, que não podem ser esquecidos, mas podemos substitui-los quando somos conscientes.

Sabemos que as informações que os neurônios processam não são feitas por um ou dois deles, mas por milhares e milhões que percorrem caminhos e emitem disparos elétricos que compartilham pelas zonas neuronais e que trabalham em sincronização de grandes grupos de neurônios em colaboração e cooperação. Um neurônio sozinho não consegue realizar nada, somente se utilizando de uma comunicação em rede, em imensa complexidade. Na questão bioquímica, são os neurônios que disparam cargas elétricas e abrem espécies de comportas para entrarem os neurotransmissores com receptores inibidores das eletricidades neuronais ou estimuladores, propagando a eletricidade excitatória. A comunicação entre os neurônios é a forma como se transmitem informações, pelas descargas elétricas, que disparam, emitem e propagam pulsos elétricos, e químicas, que trocam entre eles os neurotransmissores. As formas e padrões com os quais os neurônios se comunicam, estabelecendo os ritmos que trazem a linguagem neuronal sofisticada, podem ser compreendidos, até o momento, em cinco idiomas diferentes. São os ritmos dos disparos que estabelecem qual delas está sendo utilizada, podendo ser muito lentos, um disparo por segundo, linguagem *Delta.* Em três ou quatro disparos por segundo, linguagem *Theta,* importante para que a comunicação chegue mais longe. A *Alfa* é a mais predominante, em oito, dez ou doze disparos por segundo, fundamental quando prestamos atenção a algo, impedido as distrações. Quando praticamos meditação de forma mais regular, propagamos o ritmo *Alfa.* Os ritmos mais altos, como 20 disparos por segundo, são relacionados aos movimentos que é a linguagem *Beta.* Quando temos de 50 a 100 disparos por segundo, geramos a linguagem *Gama* ou *Gama alta*, isso quando pensamos em algo muito complexo, relembrando fatos e desenvolvemos a compaixão.

O mais inédito que se conhece na neurociência atual diz respeito à interação cérebro-mente e corpo, em que as posturas corporais são determinantes para as leituras cerebrais. Cada vez que estamos com ombros caídos e olhando para baixo, por exemplo, a postura quando fixamos nos aparelhos celulares, enviamos mensagens de volta ao cérebro que interpreta e responde os sistemas endócrinos, hormônios, a cognição, memória e neurotransmissores. Por outro lado, quando sorrimos, estimulamos os sistemas nervoso, cardiovascular, endócrino e imunológico. Portanto, ao estarmos conscientes de nossas posturas corporais durante nossas rotinas, traremos novas comunicações para os sistemas cerebrais, desencadeando mensagens que nos trazem funcionamentos de sistemas em harmonia para a qualidade de vida e saúde.



Nos últimos anos, a neurociência investigou a comunicação entre o cérebro-mente e o intestino, que foi a verdadeira revelação sobre o quanto a microbiota intestinal interfere no sistema nervoso, endócrino e imunológico. A quantidade de organismos e a qualidade das populações intestinais afetam nosso sistema nervoso, regulando a atividade bioquímica e nossos estados de ânimo. As áreas mais atingidas pela saúde intestinal são áreas cerebrais que correspondem a como nos comunicamos socialmente, como vemos os outros e nos relacionamos, portanto, afetam ao todo. A microbiota intestinal saudável está ligada à dieta alimentar. Alimentos ricos em fibras, por exemplo, aumentam a serotonina e, portanto, geram estados emocionais felizes. A população de bactérias intestinais é distinta entre homens e mulheres. Quando em equilíbrio e diversidade, interferem além da sociabilidade e estados de humor, em nossa atenção e aprendizagem.

Está sendo analisada a vida das bactérias em quantidade e qualidade, associadas a alguns fatores:

- **Dieta:** equilíbrio e diversidade da população de bactérias favorecida pelos alimentos consumidos;

• **Análise dos sistemas nervoso/ imune/ endócrino:** a microbiota se afeta por contaminação, por medicamentos e antibióticos. Os gêneros masculino e feminino têm diferenças na população bactérias;

• **Exercícios físicos:** favorecem a diversidade e o equilíbrio da microbiota em cooperação para as defesas do corpo;

• **Interações sociais:** afetam todo o intestino, o que nos faz sentirmos bem ou mal, interfere na vida das bactérias;

Com os avanços científicos na área, sabemos mais a respeito da comunicação entre todos os sistemas em nosso organismo>> o cérebro-mente >> intestino >> coração >> respiração >> bactérias >> músculos >> posição corporal >> percebidos pelos sentidos internos que são os marcadores dos movimentos das múltiplas linguagens que o cérebro utiliza para tomar decisões e estabelecer o funcionamento do todo:

• ***Interocepção:*** *sensação de funcionamento do conjunto que gera a homeostase, essência vital em harmonia;*

• ***Propriocepção:*** *sensação de si mesmo em leitura coordenada de todos os pontos. Estarmos conscientes de nossos marcadores corporais que mostram as emoções em sinais como arrepios, ritmos cardíacos e respiratórios, antes de tomarmos as decisões, por exemplo, nos ajudarão às melhores escolhas.*

Além do sistema interno perfeito de comunicação, nosso cérebro-mente capta, com a manifestação cardíaca, todo o ambiente externo, para além dos cinco sentidos conhecidos, usados para percebermos a realidade observada, em um movimento contínuo de expansão e contração, que traz informações ao campo toroidal - em movimento entre o ambiente externo e o interno - ao captar as ondas energéticas locais e à distância, não-localmente. Foi o que explicamos sobre as pesquisas e as descobertas do Instituto Hearth Math  a respeito do coração, a inteligência maravilhosa que nosso centro cardíaco desempenha e nos comunica.

Conhecemos o campo energético logo após o corpo físico, denominado de aura ou campo áurico, que pode variar em estado de equilíbrio em 1 metro/1,5 m até 3 metros. Quando estamos em práticas meditativas ou espirituais, podem alcançar medidas bastante extensas, mas por espaços curtos de tempo. Ainda com a diferença de estarmos praticando individualmente ou em grupo, os resultados de expansão da aura podem atingir maiores extensões e durarem mais tempo quando mais pessoas estão em intenção coerente.

O corpo sabe antes e comunica o que a mente ainda não se deu conta. Observei a minha manifestação física em cada maternidade: minha visão estava com pelo menos um grau a mais de miopia, ou seja, a capacidade de ver mais longe estava mais opaca e difusa. Nada escapa dos sentidos internos. Compreendi a necessidade de olhar para dentro, ir em busca de autoconhecimento, aprimorar meu potencial humano e espiritual para ser o Templo Mãe que estava clamando por minha volta.



# A LUZ E A CONSCIÊNCIA

Sou uma unidade da consciência local que experimentou, pelas convocações da maternidade, a esvaziar-se de si mesma e desconstruir os arcabouços de arquétipos, crenças e padrões culturais para ser iluminada pelas vibrações que cada filho trouxe e me presenteou da fonte divina. Para exemplificar a todas as mulheres que, como eu, identificadas em seus afazeres pensam e se fortalecem em uma única vertente para si – a profissional -, precisei ser a personagem de "O Sonho" na realidade da vigília, no qual há a dissolução de anos de estrada, dirigindo as ações. Sem os crachás, nos sentimos perdidas, ficamos atordoadas sem a mesma rotina de tempo aprimorada pelos anos de aperfeiçoamento. Nesse contexto, a dor é tão real quanto a insegurança de estar sem sobrenome de peso associado ao nome da instituição. Ter sido fundada como mãe e profissional ao mesmo tempo me oferecia a visão turva de que o contrato que assinei utilizando o CPF do meu pai - por ainda ser menor de idade - roubou-me a condição de percepção entre minha identidade e a da instituição. Quando se coloca todo o fluxo de existência em um mesmo organismo, somos como uma massinha que era azul na vida privada e vermelha no trabalho: acaba sendo roxa em todas as suas imagens. A jovem aluna, a recém-formada profissional, a mulher e a mãe, a coordenadora em vários níveis de alcance amadureceram serpenteando em minha coluna e me formatando em corpos ébrios do código empresarial. As maternidades convocadas — pelos seres de luz, os espíritos dos meus filhos ou mesmo os guias que conduzem a nossa existência — foram integrando-se aos espaços. E os processos potenciais sobrepunham os meses de afastamento que eram cumpridos, em certo termo, pela prioridade ser a do papel timbrado.

Uma mulher para ser o Templo Mãe precisa ser reformatada. Descontinuar seus sistemas de crenças e padrões, sejam culturais ou familiares. Entrar em suspensão de tudo que a identifica e rotula dos domínios conhecidos. Desejar profundamente rever seus ambientes internos e buscar se religar. Deixar-se levar pela consciência do ser de luz que se faz seu Filho. É fundamental inverter os polos, reiniciar os sistemas em apoio e legitimidade, em escuta amorosa ao filho - que é a própria presença da fonte divina. Eles trazem as múltiplas linguagens - os códigos espirituais para orientar e ascensionar todas as estruturas e vibrações.

Ser o Templo Mãe é voltar-se à sua essência natural da deusa que, com a fertilidade em potencialidade, está em processos e ações de criação e entrega. Ter olhos para ver o que todo campo comunica e ler as linguagens das consciências que compartilham a existência, trazendo a magia para conectar as coisas diante de seu olhar. Integrada aos ciclos lunares, aos movimentos da terra, aos saberes ancestrais, aos sonhos e portais dimensionais, ao feminino sagrado que dança, canta, ritualiza e vive em conexão para elevar o lar e os ambientes onde estiver o Universo M & F em entrelaçamento com outros universos que se fortalecem na vida compartilhada.

Ser o Templo Mãe ativa e em presença local, acessando as chaves para ampliar a consciência em cada interação, amplia as possibilidades para o espírito de luz crescer e se manifestar de acordo com a potencialidade da missão o que chegou no planeta. A Mãe é a Fonte da Medida que fornece a energia e a nutrição de tudo se manifesta como filho de acordo com o nível da sua consciência. O Universo M & F nasce e se expande da coemergência das consciências entrelaçadas.

# 6

# O FEMININO EM POTÊNCIA COCRIADORA

*Nosso planeta tem o potencial para ser um campo sincrônico de consciências quânticas, em que desfrutamos as experiências em amorosidade e plenitude. Para isso, basta o feminino abarcar as frequências não-locais em legitimidade. Então a dimensão da experiência se torna um palco de harmonia e parceria. Forjemos juntas um modelo social a serviço da humanidade como prioridade dos valores para o bem comum.*

Se a história da humanidade virasse do avesso os domínios e os ares para a essência do feminino, imaginamos que a harmonia entre a alma e a vida suplantasse a forma. O amor integraria todas as coisas, na composição perfeita das suas faces, desde a calmaria do mar às tempestades do céu. A linguagem do mundo seria pautada no princípio da complementaridade, integrando a potência energética na fisicalidade. Os comportamentos seriam criativos e descontínuos. As percepções incluiriam a fluidez da incerteza entre o fluxo do *momentum* e a posição. Os sistemas e interações seriam hierarquias entrelaçadas e a não localidade acessaria os dois hemisférios cerebrais. Os sonhos estariam presentes nas ações. A fertilidade seria a frequência das possibilidades. A lei seria o respeito profundo a toda manifestação. O abraço seria o ambiente e cada filho estaria no cerne da consciência, amado incondicionalmente para ser a potencialidade da nova humanidade perfeita entrelaçado à mulher humana consciente, a Deusa mãe.



O paradigma quântico vem eclodindo transformações nas estruturas do mundo físico, revelando que o verdadeiro poder criativo da natureza é feminino. Fomos aprisionadas, podadas pelos papéis que passamos a assumir, pelos espaços que fomos ocupando, pelas inebriantes situações artificiais. Nós, mulheres, estamos revelando esmiuçadamente nossas versões, questionando-nos em nosso templo interno as nossas construções. Na parede de memórias, nossas colagens das interações, estamos investigando os padrões e as crenças para nos esvaziarmos. Os caminhos percorridos estão revelando mais de nossa verdadeira natureza e evidenciando os labirintos para que, conscientes, possamos desconstruir os valores patriarcais e materialistas.

É *momentum* de estarmos conosco, acolhendo-nos, revisando nossas escolhas, dando voz às nossas expressões, revendo as posições. De olharmos para a composição da energia criativa em movimento infinito e potencial que somos. Somente despertas temos como mergulhar na beleza e na fertilidade criativa de nosso ambiente interno. Recoloquemo-nos na prioridade como solo rico e nutritivo da nova humanidade, reconectada às sabedorias da terra, às fases da lua. Recapacitemo-nos às leituras dos movimentos permanentes e sincrônicos do campo informacional que vivemos e que todo momento se comunica conosco. Recuperemos a magia da alquimia dos elementos da natureza transformados em alimento, medicamento, em reunião de saberes para o bem comunitário. Redescubramos as ervas, sementes, grãos, brotos, que curam e revitalizam. Religuemo-nos à fonte divina e abundante em todas as interações vibracionais e físicas para nos entendermos como Templos Mães, nosso local de encontro com nosso cérebro-mente e coração com o campo quântico, no qual:





- Vibram todas as ancestrais que vivem em nossa teia familiar e trazem a sabedoria do clã;

- Somos luz e sombra, integramos em honra nossa caminhada como aprendizes e em gratidão;

- Acessamos a dimensão onírica e as conexões com os outros tempos e espaços em possibilidades da nossa potencialidade que se comunica não-localmente;

- Abençoamos e nos unimos às mulheres planetárias que compartilham os saberes da humanidade, desde as antigas civilizações;

- Ritualizamos a fé em integração do campo informacional da mãe terra e acessamos a consciência não local, sendo o oceano amoroso da potência do todo em uma unidade de consciência-local humana;

- Reconstruímos o Templo Mãe com a potencialidade da Fonte Divina que são os Filhos Sagrados e renascemos entrelaçadas pelas suas consciências de luz e amor infinito;

*Qual valor é dado pela sociedade civil para a mulher que será todo o campo quântico em propagação da nova vida? Como a fonte energética, mental, física, espiritual, sem apoio e valor, concebe, gesta, gera, cria e nutre um novo ser como a prioridade para o projeto humanidade?*

*Como a sociedade civil cuida e acolhe os seus cidadãos desde que são gestados, paridos e em seus primeiros anos de desenvolvimento para que se estruture um novo modelo de vida no planeta mais ecológico, justo, acolhedor, harmonioso e amoroso?*

*Qual consciência somos, nós, mulheres, para sermos A Deusa criadora e nutridora de uma nova vida, que cresce em hierarquia entrelaçada com todo nosso ser?*

**Coemergimos Templos Mães – somos uma nova filosofia Coconstruímos as estruturas culturais e sociais que integram os Universos Mães & Filhos**

**Como a prioridade para a reconfiguração**

**Da humanidade no desenvolvimento planetário.**

# MULHER EM SUA NATUREZA FEMININA DIVINA

Somos quânticas, podemos ser isto e aquilo: estar na presença física e também atreladas ao campo da potencialidade pura; viver entre a vigília e os sonhos, como natureza complementar de nossa existência. Temos a observação em complementaridade como medida da realidade. Podemos encher os olhos com as dimensões físicas, apreciar a forma, o espaço, saborear o gosto, sentir o corpo e, ao mesmo tempo, acoplar na mente a consciência não-local em potencialidade infinita e criativa do vir a ser.

Somos incertas por natureza, não podemos ser compreendidas no fluxo de nosso *momentum* — na expansão infinita de nosso ser feminino e simultaneamente na nossa posição, na definição do que sabemos e do que queremos. Dependemos do nosso humor, dos hormônios, do amor. A posição de nossos pensamentos, os sentimentos e as possibilidades do nosso olhar (quando temos os "olhos para ver") podem ser alterados sem probabilidades e indícios capazes de antecipá-los e predizê-los. Brincamos com a ideia de Einstein sobre Deus. É possível dizer que nós, mulheres, somos excelentes jogadoras de dados!

Somos a linguagem da intuição em nossa interação, percepção e expressão no mundo, integrando os aparatos físicos locais às conexões e influxos do Universo, e tal descontinuidade abriga nosso ser e fazer. Somos o observador focado para o ambiente interno, ampliando a consciência local — o sistema físico complementar ao espiritual. Nutrimos com tudo que somos a inteligência de nosso coração — o centro de nosso templo interno, o mensageiro local das conexões não-locais.

Somos o Portal para a comunicação não-local, instantânea e criativa, que se manifesta desde o campo da potencialidade pura, pelo entrelaçamento com a consciência do nosso Filho - em conexão com a fonte divina do amor infinito. Somos o Canal energético- vibracional para a manifestação da consciência iluminada do ser da luz, que se oferece como nosso filho. Precisamos integrar os pacotes vindos da fonte divina e nos transformar em A Mãe Amor para coemergirmos em criativo Universo que dá nascimento a uma nova humanidade.

# TODAS AS MULHERES DE TODOS OS TEMPOS ESTÃO EM NÓS

*"O Deus das mulheres não é uma Pessoa, nem um Ente, nem uma Substância: é a divina potencialidade expressiva delas próprias."* Luisa Muraro

As características da essência do feminino foram as regentes das sociedades desde a pré-história, principalmente nas eras Paleolítica e Neolítica até as civilizações pagãs, culminando na civilização Creta.

A antiga era paleolítica, datada de 35.000 AC, era dos povos coletores e caçadores, nômades que se abrigavam em cavernas onde surgiu a gênese da arte. Suas pinturas rupestres e esculturas são consideradas pelos historiadores como símbolos de seus cultos para boas caçadas e para a continuidade da vida. Os achados arqueológicos mais antigos de que se têm registros foram datados entre 28.000 e 25.000 A.C., nas escavações na região de *Willendorf*, na Áustria. Variadas esculturas femininas de fartas mamas esculpidas em calcário, cobertas de pigmento vermelho, simbolizando o sangue, cultuam a capacidade de gerar filhos e de alimentá-los. O achado arqueológico mais renomado é a conhecida Vênus de *Willendorf*, de formas que reverenciam a abundância do ser feminino que gera e nutre a vida.

O culto ao feminino nas eras antigas esteve atrelado fortemente aos rituais dos ciclos vida-morte-renascimento e à fertilidade, a própria representação à mãe terra, uma vez que tudo que se concebia para a vida e crescimento da comunidade provia dela — o que incluía as experiências da geração dos filhos, que para os povos primitivos surgiam nas mulheres como fruto divino. Na narrativa da história da humanidade, os registros que conhecemos para contextualizar o *modus operandi* de viver são associados ao sistema de crença conhecido como matriarcal.

Na década de 70, a autora do livro "Quando Deus era uma Mulher (1976)", Merlin Stone retomou as ideias de Bachofen – que introduziu o conceito de matriarcado em 1861. Considerando as estatuetas de Vênus encontradas desde a Europa Oriental até a Sibéria como provas da existência das religiões matriarcais na pré-história, envolvendo o culto às serpentes, como grande manifestação da sabedoria espiritual da vida, força e fertilidade. Ainda que seja pauta de discussão entre os historiadores, a religião matriarcal compreendida pelo especialista em mitologia e antigas religiões, Joseph Campbell, era definida pelo sincretismo ao culto à Deusa. Pode ser analisada tanto como politeísta, uma vez que era adorada com distintos nomes e múltiplas formas, como também monoteísta, pela fé à deusa associada como a entidade transcendente. Em várias culturas antigas, Campbell traz as semelhanças aos cultos à Mãe progenitora ou Criadora e à virgem ou donzela, originando várias imagens da deusa Pótnia ancestral, em versões e nomeações. Há uma unidade religiosa reverenciando a Deusa em todas as antigas civilizações agrícolas, na Ásia Menor, no sudeste da Europa, na Tailândia, no sudoeste Asiático e depois também na América Central. Essas sociedades cultivavam a terra e a adoração à Deusa mãe, associando o culto e honra aos frutos da terra, às relações com a mãe natureza, capaz de dar a vida, nutri-la e, também, tirá-la.



A ideia presente na literatura acredita em um sistema de dominação e opressão centralizado nas mulheres, que surge do viés de leitura baseado no patriarcado. Tal prerrogativa foi transformada no conceito de *Matrilinear ou Ginocêntrica,* pela doutora Marija Gimbutas (1921 -1994). Arqueóloga, com especialidade em etnologia e história das religiões, nascida na Lituânia e residente nos USA, especialista na Europa antiga, Gimbutas coletou artefatos entre 1973 e 1974 encontrados em uma área extensa que ia da Rússia até a Itália, Turquia e Grécia, baseada na ideia de que essas sociedades compartilhavam a mesma matriz cultural. Das profundezas da terra, encontrou inúmeras peças, esculturas, gravuras, afrescos, objetos que fizeram emergir uma história bastante diferente dos paradigmas vigentes e que foram multiplicados nos textos históricos sobre as antigas civilizações. Gimbutas modificou a perspectiva histórica das civilizações. Em referência aos achados milenares, comprova que existiu muito antes do patriarcado uma civilização que cultuava valores baseados na essência do feminino, da mulher e da deusa. Portanto, valores como cuidado, inclusão, acolhimento, cooperação eram vividos em confiança e harmonia em um modelo de parceria entre mulheres e homens.

Em sua detalhada tese, a doutora demonstra o exemplo da cidade de Çatalhoyuk, onde as casas eram todas parecidas, os Templos, modestos, os sepultamentos, sem distinções entre a população, demonstrando uma sociedade igualitária. Não havia armas nas sepulturas e nenhuma fortificação presente nas construções. Inúmeros afrescos encontrados representavam o estilo de vida pacífico, sem nenhuma alusão à guerra ou dominação. As estatuetas encontradas por toda a região e em locais sagrados reverenciavam a Deusa Pótnia e foram cuidadosamente elaboradas com materiais nobres. Em seus aprofundados estudos, Marija Gimbutas identificou, em toda velha Europa, uma diversa e complexa estrutura de representações de figuras femininas a partir de Pótnia, veneradas como a Deusa Mãe: A Serpente Deusa, A Deusa Abelha, a Deusa Pássaro, A Montanha Deusa, a Senhora dos Animais.



Marija Gimbutas declarou em entrevistas que "era seu destino fazer esse trabalho", associado à cultura na Lituânia, onde nasceu e cresceu, o último país a se cristianizar na Europa (até o séc. XVI). O legado da infância, quando diariamente assistia às pessoas beijando a terra pela manhã e a saudando em orações à noite. Ela participou da sacralização dos rios, poços, animais e árvores. Toda o arsenal ritualístico vivo em suas células esteve representado e presente em suas buscas, saudando a deusa mãe das terras escavadas e expondo as riquezas que sabedorias ancestrais são capazes de revelar sobre valores e respeito profundos pela vida.

A última civilização Matrilinear de que se tem registro na história da humanidade fica na ilha de Creta, situada entre a Grécia, a Ásia menor e Egito, sendo a segunda maior ilha no mar Mediterrâneo oriental. As influências da Deusa Mãe surgem associadas à cultura agrícola que possivelmente chegou a Creta desde os cultos de Anatólia, no sétimo milênio A.C. que a coloca no Neolítico. A pesquisadora e historiadora especialista nos povos Indo-Europeus, Riane Eisler, detalhou as características da civilização Cretense em sua obra *O Cálice e A Espada,* que superou a marca dos 500 mil exemplares traduzidos em diversas línguas. Um marco nas evidências arqueológicas que comprovam a existência de outro modelo societário nas antigas civilizações, que precisa voltar a emergir como possibilidade de recriarmos a vida humana na Terra baseada nos valores da parceria.

A civilização cretense era muito bem desenvolvida, com grandes edifícios de vários andares, vilas, fazendas, colônias, áreas urbanas populosas e bem organizadas. As instalações portuárias e as redes de estradas que cercavam toda a ilha demonstram o comércio baseado nas rotas marítimas e de boa distribuição interna. A forma de arte em Creta, bastante numerosa e em produção variada - em afrescos, esculturas, gravuras, obras genuínas em tecelagem, metalurgia, gravura e arquitetura -, conta a evolução cultural do estilo animado e alegre da população. Na ilha de Creta, onde a deusa reinava suprema, não há vestígios de guerra, mas da fé ardente na deusa da natureza, fonte de criação e harmonia. Um dos maiores Templos conhecidos, de Cnossos, tem sua estrutura onde duas procissões de homens saúdam a deusa no centro sagrado. O local conta também com muitas imagens femininas de braços erguidos como gesto de abençoar, representados com cobras ou machados duplos, símbolos da deusa representando o amor pela vida e a natureza.

Em estágio posterior de desenvolvimento das antigas civilizações, com a domesticação dos animais e a manutenção da pecuária, a figura do homem foi compreendida como parte da criação. É constituída, assim, a imagem da Deusa Mãe, associada ao parceiro masculino ou ao filho. Nos ritos de fertilidade, o mito do deus jovem vem para acasalar com ela.

Os movimentos comerciais, desde a antiga Grécia, foram disseminando a cultura a seus povos. Há registros de que Heródoto havia relatado que alguns colonos fenícios, vindos de Ascalon, maior porto da Cananéia, levaram a Chipre o culto à deusa Astarte, a grande mãe em representação da fertilidade. A deusa criadora vai sendo difundida em diversas representações religiosas na Grécia – como Hera, Ártemis, Atenas, Afrodite e Deméter –, ainda associada a mitos e funções cosmológicas que a cultura preconiza. Séculos mais tarde, prosseguindo até Roma, seria cultuada como Vênus.

A deusa mais cultuada no panteão grego foi a Deusa-mãe Deméter, da mitologia grega, ou Ceres, da romana, em virtude de representar os valores da fertilidade e da abundância e da vida, aspectos centrais das comunidades que mantinham as relações e a cultura com a terra. Os antigos gregos realizavam uma das mais importantes cerimônias para saudar Deméter e Perséfone, os chamados Mistérios de Elêusis, praticados desde dois milênios A.C. Elêusis era uma pequena cidade perto de Atenas.

A significação profunda do mito das deusas somente era revelada aos iniciados nos Mistérios de Elêusis. Os Mistérios Menores aconteciam em março, no equinócio da primavera. Já os Mistérios Maiores ocorriam em setembro, no equinócio de outono, com ritos de conexão com a mãe Terra e seus frutos – de nascimento, morte e regeneração –, além dos rituais aos valores do feminino. As festas das colheitas eram realizadas somente pelas mulheres, e as cerimônias eram dos saberes sobre o sagrado feminino, repassados pelas mais velhas às jovens pela tradição oral e vivenciadas por todas. Em sua maior parte, permaneceram secretos e poucos registros foram documentados.



# O PATRIARCADO NOS SISTEMAS DE CRENÇAS

Outra pesquisadora e doutora em teologia da universidade de Exeter, na Inglaterra, Francesca Stavrakopoulos, utilizou de evidências arqueológicas para postular que, originalmente, os antigos textos religiosos cultuavam a Deusa Mãe, Aserá, esposa de Jeová *(Yahweh)*.

Essa era uma divindade criadora, derivada dos cultos às deusas desde as antigas civilizações babilônicas, como Ishtar, ou na antiga Grécia, como Astarte, os arquétipos da Lua, dos ciclos da terra geradores da vida-morte. Francesca afirma que o monoteísmo patriarcal, instaurado pela cultura judaico-cristã é responsável por semear as bases de uma consciência que enaltece os valores da hegemonia patriarcal, pela conquista, expansão e exploração. Os artefatos encontrados na região de Ugarit, atual território da Síria, contendo antigos textos, amuletos e figuras, retratam como a deusa Aserá era adorada e cultuada. Os registros analisados com inúmeras inscrições similares confirmam que o antigo deus bíblico teve uma esposa.

Lilith — que na língua suméria significa o sopro divino — foi a representação mais remota da mulher que aparece no livro de Genesis. Assim como Adão, surgiu do pó e ganhou vida também do sopro de Deus para que o homem não ficasse solitário sobre a Terra. Porém, assim que os dois se uniram, passaram a discutir, pois ela se opunha a ficar por baixo na cópula. Convicta de sua posição de igualdade, Lilith exigiu que o companheiro modificasse a sua postura para que ela também desfrutasse do prazer. Adão se negou e aferiu seu lugar de homem e que não cederia aos seus desejos. Lilith, enfurecida, pronunciou o nome inefável de Deus e abandonou-o para sempre. As consequentes vinganças mútuas produziram crimes de sangue e Adão queixou-se a Deus, que enviou três anjos para trazer Lilith de volta ao lar, ameaçando-a de matar cem de seus filhos por dia se ela não concordasse. Lilith tornou-se o demônio noturno, a rainha do mundo subterrâneo que persegue os recém-nascidos meninos e os estrangula até o oitavo dia, período no qual está instituída a circuncisão no judaísmo. E mata as meninas até o vigésimo dia de nascimento, alusão aos rituais de mutilações existentes e ainda praticados em muitas tradições muçulmanas. Lilith é a representação de quase todas as culturas, que reconhecem nas mulheres a potência sexual, que são as instigadoras e perturbadoras do homem e de seus mandatos. Banida para as profundezas dos oceanos, carregando a marca de sua perversão libidinosa, ressurge nos tempos em que a discussão pelos direitos e de liberdades excitam a sua presença.

O livro de Gênesis apresenta a nova mulher, Eva, retirada da costela de Adão, a representação do pecado original. Provocada pela serpente – o símbolo associado à imagem arquetípica da deusa nas civilizações antigas –, Eva ingere o fruto da sabedoria, traindo as ordens de Deus e seduzindo Adão. A deusa Eva se torna a responsável pela expulsão do paraíso e pelo pecado original. Torna-se a filha e a esposa, iniciando o princípio da dor, do trabalho e da morte. Como castigo foi dada a ela a dor do parto.

Em outras passagens dos livros sagrados, é permitido associar a mulher ao pecado, à tentação libidinosa, à traição. Submete-se a ela a propriedade de direito do pai e depois do marido. A dualidade da mítica cristã se complementa na representação da grande Deusa Mãe Maria, que, imaculada, dá à luz o filho de Deus, sem, portanto, pecados carnais. Pelas leis da Igreja, a mulher foi retirada do ofício sacerdotal e, segundo o livro de Paulo – um dos discípulos que mais escreveu sanções às mulheres –, nenhuma delas poderia participar das cerimônias religiosas e deveria ser guardada em casa pelo pai ou pelo esposo e qualquer pergunta poderia ser dirigida apenas a um deles.



A história de Maria Madalena na Bíblia remete aos desígnios do patriarcado, quando a sua imagem na versão dos livros apostólicos é traduzida em prostituta da qual Jesus expulsa os sete demônios. Esse conhecimento foi internalizado pela maioria dos cristãos. Mas, atualmente, já podemos nos aproximar de, quem sabe, uma face mais verdadeira de Maria Madalena, com os achados dos papiros em Nag Hamadi, em 1945, no alto Egito, dos evangelhos apócrifos. A partir desses artefatos, muitas versões das mulheres na Bíblia podem ser revisitadas. Maria, a mãe de Jesus, está descrita em ativas discussões e exercendo liderança junto dos apóstolos. Tecla, outra importante mulher, era a companheira do apóstolo Paulo na evangelização e fazia batismos. Madalena, citada pelo evangelho de Felipe como a companheira de Jesus, era apóstola e líder entre os seguidores. Os achados apócrifos comprovam a sua posição de fundadora do Cristianismo, por ter sido a primeira pessoa a se encontrar com o Cristo ressuscitado. As revelações históricas demonstram que podemos considerar que as mulheres foram banidas ou transformadas propositalmente da história para enaltecer a cultura do patriarcado.

Compreendemos que os cultos e ritos da sabedoria feminina mantiveram-se em sigilosos movimentos ao longo da história. Grupos de mulheres continuavam secretamente seus saberes e fazeres, e mesmo não integradas aos sistemas culturais de cada época, mantinham vivas as suas fogueiras e as unhas sujas de terra no cultivo das ervas e flores. Livros contendo as riquezas acumuladas pelos clãs eram cultuados e repassados pelas gerações. Podemos esmiuçar os chamados das sacerdotisas e das anciãs pelos que estavam no poder, como os sacerdotes e reis, além dos dirigentes e dos senhores das leis de cada povoado. Elas estavam associadas a oráculos, também conhecidas como aquelas que curavam de magias e podiam salvar os "possuídos" com medicinas da natureza. Muitas mulheres se reuniam por ocasião do atendimento às parturientes e ritualizavam sob os tetos do patriarcado, mantendo as imagens e os cultos às deusas escondidos. A vida nas comunidades às vistas era assumida comumente diante do permitido, mas estavam umas às outras em torno dos fogões, que ao alimentar a família, as nutriam de vitalidade cooperativa, acolhimento, aconselhamento, ensinamentos entre os pares da leitura e da escrita dos quais foram banidas, incluindo a circulação secreta dos livros.



Para as mulheres, as criações manuais eram motivos para expandir seus corpos. As promessas, traições e todo tipo de articulações culturais circulavam entre elas, que sustentavam suas histórias em metáforas versadas para manterem-se indecifradas. O cuidado entre a gestação, o parto e o puerpério era a sustentação do empoderamento feminino e a manutenção das conexões com os ciclos da terra. Onde havia uma mulher, guardavam-se todas. Os cantos, as danças e os mistérios do feminino foram vividos em todos os tempos em uma herança cultural dos elos tecidos e trançados em rodas. As águas dos rios, córregos e cachoeiras guardavam seus corpos e embalavam coletivas celebrações.

*"A companheira de Cristo é Maria Madalena. O Senhor amava Maria mais do que todos os discípulos e a beijava frequentemente na boca. Os discípulos viram-no amando Maria e lhe disseram: "Por que a amas mais que a todos nós? O Salvador respondeu dizendo: Como é possível que eu não vos ame tanto quanto a ela?"* (Filipe 63, 34-64,5). E em outra parte diz: *"Eram três que acompanhavam o Senhor: sua mãe Maria, a irmã dela, e Madalena, que é chamada de sua companheira. Com efeito, era 'Maria' sua irmã, sua mãe e a sua esposa"* (Filipe 32).

# A ÚLTIMA DEUSA QUE ESTEVE NA TERRA

O legado de Maria Madalena atualmente vem despertando mulheres para o empoderamento do Casal Crístico, com seu amado Joshua. Embora haja muitas vertentes para seu caminho – intimamente atrelado ao lugar e à posição das mulheres na história –, este foi revisitado e trazido sob a ótica histórica por vários estudiosos. Madalena a deusa Mãe, esposa de Jesus, renegada e apagada do sagrado e dos discursos dos templos, vem inundando gentilmente os corações e convidando suavemente todas nós, mulheres, suas irmãs, para conhecerem seu verdadeiro valor. Ao retornarmos aos brilhos dos olhos umas das outras, voltaremos a nos enxergar em nossa irmandade luminosa.

Maria Madalena é a escritura sagrada do amor em perfeita ordem e sobre todas as coisas. É o poder da alegria da vida compartilhada entre os pares, das risadas em tons distintos que conferem às experiências as melhores memórias. O abraço inteiro pelas dissonâncias e incongruências. Madalena abre os portões das criativas ações no mundo, expandindo a cooperação e a harmonia para apreciarmos como humanidade uma vida em equidade e justiça. Depois de milênios de exílio nas mentes humanas, ressurge em verdade e estende a sua graça a cada ser do planeta, para enfim compreendermos um mundo onde possamos ressurgir do amor e pelo amor nos entrelaçarmos. Maria Madalena, uma consciência superior, nos inspira a viver em harmonia com nossos parceiros e ser o Santo Graal que sustenta o amor a todas as coisas que gesta e gera os novos seres em novas relações para transformar o planeta.

O Salvador disse: "*Todas as espécies, todas as formações, todas as criaturas estão unidas, elas dependem umas das outras, e se separarão novamente em sua própria origem. Pois a essência da matéria somente se separará de novo em sua própria essência. Quem tem ouvidos para ouvir que ouça.*" – Trecho do Evangelho de Maria Madalena

As mulheres foram sancionadas pelos modelos sociais patriarcais por uma característica soberana manifestada por elas: as múltiplas possibilidades. Por não sabermos bem e sabermos muito sobre o que queremos. Por sermos competentes em nossas ações lógicas e, ao mesmo tempo, afetivas e criativas. Por sermos versões humanas que trazem a inclusão em nossos significados, somamos opostos, contradições, divergências e mais. E o valor da racionalidade não permite mudanças de opiniões, de comportamentos, de escolhas.

Sim! Somos de natureza quântica, temos a incerteza como princípio, a complementaridade como nossa visão de mundo, a não localidade em nossa busca essencial para os saltos da mente, mas permitimos que a espada do patriarcado fizesse a cisão em nós, atordoando-nos e confundindo-nos.

Por natureza, temos prioridades pelo amor, pela integração de homens e deuses, pela vitalidade lúdica e infantil ao nosso fazer, pelas sinuosidades inclusivas, pelos reinos das fadas e das bruxas, pelas dimensões paralelas, pela imaginação e pelos sonhos! Aprisionamos nossa alma em um corpo apertado, engessamos nossas risadas em comportamentos preestabelecidos, perdemos as nossas riquezas e entristecemos os nossos campos. Já não há a fertilidade, a beleza e a alegria... e o mundo sofre em um longo e contínuo inverno escuro e frio.

*A grande Deusa-Mãe precisa voltar ao seu trono, acolher a sua terra, resgatar seus filhos e oferecer a eles toda a generosidade – os campos férteis para que fecundem e multipliquem suas sementes, criem novas relações de parceria e amorosidade para entrelaçarem as energias vitais de maneira que a vida tenha um novo sabor.*

# PERSÉFONE & DEMETER, DEUSAS COMPLEMENTARES

O mito da deusa Deméter, a deusa-mãe, generosa em abundância e próspera na fertilidade, que gera o alimento e a vida sobre a Terra, encontrava a plenitude ao lado de sua filha Perséfone. Em um descuido, Deméter deixou-a longe de seus olhos e cuidados, e acabou sendo raptada por Hades, o deus do mundo subterrâneo. A procura desesperada da mãe pela sua filha, sem êxito, trouxe a tristeza e a melancolia da deusa. A Terra perdeu o viço e tornou-se seca, nada mais era fértil, e a morte passou a reinar sobre a humanidade. Zeus, deus soberano em compaixão para com os homens, precisou intervir e pediu a Hades que devolvesse Perséfone à mãe. Porém, ela havia comido uma romã e, como a lei proibia a liberdade a alguém que se alimentasse de algo do mundo subterrâneo, foi proposto um acordo para que ficasse seis meses com Hades, seu marido, reinando no mundo subterrâneo, e outros seis meses com a mãe Deméter, de volta à superfície e à natureza livre, o que se refletiu aos olhos da mãe na abundância da Terra. Vemos a alegria da deusa junto de sua filha nos tempos em que a fertilidade representa a vida, as estações da primavera e do verão. Quando Perséfone torna-se a deusa das profundezas, vivemos o tempo do outono e do inverno.



A relação intensa e profunda das duas deusas que coexistem em cada mulher, mãe & filha simultaneamente, está representada pelo mito. É fundamental o amor da mãe como medida dos campos morfogenéticos da filha. A gestação, a criação, a geração e o nascimento de uma filha amada e cultuada pela deusa-mãe estabelecem a frequência energética mais poderosa do Universo, a do amor incondicional. A presença das duas deusas entrelaçadas na Terra é exemplo da manifestação divina vivendo a experiência mãe & filha em manifestação do tempo acoplado, de dois corpos em uno, de consciências integradas, dos ritmos e dos movimentos distintos coexistindo, das formas e da beleza em coexistência de nutrição, cuidados, fruição. Perséfone é vitalidade, graça, leveza, simplicidade, encantamento, a filha da deusa mãe. As faces entrelaçadas de mãe & filha representam a onda da complementaridade do espaço-tempo, uma rica potencialidade criativa. É a experiência da coexistência nessa manifestação, da vida e da morte, do céu e da terra, da luz e da escuridão. Diante dos princípios da física quântica, somos complementares em energia e matéria ao mesmo tempo, um emaranhamento do campo quântico das infinitas possibilidades, coexistindo em todas as possibilidades – até que nossa observação faça a escolha.

A sensibilidade do mito nos mostra o quanto é profunda e estruturante a relação da mulher com a sua mãe. Estaremos entre o nosso ser feminino de filha-mulher-mãe nos experimentando e nos refazendo em cada tempo. Somos a criatura e a criadora em atuações e interações. A deusa-mãe estará em cada mulher que gera, comanda, cria, disponibiliza o seu ambiente para a vida ou a morte.

Perséfone é a forma feminina, criada e manifestada pela fonte deusa-mãe do amor incondicional, e sua estrutura amorosa coloca na vitrine a vida criativa do divino na Terra. Ao mesmo tempo, Perséfone é a deusa do mundo subterrâneo, trazendo as forças do seu processo de criação ao longe das terras da mãe. No escuro mundo inferior, vivem todas as sombras, as experiências sexuais que sempre denotam a ordem da jovem, da filha-mãe, empossada por seus desejos de manifestação singulares, de um outro tempo-espaço diferente da mãe. Sendo a deusa de seu mundo subterrâneo, ela é a simultaneamente a mãe em acoplamentos da existência entrelaçada. Vive o subterrâneo em comunicação não-local com a consciência da mãe primordial.

Há uma deusa em nós pedindo para ser encontrada, como Perséfone, filha de Deméter raptada por Hades e levada ao mundo inferior. Em algum momento, enquanto brincávamos e nos divertíamos no florescer de nossa vida na terra de nossa mãe, fomos sequestradas e levadas ao mundo subterrâneo, confuso, sombrio. Afastadas de nossa natureza essencial, das referências de nossa fonte, vivemos a escuridão da alma, em um caminho que nos parece o ideal, o eleito, que nos oferece o fruir dos prazeres possíveis. Mas nos sentimos desconfortáveis, tristes e mesmo com o trono da rainha desse mundo, não somos felizes. Nossos corpos padecem em doenças crônicas, dores inexplicáveis. Os sonhos são angustiantes, em fugas que não finalizam. Consumimos o estresse dos ambientes e nosso digestório acusa em mau funcionamento. Sofremos dores de cabeça e, muitas de nós, depressão.

Precisamos submergir à superfície de nossa mãe e enraizar nossa força que sustenta nossas raízes. Expandir nossas conexões com as informações do campo, abrir nossos olhos para ver e nossos ouvidos para escutar o chamado. A terra clama pelas suas filhas, para que se elevem na força natural dos ventos, para que se apoiem nas sombras de suas irmãs árvores, ouçam os pássaros, banhem-se nos rios e deixem que as cachoeiras as despertem. Que deem as mãos umas às outras, seus pares, refazendo as danças e os ritos do renascimento das deusas. Vamos nos acolher nas rodas femininas, onde o chá aquece os corações que se encontram no ressoar do tambor. Olhar nos olhos em sorriso farto e unir as tranças nas flores da estação. Acender a fogueira que anuncia o tempo da sincronicidade das consciências que se entrelaçam para amar e se oferecer como Templo Sagrado.

A deusa Deméter denota o tempo de amadurecimento de toda mulher ao se relacionar com a sabedoria de fazer fertilizar cada vez raízes mais profundas, profícuas, energéticas com a força da serpente, das descobertas do conhecimento profundo sobre o ser feminino na Terra. É a imagem da própria Árvore da Vida, frondosa e vigorosamente enraizada.

Mãe & filha conhecem a vida em profundidade e a abundância dos elementos essenciais que perpetuam a presença da deusa na Terra. São manifestações da impermanência do tempo-espaço em coexistência, das fases da Lua, das estações, dos ciclos da Terra, em contração e expansão infinitas. O ato de nos tornarmos a deusa mãe & filha do nosso próprio mundo exige coragem para nos descobrir, para nos ver por nós mesmas, integrar nossas sombras, incluir nossas energias e nos (re) constituir. Aprender a ser o que exclusivamente somos. Em cada instante do agora infinito, vivenciar o uno em relação a nós. É preciso que nos desafiemos a ampliar nossas interações para longe do ambiente conhecido e controlado do lar, e passemos a ser desejantes, assumindo para nós as escolhas e suas consequências. É o tempo das conquistas de novos territórios, novos significados e espaços para experimentar, longe dos olhos das imagens condicionadas. É momento de (re)conhecermos os nossos ciclos a colapsar a própria manifestação de realidade, de harmonizar nosso ritmo, a melodia do nosso feminino. Em cada presente momento, estar com nossa medida inteira para ver, sentir, experimentar, acoplar as energias, as formas, o tempo-espaço, o ir e vir entre os mundos inferior e superior. Em nossa consciência local, em busca das chaves que acionam a presença-ausência da deusa mãe & filha, são nossos ritmos e possibilidades criativas que propiciam os movimentos de contração e expansão, naturais de todo o processo de crescimento e desenvolvimento. Nós nos afastamos e nos aproximamos de nossa mãe infinitamente para gerar nosso modo pessoal de viver a experiência de nossa consciência local, acopladas à sua fonte de amor incondicional, estruturante de nossas formas, criando o nosso mundo eternamente.



A deusa-mãe vive a plenitude por ver na filha a sua imagem no tempo-espaço, na beleza, na leveza, na inovação, na criatividade inserida na localidade, na jovialidade, no frescor da vida, há fruição na manifestação da vida da filha. Com isso, verdadeiramente sente-se própria no domínio de seu espírito, de sua sabedoria, da sua divindade manifestada, na clareza de sua consciência da deusa, na integração da consciência quântica.

# SENDO FILHA DA DEUSA E A MÃE DEUSA

Ser mãe quântica é integrar a consciência da filha da deusa em nós, para vivermos a experiência da maternidade, experimentarmos a deusa-mãe em abundância, fertilidade, plenitude, gozo, sabedoria e fruição. Para aquelas que não foram contempladas, agraciadas, premiadas, escolhidas para conceber, remetemos ao nosso enlace as duas mães que temos – a mãe terra, que acolhe e suporta e nutre a todas suas filhas, e a nossa mãe que nos deu a vida e nos trouxe à existência. Colocamos em nosso foco de atenção presente o princípio da complementaridade, quando vivemos a unidade do colapso de onda em nós. Conscientes de que somos o universo na potência infinita, estamos em experiência unitiva e ao mesmo tempo somos o coletivo feminino e humano. Estar em rede com outras mulheres significa viver a experiência do acoplamento, entrelaçando a força energética da deusa-mãe para tirar a barra do patriarcado que nos faz ver cada uma de nós na medida da competição. O sistema patriarcal embota-nos julgamentos entre nosso ser feminino para nos enfraquecer e nos desunir, tornando-nos fracas e rivais.

É chegado o tempo da rede amorosa do feminino, as mulheres abençoando-se mutuamente, integrando a sua força e seus conhecimentos, as energias da Terra, os elementos, os contornos e os ritmos que cada uma tem, diferentes umas das outras, coemergindo em nossas complementaridades. Cada uma, em consciência local, única e bela, singular, vai experimentando, sentindo, criando, contornando, embalando-se na sua própria emergência, na coemergência do campo quântico. Tal como uma árvore frondosa em proximidade ao céu, profunda, na amplitude de suas raízes subterrâneas, em sua singularidade na floresta que preenche o planeta de vida, somos da mesma espécie, incertas e complementares, entrelaçadas entre a mãe & filha, deusa & mulher, na manifestação da natureza peculiar, de magias e habilidades intuitivas, na criatividade no ser e viver.

# ESTRUTURAS DE REALIDADES

Embora tendo muitas maneiras de pensar em como somos, podemos duvidar desses pensamentos? De onde vêm nossos modelos? Mesmo quando pensamos que somos criativas, realmente estamos inovando?

No cenário criado pelas informações por nós interpretadas, temos nossos modelos. Seguimos pontos de luz que escolhemos acender e delineamos os contornos e as formas de nossa vida. Até o momento, convivíamos com ciências que atribuíram concepções em nossas mentes a respeito das construções de conhecimento. Passamos anos estudando e aprendendo as leis que dominam o mundo.

A física quântica trouxe experimentos que comprovam (ainda estamos com paradigmas da comprovação observada!) como as imagens de tudo que vemos são construídas intrinsicamente a cada pessoa que observa aquilo. A realidade não existe separada de nós, mas da forma como a registramos, vemos, medimos, valorizamos. Por isso, a mesma mãe será uma diferente para cada um de seus filhos, mesmo sendo a mesma pessoa.



Gosto da história do elefante amarrado ao tronco – um filhote de elefante que é criado amarrado em um tronco de árvore. Depois que cresce e vira um gigante paquiderme, ainda se mantém preso ao ínfimo pedaço de madeira que arrancaria em um simples movimento da sua perna. Mesmo tendo crescido e sendo toneladas mais forte do que o tronco, o elefante continua vendo-o como seu limitador.

Somos equipados com dois aparatos mecânicos locais que constroem as coisas que vemos. Nossos olhos, que captam as combinações dos fótons, ou seja, das partículas-ondas de luz, e nosso cérebro, que monta os fótons na imagem e nomeia-a, reconhecendo-a, atribuindo-lhe significado. Desde que captamos os fótons ao olharmos algo até a compreensão da imagem no fundo de nosso cérebro, existe um percurso. Dependendo da posição que ocupamos em determinada cena, teremos um ponto de vista que nos fará captar a sua interpretação, de acordo com o que nossos olhos conseguirem flagrar. Os fótons se encaixarão conforme a nossa concepção de realidade, até porque temos as imagens preconcebidas da realidade, que se acomodarão aos conhecimentos anteriores, sentimentos, emoções, relações, memórias. Dessa maneira, vamos formatando o que é o mundo manifesto nas dimensões que conhecemos. Vamos coemergindo como sinais combinados às frequências daquilo que a nossa mente consegue perceber, até onde desenvolvemos nosso nível de consciência, cocriamos o mundo em manifestação. Somos quem observamos e quem cocriamos o nosso universo, uma parte da consciência do todo se manifestando em unidade.

# CRIANDO AS RODAS DA COMPLEMENTARIDADE

*"Estou do lado do poder que surge de dentro, que é inerente a nós como o poder de crescer é inerente à semente".* Starhawk, *Truth Or Dare*

Diante do contexto confuso e despolarizado do modo de ser e viver a sociedade pós-moderna, as mulheres não encontram a felicidade. Esqueceram-se das suas conexões com o infinito e criativo ambiente interno. Vivem moribundas em um mundo que não reconhecem como seu.

Tínhamos nossa sabedoria em manifestação da deusa conectada à terra e aos nossos valores essenciais, amorosos, criativos, abundantes, privilegiados pela essência feminina de ser. Paralisamos o lado de nosso cérebro responsável pela visão da família planetária, que é gerada, sustentada e criada por nós, mulheres. Abrimos mão da nossa missão e demos de comer aos monstros da sociedade do consumo, do hedonismo, da competição, do ilusório. Estimulamos, em nós mesmas e em nossos filhos, o hemisfério esquerdo do cérebro, espaço da linearidade, da racionalidade, da lógica, da separatividade, do passado e do futuro, assim como os valores do patriarcado o fizeram. Precisamos silenciar a mente confusa e ampliar as referências ao nosso ambiente interno, expansivo e amoroso, otimizando a estrutura quântica, *potentia* de possibilidades infinitas. Precisamos salvar nossos filhos, posicionando-nos como a *Fonte-Mãe.* Buscar as chaves que trazem à nossa consciência quântica todo o amor do Universo, sincronizado em comunicação instantânea ao modo de operação local.

As mulheres, em essência divina, sempre estiveram atreladas umas às outras e compartilharam saberes desde as antigas civilizações. Onde existia uma comunidade para ser alimentada, cuidada, curada, parida, nutrida, estavam as mulheres reunidas pelo saber e unidas em afazeres. Toda a cultura dos tempos e espaços em contextos singulares era repassada às novas gerações pelas mulheres, que guardavam os mitos, as histórias e as lendas de suas tradições. Sabiam manter os calendários lunares e organizavam as celebrações e os rituais que as crianças e jovens apreendiam pelas células, as linguagens absorvidas pelo ar. Os ambientes eram acalorados e artesanalmente construídos pelas assinaturas dos grupos de mulheres que desfrutavam juntas a vida e suas alegrias e tristezas. Apoiavam-se incondicional e mutuamente. Eram a cultura e transformavam as comunidades em seus cenários míticos.

Uma nova economia está coemergindo para que as mulheres busquem novas maneiras de integrar a mulher e a mãe. Assim, incorporando a Deusa Mãe, o Templo do Amor - conhecedora do campo mórfico, da não-localidade –, as soluções encontradas em qualquer lugar do mundo serão informações transmitidas à coletividade, tornando-se um padrão. Vamos conseguir sustentar nossa vida econômica, abrindo espaços e novas formas de relações com o trabalho, a partir de nossa rede de apoio umas às outras e da valorização das iniciativas e dos seres de luz que chegam com suas altas frequências e nos remodelam para sermos parceiras no mundo.

Já temos exemplos de arranjos entre as mulheres que trocaram cargas imensas de trabalho por outros, em que podem conciliar sua realização com a maternidade, como a sua prioridade de existência e a propagação de novas energias e valores. Os modelos de trabalhos em *home office* ou iniciativas online também deram nova visibilidade para harmonizar a vivência da maternidade e o seguimento da carreira. Alguns países vêm inserindo novos papéis para as mulheres depois da maternidade, criando possibilidades de novos cargos com projetos desenvolvidos em casa ou com jornadas sem horários fixos. Dessa forma, priorizam-se a presença e a qualidade de vida da mãe e do filho, com vistas à continuidade da humanidade.

# PRINCÍPIO DA INCERTEZA NO FEMININO



À medida que o trabalho se torna vago ou incerto, ou dispensamos a menor porção de nossos pacotes de energia a ele, *sobram pacotes de energia para outras partes de nós* – a versão feminina em integração da mulher como o Templo do Amor.

A mulher consciente do Universo M & F integra aspectos fundamentais:

- Para se amar, estar de bem com seu corpo, sua morada, e praticar os seus rituais;
- Para escutar as linguagens do Universo, sejam elas quais forem e de onde vierem;
- Para se comunicar com as informações que em sincronicidade chegam à sua mente sobre a sua vida;
- Para ler e refletir a respeito dos novos conhecimentos, ampliando a mente formatada;

- Para meditar e se conectar como portal que integra as consciências e as dimensões em potencialidade pura;

- Para estar entre seus pares em criações e celebrações;

- Para estabelecer suas posições e as suas perguntas;

A mesma mulher, dependendo da paisagem, da posição e do *momentum* em que estiver, achará respostas distintas na sua singularidade, no tamanho de seus ideais e buscará as suas trajetórias, as possibilidades criativas de seus ambientes internos e suas relações.

Precisamos de condições para que a integração aconteça, para conseguirmos uma pequena alteração no padrão a cada dia. Primeiro, olhar para nós mesmas, perguntar "quem somos" e integrar nossas cruas verdades, diferentes das midiatizadas e conferidas pelos ideais inalcançáveis. Deixar a questão em atenção permanente dentro de nós, como a chama de uma vela, para que vislumbremos as cenas da parede da memória em que fizeram a nossa colagem pessoal e dão significados às informações que temos a nosso respeito.



Gosto da metáfora com o nascer do sol de todo dia. Nada importa para que o magnífico sol e seu esplendor apareçam no horizonte. Mesmo que não consigamos vê-lo, podemos viver a experiência da luz se fazendo. Vamos nos conectar a essa simples dinâmica do planeta com o nascer do sol e, a cada manhã, ser somente o hoje, trazer a luz à consciência do agora, fazendo-nos o foco de atenção no presente local e na intenção da consciência não-local.

# SOMOS PRODUTOS E PRODUTORES DA CULTURA

A mulher inserida no mercado de trabalho envolve-se no ambiente inebriante, identifica- se com os seus afazeres, realiza-se nas engrenagens que dão retornos imediatos de satisfação e prazer, tem dificuldades em optar pelo Universo M & F. Nossos modelos culturais e histórico-sociais construíram como valor fundamental sobre qualquer outro o *valor da produção.* Quem produz algo que gere renda simboliza competência e sucesso, é valorizado pela posição social que ocupa. O nome da empresa ou do cargo acopla-se ao nome da pessoa, que passa a fazer parte do sistema.

Tive o prazer de conhecer uma mulher excepcional que trabalhava em uma empresa transnacional e foi ganhando espaço pelo seu brilhantismo profissional e pessoal. Chegou, pela primeira vez na história da companhia, à presidência e fez por merecer. Estava no auge de sua carreira, da juventude, tinha acesso aos espaços guerreados por qualquer homem, a relacionamentos, viagens, bens. Era respeitada e cobiçada no segmento. Poucos meses após sua chegada ao topo, estávamos em uma reunião a respeito da aprendizagem escolar das duas filhas pequenas e ela me contou que aguardava uma substituição para o cargo. Tomou a decisão de ser mãe em tempo integral. Falou-me que, depois que alguém conquista tudo, percebe onde está o verdadeiro valor! Como organizou os recursos para fazê-lo não soubemos. O que de fato acontece nos ambientes internos e externos quando uma mulher alcança um patamar cobiçado por muitos é algo impossível de saber, mas, sem dúvida, a posição adotada foi surpreendente. A produção, o desenvolvimento humano e dos valores intangíveis não fazem parte do mundo material, portanto não trazem retornos econômicos à nossa carreira sublime de mães! Portanto, não são legitimados.

Encontrei um amigo que me conhecia enquanto estava atuando na escola e dele ouvi: "Quem te viu e te vê, hein! Aquela defensora do trabalho, agora em casa...". Suspirei em estado de graça e bem consciente da concepção que faz parte de toda nossa sociedade, observei os aprendizados superados e respondi com alegria: "Como pude evoluir e em uma única vida!" Gratidão imensa aos meus filhos! Gratidão aos seres de luz que se fizeram no céu em "O Sonho" e me conduziram a novos caminhos!

Escolher ser mãe e voltar para casa, fazer a vida crescer e se multiplicar, abençoar cada experiência única e estruturante que é compartilhar a existência com os filhos não tem valor em nossa sociedade. Nós, mães, somos trabalhadoras em tempo integral, sem direitos a intervalos, sem prêmios ao longo das avaliações qualitativas à medida que observam seus frutos em expansão, sem certificados e bônus, e, quase sempre, não temos o reconhecimento merecido. Se fosse um cargo de emprego a ser oferecido, as condições seriam questionáveis e provavelmente pouco aceitas pela maioria das pessoas. Somente uma mãe pode compreender outra mãe, profundamente. E quando temos um filho, temos um novo olhar e compreensão profunda para a nossa mãe.

A nova missão que nós, mulheres, podemos cocriar na sociedade civil: a criação de uma rede interativa em que se conheçam e valorizem o que exatamente é gestar, parir, nutrir, cuidar, amar! Desenvolver a *potentia* dos filhos para a felicidade deles e das relações que possam se expandir a partir dos corações estruturados no amor. Somente a partir de nós, mães, é que será possível coemergir enquanto modelo de sociedade baseada nos valores do feminino. Vejamos as antigas comunidades matrísticas – em uma era antiga, com menos informação e desenvolvimento tecnológico, desconheciam os padrões da competição e da opressão. A paz era natural e não existia muros ou armas para se defender de violência, porque simplesmente ela não existia. A coletividade era o bem maior e a equidade das ações era harmoniosa. Os valores eram associados ao modelo do coração materno – cuidadoso, afetuoso, respeitoso, compassivo –, que se exprime pelas qualidades entre o servir e o promover o bem, estimulantes para desenvolvimento das habilidades que se somam nas diferenças, em que as relações abraçam a liberdade. Poderemos ser uma nova humanidade a partir de nossos Universos Mães & Filhos admitidos como prioridade para constituição de uma sociedade baseada no amor, que cuida e valoriza o gestar, parir, nascer, crescer e cria as ações e medidas necessárias para o suporte emocional, cultural, econômico – as estruturas de uma nova sociedade para uma humanidade gerada em amor.

# A MATERNIDADE NO PARADIGMA PÓS-MODERNO E PATRIARCAL

A natureza quântica do feminino entra em desajuste com o aparelho da pós-modernidade quando a mulher quer planejar a sua gestação, nos parâmetros de um ideal que, mesmo sendo da sua *potentia* criativa, escapa à objetividade forte. Assim como nas áreas de domínio racional executam-se planilhas e anexos limitadores, as mulheres querem enquadrar a maternidade no mesmo formato. Precisam ter as metas atingidas em relação à moradia, aos ganhos, às conquistas materiais e, também, aos físicos - querem estar com corpo saudável, antecipando vitaminas, exercícios, o que precisarem. Quando engravidam sem o devido curso planejado, já se deparam com o paradoxo. Como isso foi acontecer? Reações e sentimentos descontrolados brotam ao primeiro descompasso. Outras mulheres consideram as variáveis e arriscam um pensar sobre a gestação em um intervalo de tempo ou marcam um início para, a partir daquele ponto, poder acontecer. Para essas mentes um pouco mais flexíveis, a organização dos eventos faz com que estes sejam assimilados com mais facilidade.



Muitas mulheres querem a maternidade por questões antropológicas, pelo feminino que as convoca, mas estão engrenadas nos valores do patriarcado. Algumas, em posições de destaque e poder, renomadas com seus cargos, cumprem como uma função a reprodução, na obediência de mais uma convenção. Depois de certo marco histórico, as mulheres puderam entrar nas universidades e nos espaços profissionais, prepararam-se para isso e acreditam te escolhido uma nova posição social. O modelo em vigor construído pela cultura ocidental para o trabalho não permite algo no sistema materialista que seja da natureza feminina: nada de incertezas, nem de complementaridades, nada de comunicação não-local, nem de criatividade, imaginação, devaneios. A beleza deve ser contida, a sensualidade, virada do avesso. As mulheres que conseguiram escalar a montanha e chegar a um bom lugar ao sol precisaram usar as ferramentas fornecidas. Pegaram as suas naturais habilidades e seus talentos criadores e sucumbiram ao que é valorizado na sociedade.

O mercado de trabalho traz o paradigma da disponibilidade entre os gêneros, considerando a mulher com a dificuldade de conciliar as funções pessoais e profissionais. Com isso, a maternidade vem sendo postergada, o que tem aumentado o índice de infertilidade de 8% para 22% nos últimos dez anos diante da decisão de escolha da mulher pós-moderna pela equidade profissional.

A gestação e o nascimento disparam elementos complexos, dissolvem absolutamente todos os modelos e a mulher se vê em uma realidade desconhecida, incerta, descontinuada, um campo quântico de potencialidade. A maternidade exige uma reconfiguração geral dos paradigmas da mulher em todo seu ser: psíquico, físico, mental, dimensional, social. Ajustar o seu "eu sou" às imagens de um corpo que não conhece, que está disforme, com padrões alterados de funcionamentos, de ritmos e de humor ao seu papel de mãe pode levar à angústia. Algumas mulheres sentem-se como se não tivessem mais a inteligência, esquecem-se de como se resolvem as simples tarefas. O choro do bebê as perturba, sentem dificuldades em lidar com a sexualidade, com o companheiro. São os conflitos entre os valores dos sistemas interno e externo manifestando-se. As pressões do período serão maiores quanto mais a mulher posicionar-se em seus modelos anteriores e quiser estar no controle.



Os valores de sua existência subjetiva estão em crise e abalados. Ela não pode mais responder a si mesma em nenhum aspecto da vida que achava dominado, conhecido, determinado por sequências lineares, mesmo as mais simples. Essa mesma mulher pensa e deseja alguém para substituí-la; se conseguir pagar uma outra pessoa, irá fazê-lo. Se a mãe não consegue, por algum motivo, entrelaçar-se ao filho, estar presente e se entregar ao universo M&F, serão visíveis o comportamento e as linguagens que mostrarão a desarmonia.

As mulheres pós-modernas, acostumadas a exercer o poder e a racionalidade, a monitorar os índices e padrões de funcionamento, a manter o controle, não conseguem aceitar o papel passivo diante dos comandos do bebê. Nossa mente, acostumada a uma dimensão física, racional, objetiva e condicionada aos papéis a que serviu, não tem matriz de leitura para a dimensão do campo potencial do Universo M & F. Será que, se a consciência quântica estivesse atuante em nós, teríamos mais energia diante das necessidades do bebê? A artificialização a que estamos acostumadas, os resultados imediatos e as automatizações diante do sentido materno afastam-nos de nossas forças antropológicas.

A mulher precisa aprender a processar as dimensões e sustentar a tensão entre os aspectos biológicos e subjetivos da maternidade que a convoca. Qual é a autonomia de meu sujeito feminino, meu corpo age à revelia? Há um real, um corpo manifesto que escapa às vontades, uma estranheza do momento, um choro que explode. Seria uma obrigação aceitar a condição materna? É comum o afeto instantâneo pela maternidade ou seria algo construído por um trabalho específico?



Acreditar que comandamos a vida em todos os aspectos, incluindo uma possível gestação no momento que escolhermos, é o paradoxo para a maternidade. Vivenciar o gosto de uma gravidez planejada, de comandar o tempo da identidade materna, passou a ser o foco principal para algumas mulheres tão cheias de valores patriarcais e envoltas pelas armaduras do poder. Meses de planejamento, um espaço bem-organizado para receber um bebê, cores suaves, sons escolhidos desde a gestação para acalmar, estudos das fases gestacionais guardadas, sensações emolduradas. Na idealização do porvir, a mulher dedica-se aos detalhes, antecipa demandas, espalhando travas de segurança pela casa, livros clássicos sobre puericultura são lidos, enfim, forja um entorno caprichado para o nascimento.

Então, entra em cena o bebê! Bagunça o planejado, a rotina, os fatos temporais e causais. A mãe sente-se frustrada em cada um dos pontos de expectativa, insiste em perceber nas recomendações prescritivas dos livros de puericultura e dos olhares da medicina clássica: como amamentar, como dar banho, como organizar a rotina, como trocar a fralda, e tudo mais. A incerteza é algo que não estava esperando, o descontrole invade e a tensão aumenta. O bebê fica choroso, sem posição de colo, agitado, não dorme, ou o faz em intervalos curtos, irritado, com cólicas e outras complicações. A mãe utiliza-se das estruturas cognitivo-mentais e dos modelos anteriores das mães que conhece, dos discursos já contidos, para lidar com a coemergência das experiências. Desconectada de sua natureza essencial, não se abre como portal que se entrelaça a essa consciência superior que a escolheu.

Para o bebê, o tempo tem outro significado, ligado à consciência não-local, que se parece com dormir e não perceber nada. Está em meditação, sentindo, absorvendo todo o campo morfogênico, as ondas frequenciais que criam formas e modelam o sutil. Vai se inserindo em presença silenciosa, expandida como oceano amoroso do universo ao ambiente, no externo, lendo as energias da casa, das relações, dos seres, das pessoas que interagem com ele e decodificando os processos internos de sua Fonte-Mãe. O bebê é a linguagem divina e está em todo lugar ao mesmo tempo. Tem um pequeno corpo físico e amplo espaço energético, comunica-se com a energia dos seres e traz marcas sobre os tempos que viveu na fecundação, gestação e nascimento, que esperam tradução e compreensão da sua fonte-mãe. Em cada dia, confia mais nas verdades dos pensamentos, palavras e interações daquela que vai sendo a substituta da fonte divina não-local, de onde vem todo seu ser, a sua fonte-mãe. Para a mãe atrelada ao paradigma clássico, as rotinas que dela dependem parecem um redemoinho, são sensações sufocantes de estar tolhida, sem sair do lugar, presa no tempo, aprisionada no corpo do bebê que a dirige e dela exige muito.



Acompanhei, ao longo dos anos, algumas mães em seus processos de criação e nutrição do Universo M & F. Realizei atendimentos às mães ainda gestantes e em situações variadas em relação à concepção. Tive a alegria de acompanhar alguns Universos M&F, em seus ambientes de casa, para nos inserirmos na rotina e no campo que contém as vibrações de cada Templo do Amor em especial. Relato algumas experiências para que mais olhares para histórias comuns possam trazer escuta àquelas que se sentem únicas nas dificuldades em seus universos. Intento com essas histórias dar-lhes alguma base comum e relativização de elementos que fazem, sim, parte do nosso campo morfogenético – a relação com a maternidade! A partir das novas ciências sobre as infinitas possibilidades para cada universo coemergir em criações amorosas em seus singulares tons e cores, sabemos que ele afeta a todos e que precisamos da rede de apoio e de parceria para parirmos umas às outras. Vamos gerar insumos para a reconstrução de novos tempos & novas redes de espaços de diálogos.

Somos todas uma irmandade de Madalenas – despertando ao chamado da Deusa –, a mais recente da história humana em experiência na Terra! Somos uma coletividade que floresce ao nos abrirmos em consciência para um novo serviço à humanidade. A rosa – conta-nos Andrea Barnabé – não é de origem da Terra. Foi trazida pela Deusa *Lady Vênus,* de seu planeta do amor. As rosas têm suas vibrações amorosas onde estiverem, e em casa de mulheres em atenção ao campo, fazem parte de seus lares.



**Mãe Madalena Rosa** – uma profissional liberal, com uma boa carreira e bem colocada. Amorosa nas relações pessoais, tem uma habilidade de escutar as pessoas e sentir compaixão. Seus planos seguiram a ordem pensada do casamento, tempo a dois, e depois a gravidez. Participante de um grupo espiritual de mulheres. Ao nascer sua primeira filha, não incluiu os conhecimentos sobre os cristais, as bênçãos das águas, do lar, da bebê, das palavras em decretos, enfim. Sentiu-se cisada entre sua sabedoria e aquela posição, que a angustiava. O crescimento da filha estava abaixo do esperado, o leite não era suficiente e o colo não encaixava. Fizemos uma energização para a conexão entre as duas consciências e em fluída conversa, trouxe a falta de colo e de toque da sua história com a mãe, e dessa com a avó. Incluí a percepção de que a nossa consciência pode ir aos quadros da memória e refazer as cenas do passado com amor, trazendo recursos de outra mãe que conhece e que percebe amorosa e afetiva. Com a sua experiência em seu universo M&F, poderá alimentar e refazer as faltas pelas suas conquistas de amor. Basta criar a intenção e ritualizar. Conversamos com a bebê sobre as dificuldades que exalavam em seus poros, pedimos perdão pelos desajustes, e que a partir daquele *momentum* estaria disponível para aprender a ser a mãe entrelaçada em coemergência amorosa à filha. Que sentia vontade de amar e cuidar, mas não compreendia por que estava difícil. Confessou que não achou a filha bonita ao tomá-la nos braços e que se sentiu frustrada primeiro e depois culpada por isso. Percebemos o quanto os modelos padronizados fazem parte do nosso olhar e esperanças. Conversamos sobre o campo emaranhado entre os cérebros e corações das duas, sobre esse universo M&F, sobre estar na presença de um ser Crístico – que absolutamente não julga e oferece o mais puro amor sem condições. Essas informações são um bálsamo para a mãe, que amplia a sua percepção e eleva a consciência. O espírito da bebê pede acolhimento e precisa da palavra da sua fonte-mãe para que traduza sobre o que passaram na gestação, no nascimento, e o que vivem na rotina. À mãe, por seu turnê, urge expor o que não está compreendendo na comunicação do bebê ou não está sabendo fazer, invertendo a posição de instruída para a curiosa e empática postura de viajante em terras desconhecidas e maravilhosas. Lembramos que as energias das ervas podem oferecer a medicina para o banho da filha e da mãe, para lavar as roupas e os lençóis, para fazer águas para borrifar no lar. Há ainda os chás para a mãe, que com decretos criam as intenções das informações necessárias. Fizemos um copo d'água em taça de cristal abençoado e com palavras adequadas para aquele universo escritas com caneta de cd. Esse copo fica ao lado da cama da mãe e não deixamos esvaziar, repondo a água e refazendo as intenções. Toma-se ao acordar em gratidão e com sorriso na face, após três respirações profundas. Os cristais, com suas vibrações, ajudam e podem ir para a água do banho de ambas, para o berço e outros locais da casa. A benção da mãe para o lar e para a bebê são incluídas na rotina. Assim como a meditação, com a filha no colo, abre o campo do universo M&F e expande a fonte-mãe para as conexões com a consciência não–local da filha, nutrindo-as e revitalizando-as. É importante realizar as visualizações de rituais que exemplificamos com a mãe terra, a consciência que nos sustenta e a todos os seres com os quais compartilhamos o viver, servindo de modelos iniciais para que a deusa mãe crie e recrie em sua presença amorosa nas experiências diárias com a filha. Explicamos que a pele e o cérebro do bebê são feitos das mesmas células e, portanto, as massagens como a *shantala* – também um modelo inicial – irão trazer energias para nutrição a partir do físico para os campos sutis, os movimentos são de fora para dentro da mesma forma que o inverso. Para a mãe, oferecemos massagens para fechamento do corpo que se estendeu ao parir, em gesto de recompensa ao esforço. Amorosamente acolhida e cuidada, ela amplia a propriocepção e a interocepção. Do corpo exposto, ferido, rasgado, esquecido da mãe, sendo então afagado, curado, compreendido, podemos gerar aberturas de profundas informações de autoconhecimento, o qual ascenciona a consciência.

As visitas duraram alguns dias seguidos e a cada um, vamos percebendo além do que os olhos podem ver e oferecendo a medida daquilo que provêm a cura e o amor. Podemos organizar vivências entre mulheres para cantarmos e dançarmos, recebendo o recém-nascido Universo M&F. As possibilidades de olhar para a Mãe em suas construções internas e necessidades físicas, gerando catarses e expulsando os medos e culpas, apoiarão suas raízes, ampliarão seus galhos e copa, atrairão a beleza e o frescor que se revigoraram no feminino. O lindo processo de crescimento em amor desse universo fez a mãe desejar amamentar, sentindo a comunicação entre ambas se expandir nesses momentos e dando prioridade a estarem em silêncio e somente entre ambas, ao máximo. Assim é o movimento contínuo entre a fonte-mãe em um Templo de sabedoria para mais conexões e ampliações de informações, que são trazidas como essenciais do seu ser em virtude expansiva e amorosamente entrelaçada ao ser da filha. O Universo M&F em potencialidade criadora que expande em amor incondicional.

**Mãe Madalena Boca de Leão** – na primeira relação matrimonial não foi possível engravidar. Estava casada novamente e pensava já estar "velha" para ser mãe. Então foi surpreendida com a gravidez, interrompida por má formação, percebendo depois do trauma que desejava a maternidade. Para a medicina, não seria possível devido às suas condições uterinas com miomas. Pediu demissão do trabalho para se dedicar exclusivamente ao tratamento, fez cirurgia para retirada de um grande nódulo. Sua fé inabalável em Deus e determinação a faziam acreditar para além dos prognósticos. E o milagre se fez presente. Ela engravidou, passou a gestação muito bem, e teve um menino saudável. Depois que tudo estava realizado, o médico confessou a ela que era praticamente impossível engravidar e, se isso acontecesse, sustentar uma gravidez também o seria, uma vez que seu útero era um verdadeiro ambiente de miomas. O caso dela para a medicina foi levado a um programa de tevê e a uma revista científica para comprovar que a medicina não tem controle sobre a mente e a fé de uma mãe. Mãe e filho têm uma relação de amor e envolvimento genuíno – ela retornou ao trabalho, adequando as horas para priorizar a maternidade.

**Mãe Madalena Íris** – em sua segunda experiência materna, o planejado foi ter uma babá nas 24 horas desde o parto para que pudesse descansar, uma vez que agora estavam com rendimentos suficientes. A mãe estava em tempo integral dedicada à família, mas as experiências com a filha mais velha não tinham deixado boas memórias. Iniciamos as visitas para unirmos as mãos quando o bebê estava em todo o corpo com uma dermatite, não ganhava peso e parecia inerte a tudo. A rotina era toda feita pelas babás, que se revezavam em três turnos. A mãe era chamada no horário controlado para a amamentação, porque o bebê não chorava demandando, então era colocado para mamar. Enquanto a babá organizava o bebê no colo da mãe, ela tirava a mama, o olhar vago e distante, o corpo duro, e amamentava o filho. A cena me fez recordar uma leiteria que visitara no interior: enquanto a vaca era distraída por uma ração, os tubos pregados às suas tetas a ordenhavam, automaticamente abastecendo os tonéis de leite. Pedi licença para pegar o bebê, voltei a me apresentar, e fui andando pela casa, conversando com ele. Perguntava como estava se sentindo, contando que sua mãe o amava, mas estava com medo de não saber bem como estar com ele, que as ajudantes foram escolhidas com todo amor para cuidar bem dele. O bebê, que não apresentava reações, virou a cabeça para mim e passou a me olhar. Comecei a apresentá-lo à casa, ao seu espaço, à sua irmã mais velha, a babá e cheguei à sua mãe. À medida que fui conversando com o bebê e introduzindo a mãe nos conhecimentos desse Universo M & F, ela se levantou e pegou-o nos braços. Enquanto ouvia, começou a embalar e as emoções transbordaram nos olhos. Fizemos uma energização de integração e abençoamos seus corpos para se reconhecerem. Abençoamos a camomila que iria servir para o banho e demos decretos para as águas florescerem aquele universo. Mãe e filho entraram juntos na banheira e enquanto expandiam o amor em toques e contato pele a pele, a consciência local da mãe foi elevada. A transformação diária coemergiu e o Universo M & F foi sendo compreendido e incluído com toda a sua potencialidade naquela relação. As babás deixaram de estar em todas as horas e o bebê ganhou vitalidade ao ser religado à fonte- mãe que, consciente, se nutria e era abastecida pela consciência não-local, em sincronicidade e aprendizados diários.

**Mãe Madalena Lírio** – mãe profissional liberal, bem-sucedida e em alta posição na carreira, declarava que nunca desejou ter filhos. Sua menina tinha cinco anos e era atendida por alguns empregados. O motorista a levava nas atividades e na escola, enquanto a babá cuidava como se fosse alguém da família – que a mãe denominava de tia, pois a substituía em casa pelas infindáveis horas de trabalho e pouca presença nas rotinas, além da ajudante dos serviços gerais da casa. A mãe ocupava-se o profundamente com o trabalho, e quando a escola chamava para reuniões, era a babá quem a representava. Alegava não ter tempo para bobagens e que a escola que desse um jeito na menina – para isso ela pagava caro. A criança apresentava dificuldades na convivência com amigos, não aceitava opiniões diferentes, não compartilhava brinquedos e agredia quando era contrariada. Em algumas ocasiões, enquanto a professora relatava o comportamento para a babá ao fim do dia, a menina a agredia com chutes e mordidas que não paravam enquanto o motorista não vinha pegá-la no colo e contê-la para o mais rápido levá-la ao carro. Houve um episódio de a criança adoecer e fazer febre – a mãe estava trabalhando e nem assim se ausentava. Chegou em casa com um urso gigante, que não foi desembrulhado pela filha. Quando a menina completou cinco anos, a mãe engravidou. Foi difícil lidar com a segunda maternidade. Para tanto, fez todo um planejamento para contratar babás em turnos e organizar todo o necessário para o quanto antes retornar ao trabalho – no máximo, em vinte dias, alegava. No nascimento, sem prévia constatação, outra menina chegava ao mundo por uma cesariana marcada na data que era favorável ao calendário dos compromissos profissionais. Quando o médico veio trazer a bebê para a mãe já no quarto, trouxe junto a notícia da síndrome de down. O choque foi enorme. A mãe não olhou para a criança pelos primeiros três meses. Precisou de ajuda psiquiátrica para sair do estado depressivo e aos poucos percorreu um caminho de volta ao lar. A filha caçula trouxe um salto na consciência da mãe, que acabou por retirar-se do trabalho e se dedicar exclusivamente ao desenvolvimento que necessitava de estímulos bem mais aprimorados para aprender aquilo que os outros bebês fazem com facilidade. A aprendizagem da fala, por exemplo, exigia trabalho dos fonemas, do posicionamento da língua, do tônus facial. A mãe acompanhava os especialistas nos atendimentos e depois dava continuidade em casa. Aos três anos completos, a filha estava com seu desenvolvimento acima do esperado. A mãe coemergiu como Templo Mãe e contava a todos como o mandato dos deuses a tinha feito sentir amor maior do que universo e ser transformada em todos os sentidos. O Universo M & F convocou o entrelaçamento da mãe pelas necessidades especiais de extremo cuidado e dedicação e coemergiu em alegria e amor infinito.

**Mãe Madalena Brinco de Princesa** – a terceira gestação da mãe foi planejada e esperada – desejava um menino, uma vez que já estava com duas meninas mais velhas. E assim passou um tempo de espera trabalhando para melhorar as finanças, já que o sonhado filho estava vindo. Por uma fatalidade do destino, ocorreu a circular do cordão umbilical e a morte do bebê. Dor e sofrimento arrebataram a mãe, que parou de trabalhar e precisou atendimento médico para tamanha tristeza. Decidiu não ter mais filhos, apesar da insistência do marido. Um ano e alguns meses depois da perda, sonhou com uma menina contando que estava chegando e que iria ter um nome que já havia escolhido. A mãe engravidou no mês seguinte, a gestação foi tranquila, a menina nasceu e foi chamada pelo nome revelado no sonho. Ao crescer um pouco mais, a mãe contou-nos que a criança era exatamente igual à do encontro na dimensão onírica.

**Mãe Madalena Antúrio** – a mãe contou-me do desejo da vida toda em ter um filho. Anos depois, quando as possibilidades estavam acabando, a gravidez aconteceu. A gestação foi muito tranquila e ela gostou muito das formas das sensações. Pensou que estava entrando em trabalho de parto ao começar a perder uma pequena quantidade de líquido. Foi ao hospital, a examinaram e a mandaram para casa. Foram três dias seguidos a mesma ocorrência, indo ao hospital com o líquido saindo e sendo mandada para casa. Até que no quarto dia, após o início, perdeu o tampão e foi ao hospital já com o avanço das contrações. O hospital do sistema público de saúde estava lotado e com poucos atendentes. Deixaram-na em um quarto sozinha e mesmo que gritasse por socorro, ninguém aparecia. Então finalmente, um jovem médico foi para atendê-la. Apresentou-se e conversou, dizendo que estava na hora e precisavam colaborar entre eles, que não tinham outros ajudantes. A mãe esteve com ele por algumas horas até que outras três pessoas chegaram para finalizar o nascimento em processo. Uma fatalidade ocasionou a falta de oxigenação no bebê, que fez uma paralisia cerebral. Em desespero, a mãe pediu para que chamassem aquele primeiro atendente, que prestou tanta atenção e lhe fez companhia por muitas horas. Foi surpreendida, depois de tantas descrições e chamados por ele – soube que aquele ajudante não existia e nunca ninguém o havia visto. O bebê foi nomeado em sua homenagem, nome de anjo. A história continua vívida depois de tantos anos para mãe, com clareza de que era um ser das estrelas que a ajudou e a acalmou, antecipando o momento mais difícil pelo qual passou na vida. Hoje seu filho, com inúmeros tratamentos e terapias – a mãe priorizou toda a sua vida para atender as necessidades dele –, superou os prognósticos. Afirmavam que nunca iria falar e andar, e ela sabia em seu coração que sim! Atualmente, já moço, tem suas habilidades desenvolvidas, com poucas dificuldades. A cada ano mais melhoras surpreendentes acontecem, para além das expectativas. A mãe diariamente faz as orações àquele que sabe ser o protetor de ambos e que acompanha seu filho sempre nas suas evoluções dos céus, sem explicações na medicina.

**Mãe Madalena Margarida** – mãe conectada aos ensinamentos do feminino, participante de roda de mulheres, praticante e conselheira dos saberes energéticos e espirituais. Já estava com um filho de 1 ano e 9 meses, com um universo M&F de amor infinito. Amamentava e seguia a rotina entre a família e o trabalho, aguardando outra gravidez acontecer naturalmente. Então, o seu menino apontou para sua barriga e disse que o bebê já estava ali. Foi à farmácia e fez um teste simples que apontou um leve positivo. Estava muito no início, provavelmente, pois a menstruação ainda nem atrasara. Marcou no início da semana seguinte uma ecografia para a confirmação e teve uma experiência traumática. A médica do exame disse-lhe que não havia embrião. Seria melhor aguardar mais alguns dias para a confirmação ou não da gestação. A imensa tristeza a fez me procurar e fizemos uma energização. Senti que estava tudo bem com o bebê e que a gestação seguiria saudável. A tensão estabelecida pela falta de empatia da médica foi amenizada. Dias depois, a alegria voltou a reinar com novos exames e a confirmação do coração batendo. O filho mais velho contou aos pais que o bebê era "Didi" e passou a demonstrar afeto e carinhos na barriga da mãe. Em algumas semanas a mais, a ecografia confirmou que a gestação estava bem e uma menina estava a caminho.



**Mãe Madalena Flor de Lis** – em cada uma das três gestações, a mãe, profissional liberal, escolheu não amamentar para o quanto antes retornar ao trabalho, cujos recursos financeiros eram os provedores do lar. Em quinze dias após cada parto, deixava o bebê e as mamadeiras com outra pessoa. Desde o primeiro filho, a mãe tinha contratado uma babá que a acompanhou desde o nascimento e agora cuidava dos três e das demandas de cada fase. As crianças, ao acordarem de madrugada, chamavam pela babá. Ela elegia o que as crianças comiam e as banhava e cuidava até colocá-las para dormir. Muitas vezes, a mãe não via as crianças por dias seguidos. Ainda cumpria sua agenda social de frequentar jantares após o expediente. Quando a filha mais velha estava com seis anos, seus irmãos com quatro e três, a babá pede demissão e vai embora. A mãe se vê atrelada ao trabalho com vários projetos em andamento e as tentativas de contratações de uma substituta não eram favoráveis. Foram inúmeras trocas de pessoas e os anos foram passando e inúmeras babás iam e vinham. A filha mais velha, aos dez anos, estava fazendo tratamento psiquiátrico e sendo medicada para depressão. O segundo filho, aos oito, apresentava sobrepeso e não dormia sozinho à noite, com episódios de pesadelos. O caçula, aos sete anos, chamava a mãe pelo nome, não aceitava suas regras, a contestava e a enfrentava em gritos, tomava Ritalina a pedido da escola para controlar os impulsos comportamentais.

**Mãe Madalena Violeta** – a mãe engravidou com a estratégia de se casar com o parceiro que não admitia avançar na relação de muitos anos. O cargo em empresa multinacional exigia manter a aparência e estar bem-vestida. O ganho de peso da gestação, as mudanças corporais a fizeram intensificar o tempo nos treinamentos físicos. Marcou a cesariana, antecipando em semanas o fim da gestação para evitar o aumento maior do abdômen. Em poucos dias, já estava na academia para voltar à forma original. O bebê foi amamentado por pouco tempo e utilizando um protetor de silicone – que dizia a mãe servir para evitar que o bico rachasse. As imagens da mãe na mídia eram focadas nos treinos e nos desdobramentos que isso traz, como alimentações e suplementos. A forma física acabou se tornando o foco principal e os músculos ganharam cada vez mais definições. O bebê não saía do berço ao acordar se não fosse com o pai, não aceitava falar com a mãe ao telefone durante o expediente, apresentava uma palidez exagerada e pouco sorria. A funcionária relatava que não saía do emprego porque estava com o bebê desde o nascimento e era o único colo que aceitava sem chorar. O desenvolvimento foi lento e tinha problemas de alimentação, sentia enjoo em quase todos os itens oferecidos. Apresentou inúmeros episódios de diarreias ao longo do tempo, em mais repetições enquanto ainda não dominava a fala. O sistema digestório foi um ponto de atenção em todo crescimento. Passou por problemas de relacionamento na escola e na puberdade, demonstra-se muito introvertido e sem vida social. Limita-se às telas e aos jogos online.

**Mãe Madalena Girassol** – mãe de três filhos, desde muito jovem sonhava em tê-los. Espera pela chegada de uma menina, sua maior esperança na quarta gestação. Estávamos em uma festa e ela chegou com os meninos e o caçula, um bebê de seis meses. Estava no bebê conforto e desde que entraram ao ambiente, a festa de aniversário do avô, chorava muito. A mãe, cansada, não interveio e o deixou da mesma maneira. Perguntei se poderia intervir e ela concordou. Me aproximei da criança e me apresentei. Fui conversar diretamente com o bebê, legitimando seu choro. Disse-lhe entender que chegar a um lugar desconhecido e com várias pessoas estranhas à sua casa era desconfortável. O choro cessou e a conversa entre nós foi fluindo. Perguntei se podia retirá-lo da cadeira e trouxe para meu colo. Então, continuando a olhá-lo nos olhos, fui contando onde estava e por que vieram até aquela casa. Apresentei o ambiente a ele, andando e integrando-o ao momento festivo na casa da bisavó. A conversa amorosa foi boa e a serenidade invadiu o corpo do bebê que, em minutos, adormeceu relaxado em meus braços. A mãe, admirada com o estado de paz do filho, agradeceu muito e contou-me que havia semanas que não dormia por um tempo continuado. Conversamos eu e a mãe e aconselhei-a a proceder diferente nas próximas ocasiões. Inclusive, em casa, seria adequado explicar ao bebê sobre as rotinas, o dia, as agendas dos irmãos mais velhos, as tarefas da mãe, incluindo-o como ativo em todo e qualquer processo. Tempos depois, a mãe me retornou com alegria: depois do nosso encontro, as coisas mudaram muito entre ela e o bebê, esteve dormindo melhor, mais calmo e menos choroso.



**Mãe Madalena Jasmim** – mãe profissional liberal, muito dedicada, decidiu ter filhos mais tarde para poder priorizar a maternidade. Desde a primeiro nascimento do universo M&F, procurou ressignificar o tempo para coemergir em amor e muita cura de seus processos pessoais. Seus pais eram modelos de trabalhadores focados e ela foi deixada muito tempo na casa dos avós, criando pouca memória afetiva na infância com eles. Desde que a primeira filha nasceu, passou a fortalecer a maternidade, ficando a licença em exclusividade e quando retornou às rotinas profissionais, optou pela diminuição da carga horária, em meio período. Após o nascimento do segundo universo M&F, optou por ficar um ano em casa em dedicação e atenção ao *momentum* e suas duas meninas. Com o nascimento do terceiro Universo M&F, o trabalho foi estabelecido em meio período, tempo em que as crianças vão para a escola. O tempo é sentido para criar experiências vivendo a infância, as relações e as coemergência junto das filhas, para que possam lembrar e enraizar laços permanentes de amor. A mãe relata que o que parecia impossível - o pagamento das obrigações - foi ajustado e a vida segue para priorizar o melhor tempo em que as estruturas humanas são feitas. As três meninas são sensíveis à natureza, trazem elementos de leitura para dentro do lar, cantam e se movimentam em liberdade, sendo cada qual uma exclusiva assinatura vibracional. Os partos foram humanizados e a terceira gestação aconteceu depois de um sonho no qual a mãe esteve em um templo sagrado onde uma estátua da grande deusa estava sendo cuidada, símbolos e incensos eram usados e a filha mais velha estava com a mãe. Então, ouviu palavras repetidas e foi anotar assim que acordou. Em pesquisas e associações da memória, decifrou que era o nome de uma deusa hebraica, bastante antiga, e que tinha seus rituais no templo de Salomão. Fizemos uma energização na gestação dessa bebê, foi fácil acessar a comunicação com a sua consciência amorosa, que nos mostrou suas frequências e conexões. Contou-nos em parte sobre a sua missão e nos ofereceu um símbolo de ativação de energias para que a sua mãe recebesse pacotes de revitalização. Por fim, o nascimento da bebê foi feito pela própria mãe na sala de parto, uma vez que a médica foi realizar procedimentos e quando voltou, já estavam as duas no quarto. A bebê foi chamada pelo nome pronunciado no sonho. Em todo tempo da terceira gestação, a mãe continuou atendendo a demanda da segunda filha e amamentando. Com a chegada da terceira filha, a amamentação foi estendida entre ambas, que seguem compartilhando o colo e as mamas.

**Mãe Madalena Hortência** – mãe executiva em grande empresa e ocupando cargo de diretoria. Seus planos foram seguidos passo a passo: namoro, noivado, casa própria, casamento, mudança para outra moradia maior, então estava no momento da gravidez. Procurou-me nas semanas finais da gestação, pois gostaria de energização para um bom nascimento. Ao ritualizarmos para abrirmos o campo e pedirmos aos seres que nos acompanham estarem em presença e proteção, comecei a sentir muita tristeza do bebê. Fez-me ver as cenas em sequências aceleradas de como estariam as rotinas e, próximo aos seis meses, ele estaria muito adoecido, pois sentia falta da sua fonte-mãe que não o amava. Diante das predições acessadas pelas informações do bebê, refiz os percursos que havia planejado e intensifiquei o nascimento do universo M&F em entrelaçamento de amor profundo, evocando os comandos estelares e mentores do espírito do ser de luz do filho. As emoções até o fim do atendimento estavam cercadas em uma atmosfera bem diferente e esperançamos por boas novas. Tivemos uma conversa amorosa sobre o que emergiu e como o bebê estava ativo e deu informações a seu respeito e de suas vibrações. Desejava muito ser amado e priorizado na relação com a sua mãe. Aquele atendimento propiciou um envolvimento profundo da mãe e a compaixão a fez relatar muito da sua intimidade em relação a sua história até ali. Colocou em palavras muitos medos e marcas traumáticas, inclusive no casamento. Incluímos o bebê na conversa com verdade e muito amor. Sei que a alteração do campo foi feita pelo espírito do bebê e sua família galáctica. Observamos que o nascimento do Universo M&F se deu desde aquele *momentum*. Combinamos que assistiria a mãe e o filho nas primeiras semanas após o nascimento, no perinatal. Essa maravilhosa experiência que antecedeu o parto foi facilitadora da nova relação entre mãe & filho. Fomos ampliando a percepção e a consciência integrada foi permeando as rotinas desde os primeiros dias.





Propusemos uma questão anteriormente: é possível chegarem espíritos de bebês de frequências mais densas? Ou são outras possibilidades a serviço dos comandos das estrelas?

Conheci uma única história em todos os anos de trabalho e relacionamentos entre as mães e seus filhos, bastante peculiar. Foi a mãe quem nos deu os detalhes da experiência, o seu maior aprendizado de vida.

**Mãe Madalena Lavanda** – a mãe engravidou em uma cidade grande e como estavam morando em um apartamento que não acomodava a nova família, resolveram se mudar. Escolheram outra cidade no mesmo estado, porém menor, com custos mais adequados. Grávida de oito meses, foram para o novo apartamento, o qual sentiu ser o novo lar, ao entrar. Quando sua filha nasceu, teve de imediato intolerância ao leite materno, causando transtornos até que conseguissem resolver esse primeiro impasse – adequar como substituí-lo. O leite de cabra foi a solução e, na época, só o conseguiam congelado. Como o marido era estrangeiro, foram passar o Natal com os familiares no país dele. A bebê tinha seis meses e foi levada pela mãe para dormir, na casa da avó, onde estavam hospedados. Em uma improvável situação, a bebê passou a agarrar os cabelos da mãe com uma força descomunal, fazendo grunhidos estranhos e revirando os olhos de maneira assustadora. Até que o cansaço fez a bebê dormir. Impactada, a mãe, em estado de choque, compreendeu que se tratava de algo incomum. Arranhada, descabelada, foram horas pensando sobre o que era aquilo que se apresentava. Sentiu que a filha estava possuída e que a situação dependia dela para que fosse curada. Já tinha feito um primeiro curso de Reiki, mas por curiosidade. Uma das ideias iniciais foi fazer o mapa astral da filha para tentar compreender que alma era aquela que a tinha escolhido para ser sua mãe e que oferecia tamanho desafio. Partiu para o caminho dos estudos, pesquisas espirituais e das formações de terapias energéticas. Todas objetivavam encontrar maneiras de aliviar os ataques espirituais que a filha sofria, além de acalmá-la ela própria. Passou a aplicar inúmeras técnicas quantas aprendia. Muitos rompantes ao longo do desenvolvimento foram ocorrendo de agressões veementes à mãe, que precisava usar de força para segurá-la, e de repente aquele transe era interrompido. Algumas vezes, quando estava já maior, voltava à consciência com a mãe a segurando muito forte e a questionando sobre o porquê daqueles gestos, sem recordação de nenhum fato. A mãe ficava arrasada pela memória da menina estar sendo construída em atos de contenção que sugeriam agressões. As pessoas da família não conseguiam colaborar nos cuidados e na convivência com a menina, tampouco o pai conseguia acalmá-la. Sem nenhum limite e sem seguir regras estabelecidas, era difícil o contato com outros. Algumas crises aconteciam no banho, mesmo a água do chuveiro caindo sobre seu corpo não a relaxava. Quando começou a frequentar a escola, muitos episódios ocorriam – batendo a cabeça no espelho, agredindo colegas, tendo ausências – e a mãe era chamada. Buscando ajuda profissional, a mãe a levava a neurologistas, por exemplo – chegou a tomar Ritalina por um breve período pelo diagnóstico de TDAH. As buscas eram limitadas, pois a mãe estava ciente de que se levasse adiante, a criança poderia ser internada em hospital psiquiátrico. Com um pouco mais de idade, a criança revelava para a mãe que via espíritos na porta do quarto, no corredor, em vários lugares da casa. A sabedoria da mãe – já mais familiarizada com a espiritualidade e suas manifestações – acolhia as visões e explicava que sim, isso existia, e que ela poderia conversar com os seres. Explicando que poderia dizer que se não gostava das aparições era para dizer a eles claramente. A compreensão da mãe foi de que seria sua missão atender e resgatar a sua filha, para isso, mudou de profissão e passou a mergulhar no caminho espiritual. Aproximando-se dos mestres ascensionados, das orações de poder e outras terapias, tornou-se uma protetora do campo espiritual da menina, dando comandos e intenções para que somente a luz permanecesse e as vibrações das altas frequências. Nessa época, já tinha as próprias entidades que a auxiliavam. Aos sete anos, as visões espirituais da criança estavam intensas na escola onde estudava, que era católica e ficava em um prédio muito antigo. Aos nove anos, pediu para ser batizada e frequentou na escola a primeira comunhão, recebendo os dois sacramentos. Depois disso, a mãe fez a iniciação da filha no Reiki, sendo que já era mestre e fez todo seu percurso com a finalidade de entendê-la. A partir desse momento, pararam as manifestações de surtos e as visões. Hoje, a filha está cursando a universidade e mantém o trabalho em parceira com a mãe para aprender a lidar com o modo de funcionamento cerebral, com um pouco de *déficit* de atenção. Desenvolveu uma relação estreita com cavalos e faz equitação, uma das suas paixões, além de moda. Conversa com a mãe sobre as coisas que aconteceram que são lembranças longínquas e com poucos detalhes na memória. A sua mãe tem definitiva percepção de que a sua vinda foi o maior presente que recebeu. Com muito esforço pessoal, aprendeu a não escutar o que as pessoas diziam, definindo e julgando a sua filha com tendências a transtornos psiquiátricos ou outras extremas posições. Em qualquer uma delas, teria perdido a oportunidade de se desenvolver espiritualmente e se transformar em um ser humano muito melhor. A mãe atua com constelação familiar, alquimia, cura quântica, técnicas de terapias holísticas e o grande apoio que sempre a manteve em comunicação com as esferas superiores, os oráculos – baralho cigano, tarô e outros. Incrível como em seu consultório chegam por ressonância muitas crianças e famílias com perturbações espirituais, como a sua história, sem que ninguém saiba das experiências que as duas superaram. Tem a clara compreensão de que os desafios trazidos pelo espírito que a escolheu se tornaram seu propósito de vida. Mãe e filha são muito amigas, parceiras de uma longa jornada vencida e superada pela amplitude de consciência buscada em cada pequeno evento. O esforço materno frutificou em uma moça equilibrada e com uma enorme força de justiça – sua maior qualidade.

Diria que o Universo Mãe & Filha gerou a fusão dos campos morfogênicos entre as duas, e essa experiência, trazida pelos seres que comandam as estruturas estelares, tinha a intenção de que a Mãe se tornasse o canal de luz às famílias que recebem as crianças portais suscetíveis às conexões interdimensionais – que nem sempre são das altas esferas, como foi com a sua filha.

Há inúmeros casos de crianças precisando de ajuda para acolhimento e terapias quânticas que possam recalibrá-las na frequência do amor. Acredito que essa mãe, pelo seu desafio, soube integrar as consciências locais e não-locais e se fazer deusa amorosa – a fonte física e sutil que a sua filha almejava. Como já relatamos a história de Matias Di Stefano, que não foi compreendido e diagnosticado com esquizofrenia, há outros tipos de casos de espíritos em missão especial clamando por pessoas que as ajudem!

# SEJAMOS A REDE DE APOIO UMAS ÀS OUTRAS

Escutei, em algumas ocasiões, mães que literalmente me relataram "fugir" de casa para o trabalho, por estarem extenuadas, e naquele ambiente as obrigações seguem as lógicas e programações e têm fim. Ao final do expediente, mesmo que haja afazeres em aberto, é possível mudar de ares e escolher se divertir ou se exercitar. Em casa, são intermináveis as exigências, são vinte e quatro horas no ar em um serviço que não se tem estudos para fazê-lo. Não se tem habilidades para compreender o que se passa consigo mesma em meio a tantas transformações e demandas intensas do filho, que precisa da sua disponibilidade intensiva, de cuidados e amparos. Algumas mães nessa situação relatam que ficam transtornadas quando se dão conta de que o filho é dependente para aprender a fazer absolutamente tudo e que os saberes dela não atingem esse contingente. Nos primeiros anos de vida da criança, algumas mães relatam a extrema dificuldade de relacionamento pela ausência de linguagem. Dizem que se não tem fala, fica impossível saber o que a criança quer para poder atendê-la. Esse paradigma da ausência da palavra nas fases iniciais de vida é tido por uma grande maioria das mães que estão identificadas em profissões que são modelos masculino do patriarcado. Elas não compreendem as múltiplas linguagens da criança desde que nascem e estão ativas na relação do Universo M&F. Além disso, muitas dessas mães acreditam que se o filho estiver atendido nas suas necessidades básicas, como a fome, a higiene e a troca, ele se desenvolverá bem e crescerá feliz. Em depoimentos coletados quando os filhos já estão apresentando sintomas, contam que não entendem o porquê das situações, uma vez que foram bem cuidados com os horários certos de mamadas, os melhores produtos comprados, inúmeros brinquedos, tablets para estimulações, a casa toda virada em uma creche, etc. A consciência de quem são nossos filhos e do potencial da fonte que nos oferecem em amor infinito para uma vida em harmonia divina não está integrada à mente local dessas mulheres. Muitas querem fazer diferente de antes de terem os filhos, mas estão vibrando em seus mundos internos nos valores dos modelos da realidade objetiva e do materialismo. Precisamos ser a alavanca para mais mulheres saberem que são a essência da Deusa criadora que nutrem seus filhos na medida das suas consciências.

# PESQUISAS CIENTÍFICAS COMPROVAM O ENTRELAÇAMENTO FÍSICO

Há pesquisas recentes realizadas que comprovam o entrelaçamento entre o campo da Mãe & Filho que são detectáveis na dimensão física. Na Universidade de Medipol, de Estambul, Turquia, o prof. Aydin e colaboradores deixaram a comunidade científica assombrada e entusiasmada quando apresentaram seus estudos, publicados em meios científicos em setembro de 2018. Tais pesquisas confirmaram a migração e incorporação das células-tronco do leite materno no cérebro dos filhotes de ratos lactantes. E a conclusão assombrosa é de que, quando essas células chegam ao cérebro, se integram nele, convertendo-se no que mais é necessário – neurônios funcionais e glia! O Profº Foteini Kakulas (formerly Hassiotou), da Universidade de Western, Austrália, acompanhava, há algumas décadas, o desenvolvimento das pesquisas sobre o leite materno conter células, mas não que entre elas também houvesse células-tronco. Até que certos informes revolucionários foram publicados entre 2007 e 2012, por membros do grupo do professor Peter Hartmann, do qual fez ser parte. Em primeiro lugar, o Dr. Mark Cregan, deste grupo, informou a presença de células progenitoras no leite materno, aquelas células que são um pouco mais flexíveis em termos de capacidade para converter-se em outros tipos de células que a célula normal da pele ou a célula cardíaca, por exemplo. Foram capazes de demonstrar pela primeira vez que as células-

-tronco do leite, assim como as células imunes, sobrevivem ao intestino neonatal, migram ao sangue, e dali viajam e se integram em vários órgãos dos filhotes lactantes, incluindo o timo, fígado, pâncreas, baço, rins e o cérebro. Uma verdadeira comprovação em anos de pesquisas científicas de que existe ida e vinda entre as células da mãe e do filho, formando um complexo sistema de comunicação entre ambos. Esse fenômeno de transferência e integração de células alheias em um organismo se chama microquimeirismo. De fato, demonstrou-se que acontece reciprocamente entre a mãe e o embrião durante a gravidez, com células embrionárias encontradas vivas e integradas dentro do cérebro da mãe e outros órgãos, muitos anos depois do nascimento do filho. Por outro lado, o microquimeirismo materno – a transferência de células maternas aos seus filhos – pode acontecer não só no útero, mas após o nascimento – durante a amamentação! Isso foi demonstrado previamente para as células imunitárias ou células indeterminadas do leite. Agora, pela primeira vez, dois grupos independentes o demonstraram para as células-tronco do leite materno. O que é fascinante é que toda a evidência até agora apoia a noção de que essas células-tronco se convertem em partes ativas e funcionais do corpo dos filhos!



Outras pesquisas, realizadas na Universitat Autônoma de Barcelona, em parceria com a Leiden University, da Holanda, e publicadas na revista científica *Nature Neuroscience* (2016), revelam cenário semelhante sobre os estados neurológicos. Com o uso de imagens de ressonância magnética feitas nos cérebros de mães nos últimos meses de gestação, comprovaram que ocorre uma redução da massa cinzenta em áreas específicas para ajudar a criação de laços e potencializar o entendimento das demandas dos bebês. Os dados encontrados sugerem que as mudanças estruturais encontradas nos cérebros das mulheres são similares ao que ocorre na adolescência e podem permanecer ativadas até dois anos após o parto. Uma das autoras do estudo, a pesquisadora do pós-doutorado do instituto de psicologia Holandesa, compara as mudanças como uma especialização para a futura maternidade e afirma que elas ocorrem independentemente da forma como ocorreu a fertilização. Há adaptações hormonais, como, por exemplo, no pós-parto, com a oxitocina, que traz melhorias para a conexão da mãe e bebê. Há mudanças cerebrais, para que a cada fase da gestação e dos primeiros anos de vida do filho a mãe esteja focada para cuidar e com predisposição para as necessidades do bebê.

Nossos sistemas físicos e sutis estão em hierarquia entrelaçada, compondo uma orquestra perfeita para nos empoderarmos como a Deusa e coemergrimos em novas possibilidades de existência a partir do Universo M & F. A ciência comprova a parte que pode ser detectada em aparelhos e demonstrada em repetidos experimentos – da ordem da matéria física. Somente nós, mães, em consciência modificada pelo acoplamento de um espírito de luz em nosso campo, que poderemos relatar e registrar as inúmeras transformações em nossas vidas. Somos nós que podemos escancarar ao mundo absolutamente tudo sobre essa fabulosa relação! Concentrando nossa mente local nas experiências chaves das buscas pela autoconsciência que observa o Universo M&F, criamos e nos recriamos pelo amor divino na Terra. Podemos comprovar mudanças estruturais nas formas de ser, de sentir e de se relacionar com um ser que se oferece para nascer humano conosco, misturando-se às nossas informações desviadas do rumo original, acobertadas pelos sistemas de valores enganosos. O amor incondicional da fonte divina nos presenteia com toda a potencialidade generosa para nos tornarmos a nossa melhor versão, a Deusa Mãe. Somente assim a vinda de um espírito luminoso pode baixar das altas esferas da consciência para viver a sua experiência no planeta. Será que proporcionamos o nível de que ele precisa para ser a luz na Terra?

# 7

# SINCRONIZANDO A CONSCIÊNCIA

*Estão chegando espíritos de luz das altas frequências à Terra. Mas continuam sendo colapsados na densidade de nossas consciências maternas. A realidade se estrutura como somos. Todas nós, mães, estamos em missão para reformatarmos nossos programas e elevarmos as consciências para nos aproximarmos da fonte divina de onde estão vindo nossos filhos. Podemos integrar em nosso ser, a Deusa para ativarmos o Templo do Amor. Nossa rede de apoio pode sustentar em bençãos umas às outras para coemergirmos em Universos M&F na frequência da perfeição, da harmonia e do amor infinito.*

# OS SERES DA LUZ

De tempos em tempos, os seres de luz nos presenteiam com suas presenças, trazendo benefícios para a vida do planeta em saltos descontínuos de criatividade. A História documenta alguns dos imortais que já estiveram entre nós, tornando-se mestres, filósofos, literários, líderes humanistas, geralmente não compreendidos em seus contextos de realidade. Até então, classificações combinadas com reconhecimentos deram materialidade aos eventos. O novo paradigma da ciência decifrou a incapacidade de nossos aparatos mentais para vermos além da matéria, para integrarmos o céu e a terra, para nos concebermos como uma unidade, para conseguirmos compreender esses seres de luz, os espíritos de novas frequências que chegam ao planeta!



Há alguns anos, fomos procurar uma terapeuta de cura quântica e, quando ela se deparou com o Demétrio, disse-nos que era uma criança índigo. E sua vinda, além de tentar nos dar o propósito da maternidade em uma perspectiva muito iluminada, tinha outra razão: abrir o caminho para receber em nossa morada o seu irmão – um ser de luz ainda mais magnífica, o Guillermo.

Não importa como estejam sendo nomeadas as crianças que, de tempos em tempos, nos presenteiam com sua chegada. Várias delas estão vindo à Terra para que ajudem a melhorar o gradiente de consciência do planeta. Existem várias categorizações de crianças por autores distintos – índigos, cristais, esmeraldas, violetas. As mais recentes – douradas, diamantes – são classificadas a partir dos padrões de energias que podem ser verificados pelo modo como se relacionam, o que comunicam, ou suas habilidades, enfim. Para as mentes dentro do paradigma clássico da realidade, todas devem estar categorizadas, ajustadas em protocolos, para serem medidas e classificadas. A base dos experimentos científicos só considera e valida os eventos quando repetidos – então são consideradas comprovações clássicas. Ou, pelo advento da fé, sem questionamentos, temos os dogmas.

O que podemos considerar é que, desde os tempos antigos, em que há registros da história da humanidade, dentre as populações comuns sempre estiveram presentes grandes seres, os quais deixaram suas lições, suas obras e suas manifestações muito à frente do tempo dos demais. Consciências em manifestações luminosas, eles chegam trazendo luzes às sombras refletidas nas paredes mentais. Mestres iluminados sempre fizeram parte da trajetória humana, transformando-a, além de tantos outros não identificados, nem valorizados na época à qual pertenceram. Grandes artistas, sabemos, morreram na miséria. Grandes obras foram reconhecidas muito tempo depois da morte de seus autores. Há fatos históricos que, até hoje, são misteriosos para nossos cientistas, como o domínio da matemática e da astronomia pelos maias ou os inexplicáveis conhecimentos sobre geometria espacial, arquitetura, medicina e alquimia por parte dos antigos egípcios. As descobertas subaquáticas que têm data provável de 12 mil anos atrás, a cidade submersa encontrada no Japão, de *Yonaguni*, também ainda não têm explicação. Trata-se de uma antiga civilização antes da era glacial, submergida e com complexas estruturas para a época, cuja existência vem questionar inúmeras teorias científicas.

A consciência da Mãe Terra, Pacha Mama ou Gaia, é esse campo informacional onde tudo e todos somos e estamos em movimento e em incessantes interações. A percepção de que a unidade está separada do todo é uma camuflagem física. Uma pequena pedra, uma rocha à beira mar, a montanha solitária ou a cordilheira inteira, até o magma do coração do planeta, como o asteroide das órbitas e as poeiras de pó da via láctea, de cada menor partícula subatômica, até todo sistema do universo, tudo pertence a um mesmo campo potencial de energia não manifesta: o campo quântico, que reside além do tempo e espaço dimensional. Nessa inteligência superior, toda forma de vida e manifestação física ou energética está se autorregulando e autoajustando, abrindo os canais para conectar os pares – Mãe & Filho – que, coemergindo em hierarquia entrelaçada, se encontrem na mais perfeita formação harmoniosa que o amor pode propagar.

É pela criação divina que surge a combinação dentre as miríades de possibilidades, a máxima da perfeição emaranhada em dois corpos que são sintonizados espiritualmente, regulados em coerência pareada entre seus cérebros-mentes, corações e campos energéticos e espirituais. Inseridos mutuamente em um código específico de parceria que somente pode prosperar nas experiências quando coligados pela maior frequência que existe, capaz de dar à luz uma nova vida e ampliar um ser de capacidades limitadas pela sua condição humana em um espírito em missão: o amor incondicional.



"*... nos antigos hinos védicos à Deusa: Eu sou a luz. Eu sou a luz do sol e da lua; eu sou o ar que anima todos os seres. Este foi o embrião que mais tarde se desenvolveu na 2 adoração à Mãe. Na adoração à Mãe não se faz diferença entre pai e mãe. A primeira ideia que se depreende é a ideia da energia – Eu sou o poder que reside em todos os seres. O bebê é corajoso. Ele prossegue até se tornar um homem de poder.*"

Fonte: Adoração à Mãe – *Swami Vivekananda* (Obras Completas – Vol. VI)

# A LUMINESCÊNCIA DOS ESPÍRITOS

E mais uma vez estamos sendo atendidos. Seres de luz de altas frequências estão chegando para se entrelaçarem incondicionalmente ao

Universo M & F. Sua primeira morada é o campo quântico da mãe, a consciência não-local em sinais vibracionais emitindo atrativos pacotes de energias à consciência não-local do filho, criando uma sincronicidade para a hierarquia entrelaçada de ambos passar a interagir. Nesse *momentum*, mulheres com algumas chaves disponíveis para sentir podem acessar em sonhos e se comunicar com os filhos. Têm aquelas que em atividades parapsíquicas, encontram-se com o ser que ainda irá se acoplar em seu ventre materno. Antes da entrada no berço planetário, há um tempo de fusão com o campo atômico da mãe para acoplar todo material e informações – com divergências entre os autores que já citamos, podendo ser de nove meses a, mais ou menos, dois anos. Pelas experiências com mães e seus relatos de contatos que já obtive – e por acreditamos na harmonia do universo em se utilizar da harmoniosa simetria –, considero o tempo de nove meses. Esse período perfaz a equidade na preconcepção, mais nove na gestação, conhecida como endogestação, e a fase seguinte após o nascimento, a exterogestação, nos próximos nove meses.



Todas as interações que antecedem a concepção serão informações pertencentes ao campo quântico, que realiza a comunicação não-local com as consciências da mãe & filho. O grande alquimista Paracelso, em seu Tratado da Matrix (1956), escreveu sobre as diferenças entre a mulher e o homem. Considera que a mulher possui a capacidade de ser o canal onde o espírito se transforma em carne. Associa o órgão feminino como um conector entre dois planos diferentes: do espírito e da matéria. Portanto, algumas das virtuosas consciências que já estiveram no planeta, com alguma possibilidade de olhar além dos padrões do tempo e espaço, associaram a mulher ao divino, a um portal de conexão que permite alocar o plano espiritual para o plano terrestre.

A mulher é fonte de transformação da linguagem energética e espiritual para um ser humano. Para tanto, precisa ser convertida em Templo, seu ser sagrado deve voltar ao lugar onde em um tempo distante já esteve –reverenciada como a deusa criadora de vida, valorizada e assumida pela sabedoria e sensibilidade, de onde provêm os cuidados

dos que necessitam. O acolhimento enaltece as essências criativas individuais dos seres, gera liberdade nas expressões e nas relações, que faz uso da magia e alquimia para crescimento e cura. São anunciados bebês vindos com missões voltadas à humanidade, aportando no planeta para ajudar os seres humanos na evolução de sua consciência, tendo em vista que não há mais tempo para a vida no mundo como está. Os seres espirituais que protegem e intervêm pelo planeta estão enviando aberturas de possibilidades para a comunicação e ascensão das frequências – sejam por sonhos, por informações telepáticas, pelas meditações, ou caminhos de sincronicidade. Estão oferecendo a potencialidade para as mulheres se converterem em Templo Mãe e convidando amorosamente os espíritos de luz de nossos filhos para aceitarem ser missionários do campo informacional que eleva a Terra da quarta dimensão para outras superiores. Movimentos coletivos em massa têm sido realizados para atingir a proporção aura da sequência Fibonacci – geradora de novas frequências capazes de alterar desde o campo quântico não-local até os morfogenéticos. Com as forças das intenções e sincronicidades entre as mentes locais, elevam toda a unidade planetária e suas relações para que seres de dimensões superiores desejem a missão humana. Assim, avatares das frotas e dos comandos estelares sentem que estamos imbuídos de recebê-los nessa nova morada. A consciência da mãe terra envia ondas energéticas pelas camadas internas e externas, alterando as próprias sintonias frequenciais, proclamando por socorro para que toda a unidade da consciência do campo da potencialidade pura universal possa sincronizar os sinais.

Uma mãe precisa ter a melhor formação humana para gerar e nutrir os espíritos iluminados que vêm chegando ao planeta. Estar ativamente presente em todos os sinais e acontecimentos múltiplos que uma concepção irá ter. Pelo movimento contínuo e incessante do interno com todo o externo, ser a criadora consciente da matriz de evolução humana que está gestando e a qual dará à luz. E esse será o fruto de suas raízes, alimentado das suas seivas. Uma mãe deve ser o maior investimento de toda a sociedade civil que quer novas estruturas harmoniosas para seus cidadãos. Ela ainda está dentro do útero da sua avó e da sua mãe, e guarda em si as memórias vivas dessas mulheres e de outras mais – até possivelmente nove gerações antes dela. Todas unidas criam o campo morfogenético com as informações transgeracionais que decodificará em qual frequência as formas crescerão, à sua imagem e semelhança. Uma mãe tem a sua história pessoal, que mesmo tendo nascida com o potencial da fonte divina perfeita, foi sendo corrompida ao longo das interferências que as negativas experiências lhe trouxeram e marcaram. Os padrões de pensamento que uma mãe tem por hábito manter são que fornecem o decaimento de ondas das frequências superiores com as quais os bebês nascem. As palavras da mãe são propagadoras dos colapsos de ondas que fazem a potencialidade pura do campo quântico se transformar em manifestação. A espiritualidade que a mãe trouxer para o modo de ser e se relacionar com a fé oferece o primeiro Templo com que o novo espírito se relacionará. O Templo Mãe é o canal de energia da consciência superior para toda manifestação do espírito que chega até seu corpo e alma, para gerar e desenvolver um sistema humano em toda a sua complexidade. Como será captar e traduzir um oceano abundante em perfeição, amor infinito e incondicional – que vem da fonte divina que é tudo e nada simultaneamente, que traz a potencialidade pura do universo –, em um canal humano, de quatro dimensões, de mente estreita e automatizada em crenças e padrões, com uma trajetória que a fez experimentar o medo e inundar suas células em contra sentido da unidade com consciência superior? O Templo Mãe será a fonte e o canal que fornece todo aporte físico, energético e espiritual em como coemergirá aquela nova consciência que ali escolher se entrelaçar.

# A MENTE RESGATADA PELA CONSCIÊNCIA, FECHEMOS OS OLHOS

Há um segredo guardado desde as antigas civilizações orientais, de onde saíram os primeiros livros sagrados escritos – nosso maior tesouro está escondido dentro de nós. Nosso ambiente interno é o espaço no qual temos que focar nossa intenção, nossa busca para saber quem somos e qual é a nossa parte na missão planetária. Uma singela ação de fechar os olhos pode nos fazer acessar dimensões infinitas. Nosso apego ao que fazemos, às imagens que temos, ao tempo que vivemos e aos desejos que criamos, instantaneamente, desaparecem. Integrar o presente ao seu sentir e concentrar-se no instante agora. É preciso aprendermos a silenciar a mente, a deixar de conceituar – nomear, classificar, julgar –, e nos importar apenas em sentirmos. É essencial que sintamos a respiração lenta, profunda e completa que começa pela expiração. Quando esvaziamos os conteúdos, abrimos espaço para as conexões que nos suspendam. Conectamos às verdades de nosso Eu Sou – o espírito que somos. Abandonando tudo à nossa volta, respiramos e deixamos os pensamentos passarem – só observamos e silenciamos. Dirigimos a mente para integrar à consciência não-local, ao campo das infinitas possibilidades no qual a perfeição está estendida como o oceano luminoso do amor infinito. Adentramos em nosso centro cardíaco, associando ao timo – a glândula desse chacra que traz o vigor e as energias ao templo de amor, no nosso ambiente interno. Esse é o portal para as conexões ao campo quântico e a todo nosso ser. Nesse local, devemos meditar e permanecer alguns períodos por dia. Esse é um compromisso de nós, mães atentas à ascensão da consciência e à novas informações que podemos baixar e integrar em nossas reformatações necessárias em nosso Universo M&F.

# RITUALIZEMOS: NOSSA TERAPIA DE AUTORREFERÊNCIA

As respostas estão mais perto do que imaginamos. Se estamos em busca de nossa verdadeira missão como avatar divino na Terra, procuremos nos desacorrentar desse cérebro-mente que repete o negativo condicionado nos padrões e crenças, que responde à força coletiva dos arquétipos, agindo de maneira inconsciente. Precisamos buscar o nosso estado mais original. Acordar a criança que vivia em nós antes dos embotamentos, das cisões. Precisamos encontrar o centro do labirinto interno que insiste em nos afastar da espontaneidade e da alegria com a qual chegamos a esse mundo. Nele adormecido está a alma infantil. Dar-nos tempo – esse tesouro que a mente em circuitos mentais padronizados nos rouba. O tempo para ir ao encontro de nós mesmas, de respirar e percorrer caminhos para relembrar as experiências de nossa infância, quando estivemos mais conectados à nossa assinatura vibracional essencial, à nossa verdade, ao autoamor e autocuidado, cada parte integrada para compor o universo M&F autoconsciente.



# RITUALIZE, SINTA E CRIE PELO SEU CENTRO CARDÍACO

Refaçamos as cenas, uma a uma, observando os detalhes e conectando o principal motor energético: *o sentir.* Pelos sentimentos, abrimos matrizes de autorreferência, temos o passaporte de acesso ao campo não-local e podemos ampliar as experiências já vividas ou visualizar as novas criações. Trazer os recursos da criança que fomos para a mulher que somos dissolve as paredes intransponíveis do labirinto e amplia o centro amoroso de nosso templo interno. Essa é a nossa terapia de autorreferência: entrelaçarmos a menina, a jovem, a mulher e a anciã. Aceitemo-nos, acolhamo-nos, recolhamo-nos, integremo-nos e assim nos vemos para nos sentirmos. Encontramo-nos e estamos com a nossa criança no colo, observando-a, escutando-a e cuidando dela com amor e dedicação. Absorvamos a raridade de nossa alma para o nosso coração. A conexão com a fonte superior da potencialidade pura em nossa infância ainda estava ativa e em plena comunicação conosco. Lembraremos quem somos e a que viemos. Recordaremos nossa essência e religaremos a mente ao coração – priorizando a coerência entre ambos como sendo a nossa forma de ser e viver.

Podemos libertar a mente condicionada adentrando o ambiente interno, fantástico e criativo, com treino diário em intenção amorosa. Respirar e sentir, deixando os pensamentos passeando, livres, sem julgamentos que atrelam aos padrões. Das fases iniciais da existência humana, podemos conectar a dimensão onírica e penetrar em buracos de minhocas e florestas encantadas. Mergulhar em mares transparentes e de lá receber uma encomenda especial com uma etiqueta destinada a nós. Desembrulhar e descobrir o seu conteúdo, a nossa essência espiritual em missão nessa experiência humana, e desde este momento, radicalizar as estruturas, ampliar o espaço interno, em amor incondicional. Essa frequência divina não-local que nos oferece a vida em integração da unidade harmoniosa das nossas consciências.



# O CORPO, UM MAPA DO TESOURO

Olhemos para nós mesmas, encaremo-nos nos olhos e observemos. E questionemos: é possível mantermos os olhos dentro dos nossos olhos, a janela da alma? Gostamos da manifestação física? Quais sensações e emoções despertam ao nos observarmos com toda a atenção? Percebamos como é estar conosco. Como o corpo reage, alterações cardíacas, respiratórias, sonolência, intolerância... Quanto tempo conseguimos permanecer. Quando foi que dedicamos a nós mesmas o olhar profundo?

Absolutamente todo esse corpo que nos pertence é um mapa do tesouro. Cada uma das formas que entornam nosso rosto, que sustentam nosso tronco, que organizam nosso desenho pessoal foram sendo esculpidas pelas nossas interpretações das experiências desde a concepção. Toda a representação que fazemos das experiências desde que acoplamos a nossa energia na possibilidade física resultou em um corpo que se manifesta em relações e combinações.

Mas não começamos as nossas artes sozinhas. Na primeira etapa de entrada no planeta, a nossa energia precisa da conexão com a fonte especial, a nossa mãe. Pensemos em nosso plano existencial e em como fomos construídas em sentidos e colapsos de onda pela consciência da nossa mãe. Viemos dessa relação em hierarquia entrelaçada. As marcações epigenéticas de nossas células, transmitidas pelas gerações que nos antecederam, formam a nossa existência. Da mãe, da avó, bisavó, até a nona geração anterior ainda são presentes em memórias que são transmitidas ao nosso ser.



Quando somos bebês, absorvemos o todo da energia de nossas mães em aceitação profunda pela vida - que pouco a pouco se manifesta nessa dimensão. Somos um todo nebuloso de energia potencial. Por alguma razão, sincronizamos a frequência de uma sinfonia e nos acoplamos àquela harmonia. Nossa divindade entrega-se em doação e serenidade à fonte energética local e vamos acolhendo amorosamente as suas medidas. Imaginemo-nos como um bebê, em pura potencialidade e conexão com a consciência divina, sem o olhar com as imagens conhecidas na memória, sem os conceitos para diferenciar as coisas, vivendo em um estado de meditação profunda em seu oceano luminoso de puro amor, conectado a uma exclusiva referência nesse mundo - A Mãe.

Somos esse bebê, somos a criança, também a jovem, a mãe e a anciã, todas somos em nosso corpo morada do amor. Estamos em cada ano vestidas em um corpo de contornos e linhas, reconstituídas pelos registros que nossas mentes interpretam e remontam em estruturas daquilo que conseguimos ver. Nosso cérebro-mente local é portal de informações do campo quântico em cada presente quando retirarmos os nomes das coisas e interrompermos os julgamentos. Dentro da nossa mãe, estamos vivas para sempre, enroladas nos braços da avó, embalando nossas filhas, nutrindo as netas.

Tornamo-nos Templos quando integramos o amor consciente pelas possibilidades em sermos o nosso projeto do amanhã. Desembarcamos no planeta divinas e fomos sendo inseridas aos poucos na matéria do planeta pelas nossas mães, que se utilizaram dos seus recursos para nos gestar, gerar, olhar, embalar, tocar, marcar, nutrir. As leituras, os registros e as interpretações que a sua mãe fez da realidade interna e externa – no relacionamento pessoal, interpessoal, transpessoal –, das conjunções das possibilidades de sua mente e de seu campo morfogenético, entrelaçadas ao nosso ser desde o espírito acoplado antes da concepção até depois do nascimento, Mãe & Filha emaranhadas, foram entalhando nosso corpo.

Nossas energias, nossas partículas, nossos sistemas e formatos vão sendo codificados na substância do planeta pela nossa fonte-mãe. Somos o ser mergulhado em seu oceano nutritivo. Os pólos negativo e positivo passam a estimular nossa vitalidade, que banham os corpos sutis, dando aporte ao corpo físico – um potencial de energia e informação –, sendo formatado pelas combinações da fusão dos campos M&F, em expansão de existência nos primeiros tempos de vida. O bebê conhece profundamente as vibrações do que antecedeu à concepção. Absorveu cada molécula de luz da placenta e suas frequências, e em conexão com a consciência não-local, compreendeu e se coemergindo em humanidade. O todo da mãe, do que é conhecido – seu olhar, pensamento, palavra, conceito, movimento, relação, medida –, e do que é desconhecido – das sombras, energias antepassadas, além daquilo que ela não conseguiu integrar –, seus bloqueios, choques, traumas, contidos desde as antigas estruturas do campo morfogenético desde a avó, a mãe dela, estão presentes nas memórias celulares e são reavivadas em nossos programas em manifestação.

Vamos pensar em uma metáfora: como se colocássemos uma pilha de folhas umas sobre às outras – e assim fôssemos nós, a primeira folha acima da pilha, e todas as mulheres que nos geraram, umas sobre as outras, empilhadas logo abaixo. E dessa pilha, digamos que temos nove folhas abaixo, uma, lá embaixo, tem um pedacinho em uma "brasa quântica" – alguma situação que não foi resolvida e continua "queimando". As folhas que são sobrepostas a essa, não vista pelas demais, serão marcadas por essa "brasinha". Aquela marca estabelece um padrão negativo em todas as folhas que vêm acima dela, até que alguma folha elimine o foguinho. As folhas seguintes precisam conseguir perceber que há algo a ser resolvido e, então, parar a queima. Assim funcionam as estruturas em nosso campo morfogênico transgeneracional, que vive na linhagem de nossas ancestrais a partir de nossa mãe. Com a mente consciente de que somos uma teia familiar, podemos ir em busca da cura e todo o sistema será integrado. Quando um ponto da constelação familiar é visto e acolhido pelas técnicas disponíveis de cura quântica, libertamos o emaranhamento das informações. E como Templo Mãe, oferecemos um novo campo quântico aos nossos filhos – que já não carregarão as pendências. Podemos ser a mudança que esperamos em nosso viver.

*Somos a consciência da criação em coemergência.*

*Somos Templo Mãe, o Universo da nova humanidade.*

# LINGUAGENS EM TODO AMBIENTE

As linguagens cerebrais associadas aos novos e reveladores estudos da neurociência atual – abordados no capítulo 5 – comprovam as variações dos estados de consciência mediante alterações das frequências das ondas cerebrais, que podem se alterar entre *beta, alfa, theta e delta.* Já é possível alinhavar os dados do EEG (exame de eletroencefalograma) aos dados digitais, podendo haver leituras de topografia cerebral para diagnosticar possíveis alterações na saúde, no desenvolvimento e nos comportamentos. Em cada atividade realizada em nossa vigília, as linguagens distintas são necessárias para que consigamos executar as funções físicas e mentais, até as espirituais (nas quais percebemos alteração dos estados cerebrais e da plasticidade cerebral, que ocorro quando somos praticantes diariamente da meditação, por exemplo). Tornamo-nos em poucas semanas mais calmos e aumentamos os níveis de bem-estar, não nos abalando facilmente pelos estímulos negativos.

• **Delta,** entre 0.1 a 1 Hz/seg. – Estado de sono profundo;

• **Theta,** entre 3 a 4 Hz/seg. – Estado meditativo e das experiências criativas e conexões não-locais;

• **Alfa,** entre 8 a 12 Hz/seg. – O ato de fecharmos os olhos e respirarmos fundo já nos oferece esse estado relaxado;

• **Beta,** que está entre 13 a 20 Hz/seg. – Caracterizam os estados de ondas comuns em adultos;

• **Gama,** entre 50 a 100 Hz/seg. – Estados acelerados para complexas funções cognitivas.



A leitura do ambiente e das relações externas feitas pelas células do corpo, captadas pelos sentidos, inseridas nos sistemas, afeta e ativa circuitos que alteram toda a delicada harmonia da rede. Quanto mais estressados e irritados, seremos mais infelizes e teremos problemas cognitivos, cardíacos, estomacais, intestinais, de sono. As pesquisas recentes na área marcaram que 75% da população mundial consideram viver em estado de estresse crônico. Portanto, as pessoas estão com toda rede neural interligada em estado permanente de mau funcionamento. Cada vez que o coração bate, comanda ao cérebro toda a organização das funções pela taxa e a variabilidade cardíaca pelo ritmo desencadeado. Da mesma maneira, compreendemos que todo o pensamento cria padrões de ondas cerebrais que se propagam e alteram o ambiente interno – em emaranhamento, afetando os campos e afetando-se.

Quando Guillermo estava entrando no ensino fundamental 2, tivemos mais uma oportunidade para vermos com os olhos que podem ver sua versão divina na terra. Algumas situações na vida escolar do

Gui foram desafiadoras em encontrar o meio de estar dentro das estruturas convencionais, mas não pertencer àquele padrão de pensamento. Esse foi um dos meus sonhos, encontrar uma escola que fosse adequada para os seres espirituais com suas habilidades sensitivas e principalmente pela criatividade. Guillermo mudou muitas vezes de escola. Toda vez que chegávamos a um impasse diante da filosofia da instituição, tínhamos que optar pela única solução – a saída. Para os profissionais da educação, sabemos que a criança aprende quando faz vínculo. No caso do meu filho, essa foi uma tônica em todo seu desenvolvimento. Não aceitava qualquer pessoa em seu convívio, por sentir demais as energias do campo dela. Naquele ano, uma professora de matemática iniciava sua prática e a turma de pré-adolescentes pôde perceber a fragilidade de sua postura e a desafiava em cada nova aula. Por alguma razão, Guillermo – e seu senso de justiça aflorado – saía em discutir com a docente – a favor do grupo, que resultava em expulsões da sala de aula. Essa forma de agir entrou no ciclo vicioso entre os dois. E o estresse para a criança, durante o semestre, foi aumentando. Afinal, o adulto é quem tem a maturidade e deveria contornar com inteligência as situações. Entramos no nível do ambiente nocivo e perturbador – que explicamos pela epigenética – quando as células reagem em luta ou fuga e os sistemas todos entram em colapsos, devido aos hormônios produzidos para a sobrevivência. O Gui estava nesse ponto. Fomos buscar ajuda e o médico solicitou exames e verificamos que o cortisol – hormônio do estresse – estava muito superior ao permitido. Pensando como poderíamos melhorar o foco da atenção escolar, tornando-o mais atento na sala de aula e, quem sabe assim, mais envolvido na aprendizagem.



Fomos fazer um tratamento alternativo para adequação das ondas cerebrais – tornando-as melhores para a atuação escolar. Usufruímos de uma inovação com base nas novas ciências, chamada de *Neurofeedback*, uma ferramenta que se utiliza de eletrodos na cabeça e reorganiza as ondas cerebrais, com protocolos específicos para inúmeros sintomas. A pessoa é acoplada ao software e à cabeça, e diante de uma tel, tenta-se controlar seus pensamentos. Se as ondas cerebrais estiverem em coerência, pela intenção previamente escolhida pelo profissional que acompanha, paisagens vão sendo construídas. Se os pensamentos dispersam, as cenas são inundadas e tudo é destruído. É uma forma divertida de a pessoa trabalhada perceber a si mesma e ajudar no autocontrole. Para realizarmos essas sessões e iniciarmos o trabalho, era necessário primeiro uma avaliação de algumas verificações para que a psicóloga pudesse basear seu plano de ação. Logo que finalizou a prévia avaliativa, chamou-nos para nos elucidar como seria o trabalho com o Guillermo. Para a surpresa da terapeuta, que há mais de dez anos trabalhava com *Neurofeedback,* o cérebro do meu filho era algo que nunca havia visto. Todos os pontos acessados pelos eletrodos – para a leitura das diversas áreas cerebrais – eram formados *somente de ondas no padrão theta.* Ao receber essa leitura, viajei desde antes da concepção e lembrei das palavras anunciando a sua chegada, lembrei do campo de luz em torno da minha barriga no dia do nascimento, e de muitas vivências em lugares e distintas relações mal-entendidas ou que insistiam em enquadrar esse ser das estrelas em forma de menino. A comprovação de que ele era de outra esfera dimensional estava demarcada no exame – ondas *theta!* As ondas dos exímios meditadores, dos bebês quando nascem em meditação profunda e acoplados à fonte divina, até fazerem os decaimentos, perdendo a sua essência e adequando-se à realidade. São as ondas da criação perfeita, da contemplação, do amor incondicional, da mente que não está presa nessa dimensão. Saímos dali impactados e fomos conversar com outra terapeuta, muito amiga, que já tinha atendido o Guillermo em sessões de microfisioterapia e leitura biológica. Choramos e rimos juntas e nunca vou esquecer das suas sábias palavras: "escola é uma coisa menos importante, deixa ele ir levando. O que ele é, em essência, você deve resguardar." Fizemos uma reunião em casa com toda família para refletirmos juntos a situação. Acreditamos que algumas sessões poderiam auxiliá-lo a aprender a lidar com a sua forma distinta de estar no mundo, trazendo a autopercepção para melhorar a forma de aprender na escola – aqueles usos e procedimentos do passado. Combinamos então com a psicóloga que faríamos dez sessões, e a cada pacote dessas, ela nos daria um retorno. Nenhuma alteração foi vista nessa primeira etapa. Marcamos, sob a orientação da terapeuta, mais dez sessões, pois ela já havia tido a experiência com o padrão dessas ondas, que podem dar um salto depois de mais algumas tentativas. Outra negativa. A profissional estava impactada. Propôs a última chance de tentarmos chegar ao salto, em mais cinco sessões. Por fim, fizemos uma reunião após essas últimas, e, estupefata, ela nos mostrou o mapa do trabalho, do início da terapia e depois de todas as sessões – nada! Nenhum ponto, de nenhuma área cerebral, pôde ser alterado, mesmo que a criança tenha feito com adequação a construção das paisagens e que tenha seguido todo o protocolo adequadamente. Disse-nos a psicóloga: "O cérebro do Guillermo é imexível! Não temos como saber como ele opera no mundo, suas ondas são *theta* sempre." E encerramos os trabalhos.

Mais emoções pulsando em meu coração. Quem é esse ser que me escolheu para ser a sua mãe? Como estou apoiando a sua existência em um mundo ainda tão dominado pelos padrões tão negativados? Que escola deveria acolher uma pessoa com habilidades tão diferentes? Agradecemos muito aos seres da luz, protetores e mentores do Gui, por terem nos oferecido esse presente. Repito todos os dias que a maior transformação foi a minha, e continuo em busca!



# ACESSO AO SELF QUÂNTICO

Observemos como nossos pensamentos entrelaçados aos modos de operar localmente e não- localmente formaram a nossa primeira morada, o nosso corpo. Como nos enxergamos? É da mesma maneira como os outros nos veem? Gostamos do que nossa imagem comunica? Temos percepção do que nosso corpo grita?

Os conhecimentos, obtidos por meio das ciências com as visões holísticas e energéticas que consideramos atualmente, sobre os corpos vitais e sutis, físicos e suprafísicos, os chacras, os campos morfogênicos, as matrizes de leituras para os formatos dos corpos, dos sintomas, das preferências, dos gostos dão-nos muitos caminhos para as análises e as leituras sutis do que estamos manifestando e atraindo, do que o nosso corpo está nos comunicando. Aprendermos a aumentar a propriocepção para lermos os marcadores somáticos – quando pensamos em algo ou alguém, nosso corpo pode apresentar arrepios, disparos cardíacos, sinais estomacais – pode facilitar a tomada de decisões e fazermos as escolhas mais assertivas que a mente ainda não sabe.

Podemos buscar inúmeros conhecimentos que já estão disponíveis na sociedade, ramificações de entendimentos, técnicas, percursos, nomes, aplicações, variadas e ricas possibilidades que podem nos ajudar a desenvolver nossa mente e ampliar nossa consciência. Dar movimento ao desejo de harmonização dos circuitos cerebrais negativos, dos padrões culturais, dos valores patriarcais e familiares, que fizeram os bloqueios em nossa autorreferência. Cada pequeno movimento positivo da consciência amorosa, bondosa e compassiva tem poder de transformar, reestruturar, substituir toda a rede de funcionamento e os disparos das ondas mentais, e propiciar a integração.



Nosso corpo tem memória de tudo o que vivemos. Temos vários mapas de acesso às nossas intrincadas e complexas histórias. Incluirmos leituras de nossos efeitos sombras, das marcas, das dores, dos contornos, dos sonhos, dos caminhos dos pensamentos, dos códigos, nos dá pistas a respeito do que precisamos desbloquear. Somos vários corpos sutis e físicos, acoplados em uma manifestação física, perceptível ao nosso espelho, de processos e propagações energéticas de formas-pensamentos, formas-sentimentos que podemos experimentar e propagar, nos afetando e a todos.

Temos uma referência de nosso ser quando trazemos para o corpo físico as potencialidades de nosso *self* quântico. Somos uma hierarquia entrelaçada entre o imanente e o manifesto, o céu e a terra, a deusa e a mulher. Das energias em *potentia* infinita do campo não local da deusa que somos, vamos processando as energias e manifestando no mundo das formas um corpo físico que é o "soma/ somático" de todos os outros. Um instrumento da consciência, uma possibilidade que colapsou dentre as inúmeras outras. Com o colapso quântico, as possibilidades em *potentia* do todo do Universo manifestam-se como corpo físico, o que é uma tradução dos processos de informações coerentes com a nossa consciência.

Admitimos que somos, em nosso todo, fisicalidade e corpos sutis. Somos mais corpos de luzes, corpos áuricos, paralelos, além do que seres tridimensionais, vivendo na malha espaço-tempo. Somos uma fonte e um canal de energia, que temos a *potentia* infinita divina em nós, que nossa consciência é quem seleciona, escolhe, conceitua, foca, cria o mundo material ao mesmo tempo que se influencia pelo que ressoa no universo da não-localidade. Compreendemos que nosso corpo é uma leitura, uma obra de nossa criação em constante movimento. A nossa consciência no aqui e agora pode silenciar os condicionamentos e se materializar num corpo em relação amorosa e bondosa conosco, estabelecendo a Deusa Mãe, Templo do Amor. Assim, entrelaça-se na hierarquia que coemerge em nosso universo M & F e sucessivamente nos contínuos ambientes internos e externos em todos os sentidos, afetando-se mutuamente.





Ao nascermos e nos primeiros anos de vida, o verdadeiro valor para a existência é sentir a reciprocidade do amor que somos e a partir do qual nos entregamos incondicionalmente à nossa mãe. Todo o infinito universo amoroso que trazemos em nosso ser não conhece valor, pensamento, informação nem sentimentos negativos – oferecemos amor da fonte divina e esperamos ser amados. Nosso corpo energético responde às emoções em reciprocidade à mãe, formatando nosso corpo físico a partir dela como fonte e, pouco a pouco, em processo de co-construção de nosso sujeito, vamos inserindo os valores do padrão de consciência do ambiente e da cultura, além dos arquétipos, forças históricas do inconsciente coletivo.

O desenvolvimento na vida pós-moderna afasta nossa consciência da não-localidade, sintonizando nossas ondas cerebrais na frequência da mente local, barulhenta, formatada pelos princípios do sistema de valores do mundo externo, fazendo-nos crer somente nela e envolvendo o nosso físico de modo a priorizar as atitudes do ser para o acréscimo de matéria, da substância planetária. Vemo-nos na manifestação, sentimo-nos e experimentamos intensamente essa dimensão, crescemos mulheres contornadas pelo corpo que pudemos significar com nossas interpretações, nossos movimentos e nossa busca.

Nossa particular maneira de organizar os registros de nossa história fornece-nos as manifestações físicas de nosso corpo, dos contornos, dos formatos do rosto, dos membros, do tronco, dos gostos, dos odores, das cores, dos pensamentos e linguagens preferidos, bem como dos sintomas que externamos em doenças, dores e funcionamentos. O nosso físico é a manifestação do conjunto das relações e dos colapsos de onda feitos pela nossa fonte-mãe inicialmente. Depois, é confeccionado pelo ambiente em comunicação contínua do externo e interno, que dispara a rede de conexões neurais e nos formata em imagem, e assim vamos nos reconhecendo em identidade.

A leitura corporal que referendamos, a busca para decifrar as linguagens codificadas em nosso corpo, faz parte das chaves que permitem descobrir o mapa do tesouro para o autoconhecimento. Quais são os nossos bloqueios de energia? Onde é que ocasionamos nossos cortes, nossas podas e cisões? Que medidas aprisionamos? Como orquestramos nossa forma?

Pode ter sido antes de as palavras conceituarem as emoções, antes de compreendermos os turbilhões negativos de estímulos que ressoariam em nosso ser. Nosso corpo, as células, os órgãos, os sistemas, cada parte tem memória de cada situação que experienciamos. Podemos tentar encontrar pontos em nosso corpo onde as emoções estão bloqueadas, presas ou guardadas, pelos toques com leve pressão, feitos em autoaplicação, por massagens localizadoras de dores, que são energias estacionadas, acumuladas por desuso. A linguagem do corpo, em manifestação singular do conjunto da obra que somos, tem diversas possibilidades de leitura, conforme autores como Cristina Cairo, em suas diversas obras, e Luís Antônio Gasparetto, em suas obras de metafísica da saúde. Recomendo também as pesquisas e estudos de Enric Corbera, em seu *Tratado em Bioneuroemoción,* ainda não traduzido para o português.

# POTENCIALIDADES E OS COLAPSOS DE ONDAS DA FONTE-MÃE

Estamos contidos nesse Universo autoestimulado pelas ondas de energias e frequências que se propagam em manifestações de formas correspondentes. A vibração dos pensamentos, intenções, olhares, palavras, medidas e movimentos de nossa mãe são ondas que se propagam em nosso corpo, estabelecendo a forma de tudo o que somos desde a gestação. As informações contidas em nosso material genético vão se modulando às ondas e frequências, estabelecendo trocas de energias ao todo de nossa mãe, o que torna o nosso corpo uma representação física de significados e interpretações singulares.





No nascimento, manifestamos um corpo autossustentável em relação ao aporte de oxigênio. A maturação das membranas pulmonares chegou ao tempo de nos dar a condição de nutrir a nossa existência com o primeiro alimento ao nascermos: o ar. Respiramos para incorporar nossa existência à substância energética que organizará os sistemas e funcionamentos, a partir dos reflexos, dos movimentos simples para os sofisticados, do ambiente próximo para os distantes e, aos poucos, pelos conceitos, pensamentos, símbolos, linguagens, vamos coemergindo e formatando em conformidade ao que a nossa fonte-mãe nos deu como sentido.

Nos primeiros anos de vida, somos ligadas ao campo energético de nossas mães e nos desenvolvemos em ressonância. Sentimentos, contextos, linguagens, ambientes internos e externos em espiral de vida do *momentum* da mãe geram ondas de frequências que alimentam as nossas energias, alterando nossos movimentos de respiração, ativando e expressando as funções rítmicas do corpo, construindo a entrelaçada unidade corporal.

À medida que nossa energia vai se afastando da mãe – a partir dos sete anos/nove anos (dependendo do ponto de vista dos autores), quando mudamos o alimento energético do chacra básico para o chacra sexual, vamos nos tornando sujeitos da linguagem. Simbolizados pela cultura, ampliando as relações, na possibilidade de fazermos as recodificações, nosso olhar passa da matriz da mãe para local e suas possibilidades.

A primeira conexão com nossa mãe vive em nós, traz inúmeras matrizes de pensamentos, memórias, maneiras de nos relacionarmos conosco e com o mundo. Como mulheres em busca de nossas chaves, precisamos compreender as influências de leituras que carregamos de nossa mãe, a primeira morada no mundo físico, nosso ambiente de matriz de nutrição. Compreender que a medida do olhar de nossa mãe para ela mesma, para a relação conosco e para o mundo, do que ela pôde observar foi a fonte de alimento ao nosso desenvolvimento nos anos que fundamentaram a nossa existência.



# AS ANCESTRAIS VIVEM EM NOSSAS CÉLULAS FEMININAS

Muitas mulheres não tiveram seus laços benfeitos com a sua mãe. Muitas de nossas mães, ceifadas em suas essências divinas pelo patriarcado, marcadas pelo valor do filho varão, sequer valorizavam o feminino. Não tiveram recursos para amar e se relacionar conosco: suas filhas.

Temos marcas, mágoas, traumas, desafetos, palavras não ditas ou malditas, em grande parte de nossas memórias. Fazemos julgamentos do que nos faltou, dos erros que ela cometeu ou que nos deixou cometer, ficamos presas ao passado, aos sentimentos negativos que nos aprisionam e nos condicionam. Essas premissas clássicas precisam começar a desmoronar e desobstruir as nossas ideias. Chega da perpetuação dos pensamentos negativos em relação a nós mesmas, à nossa mãe, à vida e ao mundo. A começar pela culpa que sentimos quando analisamos as coisas por essa lente: um afogamento cíclico no sistema de *Oroboros,* a cobra que morde o próprio rabo. Se estamos vivendo aqui, nessa parte de nós no tempo-espaço do agora, sabemos que estamos acopladas à filha, à mãe, à avó de nossa própria existência em realidades paralelas, simultâneas, como a pilha das folhas de papel uma sobre a outra, na malha do Universo. Com a integração da consciência, em entrelaçamento infinito, podemos alterar todas as múltiplas possibilidades a partir da nossa experiência. Podemos mudar tudo! Somos uno com o todo paralelo das realidades. Nosso ser consciente no presente afetará o todo e a nós, simultaneamente, uma vez que o todo afeta o nosso um. Instantaneamente, sentimos os efeitos do ciclo virtuoso que criamos com a nossa parte, cada pequeno passo, cada ato de liberdade criativa, ao beneficiarmos as realidades paralelas no tempo- espaço.



Parece óbvio quando conseguimos pensar sobre isso. Estamos na bola de neve destrutiva quando vivemos condicionadas aos estímulos negativos que alimentam o nosso eu e o todo paralelo. Podemos interromper esse circuito, descontinuar as formas de julgamento, de colapsos da realidade de medidas negativas. Localizar a nossa existência como fonte de amor, compaixão, bondade e abundância para nutrir todas as outras paralelas. Ter clareza de que estamos alimentando aquilo que observamos, uma vez que a nossa medida dará energia para a coemergência dos fatos. A nossa consciência entrelaçada ao todo do Universo nos reinventa a todo segundo e recria todas as realidades paralelas e o mundo da experiência.

# RITUALIZANDO COM FÉ

Existe a possibilidade de nossa consciência acessar o mundo dos sonhos e o tempo- espaço que intencionarmos. Podemos nos apegar a uma boa lembrança de nossa infância com a nossa mãe. Se for preciso, usemos uma foto ou um objeto que facilite à memória relembrar os detalhes para a volta àquela cena, a reconexão. O importante é sintonizar os sentimentos. Seremos a fonte de recursos para nossa mãe. Mesmo que as formas-pensamentos e formas-sentimentos associados à nossa mãe não sejam abundantes na luz e no amor, iniciemos o trabalho com generosidade que ambas serão beneficiadas. Se conhecermos alguma mulher bem estruturada na relação com a mãe, poderemos pedir que ela nos doe recursos e sermos gratas. É possível usar a nossa fé e rogar à fonte da consciência não-local, à providência divina, que nos abasteça dos recursos necessários para iniciarmos a cura entrelaçada. Estamos conscientes de que somos o campo quântico emaranhado e pelos princípios de sermos a mudança em nossas estruturas, faremos a busca esquadrinhada quadro a quadro para libertar a nós mesmas e então coemergirmos como o Universo M&F, em novos patamares frequenciais.



# CRIANDO SEUS RITUAIS – A DEUSA SENTINDO INTERNO E EXTERNO

Organizemos um altar onde se possa colocar os símbolos que te elevam em conexão à fonte divina. Para nos centrarmos, é importante saber onde estão as quatro direções: L – S – O - N. Em cada uma delas, oferecer elementos que propagam as suas bênçãos. Escolhemos as referências que decidirmos pelo nosso coração em verdade e conexão espiritual. Exponho os aprendizados xamânicos do povo *Lakota,* para que as vibrações correspondam aos corpos.

**Portais das 4 Direções e suas representações** significam as vibrações e as energias que são sustentadas em cada portal. Quando criamos as nossas intenções, dirigimos à direção adequada:

• **O Leste, o elemento ar** – pode ser representado por penas, portal do avô águia - cor amarelo, o início do caminho da vida. Toda a linhagem espiritual dos seres e guias que nos regem e protegem, e nossa família galáctica;

• **O Sul, o elemento fogo** – pode ser representado por vela, portal do avô coiote, avô lobo - a criança interior, a impermanência, a fase da juventude. Toda a linhagem ancestral;

• **O Oeste, elemento água** – presente em um copo de cristal, portal do avô urso - o inconsciente, os processos de cura, fase adulta, o outono. Toda a linhagem das deusas, magas, sacerdotisas, irmãs espirituais;

• **O Norte, o elemento terra** – pode ser densificado por uma pedra, portal do avô búfalo branco e mulher novilha búfalo branco - sabedoria e conhecimento, o inverno, cor branca, fase final da vida. Toda a linhagem dos devas da natureza e elementais que sustentam as consciências da mãe terra.



Se considerarmos os povos andinos e suas direções, teremos a alteração dos elementos no Sul para a terra: onde vivemos, e no Norte: para o fogo.

Visualizemo-nos em um tubo de luz que nos une da terra ao céu. Desde o coração da mãe terra, sobem fortes raízes que nos nutrem da sua força e energia, em capacidades e habilidades. Baixemos as energias do pai sol, dos elohins solares e discos solares que nos fortalecem e chegam até as raízes e sobem ao coração. Nosso templo de cristal interno ilumina-se e vemos as paredes de nossa essência vibratória. A cor que estamos trazendo em frequência é uma chama de fogo violeta que nunca se apaga. Ela é rodeada pelos seres de proteção que energizam a partir do cardíaco, um a um dos nossos chacras: primeiro limpando – aguardemos algumas expirações e visualizemos, deixando ir o que já não nos serve, reequilibrando e reestruturando-nos em luz e essência direta vindo da fonte divina. Entoemos nossas canções, orações, mantras, os sons que alinham a nossa conexão com as nossas energias, fontes de luz, ancorando-nos à nossa maneira, estabelecendo-nos deusas.

Façamos um momento de reencontro, colocando-nos na posição de bebê que chegou há pouco tempo nesse mundo, que está mais conectado à energia do Universo, à consciência não-local. Um ser livre dos conceitos e dos condicionamentos. Sintamos nossa mente expandida em sintonia ao todo amoroso do Universo. Todo o nosso ser em plenitude, respirando, expandindo e contraindo o abdômen, em movimentos naturais e rítmicos. À medida que toda essa sensação invadir nosso ser, poderemos olhar para nossa mãe e incluí-la em todo o nosso amor incondicional. Visualizar a chama trina em nosso chacra cardíaco resplandecente, vigorosa, abundante. Sejamos recurso para a nossa mãe, sejamos o oceano leitoso do amor infinito, da bondade, da compaixão, que nos nutre em todo o nosso ser, alimentando-nos, energizando-nos, reestruturando-nos. Sejamos a consciência amorosa, que ligada ao amor incondicional e harmonioso do universo, acolhe a mãe. Observemos sem julgamento como ela é, como era, as incoerências e falhas, o que não teve recurso para oferecer, a mãe que ela teve e o contexto em que cresceu. Ame cada possibilidade e a coloque entre as suas mãos para abençoá-la. Sinta e deixe fluir o que vier, aceite e integre o que surgir. Se em outras ocasiões já entrou em contato com a sua criança e percebeu as habilidades que pertencem a ela, expanda-as em seu templo interno e assuma como a vibração essencial de seu ser divino. Coloque a sua mãe em seu espaço sagrado e insira o cordão umbilical energético saindo de você, nutrindo nela a sua natureza. Visualize uma bolha de luz dourada em torno dos corpos de ambas, com raízes desde o coração da mãe terra e tubos luminosos do pai céu, dos irmãos estelares, daqueles que são afins com a sua frequência energética. Sinta pacotes dos seus recursos adentrando a bolha da sua mãe e se dissolvendo por todo espaço, e sendo absorvidos por ela, em todos os corpos. Exale amor e gratidão, integre o aprendizado que as experiências anteriores de trauma proporcionaram. Se quiser, faça a sua oração ou alguma já conhecida, como o 'hoponopono' para encerrar.

Propaguemos frequências harmoniosas saindo da cena para toda a sua consciência do presente e à sua mãe, no tempo espaço que estiver. Podemos acoplar à nossa existência a energia de nossa mãe e, em ato de plenitude amorosa, sermos a mulher fonte. Por termos mais acessos a informações, conhecimentos e trocas, em razão de vivermos em um mundo conectado em rede, nossas oportunidades são mais amplas que as de nossa mãe e serão menores que as de nossos filhos, algo natural do processo de evolução da vida humana.

Essa experiência pode ser repetida algumas vezes, principalmente se aparecer dor, choro, raiva ou dificuldade em continuar. Deixemos o que surgir no movimento, sem nos apegarmos a nada, sem julgarmos nada, permitindo que a reação se manifeste. Acolhemos amorosamente e, da mesma maneira, permitimos que se dissolva.

Usando um elemento, foto ou objeto, como símbolo da experiência, podemos favorecer a próxima oportunidade de mantermos as conquistas anteriores e retirarmos mais uma camada da tinta condicionante, da maneira singular como vemos a relação com a nossa mãe e nossos emaranhados. O objeto simbólico é capaz de oferecer uma marca de superação, de amuleto, um código subjetivo na realimentação dos bons sentimentos. Quando, por exemplo, voltarmos de uma situação de coemergência negativa com a nossa mãe, poderemos utilizar o elemento/objeto pessoal para saltar de frequência dos padrões antigos, direcionando a mente para a experiência que já foi reconstruída e reestruturada pelas novas frequências envolvidas.



Se estamos na posição mental de onde sentimos o amor incondicional, em deleite no oceano amoroso do Universo, mergulhados na infinita bondade da consciência divina, podem sair e voltar na relação com a nossa mãe, abastecendo-nos de uma experiência e de outra. Enquanto nos entrelaçamos, oferecemos recursos. Também nos modificamos, curamos a ela, a mãe dela, as ancestrais, a nós mesmas e toda a teia familiar. Somos um campo e um ponto interfere em todos, somos a deusa criadora e a criatura. Qualquer pequeno traço recriado em nós mesmas modificará a nossa mãe e ela, em reciprocidade, será a nossa fonte, cada vez com mais recursos, acoplando o tempo-espaço a nós novamente como bebês, estabelecendo a propagação entrelaçada do amor incondicional, em incrível reconfiguração das estruturas de nosso campo morfogenético. Dessa maneira, estaremos em potencialidades de puro amor em manifestação para acoplarmos o campo do espírito de luz de nosso filho, religando-nos à fonte divina em altas frequências e níveis de energia. O entrelaçamento do campo quântico – a partir de nós para com o Universo M&F – é abastecido do sublime amor em manifestação.

Um novo universo entre nós e nossa mãe estará em movimento de vida, respirando a energia positiva, abastecendo-nos mutuamente: saltos quânticos nas possibilidades de cada uma. Observemos por um período o que irá ocorrer de mudanças favoráveis em nossas vidas e na dos nossos familiares. Se tivermos o privilégio de ter nossa mãe convivendo conosco, deveremos ficar alertas aos sinais de transformação pessoais e coletivos. Se houver possibilidade, registremos o que conseguirmos perceber. Mais tarde, as coisas poderão fazer mais sentido em nossa história.



# SALTANDO DE POSIÇÃO E REESTRUTURANDO-NOS

E se ainda observarmos o nosso universo mãe & filha – como ilustrou Antoine de Saint- Exupéry no livro *O Pequeno Príncipe,* cujo personagem principal, em seu pequeno planeta, cuidava da sua única flor em atenção cuidadosa, utilizando-se de todo o seu ser – e nos acoplarmos a todos os outros das realidades paralelas, teremos uma rede energética, uma malha do espaço em frequência auspiciosa. Seremos um gerador vibracional de valores positivos, alterando os acordes da sinfonia de todo o Universo.

Sempre estamos entrelaçadas à consciência não-local, a toda plenitude expandida da amorosidade divina porque somos deusas! Ao voltarmos para a posição atual, nossa vida em experiência singular, nossa organização das informações escolherá novas formas de pensar, de criar, de se manifestar, se relacionar, de agir e de ser. Precisamos ter foco na busca dessa posição, para sermos a cura em autorreferência, nova matriz em liberdade pela consciência que vamos acessando. A busca das nossas chaves que trazem recursos para dissolvermos as crenças e padrões familiares, as memórias impregnadas nos nossos sistemas pelas células, para o corpo de dor, que é responsivo e cria o hábito em ressentir as dores nos circuitos viciados. Envolvendo-nos na busca do autoconhecimento, ampliamos as lentes para caleidoscópios inteligentes e o panorama torna-se multifacetado para o observador de si mesmo integrar com coerência novas percepções.

Cada mulher terá o seu *momentum* para o renascimento da deusa – um caminho, uma melodia, um balanço, um desenho. A primeira chave na busca pelo "quem sou" tem o olhar da consciência quântica, que cria saltos descontínuos e criativos, em reestruturação e recriação entrelaçada nos diversos níveis de si mesma e das relações com o mundo. É vital assumirmos nosso universo, mergulharmos no nosso ambiente interno, acolhermos com todo o amor e gratidão a nossa natureza, conectamo-nos à consciência de deusa criadora, geradora e empoderarmo-nos! A relação com a primeira fonte no planeta foi reconfigurada (e se reconfigura a cada nova experiência), nova matriz energética que alimenta a nossa força – somos canal e fonte da frequência amorosa divina.



Estamos entrelaçadas às nossas formas de operar localmente, aos aspectos condicionados de nosso agir, pensar e sentir, aos estímulos guardados em nossa bagagem, memória, história como referências pessoais, aos nossos poderes infinitos, não-locais.

As relações ocupam em nós os arquétipos do inconsciente coletivo, o que Jung conceituou como *mitos da cultura,* que mesmo em diferentes contextos, possuem uma simbologia comum, com intensa carga emocional, que expressam uma espécie de impressão digital da história humana. A isso, soma-se o que sabemos dos campos morfogenéticos, de *Sheldrake,* e bem como os *Registros Akáshico* dos antigos hindus. Adicionam-se, ainda, as cargas genéticas da origem familiar e os conhecimentos que temos a respeito dos caminhos dos antepassados, que vivem em nossas memórias celulares. Porém, não são o que determinam nosso ser e viver, haja vista o que consideramos pela Epigenética. Não são os genes que nos fazem coemergir de determinada forma e relações, mas tudo aquilo no que acreditamos, nosso sistema de crenças prepondera e o ambiente onde vivemos movimenta a harmonia das ressonâncias entre os mundos interno e externo - como o Cymatics, criando estruturas, ou as moléculas da água do Dr. Emoto, que sofrem as interferências das energias e vibrações do todo. A sabedoria e as tradições dos anciãos, das antigas civilizações que cultuavam a deusa e o feminino, a valorização e a legitimação das filosofias e das ciências, que servem de modelos antropológicos de existência são campos autoestimulados em nossa forma de ser mulher. Somos uma colagem de informações, de medidas e de culturas, que, com a sustentação das novas ciências, compreendemos que somos. Estamos ativos na coemergência de tudo que existe. As diferentes realidades e dimensões são aspectos da nossa consciência.



# PENSAMENTOS PELO CAMPO

Não aceitamos mais os condicionamentos, os estímulos negativos de cargas do passado: entramos no modo de operar nossa mente em descontinuidade com os padrões. Ampliamos nosso espaço mental para acessar a energia das frequências que estão disponíveis. O mundo manifesto são campos de informações com propriedades autoorganizadoras e inerentemente integradores que envolvem nossa mente e nos conectam às outras pessoas. O campo quântico estende-se em ressonância mórfica, difundindo e articulando as coletividades de qualquer tipo, traduzindo informações particulares em coletivas. Focar a consciência no nosso presente e intencionar a cada novo dia integrar a posição do nosso universo reconfigurado, no eu do futuro em salto de consciência em cada integração assimilada pelo trabalho diário percorrido, poderá alimentar as informações com as frequências de nossos poderes de deusa e, em ressonância mórfica, modificar os pontos do campo e as vibrações que atraem novas potências quânticas. Seremos capazes de gerar uma forma inovadora do mundo, alimentar as energias para a reconfiguração de outras mulheres à medida que fazemos por nossa consciência, simultaneamente. Estamos entrelaçadas também entre nós, mulheres que compartilham esse tempo-espaço. Uma consciência que se integre à deusa fará ressoar a frequência das possibilidades de novas formas de ser para outras mulheres que estiverem no seu *momentum*.

Nossos pensamentos são fontes propagadoras de energias e podem se conectar a diferentes frequências das ondas, o que fará alterar toda a nossa configuração. São impulsos elétricos que carregam informações de formas, sentido, vetor e intensidade. Por isso, conhecemos como formas-pensamentos que se aliam aos sentimentos, vão delimitando padrões vibracionais, os quais geram nossos campos vitais, nossos chacras, nossos corpos físicos e suprafísicos. Nosso corpo é um canal & uma fonte de energia, ambos propagadores de formas-pensamentos que alteram nossos sistemas, funcionamentos, estados da homeostase de nossa essência, isto é, de nossa plenitude em harmonia.



# ASAS EM VOO SOLO

Precisamos nos observar com atenção profunda e escuta ativa – uma comunicação sensível de qualquer pequeno sinal em nossa propriocepção e interocepção. Desse modo, compreenderemos as linguagens de nosso corpo, criando a intenção amorosa para que ele comunique onde estão as energias negativas aprisionadas. É por meio desse olhar que percebemos e integramos como nos relacionamos conosco, se temos boa autoestima, se nos sentimos confiantes e seguras. Damos comandos ao corpo, sentindo e falando e visualizando, como, por exemplo, – *Eu estou aqui e agora e me abro para receber....* Notamos se estamos atuando no mundo em virtude de nossa assinatura vibracional singular. Como estamos em nosso viver – em harmonia e em respeito aos nossos ritmos? O que comunicamos aos outros, especialmente aos filhos, como ele nos veem? Os chacras do corpo em desequilíbrio ou rompidos, por qualquer situação, podem afetar nosso campo áurico e passar a desenvolver a falta de vitalidade nos órgãos/ glândulas/sistema com os quais estão ligados. Vamos explicar cada um deles a seguir. Tudo é energia e os movimentos e interações constantes entre os sinais que captamos com o todo – como canal de informações –, e que emitimos como fonte, modificam e são modificados incessantemente. O campo toroidal pessoal e no qual estamos inseridos vai se comunicando para oferecerem oportunidades para vermos, sentirmos, ou então serão futuros sintomas – mais comuns de serem observados quando já estão na frequência da dor. Assim como os xamãs, sensitivos, leem o mundo e se comunicam com cada pequeno sopro de vento, nós, mulheres, no modo deus, teremos a possibilidade de decifrar o mundo contido em nosso corpo. Percorramos nosso mapa, criando exercícios de localização dos códigos, a bússola das linguagens.



## RITUAL PARA LIBERAR AS ASAS

Pedir ao parceiro ou a uma amiga para colocar as duas mãos logo abaixo das nossas axilas e ir afastando-as em direção ao centro das costas simultaneamente, depois fazer uma pressão até as mãos chegarem juntas às nossas envergaduras, de onde devem sair as asas. Massagear o local, respirando com o abdômen, inspirando e expirando pelo nariz, em movimentos contínuos lentos e profundos. Localizar a sensação, entregando os braços, as asas, o corpo. Perceber o que nosso corpo comunica, se surgem reações fisiológicas, emoções, imagens, cenas da memória, símbolos; deixar vir e acolher, integrar as informações como parte do nosso crescimento. Tornar consciente o que aprendemos a partir do que registramos nessas áreas e quais sensações. Respirando e sentindo o que emergir de nosso corpo em nossas tentativas de reaproximações, releituras, liberando as energias aprisionadas, reconheceremos a nós mesmas, ampliaremos a consciência de quem somos.

# OLHOS PARA QUEM PODE VER

As jornadas xamânicas ou outros rituais que conectam cada mente a uma rede de informações, ao campo informacional da mãe terra, nos fazem compreender. Ampliamos assim os olhares, para quem tem olhos para ver; a escuta, para quem tem ouvidos para ouvir. As assinaturas vibracionais estão desenhadas nas formas físicas em tudo que existe. As manifestações na matéria são matrizes da energia que foram condensadas nos objetos e estão em emanação contínua dessas frequências. Então o sentir entra nas possibilidades de leitura – vemos com outros sentidos, os internos e os conectados à fonte divina. Não precisamos buscar somente os conhecimentos já catalogados, podemos andar pelo campo e sentir uma planta que se apresenta e ler as suas vibrações pela forma que emana, pelo que sentimos ao tocá-la e ativar a nossa escuta. Observar a nossa casa e perceber quais plantas meandram sozinhas – são daquelas que estamos naquele momento precisando. Isso aconteceu quando estava em plena mudança de residência na cidade e, em nossa casa do campo, começaram a brotar camomilas em meu caminho. Compreendi e as colhi da terra em respeito e gratidão, já emanando palavras que trazem a cura para meu coração: "A sua ajuda é a nossa cura!" E fiz essências para borrifar nos ambientes e chás para degustar, após horas de arrumações de caixas amontoadas.



Os cristais são poderosas ferramentas para desenvolvermos mais as linguagens sutis. Ao percebê-los – o que nos comunicam, como nos tocam, que partes do corpo respondem a eles –, podemos nos utilizar dessas informações para trazer o que precisamos curar, liberar, expandir, integrar. Por exemplo, podemos coletar penas de pássaros, colocar nelas as energias aprisionadas e dar a elas decretos de liberação. Deixá-las em nosso altar, junto do portal do Leste, cujo protetor é o avô águia, e evocar pela benção em nós. As palavras são energias em expansão, criadoras de potenciais de manifestação. Quando falamos, estamos propagando possibilidades, e se sentirmos com nosso cardíaco ativando o templo interno e visualizarmos as intenções, complementamos com 3 assopros de vida para trazermos para nosso universo. A coerência entre o cérebro-mente, o coração e os sentimentos é potência criadora desde o campo da potencialidade pura para a realidade manifesta. Os assopros são como selos para firmar nossa assinatura vibracional.

Observemos os alimentos em suas assinaturas vibracionais. Associaremos aquilo que podem restaurar e energizar em nosso corpo. Os feijões têm formato dos rins, podem então potencializar as suas energias. As nozes, formato do cérebro, podem fornecer vigor aos desgastes e cansaços mentais. Vejamos as assinaturas das ervas que podemos utilizar em nossas culinárias ou maceradas como emplastros ou óleos essenciais, com a semelhança dos seus formatos com os nossos órgãos, energizando-os.



Fomos morar em São Paulo, em virtude do trabalho do Marcelo, que já estava sozinho há um ano durante a semana morando lá e testando se daria certo para irmos todos. Marcelo, sempre antecipando as necessidades da família, acostumada a morar em casa com quintal e área verde para os filhos, buscou incessantemente até achar a morada ideal. Era um bairro residencial muito bom e próximo à escola que escolhemos para o Guillermo, que estava no terceiro ano. O Demétrio já estava dirigindo e poderia ir para a faculdade, também um expoente no curso que fazia na época. A Marcella morava na França onde fazia seu mestrado. A casa que alugamos servia perfeitamente às nossas necessidades, cada um com seu espaço e mesmo na cidade gigante, tínhamos uma pequena área nos fundos com sol, grama e ar fresco. No entanto, à medida que o tempo passava, sentia muita dificuldade de respirar para meditar. Algo me interrompia o fluxo do ar, não sabia explicar. Até que em meio às madrugadas, comecei a sentir uma presença na casa. Escutava uma criança correndo e algumas vezes pude vê-la por entre os ambientes. Tentava conversar e me dispor a ajudá-la. Sem respostas. Em outras ocasiões, quando usava a pia do banheiro do quarto, sentia que algo se aproximava de meus ouvidos e ouvia seu ruído. Então, intensifiquei as orações e os chamados dos guias para intervirem. Em uma das formações com Rodrigo Romo, pedi orientações e segui todas as que foram dadas. Nosso gato, Anakim, sempre saudável, em alguns meses na casa adoeceu muito. Parou de se alimentar como costume, de quatro quilos passou a dois. Fragilizado, suas pernas pararam de se mover com facilidade. Busquei ajuda para ele e fazia duas vezes por semana fisioterapia, e em casa, complementava diariamente os exercícios. Então, a mulher que alugou a casa foi nos visitar e, conversando com ela, soube que seu pai – o proprietário da casa – tinha sofrido um acidente e ficado paralisado nas pernas. A sua mãe, no entanto, não havia sobrevivido. Devido a essa situação, reformaram a casa e colocaram o pai em um apartamento e a alugaram para nós, os primeiros inquilinos. Passamos tempos difíceis naquela casa até conseguirmos encerrar o ano escolar e voltarmos a Curitiba. Eu e Marcelo, enfrentamos uma fase de muito estresse, pelas frequências que nos alteraram os campos. O Demétrio sofria de perturbações gástricas severas, não conseguindo se alimentar adequadamente e tampouco dormir bem. O Anakim mostrava a todos nós, o quanto se oferecia pela família – estava com distúrbios alimentares e paralisia nas pernas –, ou seja, absorvendo todas as frequências negativas que estavam naquele campo, para limpar o que conseguisse. Fui buscar recursos com Romo para toda a família, e após as orientações sobre alguns trabalhos a serem feitos para a proteção, disse-me que a antiga dona da casa não nos queria ali, não estava ciente da sua morte e pensava que a residência ainda lhe pertencia. Estávamos todos abalados e tentando equilibrar as energias, realizar limpezas e fazer decretos de proteção com nossos guias, até o dia da volta. Rodrigo, no atendimento, me disse que o Guillermo era o único da casa totalmente imunizado, pois suas hostes estelares o cercaram e não deixaram nada atingirem suas altas frequências. Que ele fazia parte de comandantes estelares de alta gama e estava na terra em missão. Ao final daquele ano, fizemos a mudança, e na saída, enquanto carregamos o carro e todos já estavam prontos para o embarque, fui realizar a limpeza de fechamento do nosso campo. Desde o cômodo mais interno da casa, usando defumação e entoando os símbolos do Orixá Reiki Om Rom, fui fazendo meus rezos. Então, o Demétrio foi apresentado um comportamento muito estranho, gritava com uma estranha voz e corria pela casa atrás do Guillermo, que, correndo para se defender, entrava e saía pelas janelas. A funcionária que assistia a tudo corria atrás de ambos para aclamar aquela estranha conduta. Quando acabei todas as orações no último lugar próximo à garagem, o rosto do Demétrio e a voz voltaram ao normal. Ele foi até a cozinha e pegou duas garrafas de vidro de água para levarmos no carro para a viagem. Enquanto eu finalizava a despedida da casa em agradecimento a todas as consciências que ali estiveram conosco, dava os comandos para que ficasse na casa o que fosse da casa, que levaríamos somente o que nos pertencia. Chamando nossos anjos e mentores, encerrava o trabalho em gratidão, quando as garrafas nas mãos do Demétrio explodiram em cacos. Eu e a funcionária que estava indo embora conosco para Curitiba, nossa cidade, nos olhamos e entendemos. Simplesmente agradecemos aqueles cacos que recolhemos e fomos embora sem falar mais sobre o assunto. O Anakim, em pouco tempo em nossa cidade, voltou a andar e aos poucos se recuperou, estabilizando seu peso ao que era normal. Trouxemos uma amiga gata para ser sua companheira, a Chanel, uma *Maine Coon*. Foi uma alegria a amizade e as parcerias que fizeram juntos. Infelizmente, acredito que sua carga energética naquele período foi bem exigida e o Anakim acabou nos deixando em dois anos, quando tinha apenas sete anos de vida. Fizemos uma despedida a ele e enterramos seu corpo no quintal de casa, em uma cerimônia que os filhos organizaram. A Chanel ficou por sete dias ao lado do túmulo e dali não saía para nada. Após esse período, voltou a vida normal e integrou-se |à família, nos dando até hoje todo seu amor e serena companhia.

O campo está em comunicação direta à nossa presença à medida que reconhecemos e incluímos a sua existência em nosso caminho. Essa atitude de consciência torna possível o existir para nosso universo, construído em cooperação em cada nível que acessamos em possibilidades. Quando as informações fazem parte de nossas mentes locais, passam a existir como parte de nossa manifestação. Em nossos grupos espirituais, nos utilizamos dessas práticas como disparadores de nossos valores para com o Universo. Por seguidos 40 dias, damos reconhecimento à existência de tudo aquilo que observarmos. Cada pequeno objeto e ser, cada movimento, cada mostra das manifestações que se apresentam diante de nossa consciência. O que não está incluído não está integrado como existência, não faz parte das energias que formam nosso universo. Podemos absorver, energizar, expandir, integrar, transformar todas as energias e vibrações de tudo que existe em coemergência de nossa consciência local.

A medicina que os animais oferecem, como compreendida desde os xamãs, pode ser atribuída para nos elevar, energizar, abençoar – tanto quando nos visualizamos junto deles em meditações ou sessões ritualísticas, ou quando eles se apresentam diante de nós, fisicamente, oferecendo as suas energias. Tive um chalé nos fundos de minha casa, onde realizava as sessões de terapias energéticas e espirituais por alguns anos. Em um dado *momentum*, quando estávamos envolvidas em meditações para a cura planetária, surgiu, em uma manhã de domingo, um pavão no telhado. As conjunções das energias para o planeta vinham entrelaçadas ao início do ano zodiacal, que coincide com a proximidade de meu aniversário. O pavão permaneceu morando na área próxima ao chalé por alguns dias depois do meu novo ciclo. Integramos a sua medicina que oferece a cura psíquica e representa a energia crística em manifestação. Nos dias em que nos honrou com a sua presença, o saudamos em imensa gratidão. Podemos conhecer os animais que fazem parte da energia de nossa alma com algumas das técnicas xamânicas ou meditações guiadas que nos oferecem chegar às visualizações de encontro. Se em nossa casa sofremos invasões de formigas, iremos ler a informação e integramos as energias. E se estamos parados no sinal do trânsito e um tucano cruza nosso para-brisas? Isso aconteceu comigo! Aquele pássaro extraordinário, além de elevar minha alegria, esteve ali como mensageiro – será que consigo entendê-lo? Se uma lebre corre a nossa frente no parque ou no campo – qual significado da sua medicina? Qual vibração ela emana para nos oferecer. Podemos recorrer a canais na mídia e ver alguns significados e integrá-los ao nosso contexto. Sentir em nosso centro interno, nosso templo, será a melhor medida. Se a libélula voa em torno de nós enquanto nos sentamos no quintal, vem nos trazer qual mensagem dos céus?

Enquanto estava nas revisões finais desse livro, passei alguns dias no campo, em sintonia com as vibrações mais puras da natureza. Foi maravilhoso entrar na sala e ter um grilo verde - morto - ao lado do computador. Quando um animal morre, ele se oferece a você e seu campo, por alguma tradução que nos cabe fazer. O grilo é sorte e proteção, a medicina da consciência, nos integra à nossa local e amplia a fonte não-local. "Aho!" Em gratidão! No dia seguinte, saí para caminhar pela manhã, ao retornar ao trabalho, encontrei um louva-a-deus - morto - ao lado da cama no criado mudo, em posição de oração. Agradeci e senti todo meu ser elevando-se às hostes espirituais. As emoções foram muitas! No terceiro dia, andando na varanda, encontrei um grilo folha - morto -, conhecido como esperança. Recebi suas boas vibrações de esperança para realizar o sonho de tornar essas escrituras, há tanto tempo sendo feitas, chegarem aos corações das Mães. Todos esses animais estão em meu altar, em que honro as suas medicinas que me revitalizam. Sou somente alegria e muita gratidão! Honro a mãe terra e realizamos rituais para presenteá-la e retribuir-lhe tudo que nos oferece. As antigas comunidades de mulheres realizavam suas rodas na floresta ou seus rituais em torno dos rios e repassavam umas às outras suas sabedorias - as filhas da terra. Estamos retornando à Mãe e suas conexões amorosas em nossa existência. A Terra se regozija em nossas manifestações, pessoais, em nossos universos M&F, ou em nossos grupos.

Todas as manifestações são vibrações energéticas estão comunicando à nossa consciência, cada vez com mais exposição. São inúmeras linguagens que vamos aprendendo a decifrar cada vez melhor ao quanto nos aproximamos e nos desenvolvemos como deusas. Vamos reformatando o campo morfogenético, autoestimulado em nossa coemergência. Os significados virão, da mesma maneira, a partir da consciência do que somos.

Quando sentirmos o amor incondicional em todo nosso ser por todos os seres, em suas facetas múltiplas, complementares, incertas, potenciais, nossos valores serão integrados entre a mente local e a consciência não-local. Seremos a versão divina na manifestação física e em expansão de possibilidades. Transformaremos água em ouro, ervas em bálsamos, ventos em direções, animais em medicinas, vibrações e energias em manifestações para curarmos a nós mesmas além de outras mulheres. Veremos a beleza, a perfeição, a harmonia pela vibração energética e espiritual que manifestamos, em coemergência de nossas possibilidades. Se as energias negativas nos afetarem, os pensamentos e sentimentos ruins nos resgatarem, as más experiências emergirem, mais rapidamente voamos para além da dimensão da realidade e em ampla visão, integramos as informações e bem rapidamente voltamos às essências de nossa conexão com a nossa mãe terra - ela nos dará colo, toda a sua medicina e seu amor, resgatando-nos em harmonia e perfeição.



Nosso Lema: *O perdão é a nossa autorreferência, a compaixão é a referência de relação, a bondade é a ação cotidiana, a alegria é a nossa vibração e a gratidão é a nossa medida.*

# ENTRE PARES, A COEMERGÊNCIA

Estar entre mulheres – pares em intenções na busca pelas chaves de autoconhecimento e ampliação da propriocepção e interocepção – em trocas de energias, pensamentos, posições, experiências é algo profundamente revelador. Fazer espelhos de verdades, manifestações de sinfonias com acordes fiéis ao sentirmos e sermos a mulher, a mãe e a deusa. Quando ainda estava nas rotinas de trabalho na educação, acabava criando espaços para estar entre as mulheres que partilhavam o ambiente da escola, as mães e as colegas professoras, os "círculos de reflexões", com momentos de encontro para estarmos em roda de parcerias, eliminando as distâncias de poder pelas posições sociais. Estávamos entre mulheres que partilhavam as experiências enquanto educávamos as nossas crianças. Depois que passei para a posição exclusiva da mãe de família, não consegui encontrar na nova escola do terceiro filho o espaço que idealizava como promovedor de discussões a respeito da infância e dos saberes entre os universos mães & filhos concentrados no mesmo contexto. Acabamos por organizar um grupo paralelo de mães que eram da mesma turma das crianças para compartilharmos as experiências. Há muito para rever dentro dos ambientes escolares, as famílias são mantidas ao longe e destituídas de confiáveis saberes. As duas instituições envolvidas na educação precisam dar as mãos e coemergir como apoiadoras umas das outras, parceiras que agem em uníssono e recíprocos diálogos para os protagonistas da história serem beneficiados. São instituições complementares e a fundação dessas iniciativas são urgentes para as posições enrijecidas relativizarem suas verdades, integrarem as ações e os pensamentos, criarem a arte de observar pontos invertidos das suas óticas, ampliarem a escuta dos espaços que não dominam, incluírem a criança do discurso alheio com curiosa investigação e acolhimento das verdades. Acredito muito nessa comunidade em diálogo dentro das escolas e vejo que o movimento para esse nascimento será possível por nós, Mães.



Quando fiz a matrícula do primeiro ano de meu filho Guillermo na escola que frequentava desde os dois anos de idade, me convocaram a uma reunião. Para minha surpresa, a direção daquela escola progressista e renomada pelas suas práticas de inclusão de todas as formas de seres e suas peculiaridades me questionava a permanência. Isso, porque durante os anos da escola da infância, eu promovia questionamentos a respeito das interações e dos procedimentos, dos objetivos pedagógicos. Em absolutamente todas as situações que vivi com meu filho, dirigia-me à coordenação e com ela compartilhava minhas angústias, escutava as proposições e incluía em meus pensamentos as verdades alheias. Como havia me desligado há pouco tempo da escola e tinha passado pelas mais inovadoras tendências e práticas pedagógicas, ofereci meus conhecimentos e os investimentos grandes que havia feito para que a escola onde estávamos agora pudesse se beneficiar. Tinha adquirido materiais internacionais bastante raros ainda no Brasil e disponibilizei à coordenadora. Estava imbuída de sentimentos de parceria e assim encarava todas as interações. Minhas intenções eram as mais transparentes para o bem da coletividade.

Meus pensamentos e intenções estavam em outra esfera sobre a comunidade escolar. Absorvida em minhas experiências por longos anos de pesquisas e estudos, acreditava estar contribuindo e colaborando. Esperava que uma pequena instituição escolar poderia revolucionar seus modelos pedagógicos e relações em menos tempo. As intervenções eram simples comparadas à realidade de onde vinham as minhas práticas. Escolhi essa escola dentre algumas outras opções na cidade, por, de fato, se posicionar com os valores do pensamento crítico e da comunicação inclusiva. Ao final da reunião convidativa a nos retirar, exerci nosso direito à liberdade e comuniquei que ficaríamos. Mas não pude sequer imaginar os danos que resultariam nas aprendizagens da criança. Os discursos velados e os olhares acintosos para aquela dupla Mãe & Filho, que vivia entre uma comunidade alinhada a uma espécie de referendo para todas as propostas, procedimentos e comunicação de toda equipe, nos marcaram. As contribuições cessaram, passei a apenas assinar a agenda e tarefas, entrar e sair das reuniões coletivas calada. Aceitei estar passiva e observar as práticas. Fiz isso mais uma vez com todo meu ser, com a confiança de que a escola possuía seus anos de trabalho e práticas adequadas para os modelos vigentes. Voltei-me à minha posição de mãe e submergi a profissional, cumprindo adequadamente com as orientações para o lado de fora do muro.



O principal protagonista dessa relação sentiu fortemente as entrelinhas daquela separação. Nada escapa da criança. Era o ano da aquisição da língua escrita e início das formalizações. Ele não conseguia apreender e se desenvolver. Fazíamos e reforçávamos o que a escola recomendava. Mas como ser mãe – que conhece as fases da psicogênese da escrita – e estar vendo que a criança construía suas hipóteses, mas não estava recebendo os recursos adequados para seu pensamento avançar? Acima de qualquer coisa, em minha existência toda, priorizo a criança. Não há nada mais importante do que esses pequenos seres que estão em seus múltiplos desenvolvimentos e compreendendo que planeta é esse, fundamentando toda a base de seus valores pelo que nós, mães, somos e fazemos, pelo que vibramos, pelo que desconhecemos a respeito de nossas crenças. Somos o campo quântico onde está contido todos os corpos de nossos filhos, que sabem ler pelas suas ondas de frequências cerebrais bem acima daquelas utilizadas para atuarmos no mundo. Imaginemos que um médico entra em uma UTI e verifica que um paciente está com falta de medicação para seu caso específico, embora esteja acompanhado por outro colega que assina o prontuário. Seria ético deixar as consequências virem à tona ou ele deveria intervir para que a ajuda mais refinada possa chegar ao bem maior?

Aguardei a primeira avaliação escolar me oferecer uma leitura sobre o que a escola estava percebendo. Mas as observações eram de que a criança estava seguindo seu ritmo próprio e avançando. Porém as escolas que já tinham suas práticas mais inovadoras e assertivas possuíam procedimentos que atendem aos ritmos individualizados e planejam intenções para gerar os avanços e acolher as etapas dos pensamentos que a criança vai demonstrando. Existem simples aferições que os professores fazem para testar e colaborar com a organização mental de cada fase da psicogênese da escrita. Portanto, me dirigi à professora para saber quais eram as suas observações e suas pautas de trabalho que convergissem ao que meu filho apresentava naquele momento. Mas ela não fazia nada para aferir e nem tampouco conhecia as estratégias pedagógicas cabíveis. A partir disso, acreditei que apesar de a assinatura no prontuário ser de outro colega, era uma missão ter que fazer as colocações. Levei materiais e propus atividades para que a etapa do pensamento fosse provocada a adquirir novos insumos, digamos assim. E passamos o ano em sintonia com a professora, que trazia as observações favoráveis ao esperado. As avaliações escolares formais vinham trazendo análises favoráveis à evolução da aquisição da escrita. E sobre o desenvolvimento geral, adequado. Mas não era isso que estava acontecendo. O paciente precisava de novas intervenções e já se sentia diferente para pior em relação aos outros.

Segui em tentativas de diálogo até o fim do ano letivo, quando a professora, que se mostrava bastante íntima e com abertura para expor o que pensava, desde as primeiras conversa, disse-me "que eu estava vendo pelo em casca de ovo", literalmente. Entreguei o fardo a ela e disse que esperaria o processo acontecer como a escola propunha. Pedi perdão pelas precoces observações e antecipação dos problemas. Era uma mãe que estava pré-ocupada.

O desfecho da história é que no segundo ano, meu filho teve uma crise emocional dizendo que queria voltar para educação infantil, quando passou a perceber o quadro dividido em dois e a letra manuscrita era agora apresentada à turma. A professora era recém-chegada à escola e bastante fiel à coordenadora. Não podia falar e marcar reuniões comigo sem a presença dela. Com as avaliações do ano anterior em mãos, fomos a um encontro com a direção e coordenação que ausentaram a professora. Agora a questão já havia passado as paredes escolares, meu filho não queria ir à aula, chorava muito e se nomeava inferior, gritava que estava muito difícil. As tarefas estavam intransponíveis para quem não sabia escrever. Ler, poderia ainda ser feito pelos adultos.



Coloquei-me como aliada em casa, na posição de escriba de meu filho, e conversava sobre as outras habilidades que ele tinha tão maravilhosas. Mostrava seus desenhos perfeitos e as histórias que sabia inventar e contar, tão ricas em detalhes, que conseguíamos viajar nelas. Levava ao quintal da escola e reforçava o quanto ele era rápido para subir na casinha da árvore, tão alta e difícil para a maioria dos colegas. Andava de bicicleta com ele no parque e o fazia ver como se equilibrava e conseguia andar sem as pequenas rodinhas e passar obstáculos que eram difíceis para as crianças da sua turma. Fazíamos receitas de bolos juntos e ele conseguia ler os ingredientes, e nos deliciávamos enfeitando com coberturas criativas. Líamos juntos muitos livros, primeiro eu contava o que o autor escrevera, depois o Guillermo contava à sua maneira. Naqueles que tinham as letras em caixa alta, destacávamos as palavras que ele conseguia ler e aos poucos tínhamos um banco de palavras no cartaz do quarto que ficava maior. Escrevíamos juntos as nossas aventuras. Se íamos ao museu, por exemplo, ele contava o que fizemos e eu escrevia. Depois ele ilustrava. Às vezes, ao contrário, ele escrevia na etapa de pensamento que estava, eu era a ilustradora. Desde que o Guillermo era bebê, passei a registrar diversas experiências vividas e transformá-las em histórias. Além das clássicas e das que líamos, incluíamos sempre essas, que eram os nossos tesouros. Nessa época, ele pedia para lermos as de que mais gostava e se divertia dramatizando ou lembrando das situações de quando era pequeno.

A escola tinha o esperado para as crianças e as propostas se seguiam conforme a demanda da maioria. Aqueles que estavam fora das conquistas adequadas iam sendo atendidos em liberação de consignas das tarefas escritas previamente formuladas, o que causava ainda mais frustração daqueles que estavam fora do alvo. Era como arrancar a casca da ferida que acabava de nascer. Em cada nova atividade, a criança se percebia incapaz de resolver. A professora chamava um pequeno grupo separado e dava-lhe a mesma tarefa dos demais, com uma abordagem "café com leite", como dizíamos nas brincadeiras infantis com aqueles que deveríamos fazer de conta que estavam para valer. O selo carimbado no peito desse grupo fazia cada família optar por caminhos diferentes. Houve quem levou a criança para ser medicada e melhorar a atenção, o paradigma da formulação mágica para resolução das questões. Teve quem preferiu iniciar alguma psicoterapia e, também, a opção de aulas particulares em casa. A escola, com sua posição reforçada pelas famílias que estavam contentes, esquecia de rever os processos de ensino. Os percentuais eram maiores de sucesso e os irmãos mais velhos das crianças da turma eram exemplos de casos anteriores de superação que iriam acontecer certamente. Meu filho passou a relatar ações procedimentais da professora que eram inadequadas e inaceitáveis. Mas as tentativas de diálogo com ela foram sancionadas e tínhamos que nos dirigir somente à coordenação ou direção, que repetidas vezes não nos ouviam.

Dessa vez, optamos pela saída da escola em meio a abril e sem vagas disponíveis em outras instituições. Fomos contar com o apoio de reciprocidade que havíamos construído quando abríamos as portas da escola em que atuamos para ajudar no que fosse preciso e formar parcerias com as novas que estavam iniciando. Conseguimos, e Guillermo despediu-se dos amigos com quem aprendeu a sair das fraldas, dançar a primeira festa junina, enlamear-se nas sessões dos fins da tarde, cantar cancioneiros, dividir pincéis e misturar tintas, criar arte e esculturas com caixas e rolos de papelão, pesquisar sobre assuntos curiosos e conversar; ah... como falavam e contavam suas peripécias! Despediu-se dos primeiros amores e dos primeiros vilões. Do ambiente conhecido que sabia de cor onde correr e onde passar devagar para não escorregar. Dos velhos sorrisos daqueles que o recebiam no portão e por fim vieram acenar o fechamento dessa história. Levamos conosco as boas vivências e tantas aprendizagens.

Nessas fases escolares em que existe um objeto a ser conquistado e o foco mais perseguido é a escrita e a leitura com autonomia, mesmo no espaço menos competitivo, ainda assim permanecem as expectativas da comunidade. Entre as crianças, a conquista é grandiosa, como se conseguíssemos escalar o Everest e o que sentiríamos com essa vitória. Portanto, não há como ficar alheio a esse campo de energias, o oceano é imenso e abarca desde as menores partículas de todos os envolvidos. Para uma criança que vai tentando escalar aquele monte gigantesco e percebe os amigos fincando a bandeira no topo, e ela, já cansada, não tem equipamentos e técnicas para seguir, o impacto é grande. Os cuidados que as equipes pedagógicas precisam ter nesse período podem ser associados aos manejos adequados no parto. A vida escolar terá continuidade a partir dos sentimentos de capacidade pessoal e de confiança em si que esse processo pode aferir. E são profundas as marcas, pois foram experimentadas com todo o ser, sentidas e ressentidas.

As células dos neurônios cerebrais, cardíacos e intestinais estarão nesse ambiente de incapacidade e de baixa-estima, sob estresse violento, e os hormônios secretados criam uma vinculação adicta com o que se vai associar às aprendizagens. Ocorre uma matriz para a autoimagem associada à aprendizagem, pela extrema dor e sofrimento sofridos, com gatilhos desses sentimentos similares a uma adicção, por muitos anos pela frente. É nessa etapa do processo escolar que a criança se torna produtora do objeto da sociedade letrada e é inserida como verdadeira parte daquela cultura. Ela domina a linguagem materna e se apropria dos modelos padrões para se comunicar e ser compreendida. Como um rito de passagem nas sociedades indígenas, a criança é aceita definitivamente como parte da sociedade civil.

*"As conexões entre mulheres são as mais temíveis, as mais problemáticas e as forças mais potencialmente transformadoras no planeta."*- Adrienne Rich

Há necessidade de estar entre minhas adoráveis amigas, parceiras, entre as almas ressonantes à minha, é a minha melodia. De um jeito ou de outro, vamos combinando relações que se estendam para o íntimo do foro feminino. Temos que voltar às nossas energias ancestrais, sábias, resgatar as conexões com a natureza, com nossa missão materna, trocar magias, incluir as linguagens do desejo do corpo, da sexualidade, da beleza, descobrir as senhas que nos localizam no tempo-espaço, configurar os ritos e segredos do feminino na pós-modernidade. Viver, ser e comunicar as experiências da luz e da sombra, coemergir como mulheres & mães, as deusas de mãos dadas.



# REDE AMOROSA ENTRE O FEMININO

Os impulsos de cooperação são da essência feminina. Apesar de terem sido aniquilados e substituídos no patriarcado pelo sentimento de competitividade entre as mulheres. É do inconsciente coletivo há séculos a ideia de que a mulher não é fiel à outra parceira, que alimenta energia negativa e destrutiva para ter a melhor posição diante do sistema. Foi uma das mais brilhantes estratégias para corromper a força coletiva e a energia interna da mulher, associar às bruxas todas as manifestações e histórias sobre os encantos e mistérios fabulosos, construir imagens horrendas e demoníacas, contrariando, diminuindo, desprezando o valor arquetípico da beleza. Os movimentos femininos em torno da conexão com a natureza, ritos e mitos cultuados milenarmente tornaram-se uma afronta à Igreja e um desvio da alma. O sistema patriarcal denunciava mentiras e manipulações, propagando delações entre grupos de mulheres de comunidades inteiras, que acabavam em fogueiras nas praças públicas. A vida da mulher foi confinada e oprimida para que ela pudesse servir e procriar. A natureza feminina, resignada ao não-saber. A carga energética da ancestralidade estimulou determinadas frequências, que formataram as composições de campos morfogenéticos a que podemos assistir nas relações conosco – nossos valores, pensamentos, escolhas, comportamentos.

Fomos afastadas umas das outras para que perdêssemos a nossa força, esquecêssemos de que nos completamos pelas diferenças de nossas faces, aprendêssemos a competir pelo pouco espaço que nos conferiram, a invejar, a maldizer umas às outras, alimentando nosso próprio ciclo destrutivo. O que escutamos sobre nós mesmas e repetimos sem reflexão são os dogmas do patriarcado – em grande parte, palavras e conceitos negativos que propagam a energia e estimulam a formação dessas estruturas viciosas. Precisamos abandonar as ideias de que estamos separadas umas das outras por corpos diferentes, que vivemos o mundo conhecido, organizado pelas leis clássicas da forma como fizeram para nós, que a realidade é difícil e nada pode mudá-la. Esse é o modo de operação de nossa mente quando atrelado aos condicionamentos, às cargas arquetípicas negativas, ao passado doloroso e ao futuro angustiante. A mulher sempre soube como absorver a natureza, a energia potencial do ambiente, e transformá-lo em elemento da cultura, incorporando-o ao modo de vida, o que beneficia todos.

Em cada pequeno passo, cuidemos de nossos pensamentos, intenções, sentimentos, medidas, palavras destinadas a qualquer outra mulher. Iniciemos a vibração de ondas bondosas para que possamos dar um salto em nossas consciências e, em outro patamar, propagar a nova frequência do campo morfogênico para o feminino. Precisamos praticar o amor incondicional em nós e entre nós, reconhecendo e fortalecendo o sagrado feminino.

A mulher, em suas incertezas e *potentia* de deusa, traz em si as possibilidades criativas para a vida da pós-modernidade. Se estivermos em conexão entre pares, compartilharemos comandos, magias, elementos, frequências, experiências, caminhos, melodias, formas de ser e de fazer o feminino no agora. Seremos facilitadoras dos processos de busca subjetiva das chaves para a consciência quântica pessoal e, em complementaridade, alimentaremos o coletivo, ao mesmo tempo. Enquanto nos observamos e nos tornamos mais conscientes da nossa beleza única e vibração energética que nos torna em cada respiração mais verdadeiras em nossa natureza essencial, vamos reconfigurando as informações do campo morfogenético. Podemos incluir novo sistema de interações e crenças a respeito de nossas parceiras, mulheres em *momentum* e posição. Descobriremos a deusa em nosso interior e caminharemos em cooperação, conscientes de que somos divinas e poderosas. Ao compartilharmos nossas sabedorias, cocriaremos o inconsciente coletivo a respeito de nós, mulheres & mães. Transformando-nos na unicidade localmente, vamos instantaneamente sincronizando os pares pelas ações fantasmagóricas à distância, não-local, ampliando nossas vibrações que emergem nos campos da pura potencialidade, um feminino próspero.



# ABENÇOANDO O SER

É essencial a cada uma de nós experimentarmos a confiança na nossa deusa interna, desbravarmos os caminhos que são da nossa natureza, descobrirmos nossa ressonância, nosso talento e melodia para ativar nossos poderes. Sincronizarmos entre pares e propagarmos a sabedoria e a energia amorosa que nos é concedida por sermos mulheres. Formarmos o círculo de ressonância da energia da deusa para termos acesso ao sagrado templo feminino que canaliza a energia geradora da vida e da morte no planeta, da luz e da sombra, da bênção e da maldição, do céu e da terra, da serpente das profundezas que conduz à iluminação.

Cada vez que virmos uma mulher, mesmo que não a conheçamos, devemos abençoá-la e desejarmos que ache as chaves para a integração da consciência de deusa. Sempre que a oportunidade de o diálogo surgir, sejamos verdadeiramente amorosas, compassivas e visualizemos uma luz dourada de nosso coração alimentando o dela. Todas as noites façamos a intenção de que as mulheres se entrelacem à sua verdadeira natureza de deusa, sendo canal com a energia não local e fonte de bondade em nossa consciência local.

*Tenho uma visão à minha frente, e ela é tão clara quanto água. Nela, a antiga Mãe acordou e está sentada em seu trono, rejuvenescida, mais gloriosa do que nunca. Proclamem-na para todo o mundo, com uma voz de paz e bênção.* Vivekananda (monge, iogue e filósofo hindu)



# NOSSAS FERRAMENTAS

Grande parte dos registros e das interpretações que fazemos dos estímulos recebidos pelo ambiente externo ou gerados pelo ambiente interno são subjetivos e construídos com a nossa "caixa de ferramentas". Por que uma mesma situação vivida por duas pessoas desenrola dois enredos distintos? Cada consciência local, inserida em seu conjunto melodioso que compõe a sua obra, em contexto peculiar, organiza, interpreta, coermerge a realidade. A mente seleciona e observa conforme seus registros de memória, seus pontos de vista sensíveis aos estímulos, aos gatilhos, às emoções, de acordo com a estruturação da forma da sua Matriz, na possibilidade de ancoramentos formados pela complexidade de interações que experienciou desde a fecundação e gestação. Somos um *Registro Akáshico* de tudo o que vivemos em consciência não local e local, e, conforme nos posicionamos como observadoras no ambiente e nas interações, vamos formando uma criativa e irrepetível estrutura para compor a nossa vida.

Estou sentada na varanda de minha casa, em frente a uma bela árvore centenária, vendo a luz se desfazer com as horas e a passagem dos pássaros que entram e saem do cenário, trazendo a presença da unicidade do momento. Para minha subjetividade, a paz e a plenitude estão presentes em minha absorção. É como se vivesse a manifestação do amplo universo perfeito de fora do tempo- espaço. Para outra pessoa, o tom bucólico pode disparar tristeza. Para uma outra, talvez traga uma sensação de perda de tempo. E, assim, seguimos em infinitas possibilidades de integrações e significações que um mesmo pacote de energias pode disparar em cada cérebro-mente que observa e cria a realidade, no movimento constante entre o interno e o externo.

Desde que nos abastecemos da fonte-mãe como a propagadora dos significados da realidade, pouco a pouco vamos estruturando a nossa forma de estar no mundo e nos relacionar. Quando somos independentes, passamos a usar as próprias ferramentas para construir nosso sujeito. Essas ferramentas são os recursos internos com os quais conseguimos organizar e compor a nossa Matriz, nossa malha interna estrutural de acomodação dos pensamentos, sentimentos, energias e conteúdos emocionais, que vamos montando em nossa história. Tudo isso nos ajuda a ver, conceituar, interpretar, marcar, selecionar e organizar nossas medidas. Os nossos cenários de realidade são montados para cada experiência, dependendo dos atores envolvidos, do tempo-espaço em contexto, das estruturas em nossa memória. Então, escolhemos as luzes e as máscaras. Mesmo que a divina providência, os guias, as forças superiores, Deus, organizem o caminho das pedras amarelas que nos conduzem até o mágico "mundo de Oz", orientando-nos à felicidade e à plenitude, serão as nossas ferramentas que tornarão a energia potencial em uma manifestação de realidade. As ferramentas constituem um verdadeiro paradoxo: podem ser limitadoras – fazendo parte de uma caixa de elementos condicionados e organizados em uma estrutura para a continuação da mesma matéria controlada – ou podem nos oferecer a visão direta de que não somos somente aquelas opções e ampliar as escolhas quando estamos conscientes.

Não conseguimos imaginar um mundo para viver sem que tenhamos um modelo anterior que nos permita dar o primeiro passo. Nossas estruturas cognitivas têm um arranjo para compor os pensamentos. Qualquer novo conhecimento que chegue a nós entra no sistema anterior e acomoda- se na rede mental. Temos as estruturas afetivas e emocionais que alimentam o corpo vital e as estruturas espirituais que canalizam as energias, fornecendo-nos a intuição, o funcionamento dos chacras, as conexões não locais. Nosso corpo físico é uma representação do corpo vital, e as emoções são efeitos dos sentimentos na nossa mente. Os sete centros principais de percepção de nossos sentimentos são os chacras, que estão situados perto dos órgãos mais importantes de nosso funcionamento biológico. São eles que movimentam as energias dos campos morfogenéticos que se traduzem nas formas e energias dos órgãos. Portanto, a maneira como nossas ferramentas organizam as medidas de nosso olhar, a possibilidade de ver e registrar cada uma das experiências, faz com que enviemos cargas energéticas para os nossos órgãos, que podem funcionar em harmonia se as apreensões forem positivas ou, ao contrário, se mantivermos uma visão negativa.

É preciso compreender que os significados aos estímulos são conferidos por nossa consciência, que é o primado de absolutamente tudo o que coemerge em nossa realidade. Fomos alimentados pela fonte-mãe com os aparatos mentais negativos e as formas sombrias de compor a realidade de mundo. Desenvolvemos nossas estruturas a partir de campos morfogenéticos condicionados. Vivemos o mundo das experiências sendo parte de estruturas institucionais padronizadas – a família, a escola, o trabalho, a sociedade, instituições e relações culturais. Temos modelos, padrões, sistemas, leis, regras, dogmas que alimentam automaticamente os circuitos negativos que nos escravizam.

A solução para esses conflitos passa por uma compreensão da integralidade do ser, com todos os corpos sutis:

• **corpo supra mental:** que organiza as intuições e fornece os contextos;

• **corpo mental:** que organiza os pensamentos e confere significado aos contextos;

• **corpo vital:** por onde transita a energia vital, os sentimentos, e que contém os campos morfogenéticos, as diversas matrizes ou projetos dos órgãos;

• **corpo físico:** que organiza os sentidos, as percepções, a rede interna entre todos os sistemas em comunicação e conecta ao mundo da manifestação.

A ciência quântica é uma ciência do futuro, do vir a ser, das incertezas e das múltiplas possibilidades. Basta um novo olhar de qualquer um para a mesma situação que aquele universo se subdivide em substratos de muitos outros potenciais. O fato de sabermos que existe muito mais do que vemos, do que conhecemos e do que está enraizado em nossas estruturas condicionadas pode nos iluminar para a busca de possibilidades novas e criativas, fluídas nos infinitos cenários que conseguimos montar.



# CONDICIONAMENTOS E PADRÕES

Tenho uma amiga que diz que sempre as coisas com ela dão errado, tudo, das mais banais até as sérias. Já estive em uma situação em que ela fazia um *testdrive* em um carro novo e entrou numa calma rua de bairro da cidade, porém bem estreita, com carros estacionados nos dois lados. Assim que ela conduziu o carro para entrar nessa rua, veio em nossa direção, no sentido contrário, uma caminhonete grande em alta velocidade, o que a fez jogar o veículo em cima da calçada, assustando e disparando emoções. Foi preciso parar para ela chorar, respirar e se acalmar. Logo que devolvemos o carro na loja, voltou a afirmar: "Eu não disse que tudo que pode acontecer de errado comigo, acontece?" E esse episódio acabou sendo repetido durante alguns dias para contar às outras amigas como a vida era difícil para ela.

Qual seria a minha forma de encarar a mesma situação? Diria que também passaria um momento de aflição com a velocidade e a disposição das coisas como estavam, mas encararia aquilo como algo natural e rotineiro quando se vive em uma cidade com muitos carros e ruas estreitas. Não associaria aquela situação a um drama difícil e, especialmente, à minha pessoa. Acho que acontece com qualquer um, não sou a "escolhida para o sofrimento". Essa mesma amiga faz uso de um jargão que repete quando estamos conversando: "É muito complicado!". A caixa de ferramentas dela poderia ter ímãs para atrair as complicações.

Esse modo de ver organiza todas as medidas e os pensamentos, de maneira que as imagens sucedidas são colapsadas pelo fio condutor da narrativa pessoal. Muitas pessoas pensam e falam assim, criando as suas ferramentas condizentes com essa forma. Esse modo de pensar coloca a luz sob o ponto do sofrimento/do erro/etc, destacando as coisas negativas e, assim, fazendo-as tomar uma dimensão principal na cena. De alguma maneira, no desenvolvimento da história subjetiva, o negativo é que era o importante, o valorizado.

As relações sociais em nossa frequência planetária têm uma tendência a valorizar o negativo. Exacerbar o que acontece de ruim, de errado, de estranho. Basta comprovar assistindo a um noticiário.

Podemos de fato escolher como montamos nossos ambientes e nossas paisagens... Quais luzes focar, como criar o enredo da história – somos as narradoras e diretoras.

# A SEXUALIDADE

As mulheres, em sua grande maioria, vivem a sua sexualidade tendo que superar os obstáculos construídos em si mesmas diante da menina emudecida pela cultura e suas normas. A sexualidade feminina ainda é objeto de opressão nas sociedades pós-modernas. O corpo ficou renegado ao conhecimento sobre a higiene e as fases do desenvolvimento. As questões religiosas tornaram vergonhoso admitir o prazer corporal. O desejo sexual foi associado ao pensamento impuro e pecaminoso. Desde que a antiga história da Bíblia contextualizou Maria como sendo a Virgem-Mãe, concebendo seu filho sem pecado, que cresceu e morreu com o homem sem relacionamento sexual, os dogmas religiosos estabeleceram a força do patriarcado como a lei dos bons costumes e valores sociais. Maria Madalena, a mulher na visão bíblica que era ponto de atrito entre as tentações da carne que deveriam ser afastadas, exceto para a procriação.



"*Tu deverias usar sempre o luto, estar coberta de andrajos e mergulhada na penitência, a fim de compensar a culpa de ter trazido a perdição ao gênero humano. (...) Mulher, tu és a porta do Diabo.*" Quinto Tertuliano, escritor cartaginês que viveu entre 160 e 225 – escrito após os concílios dos bispos.

As mulheres nascidas na década de 1970 absorviam a terceira fase dos movimentos feministas e viram, de alguma forma, as influências no direito à liberdade em suas relações com seus corpos e nas escolhas de parceiros. Porém, tiveram na educação influências do bombardeamento dos dogmas religiosos que impeliram às mulheres uma nova conduta moral, atrelada ao relacionamento monogâmico e à prática sexual como reprodução. Muitas escritoras e artistas foram apagadas do cenário, e a ordem do conhecimento atrelado ao masculino foi sendo reforçada e veementemente vinculado nas televisões que cada vez mais ocupavam os espaços familiares. A sexualidade feminina ainda é assunto constrangedor nos relacionamentos íntimos, na educação das meninas, no círculo de amigas. Arrastam-se as correntes do patriarcado em relação ao que se deve mostrar, ao que se pode dizer, tanto que as próprias mulheres acatam falsas posições, necessárias para manter sua imagem. Sem diálogo na infância, sem espaço para o desejo do saber, as mulheres têm dificuldades de conhecer o seu corpo, superar os dogmas morais, admitir o desejo e buscar o prazer.

As mulheres que não têm uma relação estável, por qualquer que seja o motivo, devem esconder ao máximo suas atividades casuais diante do julgamento a que estarão sujeitas. Pelos homens e pelas mulheres serão avaliadas, ainda que de maneira distinta, negativamente. Em geral, elas têm mais resolvidas as questões sexuais por praticarem com mais parceiros e ampliarem os seus conhecimentos de si mesmas e do outro. Essas relações que não carregam o *status quo* dão mais espaço para que a mulher esteja atenta sobre o aspecto sexual, já que o desejo, a prática e a parceria são importantes elos. São relações sem a carga dogmatizada da religião ou das tradições familiares e culturais. Elas assumem a posição contrária em relação ao esperado e determinado, incorporando as chancelas dos olhares sociais embutidas na maneira de viver e então podem viver a liberdade sexual.



Nós, mulheres, temos por essência e condição natural da deusa que cultuamos, a beleza e a sexualidade. Todas precisamos cultivar a unicidade de nossa natureza, sermos como preciosas flores raras, valorizarmos as nossas formas, as singularidades, reconhecermos as habilidades e talentos particulares e potencializarmos. Olharmos para nós mesmas, estarmos conosco e acolhermos desde a criança que vive em nós, como a nossas anciãs, avós, a nossa mãe em respeito e honra profundos, amando-nos e relacionando-nos com o que temos de melhor e exclusivo em nosso ambiente interno. Libertarmo-nos da busca pela imagem engessada em resposta aos padrões dos modelos de mercado. Refletirmos sobre o que é importante para satisfazermo-nos em harmonia. Sabermos quais itens de consumo otimizam o nosso bem-estar e posicionarmo-nos como produtoras do nosso estilo, descontinuando os modelos. Sermos a assinatura energética em versões pessoais que se movimentam pelas experiências e criam as nossas melodias perfeitas e amorosas. Ao reconhecermos a nossa sexualidade harmonizando com vida essas energias, vibraremos na alegria e na felicidade que contagiara a todos. Somos os ritmos em sensualidade, exalando feminilidade, cultivando um otimismo e uma força positiva em nossos pensamentos. Assim, atrairemos as boas relações com facilidade, possuiremos os mistérios que encantam.

## LIMPEZA DO CÁLICE SAGRADO

A sexualidade é uma importante energia que movimenta o corpo físico e os corpos sutis, nos oferece vitalidade para todas as atividades e se refere não somente à questão sexual, mas com todas as relações que estabelecemos. A vibração da energia sexual melhora a frequência dos meridianos do corpo, dos chacras, fornece brilho e saúde de dentro para fora. Movimenta a energia criativa, a alegria, propiciando benefícios para o todo. Simbolicamente, a mulher traz em si o cálice sagrado que recebe a energia do companheiro e a transforma em fonte de vida e de alimento energético – a força criadora em ação que pode ser canalizada para o que desejamos manifestar. Faz parte da integração da deusa em sua manifestação na realidade, trazendo a força do Universo para gerar as interações. É o centro de nossa potência, o caldeirão de nossas criações, o túnel da ancestralidade e o portal da divindade em manifestação física. Se cuidamos de nosso lar, com sensibilidade, trazendo as estações em suas vibrações para estarem em presença com adornos, limpando o físico e principalmente o energético e o espiritual, plantando cristais na entrada, plantas que elevam a proteção, que harmonizam os seres, todo esse cuidado e acolhimento são necessários também em nosso sagrado graal interno.

Somos o cálice da nova era, a luz crística em presença humana. Se já está comprovado que o cérebro-mente se conecta na rede interna pela respiração, coração, intestino em sua microbiota, em uma leitura geral pela neurociência, conscientes do que somos, incluímos nossos úteros e nossos canais internos que recebem a mais alta frequência energética criadora e transformam na geração de um novo ser. A maior potência humana, geradora de vida, existe apenas em nós, mulheres. Quando somos conscientes, podemos conceber as energias desse gerador para dar nascimento a tudo aquilo que queremos manifestar em nosso universo.

Toda energia absorvida em nosso cálice sagrado será sentida em todos os corpos físicos e sutis, fluindo em comunicação na rede interna. Certamente harmonizará a coerência quando o amor e a alegria forem os sentimentos nas relações, enviando saúde ao intestino, ao coração e ao templo interno, ao cérebro-mente. E provocará manifestações disfuncionais ou sintomas que poderão ser observados: dores de cabeça, má digestão, tristeza, falta de ar, resfriados, como linguagens iniciais de que não estamos absorvendo boas vibrações para nosso universo. Caso não compreendamos e insistirmos em relações incoerentes com a nossa essência, os sintomas pioram até que aprendamos. Todas nós, mulheres, somos receptáculos da energia alheia, das relações sexuais, mas também das interações com os ambientes que frequentamos. Portanto, devemos executar comandos de limpeza a partir do momento em que tenhamos condições de perceber o que captamos, como estamos e como nos fazem sentir.

Podemos esfregar as duas mãos e direcionar as palmas para cima, pedindo que a força amorosa do Universo esteja em nós, que o ancoramento de nossas energias protetoras, com toda a bondade, ajude-nos a fazer a limpeza da negatividade que foi acoplada à nossa essência. Em seguida, fazer movimentos circulares anti-horário no chacra sexual, visualizando a cor violeta e uma espiral que suga todas as partículas energéticas, ordenando que seja retirada toda a negatividade naquele mesmo instante. Depois, em sentido horário, visualizar a cor verde-esmeralda e pedir que estabilize nossa energia em plenitude, selando nosso sagrado graal, e terminar mentalizando a cor dourada. Ao final, devemos agradecer profundamente a graça recebida.

Sintomas como corrimento, dor, mau cheiro, cistite ou disfunção urinária podem ser observados como algo que nosso corpo sinaliza, pedindo nossa atenção para a sexualidade. Mulheres que todo mês passam por um processo doloroso no período pré-menstrual ou ao menstruar precisam buscar o significado de sua relação com o feminino, fazendo um esquadrinhamento para localizar o dia 1 dessa história. Nesse campo informacional que vivemos, temos a possibilidade de alterar o fim de uma história se encontrarmos seu início. Quais modelos a aprisionam, como se constituiu mulher, que expectativa a família depositava a seu respeito, como foi recebida a menarca, qual o seu ideal de relação e criação e como está a coerência das suas escolhas? É preciso cada uma de nós encontrar os caminhos e libertar-se!

## AS RELAÇÕES



Podemos exercitar nossas relações conosco a cada vez que temos bebês, crianças, meninas, adolescentes, moças, mulheres ou senhoras convivendo conosco. Com as partes de nós que vemos no outro, temos a condição do diálogo, do encontro, de reavivar memórias, rever crenças, partilhar gostos e eventos da cultura. Analisar como reagimos e nos construímos em cada situação, como os ambientes em todas as suas faces misturaram-se ao que somos hoje. Dificilmente as pessoas se entregam nas relações com todas as suas faces conhecidas. Há as máscaras a serem usadas a cada cenário: mostramos diferentes posturas, comportamentos, palavras, selecionamos os assuntos, tudo para a composição que mais agrade nossa imagem e nos faça ser parte daquele enredo.

Ainda é difícil mostrar a nossa inteireza, às vezes por não sabermos no que acreditar a nosso respeito, se o que pensamos e queremos estar em congruência ou incongruência, se focamos na imagem ou nas partes do que vemos no outro, as nossas projeções. Com qual de nós estamos em cada relacionamento que temos, se a nossa mente está focalizada nas memórias do passado ou nas possibilidades do futuro. Podemos estar naquela situação espaço-tempo, mergulhados no agora, retomar antigas cenas que foram acopladas às memórias de sentimentos, conjurar uma complexidade de pequenas partes para montarmos a colagem de nosso eu sou. Se estamos dirigindo as cenas e sendo dirigidas pelo entorno, refazendo-nos a cada respiração e entrelaçando-nos a cada olhar compartilhado, somos complexas cenas instantâneas de nossa consciência em relação.

Escolhemos com quem nos relacionamos, entrelaçamos energias pelas emoções de todo nosso ser e coemergirmos modificados e modificando em cada interação. Desenvolvemos sistemas múltiplos de possibilidades em relação ao nosso mundo interior e ao mundo externo a nós. As dimensões entrelaçadas entre nossos movimentos de expansão e contração em nossos campos pessoais e o complexo universo também em movimento do outro é que trazem "nós".



Uma relação afetiva profunda é um desafio para a exposição das cruezas, dos mitos e das verdades de cada um. Entrar em relação é risco, desafio, desejo de encarar fraquezas, sombras, as partes que tentamos esconder nas *personas* sociais. É despir os produtos da cultura, das entidades, o convite a arrancar as unhas e as próprias penas para reabrir as asas em voo duplo.

Sentimos as energias entrelaçadas em nossas consciências-locais separadas. Nossos movimentos integrados de contração e expansão ajudam-nos a tornar quântica a nossa existência. Estamos em ondas potenciais e em partículas materiais nas nossas manifestações cotidianas, realizando a experiência com atenção e vigilância em observação dupla, alternando as medidas entre nossos pontos de vista feminino e masculino entrelaçados, que orbitam campos morfogenéticos distintos e compartilham as formas dos ambientes e das concepções para gerar as nossas instituições – os ambientes internos e subjetivos de nossas consciências locais e os ambientes externos em nosso lar e suas constelações. Vivemos em uma dimensão compartilhada em níveis de hierarquias entrelaçadas que são multidimensionais. Somos a energia da complementaridade em existência amorosa. Se estamos propagando o amor e nos relacionando em verdade, os motores que nos religam à fonte de nosso "eu sou" e às consciências superiores estão ativados. Ampliamos a *potencialidade* de nossos corpos físico e sutis quando nos tornamos *UNO* ao emaranhar as energias com o outro e revitalizar os chakras:

• **O cardíaco,** relacionado à glândula timo – centro energético do nosso templo interno, onde a consciência não-local faz conexão com a mente local, a inteligência divina que expande o amor e torna ligação coerente entre cérebro-mente, intestino e todos os sistemas internos. O ambiente do perdão, da compaixão, da verdade que vem da comunicação não-local;

• **O laríngeo,** relacionado à glândula tireoide – da comunicação interna e externa, da inspiração, que possibilita a condição de ampliação da criativa mente que se manifesta e eleva as vibrações da consciência;

• **O frontal,** relacionado à glândula pituitária – que ativa o agir sem o julgamento, facilita a descontinuidade das crenças e padrões para olhar além da realidade e entre as dimensões. Abre a *potentia* não local, transformando as nossas manifestações subjetivas;

• **O coronário,** relacionado à glândula pineal – fonte crística de nosso ser, integra os aparatos cérebro-mente local à consciência não-local e aos guias e seres superiores. Transmissor da comunicação espiritual para todo o ser, grande distribuidor de energia para todos os outros chakras.

Realizamos as conexões com os chacras inferiores, onde a energia da deusa atua e possibilita o emaranhamento. A mulher integrada à sua natureza divina energiza-se a cada dia em seus rituais, comanda a sincronia da força da Terra que vem das profundezas em forma das raízes e das conexões com a serpente energética para dentro de si pelos chakras inferiores:

• **O básico,** relacionado às glândulas suprarrenais – o portal de entrada para a serpente da *Kundalini* subir do centro da terra e adentrar ao corpo, revigorando e nutrindo. Age em conjunto sobre a sexualidade;

• **O umbilical,** relacionado à glândula reprodutor–, cálice da nova vida, Santo Graal, que traz a matriz divina criadora para todas as ações e realizações. Portal de transformação da mulher em Templo mãe;

• **O plexo solar,** relacionado à glândula baço-pâncreas – principal centro de energia vital do corpo físico –, faz a distribuição dos recursos para todo o sistema, armazena energia e purifica todo sangue. Regulador da imunidade, nosso sol interno.

# RITUAL PARA ATIVAÇÃO DA KUNDALINI





Há uma infinidade de possibilidades para se ativar a *Kundalini* e cada mulher em expansão da comunicação com as linguagens internas e ampliando o autoconhecimento, além das leituras do campo da mãe terra em sincronicidade, sentirá como fazê-lo e em que *momentum*. Citamos um passo inicial para que nos sirva de compreensão sobre as linguagens sexuais como propagadores de energias. Localize cada uma das direções no seu ambiente e integre as bênçãos de cada uma delas, podendo acoplá-las com cristais. Dance e cante preparando o espaço em altas vibrações. Escolha uma frequência da escala *Solfeggio* a 528 Hz – conhecida por estimular o amor, a conexão com universo amoroso e com hinos e cantos espirituais – para deixar como fundo musical. Podemos iniciar propondo massagens ao parceiro com óleo essencial de Nardo, utilizado em rituais egípcios para ampliação da consciência. Seguindo suas emoções e escutando todas as linguagens, visualize seus chakras ativando-se um a um, a partir do básico, recebendo as raízes da terra em duas serpentes, uma magenta e outra azul índigo, que sobem pelos seus pés, e percorrendo na dança até o alto da sua cabeça enquanto respira e visualiza. Quando sentir que o calor do fogo atingiu até o chakra coronário, visualize um tubo de luz que se eleva até a fonte divina em intenção amorosa e que retorna ao seu coração, expandido seus corpos sutis. Todo ambiente está em potência luminosa que ascenciona a estados elevados de energia. Coloque seu parceiro à sua frente, encaixado a você, e olhe nos olhos e conecte seus corações em amor e sintonia harmoniosa. Enlace seu parceiro com suas palavras, seus beijos e pelos movimentos que estimulam a força da serpente que ressurge potente e vigorosa, enlaçando a energia masculina, complementar, para dentro de você, e em movimento de entrelaçamento com a penetração em consciência energética. Quando se beijam, estabelecem um circuito fechado de grande potência energética criadora. O casal pode criar a intenção dos sonhos, planos e decretos que em parceria desejam manifestar. Essa posição é bastante poderosa e usamos em respeito para ativarmos a sincronicidade das energias do Hierogamos, o casal energético e espiritual em perfeição e harmonia.



Se temos complexas imagens a respeito de nós mesmas, misturadas no ontem e no amanhã, ao que podemos ver e ao que queremos; se somos a incerteza, a descontinuidade, alinhavadas nas experiências do *momentum,* como nos entregamos a um outro? Permitir acessos para o encontro com o outro é construir pontes de relações internas, encontrar os abismos e os becos, encarar a sua face sombria, olhar as verdades nuas. Cercamos, fechamos, reduzimos as intimidades com nosso "eu sou" e com as nossas interações. À medida que somos levadas pelos valores negativos, não conseguimos encarar as nossas faces e tampouco aquelas que o outro pode iluminar. Olhamos para um arranjo inteiro de milhões de partículas a que nossos sentimentos deram forma, que acreditamos ser quem somos, que interpretamos como a nossa imagem e, quando enfrentamos a medida do outro, uma nova matriz abre-se em possibilidades de interpretação, porém nem sempre estamos disponíveis.

# APRENDENDO A NOS AMAR

É importante entrarmos em contato com nosso mundo interno. Para tanto, podemos acessá-lo e encontrar o que nos afastou de nossas virtudes, da nossa condição de deusa. Esse percurso é singular e o único obstáculo somos nós mesmas. Somos um produto da cultura e é bastante complexa a questão da autoestima e da autoconfiança, mas os valores estéticos atuais podem ter associado emoções negativas ao nosso "eu sou". Na sociedade pós-moderna, a mulher ganhou espaços em diversas áreas, mas o seu corpo não tem espaço, deve ser mínimo, magro e responder às convenções irreais da beleza. Das nossas experiências subjetivas sobra-nos uma imagem que, muitas vezes, não nos agrada. É o registro de nosso reflexo feminino. Precisamos nos desfazer das correntes! Inventar a nossa forma de desobstruir o olhar.



Há necessidade do visual para relativizar o físico? Revejamos os relatos da dra. Jill Taylor e imaginemos nossa vida sem o domínio do hemisfério esquerdo do cérebro, sem a identificação com a forma ilusória. Encontraríamos a causa da felicidade? Podemos conversar com idosas, visitar um asilo, perguntar sobre as memórias mais marcantes das suas vidas. Qual o valor da estética para quem está indo embora? É possível aprender antes do fim? Viajemos para um lugar onde a miséria relativiza a estética. Assistamos a um filme com as complexas mazelas humanas. Estudemos a história da arte e vejamos a beleza em construção histórica. Ações simples... ler, pesquisar, encontrar novas perguntas, fazer lista com as prioridades para nossa vida, quais seriam as causas do nosso sofrimento, analisar quanto tempo temos dedicado ao que nos faz felizes.

Existe um ideal a atingir para que possamos então nos amar? Toda a imagem construída nesse mundo manifesto é somente uma dança de partículas, campos morfogenéticos em vibrações que estabelecem formas, medidas condicionadas, modelos padrões – nada existe. Somos uma melodia de energias que se alteram conforme nossas antenas sintonizam e estabelecem os ritmos. Movimentos observados de fora dos circuitos cerebrais limitados podem compreender o fluxo intenso e contínuo que se expande e contrai em macro interação fabulosa. A diferenciação é que torna mágica essa rede de múltiplas cenas, gostos, ritmos, melodias, que se articulam na expressão única de cada fêmea, cada expressão singular da deusa que somos. Aquilo que conseguimos ver e sentir, com a cor de que mais gostamos, com o cheiro preferido, com as nossas visões mais deslumbrantes nas terras de nossa mãe. Nossa mãe Terra a mãe que nos fez surgir, a força das profundezas, de Deméter e Perséfone, de fertilidade e escuridão. Precisamos nos conectar à nossa mãe e desenvolver nossa visão primordial a nosso respeito, compreendendo-nos como genitoras de nós mesmas em nossa face integrada de deusa filha & mulher & mãe. Depois, pensemos em nossa mãe genitora e a imagem que temos dela... As lembranças, os fatos mais humanos, o que foi possível a ela - que veio também de outra cadeia com a mãe dela – nos dar. Lembremo-nos de que as coisas acontecem no Universo em um encadeamento lógico, em um "matema" que às vezes não deciframos. Nós imprimimos a nossa realidade misturando de tudo um pouco, mas recebemos as ressonâncias dos campos morfogenéticos, dos padrões mentais e pensamentos, da cultura, do espaço-tempo. Fazer a leitura dos elementos que podemos acessar, das nossas memórias, pode desobstruir as energias estagnadas que nos prendem. A energia da natureza selvagem deve estar presente em nosso ser todos os dias, mesmo que a vida nos tenha artificializado.



Encontraremos as forças internas da nossa natureza criando nossos rituais, nossas conexões energéticas. Ao abrirmos os olhos pela manhã, como temos glorificado o presente da existência? Temos os olhos só para o tempo e o pensamento no espaço onde ele deveria estar?

# CRIAÇÕES INFINITAS PELAS LEITURAS DO CAMPO POTENCIAL

Nos primeiros momentos de cada dia, assim que voltamos à vigília, os panos entre as realidades estão menos densos e compreendemos o potencial para nesse *momentum* darmos comandos e intencionarmos nosso campo em visualizações em comunicação integrada entre a operação local e a não-local. É o *momentum* de abençoarmos nossos filhos e lar, e decretarmos as nossas criações. Pensamentos ricos em detalhes visualizados em cenários futuros do que quer propagar de cada aspecto das nossas vidas e de nossos universos M & F, bem como outros compassivos para o bem maior daqueles que amamos e para a humanidade e o planeta. Palavras bem-ditas e em bênçãos para nós mesmas e para os filhos, família, lar e para todos os seres e família planetária. Dar seus assopros que selam as suas energias pessoais e propagam as suas criações, emaranham o campo da potencialidade para surgirem a manifestação que contém nossas assinaturas vibracionais.

# CRIANDO OS PENSAMENTOS E PALAVRAS PARA EMANAÇÕES DAS FREQUÊNCIAS DIÁRIA

• Acionemos as posturas altivas, braços em saudação, sorriso na face, autocuidado e amorosidade;

• Falemos palavras amorosas a nós mesmas. Olhando-nos nas janelas da alma, acoplemos os guias e mentores, visualizemos campos sutis de nossos toroidais em vigor e conectando as raízes da mãe terra e as conexões com o sol, céu e espiritualidade;

• Limpemos situações sutis e físicas necessárias para retorno à essência, com gestos e visualizações, podendo incluir itens concretos.

• Reafirmemos a alegria, a saúde, a bondade, a compaixão, e ampliando os sentidos internos, saudando os sistemas físicos e declarando nosso amor ao nosso Templo;

• Cantemos ou entoemos um mantra, respiremos, ampliemos o olhar, presença e atenção ao infinito agora – tempo e espaço;

• Percebamos os elementos essenciais- espaço- éter/ ar/ fogo/ água/ terra - o campo em comunicação e linguagens sutis;

• Ativemos o altar em cada dia com elementos conforme a busca do "*momentum*".

• Saibamos sobre o campo informacional, qual lua e ciclos, influências astrológicas, incluindo todos em nosso universo;

• Conectemos nossos mitos, símbolos, nossa verdade interior.

• Aprendamos a sentir, ver e ouvir as energias em comunicações e linguagens.

• Religuemo-nos com o sagrado e com a fonte criativa de todo o milagre que nos acontece em vivermos;

• Sejamos o nosso próprio sonho vivido a cada dia, na potência da alegria e em gratidão por cada experiência em coemergência de nosso ser.

# 8

# A TERCEIRA CHAVE: A MULHER E MÃE ENTRELAÇADAS, MANIFESTAÇÃO DIVINA NA TERRA

*Há mulheres que sempre sonharam ser Mãe*
*Há mulheres que se tornam Mãe por convocação*
*Há mulheres que desejam muito engravidar*
*Há mulheres que perdem o bebê na gestação*
*Há mulheres que se perdem*
*Há outras, que ao nascerem Mães, abortam-se*
*Há quem nasce em seu próprio parto*
*E que renasce de si mesma, muitas vezes*
*E se cria na sua melhor versão,*
*A do amor*

*A Deusa mãe, o Templo do Amor, integra as consciências - local e não--local, tem clareza do campo informacional onde vive e sabe cocriar as ativações energéticas para se fazer alinhada aos desígnios de sua missão para com a humanidade.*




A física quântica traz a compreensão em nosso nível consciencial, no campo morfogenético do nível planetário, o que algumas mentes conseguiram ver em criação descontínua. A possibilidade de a humanidade entrar no selo da consciência do *Olho de Isis* e ver pelas possibilidades das mentes que acessam as informações para o bem da coletividade. É dizer que tudo aquilo que está presente nas vibrações de um Templo mãe criador e em seu Universo M & F — na forma de observar, ser, estar, imaginar, nutrir e se desenvolve — está abertamente explicável e compreensível ao mundo pelos conceitos e princípios da física quântica.

Nós, mães, vibramos junto da Fonte que tudo é quando nos abrimos para receber um avatar na terra, um deus, um buda, um ser iluminado - como for que o chamemos. Quando essa possibilidade complementar de nossa existência física se acopla em nossas energias, integrando as forças locais e as consciências não-locais, traz a descontinuidade para que essa mãe possa dar o salto e dissolver a sua mente limitada, abater as crenças, se suspender e se elevar às vibrações superiores do filho sagrado. O Templo mãe manifesta o Universo M & F em elevação frequencial pela fonte divina que vem pelo campo quântico da pura potencialidade, que é a própria consciência do amor incondicional, onde toda a criação Mãe & Filho se entrelaça e coemerge em nascimento da potência perfeita, capaz de um novo amanhecer para a humanidade. O templo Mãe torna-se um portal para que um par de humanos, criados pela luz, possa se manifestar em novos tempos e fomentar novos espaços de relações desde o nascimento do Universo M &F, a fonte de amor que manifesta a parceria mais harmoniosa em novas possibilidades para o bem de todo o planeta. A consciência do Templo mãe é a descontinuidade de toda a rede neural negativa, de toda estrutura a serviço da opressão e do medo, da guerra, da competição e dos valores materialistas, do desrespeito a todos os seres e ao planeta. É a possibilidade criativa da fonte divina se comunicar instantaneamente com a vibração planetária e assolar tudo que já está e ampliar o vir a ser, por um campo de luz que se estabelece humano. É a manifestação dos sonhos e das dimensões de altas frequências que chegam em cada nascimento do Universo M & F, criando possibilidades reais do onírico e do paraíso perfeito crescer e se desenvolver na terra. É a unidade divina mãe & filho que cria um novo tempo sobre o planeta, sendo recurso do modelo e da estrutura da vida em plenitude amorosa para o campo morfogênico se transformar em novas vibrações de energia que manifestarão uma nova realidade. Mudaremos as estruturas e as instituições. A partir do universo M & F — a manifestação do amor divino na terra — é que nascem as novas relações de humanos que co-constroem comunidades baseadas nos valores da hierarquia entrelaçada na verdade e na reciprocidade, na bondade e na compaixão, que se cultiva pelo olhar e escuta amorosos, que acolhe incondicionalmente cada ser e a todos os seres do planeta. Toda a terra em cuidado amoroso que manifesta a vida em criativa harmonia.

Seremos o amor divino em manifestação humana de alta frequência de luz — criados, nascidos e crescidos do Universo M & F quando nos utilizando dessas mentes descontínuas da física quântica que em estudo laborioso, a partir de seus sonhos, somados em 99% de suor, transcreveram um modelo do universo espiritual em possibilidades física, mental, emocional, energética — que convergem para toda uma realidade em expansão das possibilidades. Transformando a posição de vivermos em uma realidade pronta e já detalhadamente definida e limitada, para uma nova dimensão onde somos um campo de potencialidades que se manifesta de acordo com o nível de consciência que somos ao nascermos portal divino no Universo M & F. Gratidão às grandes mentes que estão nos anais da humanidade. Gratidão àqueles que não estão descritos, continuam na obscuridade, mas que sabemos que nas não exposições também contribuíram e trabalharam para isso. Às mentes divergentes, nossa gratidão, pois em se tratando de negação e querendo comprovar que as teorias tinham que estar erradas, se esforçaram mais e trabalharam ainda mais para corroborar às avessas a mais comprovações, como foi o caso de Einstein.

Quando atingirmos o contingente que significa a raiz quadrada de 1% dos Templos Mães planetárias (Gregg Braden, *A Matriz Divina,* 2006), seremos uma rede de comunicação não-local, instantânea, ligada à *Akasha* do universo, ativada na integração da consciência quântica às unidades conscientes locais, em cada uma de nós. Enquanto não formos abelhas umas às outras e colhermos o néctar de nossas essências, não teremos o mel revigorando nossos úteros em criações de seres iluminados. Nossas experiências estarão presas aos circuitos negativos que dão forma às estruturas humanas repetidas e enfadadas aos sistemas patriarcais e materialistas. Estaremos bloqueadas para coemergirmos como Templo Mãe, para atendermos a convocação que a consciência do ser de luz nos envia para entrelaçar com sua potencialidade não-local. São as consciências desses iluminados, os espíritos que como filhos nos escolhem para que possamos compreender nossa missão. Somos as criações entrelaçadas à consciência não-local do ser divino que nos reinicia os sistemas, quando integramos a consciência local, permitindo que a luz fecunde, expanda e recrie o nosso ser. Somos a criação e a criatura, fonte e canal, mulher & mãe, sonho e a realidade, o acima e o abaixo, o interno e o externo. Somos o Universo M & F, o campo da potencialidade pura se manifestando na terra em novas estruturas e modelos de vida baseados nos valores divinos. Em plenitude da consciência integrada, simplesmente saberemos os caminhos, compreenderemos os sinais não-locais, seremos a sabedoria da frequência divina em vida humana amorosa e abundante.

# ABANDONAR AS VELHAS FREQUÊNCIAS

Conhecemos algumas manifestações nesse tempo-espaço que criam modelos de interferência nos padrões de ondas de *potentia* divina, em colapsos negativos de relacionamentos de nós, mulheres, conosco mesmas e como Templos Mães. As experiências de desenvolvimento do cérebro-mente para a integração da consciência não-local à local, têm muitos caminhos. A consciência quântica não é um fenômeno secundário da realidade física, material, ela é o canal com o universo abundante, ela é o decreto da deusa em cocriação de si mesma e a fonte da manifestação da ressonância que sua frequência local consegue sintonizar. Chegar ao planeta é entrar na matriz específica de campo morfogenético de onde a consciência do Universo em unidade vem se manifestar nas leis que aqui se aplicam. Estando nessa dimensão de tempo-espaço, um fragmento de nossa divindade se estabelece para compor o arranjo. Passamos a vibrar na frequência que a nossa consciência sintonizar e, nessa realidade, isso é muito miúdo. Porém, nada é determinado, fixo e causal. É preciso acreditar: N-A-D-A!! Cada consciência local compõe as melodias das cordas em autoajuste e autocomposição, que se organizam e se modificam instantaneamente em sintonia com determinadas vibrações autoestimuladas pelas medidas que criamos ou repetimos. Os movimentos de desenvolvimento do cosmos, contínuos em expansão e contração, são os mesmos de nossas modalidades de operação de consciência. Assim, podemos operar localmente em condicionamentos e padrões ou operar localmente integradas à não localidade, em profunda conexão e atenção ao agora, livre em potencial infinito.

Ser Templo Mãe é dar atenção ao universo "Mãe & filho" profundamente. É coemergir na plenitude amorosa, na abundância infinita, que se auto-observa, autoajusta, autocura e autossustenta em infinitos movimentos cocriacionais. Comumente, adquirimos as formas ressonantes das energias negativas que acessam os arquétipos da matriz negativa em que estivemos imersas desde crianças. Podemos estar em ambientes propagadores, em interações com pessoas de frequências negativas, que instantaneamente colapsam os significados da dor, do medo, da tristeza, da memória negativa armazenada em nossos padrões. E nos tornamos fonte negativa para as ressonâncias dos campos morfogenéticos das formas de vida que estiverem ao nosso redor, especialmente para nossos filhos.

Fui visitar uma amiga na maternidade que ganhou o seu primeiro bebê. Enquanto estávamos conversando sobre o parto, ela me contava a alegria em conhecer aquele rosto que até agora era só uma sensação. A expectativa de tocá-lo. Estava entusiasmada em poder tê-lo em seus braços, olhar cada detalhe de seu pequeno filho. Até que entrou a enfermeira com o recém-nascido para a mamada e, entregando-o à mãe, foi dizendo: "Olha, mãe, o seu bebê é o mais agitado do berçário. Já estou imaginando o que vem pela frente!" A expressão da mãe murchou e o medo ao colocar os olhos no bebê falou por ela. Estremeci. Estava colapsado o universo M&F! Nossa maneira de cocriar o singular Universo M & F está ainda atrelada aos estímulos externos. Funcionamos em ressonância das estruturas mentais negativas do mundo, fazendo associações aos registros de nossas memórias, geralmente negativos. Instantaneamente, a mãe cria uma dimensão imaginativa complexa de nuances, ritmos, histórias na velocidade superior à da luz. A mente barulhenta recorre aos seus condicionamentos e observa, em flashes simultâneos, várias situações negativas, que disparam estímulos internos de pensamentos e sentimentos. Também simultaneamente aos arquivos de formas-pensamentos negativos ou formas-sentimentos negativos, surgem as ressonâncias em seu *momentum* diante das experiências desde a primeira notícia da gestação até o nascimento.

Cada pequeno detalhe pode ser acoplado a um roteiro peculiar na consciência da mãe, que vai servir de gerador das vibrações energéticas, criando circuitos multidimensionais das ondas complementares de *potentia* e de manifestação. A imagem da variedade de *Calabi-Yau* - uma descrição de matemática pura que explana a possibilidade da teoria das cordas conjecturada como as seis dimensões extras do espaço-tempo – pode nos fazer referência a uma possibilidade de criação de pensamentos no emaranhamento. Em cada pequena partícula de energia existe o todo em perfeição. Cada unidade é uma imagem semelhante do todo, um fractal do campo da potencialidade pura, que nossa consciência cria uma nova dimensão, a partir de cada pensamento e sentimento em interação coerente com nossos ambientes internos e os estímulos externos.

Somos intensos em criações igualmente intensas, em possibilidades infinitas. Imaginemos a rede multidimensional de cada pequena partícula de nossa consciência local integrada à consciência não-local infinita! Tamanha sabedoria em plenitude de amor para manifestar a vida em alegria, bondade, compaixão, justiça, beleza - tantos corpos sutis para interagir com as energias em *potentia* e, ainda assim, conseguimos manifestar os modelos presos em nossas memórias negativas, nas nossas estruturas mentais estreitas e afastadas da natureza essencial! Como se tivéssemos um infinito céu azul em abundância e pequenas formações escuras que podem crescer e tomar nosso ambiente numa negra escuridão ou se dissipar em continuidade dos movimentos naturais. O que era somente força criadora e potencial infinita do amor incondicional, da consciência divina, pode começar a criar formatos negativos pelos ruídos externos que a mãe captou, os quais acendem suas intuições, seus pensamentos e sentimentos pelos circuitos habituados em padrões, que vão dar movimento aos seus corpos sutis, gerando turbulências em suas relações interna e externa, e coemergindo no exclusivo Universo M&F. As ondas energéticas estabelecem um padrão da fonte-mãe que alimenta seus corpos sutis até o físico e se relaciona com seu filho, estabelecendo a ressonância nutritiva das suas frequências energéticas. Os padrões energéticos da fonte-mãe colapsam as ondas de possibilidades e se manifestam em conceitos negativos em cada experiência de coemergência do universo M&F, que vai sendo rotulado e pre-conceituado em palavras, julgamentos, antecipações e expectativas negativas.

A fonte-mãe é a medida que estabelece uma frequência exclusiva para o campo morfogenético do universo M&F a partir de si mesma, de seu ambiente interno que sustenta os campos energéticos que estruturam os seus corpos sutis – os quais, por sua vez, respondem profundamente aos sentimentos e pensamentos. Os conteúdos sutis abastecem os canais das energias, os chacras, os meridianos, a rede interna entre o sistema neural do corpo físico e a comunicação com o externo. O gerador interno da mãe fomenta a sua consciência, que articula as ondas de possibilidades e de manifestação da coemergência do universo M&F. Enquanto a mãe operar em seu modo de funcionamento condicionado, responsivo aos estímulos negativos, à memória do passado, alimentará as estruturas negativas dos campos morfogenéticos do mundo em seu universo M&F, colapsando as suas ondas, dentre uma infinidade de possibilidades, naquela que era a manifestação condicionada, como por exemplo, da realidade da enfermeira.



No caso de minha amiga, minha atitude foi de abençoar aquele universo potencial. Para a sincronia das consciências M&F, visualizei num cordão rosa todo o amor do Universo envolvendo os chacras cardíacos de ambos. Visualizei a bolha de 144 raios de luz em forma infinita no campo Mãe & Filho. Precisávamos conversar sobre o Templo Mãe, mas o momento não era propício. Em outro ambiente, longe daqueles estímulos, poderia ser mais efetivo. Liguei, por alguns dias, para tentar ajustar os pensamentos e palavras em potencialidades criativas e amorosas que manifestassem novas intenções para o Universo M & F. Algumas semanas depois, marcamos uma visita em casa, e a mãe foi logo me contando... Que estava muito cansada, o bebê não dava um minuto de sossego, era muito agitado, não dormia.

A medida do olhar da mãe pode se deixar levar por modelos anteriores, por pensamentos negativos que a influenciam, por condicionamentos de experiências passadas, pode alimentar- se de estímulos externos negativos para confirmar fantasmas. Essa minha amiga repetia uma fala desde a gestação: que estava com medo de ser mãe de menino porque eles são muito agitados e achava que não saberia lidar com isso. A fala da enfermeira confirmou o que estava no campo da potencialidade de sua matriz e trouxe a sincronicidade entre o modelo mental memorizado por alguma história anterior, e sua medida potencial foi colapsando a realidade.

## O FILHO — INFINITO POTENCIAL COLAPSADO PELA FONTE MÃE

Desde os primeiros dias de relação entre mãe & filho, existe uma leitura incessante por parte da mãe de todas as manifestações do bebê, antecipando suas vontades e estabelecendo certo ritmo na rotina. Se o bebê chora, ela vai nomeando qual é o significado daquele momento: se é fome, se é sono, se é a fralda. E o universo vai se organizando. O filho vai se alimentando das energias da fonte-mãe e assumindo pouco a pouco a posição decretada como sendo sua. Do campo da potencialidade pura do infinito Universo, que é amor profundo e incondicional que toda a *potentia* do novo ser pode manifestar, a criança manifestará uma possibilidade pela vibração ressoante aos pensamentos e palavras da mãe, medidas da sua consciência. O filho está entregue à consciência da mãe, entrelaçado em sua fonte-medida. Enquanto a mãe está no modo de operação do sistema condicionado, nas crenças e histórias no padrão vibracional da mente local, a situação do inconsciente negativo da mãe gera a reciprocidade negativa no filho.



A mãe em operação local automática, seguindo seus modelos e suas formas de pensar atreladas ao mundo de estruturas tão negativas, mesmo que ame seu filho, irá automaticamente conceituar e trazer suas mais obscuras sombras e, sem controle, manter o passado e suas dores, seus temores, traumas, desamores em suas medidas. O filho passa a ter desajustes no maior temor da mãe, no seu fantasma. Esses comportamentos mostram a hierarquia entrelaçada de todo o ser do filho em plena sincronicidade. Em suas conexões cerebrais em ondas elevadíssimas e comunicação instantânea com a consciência superior, divina, não-local, ele compreende facilmente as linguagens do consciente e do inconsciente da mãe, em todas as suas qualidades. O filho é a vitrine dos significados das obscuras e das luminosas cenas que integram a mãe. Ele irá manifestar aquela ressonância que existe na verdade da coerência da Mãe, na medida do que ela vibra.

O medo é uma força propulsora e propagadora que facilmente nos sucumbe em nossos sentidos e memórias. Uma frequência negativa que assola grande parte das mulheres pela educação familiar, religiosa, pelas fontes nas quais nos alimentamos. Sem praticar os rituais, os comandos, a meditação, a ampliação da mente local para a integração da consciência superior, quântica, mantendo o seu ser em descontinuada presença localizada no agora, a mãe repete os fazeres e os ciclos. *Oroboros* é a cobra que morde o rabo em um ciclo fechado na existência em manifestação de padrões mentais condicionados e inconscientes, em adictos sentimentos. Mesmo quando estamos na busca das chaves, caímos nas redes dos sentidos externos e em gatilhos que nos ancoram às situações do passado.



As vibrações negativas nessa dimensão ainda são as dominantes forças e propagadoras do campo morfogenético e dos modelos de pensamentos e atitudes. A família planetária mantém uma rede neural estendida por todo o campo eletromagnético da terra, que vibra em derivações do medo, alimentando os pensamentos, comportamentos e estruturas dos sistemas. O campo neural planetário pode ser observado em suas oscilações quando alguns dos eventos mundiais são marcadores das frequências e geram alterações dos comportamentos de toda a massa da população das regiões afetadas. Geralmente, tragédias de grandes proporções, mortes de celebridades mundiais, eventos onde muitas mentes se emaranham em pensamentos ou sentimentos, comprovam o campo planetário se autoestimulando e se afetando mutuamente. Somos inseridos nas vibrações planetárias de todo o campo. Se as guerras ocorrem a centenas de milhões de km de distância, a comunicação com a rede eletromagnética é instantânea. Sofreremos os impactos, alimentando mais os hábitos e os padrões condicionados negativos.

Quando inserimos nossa mente nas informações de maneira direta, damos ao cérebro- mente, em nossa unidade local, as antenas para que criem os padrões de ondas que estarão em nossos sistemas neuronais da mente, do coração e intestinos e as decorrências a partir dessas captações, que afetam todo organismo – como descritos pelas atuais pesquisas da neurociência, que registraram que 75% da humanidade afirma viver no modo estressado. Esse modelo interno cria o padrão conhecido como modo de alerta de sobrevivência, onde as reações internas são todas mobilizadas para a luta, ou seja, enfrentamento daquilo que nos ameaça. Portanto, gastamos uma dispendiosa energia para ser mais forte e vencer, ou a fuga, mobilizando estados físico, mental e energético para se afastar ou se esconder daquilo que ameaça, dando-nos, dessa maneira, a vibração padrão de como nos relacionamos com tudo e todos. Esse modo de viver traz a liberação constante do hormônio do cortisol que inunda todo o corpo e a mente, e cria uma sociedade cansada, doente e acostumada a hábitos destrutivos que tiram o sentido da existência. A intoxicação dos sistemas internos integrados pelo cortisol induz o sistema nervoso a estar pensando e imaginando preocupações diárias que automaticamente inundam a mente e que, em 90 % das vezes, só ocorrem dentro de nós.

Mas a imaginação em alerta para lutar ou fugir produz consequências desse circuito fechado negativo, afetando nossos sistemas, como o imunológico, fazendo com que inflamemos. Produzimos as doenças como gastrite, gastroenterite, colón irritado, dermatite, amigdalite, otite, artrite, etc. Criamos a necessidade de ingerirmos antibióticos e anti-inflamatórios que alteram as paredes intestinais e as toxicidades entram no sangue, gerando mais doenças, em evolução das negativas possibilidades, inclusive as neurológicas e neurodegenerativas. Geramos as condições também que propiciam as disfunções psicológicas quando vivemos em irritação constante, com dificuldade para dormir, em ansiedade e em depressão.

As consequências na forma de ser vão sendo acumuladas e transformando as personalidades, as relações e as possibilidades planetárias coemergem como estamos. Nesse cenário, estamos em comunidades e relações sequestradas pela amígdala cerebral e temos as reações desproporcionais em explosões e impulsividades, que ativam o hipocampo onde estão guardadas as memórias negativas que rompemos em ideias crescentes e incontroláveis para atitudes negativas. A vida perde sentido e mais abastecemos o campo com hábitos destrutivos, com muros de proteção cada vez mais altos, onde guardamos armas de fugas e antecipamos as armadilhas para ninguém mais do que toda a humanidade. Isoladas em fronteiras imaginárias, diferenciadas por linguagens culturais, aumentando o volume dos hinos mais fortes, esquecemos que somos uma família planetária. Para compensar a visão embaçada e entorpecida, somos uma sociedade de adictos em sensações de prazer trazidas por substâncias externas, como álcool, drogas, comida, sexo ou fontes midiáticas artificiais e instantâneas.

Assim, seguimos no sistema de rede estruturado em negativas crenças e padrões que vivemos na roda ilusória da vida humana. Podemos dar nascimento a novas formas de viver se ativarmos nosso Templo Mãe. Mantendo-nos focadas em nossa força interna em cada instante inédito que está coemergindo é a alavanca da mãe, a foice, a catapulta para saltos quânticos. O contínuo não-local no universo está em íntima comunhão no cérebro mente local. O filho - quanto menor, mais conectado ao campo unificado - capta as frequências mais sutis, a menor parte da mãe, as sombras, os arquivos das profundezas e traz à superfície, em suas manifestações de comportamentos variados, recusas, choros, tendências, sintomas, gostos, preferências, interações singulares que vão sendo somadas na coemergência do universo M&F.

# IMAGINAÇÃO FLUÍDA EM CRIAÇÃO

Transformava com o Guillermo as experiências vividas no dia em histórias para dormir contando para ele, sob os registros de uma observadora de fora da situação, sobre as aventuras fabulosas que o bebê e sua mãe compartilharam, dando vozes à imaginação, nova luz aos registros negativos, ressignificando tudo com hipóteses variadas e criativas. Contamos às outras mães as nossas formas de lidar com as dificuldades e aquelas que as aplicaram viram diferenças imediatas. Aos poucos, a criança vai aprendendo a lidar com as dificuldades que surgem com mais recursos, vai contando as suas próprias histórias, ilustrando os seus fantasmas em enredos fabulosos. Registrar os momentos do Universo M & F faz com que o entrelaçamento consiga se rever no processo de interação e entrar em sincronia. As estruturas internas de cada ser vão se conectando aos recursos positivos, compreendendo que a hierarquia entrelaçada entre as vidas compartilha recursos, chaves, canais para ambos experimentarem em reciprocidade o amor incondicional. A poderosa força do universo não local comunica-se localmente na síntese M&F e cria os campos morfogenéticos para novas estruturas desenvolverem os dois seres.

# MÃE QUE NUTRE E FILHO QUE SE ABASTECE

Uma mãe que vibra a temeridade com a exploração do espaço pelos movimentos do filho cocria a energia primordial captada pela comunicação não-local e sentida pela mente local do filho. Ele passa a explorá-lo com mais vigor, joga-se, solta-se, tem atitudes para retroalimentar o fluxo vibracional que está captando da fonte em reciprocidade. Sabemos que em tudo onde nossa consciência coloca a atenção, maior serão os pacotes de energia para a manifestação na realidade.

A mãe que tem medo de doenças, queixando-se e protegendo-se para se afastar dos males da saúde, alimenta seus pensamentos e sentimentos em coerência às energias na frequência do seu olhar em atenção ao que mais teme. O filho fica doente em repetições, tem rotinas de visitas a médicos, consome medicação para pequenos mal-estares. Conhecemos crianças com menos de dois anos que foram internadas em hospitais inúmeras vezes por resfriados que se transformaram em pneumonia, por exemplo. São as medidas da mãe, sintonizada localmente a frequência mais forte e negativa – o medo - que fazem com que o filho alimente suas estruturas morfogenética em reciprocidade.

Uma mãe com seu bebê de 14 meses contava-nos que ele "era nervoso". Dizia-nos que, toda a vez que não gostava de alguma coisa, ele batia a própria cabeça na parede. Dentre as inúmeras atitudes, atividades, linguagens, comportamentos que o filho apresentava, a mãe colocava a sua atenção consciente naquela atitude do filho, criando mais daquela frequência quando ainda contava e decretava a ele a posição de quem tem essa maneira de ser. Há mais possibilidades no contexto, mas vamos exemplificar o que a mente condicionada no negativo pode fazer surgir. Imaginemos que, em uma das situações de experiência entre a mãe e o bebê, ele não tenha gostado de alguma coisa e tenha apresentado um espasmo motor, como uma palavra de desagrado que dizemos quando já dominamos a oralidade. A manifestação do desagrado do filho mostra o quanto ele está ativo no processo e pede para ser escutado com os recursos da ocasião, que é o seu corpo, a sua linguagem corporal. Os registros pessoais da mãe a fazem ver as atitudes do bebê e atribuir essa medida, colapsando uma identificação com aquele ser que está aberto em possibilidades infinitas. Se fosse outra consciência observando a mesma cena, poderia ser manifestada de forma diferente. A possibilidade de essa criança ocupar tal posição responde à intencionalidade da energia transformada em pensamentos (como a mãe pensa como é o seu filho): para ele, a representação mental negativa associada aos fortes sentimentos que o medo impõe. Aquilo que a mãe conta e intenciona pela maneira de ver e se relacionar com a criança representa as vibrações que o filho captará. Como ele vem direto da fonte – não há julgamento – o filho compreende que a mãe está manifestando a sua verdade e se manifesta diante dela. O que a mãe conta para as pessoas sobre o bebê cria determinada vibração energética que vai propagando as frequências que os campos morfogenéticos do filho ativarão. A fonte-mãe está em atenção aos estímulos que entram em congruência com as suas antecipações, suas predições, suas palavras, que atribuem ao mundo a identificação do ser do seu filho. O bebê, entregue incondicionalmente à mãe, entra em ressonância morfogenética com o que compreende como seus atributos que o traduzem em formas identificatórias, por compreender que os decretos pensados, falados, propagados pela sua mãe constituem o seu mais profundo ato de amor. E, em reciprocidade, traz as suas respostas em conceitos e significados sobre o como ele será cada dia mais humano.

As experiências da mãe na gestação, enquanto cria o novo ser, são ainda mais fortes em energia para os campos morfogenéticos do ser do filho. Conheci a história de uma mãe grávida no segundo trimestre aprendendo a dirigir com o marido, que tinha pouca tolerância a admitir erros. A prática ao lado da companhia fazia-a dirigir sob tensão, o que acarretava mais erros, algo que, por sua vez, levava o marido a gritar mais. Nesse contexto, a mãe fez uma manobra indevida e o carro acabou caindo em uma vala na rua, promovendo pânico, a água entrando no carro, causando movimento de sobrevivência em fuga. Passados os anos, temos a situação superada pela mãe, que aprendeu a dirigir e o faz por toda a sua vida. Já o bebê, que estava inteiramente inserido naquele meio energético, vivenciou as turbulências intensas de alterações dos hormônios, do ambiente intrauterino em vibrações de medo e dor que imprimiram nas suas memórias celulares e toda a sua constituição energética em potencial de manifestação. E continuou vivendo as frequências dos pensamentos, sentimentos – que são os mais fortes propagadores de campo quântico, sustentadores da força motriz do coração que rege o campo eletromagnético, a energia toroidal dos corpos sutis e físicos –, além dos atrelados aos decretos das palavras, que a mãe manteve em constante manifestação diante do trauma por algum tempo. O filho nunca conseguiu dirigir e a aproximação do volante causa pânico, sem que haja nenhuma situação adversa, mesmo 50 anos após a primeira experiência ainda no útero.

# A LOCALIDADE E A NÃO-LOCALIDADE DA FONTE MÃE

A qualidade da vida da mãe em todos os aspectos interfere nas qualidades de seu olhar, das suas medidas, das suas seleções de estímulos para formar as dimensões potenciais de seu Universo M&F. Quando ela está mais satisfeita, serena, tranquila, conectada ao agora, tende a olhar para as coisas de maneira geral de forma mais agradável e criar roteiros de existência felizes.

A fonte-mãe, enquanto o novo ser está sendo gestado, proporciona uma frequência energética vibracional que desencadeia formas específicas nas estruturas morfogenéticas, ainda na criação do novo ser, que influenciam todo o campo de existência do sujeito. A boa notícia é que a física quântica é a ciência do futuro, de maneira que podemos deixar nossos registros e estruturas velhas para trás e assumir o momento presente, em que captamos os recursos que temos no momento, ou de outros indivíduos, solicitando permissão. Então, em integração da consciência quântica, revisitamos as cenas que escolhemos e acoplamos recursos e comandos que nos fazem dirigi-las em ajustes nos valores positivos e amorosos. Podemos curar as pessoas se tornarmos o holograma da experiência vivida o mais real possível, estimulando os sentidos com ancoramentos de objetos, cheiros, gostos e sons que remetem ao momento do tempo- espaço. O ato de acessar a situação e remanejá-la a ponto de isolar as energias que deram origem às formas-pensamentos e às formas-sentimentos negativas, e transformá-las em novos em novos registros, modifica instantaneamente as relações geradas a partir dali. Parece filme de ficção, mas as terapias de cura quântica podem reestruturar o presente, beneficiando todos os seres envolvidos com a alteração dos registros do passado! Essas verdades estão demonstradas em inúmeras experiências pelo planeta. Temos como exemplo um experimento em um hospital que diferenciou dois grupos com uma infecção generalizada: e um deles recebeu orações, tendo melhoras mais rápidas e a alta antecipada do que o outro grupo que não foi direcionado pelas intenções espirituais. Porém esse experimento foi realizado nos anos 90, e as curas milagrosas que ocorreram a esse quadro de infecção aconteceram décadas antes do evento. As realizações que fizermos em coerência e harmonia entre a consciência local e a não-local podem apagar toda a rede energética envolvida, dando ao campo novas informações que modificarão todas as estruturas morfogenéticas para além do tempo e espaço - ou seja, onde as coisas acontecem no emaranhamento quântico no passado, presente e futuro, ao mesmo tempo. Em nossa consciência quântica, o tempo-espaço inexistem, a dimensão da realidade é mais uma dentre as demais, os sonhos são mostras da impermanência e de quanto a realidade pode ser ilusória. Somos apenas energia em manifestação na Matriz dimensional que tornamos real pela localidade e suas leis clássicas na medida da consciência que somos.



## SUSPENSÃO DOS MODELOS E CRENÇAS

O ponto de atenção para todas as mães que estão em busca das chaves para a integração da consciência quântica é não julgar as formas de comunicação do bebê como uma referência de sua memória. Não dar um conceito para a sua identidade, **não** nomear as manifestações como um atributo do **ser do filho.** Para que as *qualias* - tenham valor em nossa mente, a nossa consciência precisa observá-las e integrá-las. Nada na verdadeira natureza é bom ou ruim, antes de que possamos conceituá-los e oferecer o valor e a qualidade. Tudo é construído pela mente local em possibilidade do observador. Se a mãe aferir os conceitos como "agitado", "nervoso", "ruim", "bravo", "mandão", "impossível", "danado", "atacado", "genioso", "terrível", "manhoso" ou "bagunceiro", estes serão facilmente acoplados ao filho pela força forte entre o negativo padrão mental e as emoções de medo associadas. O espírito do ser de luz compreende que essa é a medida do amor de sua Mãe e fará em incondicional estado de presença de seu ser, a manifestação livre de julgamentos. A consciência do filho vem das altas dimensões, de um reino Crístico - integremos essa verdade como nossa luz -, de onde não há condições para o amor. As relações estruturam-se na pura sincronicidade pelo bem maior. A bondade e a compaixão estão em níveis de pureza se traduzem em entrega total do ser ao outro.

Assim, a recomendação a qualquer mãe é: **suspenda-se!** Entre no criativo espaço do vazio, da potencialidade pura, no qual toda informação está a sua espera para que integre os sentidos internos e a sua fonte não-local de inspiração e sinta pelas vias de seu coração, a vida compartilhada com o luminoso ser das altas esferas - o(a) filho(a). Nada antes do presente existe, nenhum padrão anterior, nenhuma forma de relação, nenhuma similaridade com modelo anterior. A nossa consciência precisa integrar o vazio potencial que representa o novo ser. Cancelando velhas formas de ver e estruturas de viver, abrimos espaços novos para que sejamos reformatados pelas vibrações da interação exclusiva de nosso Universo.



# O FILHO — NOSSA MATRIZ PARA UNIVERSO M & F

Toda mulher tem a potencialidade criadora. Acolher a maternidade como fruto da escolha da consciência divina, como as pedras amarelas do caminho que nos religam à nossa essência, os sinais que se acendem ao caminharmos, como a nossa missão no planeta em conexão com o sagrado. Tornamo-nos Templos Mães. Temos a oportunidade da criação de uma vida em nosso ventre, a possibilidade de nos transformarmos em fonte da energia suprema, a do amor incondicional. Somos parte humana e parte deusa, como o princípio da complementaridade, somos matéria e ondas de potencialidades. Essa é a verdadeira natureza de nosso ser. Somos amplo e vasto universo estendido, somos consciência não-local, somos o campo quântico, em nossa unitiva presença do todo. A força superior, criativa e criadora está disponível quando a mulher integra a mãe e consciente dá o salto para ser o Templo Mãe.

O espírito de nosso filho é o próprio campo quântico em incerteza, em fluxo de possibilidades, todo em potencialidade pura da consciência não-local divina que é o amor e a perfeição. O olhar, pensamento, palavra, sentimento, são as forças ressonantes da consciência da mãe que traz como medida para a manifestação da consciência divina pelo colapso das ondas energéticas a posição do filho no mundo, uma a uma. São as matrizes negativas de nossas memórias que trazem os conceitos que começam a fazer parte da forma de ser da criança. O foco do olhar da mãe em seus julgamentos colocará as medidas naquele corpo. A criança passa a se formatar à mente estreita da mãe, seu referencial nessa dimensão, sua fonte nutritiva das substâncias do planeta. O filho a ama sobre todas as coisas e em sua consciência divina, atemporal, não-local, parte da *Akasha* do universo, onde reside a potencialidade pura, onde tudo e nada em energia todas as coisas sem nenhuma qualidade e sem julgamento. Entrega-se incondicionalmente, acolhe e integra em manifestação humana a medida da fonte-mãe.





A mãe é a primeira medida, é a mente que observa e dá significado a cada uma das informações e sensações, dos pensamentos e estímulos que coemergem na relação M&F, desde a fecundação. É a mãe que seleciona, interpreta, simboliza, valoriza, nomeia, classifica, cria todo o mundo que vai se desenrolando nessa relação. Se a consciência da mãe elevada cria novos mundos - e a partir do nascimento do Universo Mae & filho, o bebê é um ser que está mais ligado à *potentia* do Universo, na consciência não local - ele tem um corpo em total *potencialidade* também, uma estrutura de ser em potencial. A consciência da mãe é quem dá a materialidade ao mundo do filho, colapsando as ondas de possibilidades infinitas em partículas do mundo.

Somente virando as chaves da busca para a consciência quântica da mãe é que poderemos ter modificações profundas nos seres humanos. O ambiente interno e o externo são colapsados pela mãe. É ela que gera, organiza e propaga as vibrações energéticas desde a gestação e nos primeiros e fundamentais anos de vida. A consciência quântica da mãe fará coemergirem as frequências positivas e amorosas nas estruturas da pessoa que cresce e se multiplica pelo mundo. Acredito profundamente em nosso *momentum*, na manifestação da consciência quântica da mãe, em entrelaçamento hierárquico com seu filho, em incertezas entre a cocriação da natureza da mulher e da deusa.

## A ESSÊNCIA DA DEUSA

Podemos escolher abandonar os pacotes padronizados do passado, as atitudes automatizadas, as maneiras de pensar condicionadas, as respostas modeladas, as imagens conceituais. Sabemos que a massa pode ser completamente transformada em energia e que a energia pode ser totalmente transformada em massa. Conhecemos a natureza da complementaridade – que tudo está conectado e somente somos energia em diferentes manifestações frequenciais.

Conectando ao nosso "eu sou" às deusas que estão emaranhadas em nós pela condição do feminino, às forças arcaicas que sobrepujam as energias de nossa ligação com a nossa natureza primordial, temos elementos para iniciar a nossa refação e realizar nosso salto quântico na existência!

Não é missão fácil! Combater os vícios e reflexos automáticos de pensamentos, emoções e atitudes. Conseguir ficar isentas das energias perturbadoras dos ambientes e das pessoas com que convivemos. Desvincular nossa mente do passado memorizado e gravado nas nossas células e facilmente estimulado, do futuro perturbador e desconhecido. Controlar o corpo simbolizado, barrado, marcado na construção subjetiva pelas limitações da cultura e do patriarcado. Sobrepor-nos aos eventos emergentes que alteram nossas estruturas e valores. Respirar e se conectar ao campo das linguagens energéticas; viver na vigília os sonhos; abrir os portais corporais.

Viver criativamente o agora, em serenidade e conexão silenciosa permanente. Inspirarmo-nos nos nossos bebês em meditação profunda e aceitação amorosa do presente. Ser presença inteira em cada instante. Nossos olhos observadores integram a posição adequada para focar o fluxo do Universo que cria somente o positivo na realidade manifestada. Observar o mundo natural que deixamos de ver desde que fomos educadas, podadas, marcadas consoante os modelos que tivemos. Afastaram as nossas crianças dos encantamentos do mundo da imaginação e da fantasia. Castraram os nossos animais internos. Cegaram nosso entrelaçamento com os elementos da natureza. Emudeceram-nos em seus discursos religiosos, punitivos e culposos. Encaixotaram-nos no sistema, no trabalho, na mente estreita. Bloquearam as nossas comunicações com as energias não locais. Substituíram nossos valores pela produção econômica.

Acredito que as mulheres corajosas estão sintonizadas na frequência das ondas quânticas e sentem, à sua maneira, os movimentos que estão pulsando em suas estruturas e coemergindo em suas formas de ser. Escolher não responder mais ao passado e a nada que remeta ao feminino materialista, encarando os desafios na busca das chaves para integrar nossa consciência quântica, exige um processo de automutilação: cortar de nós mesmas as composições das imagens atreladas ao nosso ser mulher-mãe e nos assumir poderosas, revigoradas, legitimadas, coemergindo no fluxo em nossa deidade singular e criativa.

A mulher em sua natureza primordial tinha seus caldeirões e cozinhava, entre os frutos da Terra, as energias. O seu povo estaria viçoso desde que a mãe Terra estivesse plena e feliz. Para acionarmos a deusa que somos, precisamos sincronizar com as forças das profundezas que compreendem e se comunicam com a natureza local.

Qual é a Lua hoje? Como estão os tons do verde? Que ervas podem beneficiar a energia do nosso lar? Como a natureza fornece força, proteção e cura?

Artificializamos a nossa vida e nos afastamos da sabedoria latente da natureza: grandes cidades, poluição, barulhos, apartamentos, desconexões e nenhuma energia vital.

Podemos abastecer nosso centro energético em locais como um rio, uma cachoeira, o mar, uma montanha, bosques, matas e florestas, cenários fabulosos esculpidos em detalhes pela sincronia da natureza. Procuremos locais que as lendas mostram terem sido ocupados por seres místicos, celestiais, fadas, elfos, os devas da natureza. Descubramos lugares energéticos onde as forças ocultas da natureza podem ser sentidas e vislumbradas. Visitemos locais onde houver lençóis subterrâneos, cavernas, cachoeiras. Precisamos nos reenergizar.

E mais: manter os pés descalços sempre, realinhando os pequenos chacras na planta dos pés. As árvores sagradas e silenciosas são fontes poderosas de energia. Comunicam as profundas forças da Terra e se elevam ao céu, verdadeiras deidades convivendo em nossa dimensão. Alimentarmo-nos de seus frutos, suas flores, cascas, folhas, cada elemento à sua maneira de apreciar, conecta nossas fontes energéticas das profundezas e nos religam aos céus. As árvores, cultuadas por povos ancestrais por seus mistérios, conferiam poderes aos que se entrelaçavam às suas forças. Escutar a vida que se inicia ao cair do sol é sabedoria essencial de deusa, que sente as energias por reconhecer as suas conexões consigo. O silêncio que revela as profundezas de nosso ser emerge na noite. Quando os homens dormem, a natureza acorda. A interna e a externa – é o convite à integração.

Conhecer as forças dos elementos essenciais da natureza que podem nos apoiar, com as quais nos identificamos em nossas verdades, traz as possibilidades para acionar nossos poderes e integrar nossas energias superiores e inferiores, internas e externas, potenciais e manifestas, para criarmos nossos rituais e magias. Respeitar, compreender, conectar e cultivar elementos naturais que podem limpar, energizar, proteger, curar nossos filhos e nosso lar.

As forças de cristais, pedras, flores, plantas, varinhas e bastões das árvores, que são presentes em nossa história, fazem parte da energia do ambiente onde estamos. Tempos de solstícios são celebrados como portais energéticos. A água é poderosa fonte de vida no tempo- espaço que vivemos, canal de energia auspiciosa e, atualmente, um dos grandes dilemas das pessoas. No lar de deusa, a água é energizada na luz solar e na nossa bênção com as mãos e comandos ao luar. Banhos de limpeza e de reconexões de energias são hábitos.

Articular nosso caldeirão em comandos e energias, transformando os alimentos em vitalidade. O útero também é o nosso caldeirão, onde alimentamos o fogo, incluímos os mistérios e atraímos o parceiro para revitalização energética e amorosa. Sugiro fazermos fogueiras com o propósito de contemplar o céu noturno, dançar, cantar, em conexão com a Lua, especialmente a nova e a cheia.

Olhar para o Sol no alvorecer, contemplar o resplandecente novo *momentum* entregue a nós e, por alguns segundos, absorver os fótons pelos olhos, irradiando a energia em nossas partículas. Ou no entardecer, conectar-nos à consciência cósmica em meditação de presença, desligando a mente barulhenta, ampliando o ambiente interno, recuperando a comunicação não-local.



E mais: dar comandos para ativar a energia da *Kundalini,* o cordão energético que nos liga às forças subterrâneas, convidando-nos a observar as luzes e as sombras, integrar Perséfone e Deméter, coexistir como a deusa filha & mulher & mãe, viver em fertilidade, abundância, graça, leveza, simplicidade, encantamento, sensualidade, beleza e fruição.

# AS BÊNÇÃOS A TUDO E A TODOS

O Templo Mãe abençoa seu filho, sua família, seu lar, seu alimento, seu corpo. Sintoniza as deusas que interagem em sincronia com a sua consciência-local. Cria o entorno de seus ambientes, inserindo-os nas luzes energéticas da geometria sagrada. Faz cantos; entoa mantras; dá comandos. Convida a todos os seres de luz de dimensões paralelas a unificarem as energias amorosas, bondosas, compassivas para todos os ambientes internos e externos. Solicita e autoriza que mentores, guardiões, protetores, comandantes, cinturas sacerdotais estejam junto de nós em cada instante. Se tivermos emanações de energias positivas a partir de nossos corações, acenderemos nossas chamas internas, enraizaremos nossa serpente das profundezas aos canais superiores, vibraremos nossos chacras na amorosidade, expandiremos nossos corpos sutis, compreenderemos as linguagens da natureza e de todos os seres, nos envolveremos em compaixão e bondade, irradiaremos como Fonte-Mãe do amor incondicional. De nossos lares, sincronizaremos as mulheres que se relacionam conosco.

Temos a rede do feminino em nossa mente. Toda mulher que passar por nossos olhos será uma mulher sob bênção. Nossas amigas e parceiras, irmãs nessa viagem, estarão a cada energização e visualizações emaranhadas em nós. O Templo Mãe mantém as altas frequências da chama acesa da intencionalidade para que cada ser, cada um de seus filhos, suas relações, todo o planeta, toda a humanidade, encontre as chaves em sua busca, integre a consciência quântica e passe a observar o mundo em possibilidades reais e imaginárias, de fato, baseadas no amor.



# O CORPO, NOSSO TEMPLO

Nosso corpo é um universo autor regulável, com o funcionamento da harmonia perfeita divina e tem o princípio da autocura. As artificializações da vida em sociedade, dos anos negativados da existência, das identificações com doenças, dores, sofrimentos, desilusões desativam nossa natureza essencial, tirando-nos de nossa homeostase (estado do equilíbrio perfeito). No circuito negativo do pós-moderno, recebemos estímulos sensoriais a todo instante e os ruídos alteram as frequências, fazendo-nos repetir os comportamentos de modelos, as expectativas negativas, os sentimentos e pensamentos negativos. As interferências são tamanhas e incessantes que passamos a nos identificar com elas, respondendo à sua influência e modelando a nossa forma de ser. Assim, devemos começar pela simples atitude de desconectar a tela e perceber que ficaremos sem saber dos costumes da época, das revoltas coletivas, das emoções em capítulos, dos vícios contaminantes. Então, poderemos nos observar de fora das vibrações e notar os comportamentos em nossos círculos de amizade e no contexto social em que vivemos.

Como está a sociedade, vendo-se medicalizada, transtornada e alterada em grande número? Crianças com diagnósticos precoces de doenças geradas pelas formas de alimentação, por estilos de vida, desenvolvimentos de hábitos e valores prejudiciais. Vivendo em ambientes familiares estressantes, que ativam os sistemas de sobrevivência de luta ou fuga, estados de alerta e tensão. Se o ambiente interno desde a concepção e gestação já esteve impactado pelas altas cargas de estresse vividos pela mãe, toda a produção bioquímica e hormonal estará alterada. Já demonstramos anteriormente que as crianças por toda a infância continuam sendo afetadas pelo campo entrelaçado ao Universo M&F. Sem a estruturação afetiva e emocional de que precisam para construir suas medidas, crescem na vibração do lar enfermo em modelagens de seus campos morfogenéticos, que padecem na primeira infância. Vistas como desestruturadas, são conceituadas, julgadas e rotuladas pelas instituições que determinam posições para que todo o sistema seja mantido em funcionamento. Muitas crianças em missão de luz precisam romper essas velhas estruturas e ensaiam movimentos próprios a fim de que sejam vistas pela mãe, sua primeira fonte, e sintam-se protegidas. Ter bebê e criança em nossa casa é fonte de energia vital em *potentia,* na qual nos entrelaçamos hierarquicamente.

Quando nós, mães, estamos integradas às consciências local e não-local, conectadas ao Universo M&F, compreendemos a interação entre as frequências superiores da consciência do filho, que se emaranham às nossas desde a gestação. E antes dela, sabemos que por meses. Construímos em conjunto a imagem e semelhança da perfeição divina, estamos em sincronia com a fonte amorosa e nosso corpo é a extensão da divindade, vivendo o instante presente. Somos sistemas e partículas em fabuloso e auspicioso formato que escolhemos para entrar nos movimentos dessa Matriz, criar nossos caminhos e nos desenvolver como consciência.

Olhemos para o belo e o positivo de toda a experiência, fundamentando nossa existência no amor e na bondade. Cuidemos das energias de tudo em que formos nos inserir – uma vez que toda interação gera correlação, ressonância conosco - principalmente se, no menor lapso de tempo, estimularmos o negativo, sentindo medo e criarmos expectativas negativas. Ainda em nossas estruturas fundamentais, o negativo tem muita força e altera os elementos do nosso corpo. As químicas geradoras de energias podem ser revigorantes ou envenenantes.

## O CORPO SABE O QUE A MENTE AINDA NÃO PERCEBEU



Em nosso corpo, há uma inteligência ativa diferente de nossas premissas e organizações que se movimentam incessantemente no campo unificado, onde não existem partes melhores ou piores, mas um todo integrado que se relaciona em profundo respeito para manter a homeostase. Qualquer pequeno sinal que altere a harmonia fabulosa, perfeita, divina é comunicado para a nossa mente, que dificilmente a compreende. A linguagem do corpo é mais uma, codificada fora dos códigos do sistema que rege nossos valores. Cada uma das nossas células pode ser considerada como um minúsculo chakra que articula as energias de cada sistema, interligando as correlações que se manifestam em saúde ou em doenças, em ciclos benéficos ou maléficos. Às vezes, temos dificuldades de nos afastar dos ciclos destrutivos e habituais, precisamos do compartilhamento com as pessoas para que compartilhemos energias.

# CÍRCULOS DE MULHERES

Cada Templo Mãe, em simples comandos, intenções e bênçãos tem o poder para curar outra! Os círculos de mulheres devem ser objetos de busca e de zelo entre o feminino – que se sustentam, nutrem, compartilham as experiências – e em sabedorias ancestrais acoplam os saberes das ervas, das conexões, das 4 direções, dos reinos intraterrenos, dos chakras, das visualizações criadoras que perfeitamente antecipam novas manifestações. Criar em sintonia com a assinatura energética de cada grupo unido em um círculo de intenções de amor e de cura recíprocas sustenta a consciência em conexão de saberes e expansão do ser deusa.

A natureza silenciosa permanece reconfortando-nos pacificamente; ainda que abusemos das suas estruturas, ela continua em sincronicidade com as forças divinas e limpa a nossa confusão. As pessoas estão em uma frequência vibracional densa, proveniente de fontes e registros negativos, mesmo que distintos. Usamos os comandos para nos proteger, ativamos os elementos energéticos e acionamos escudos protetores em cada experiência sem controle dos estímulos e entornos que formos viver.



# ALIMENTANDO-SE DAS ENERGIAS

A alimentação é outra forte fonte energética que vem contaminando a humanidade. Além da grande necessidade de fazê-la em menor tempo possível, cuja decorrência foi a eclosão dos *fast-foods,* as pessoas habituaram-se aos sabores e aparências industrializados e, mesmo após se tornarem maduras em ideias, não amadurecem no paladar, não se permitem ampliá-lo. Somos filhas da terra, portanto quanto mais alimentos crus e naturais trouxermos para nossa mesa, mais conexão com as energias do sol vibrarão em nossos corpos. Os pacotes informacionais que chegam até nós nessa dimensão vêm pelo sol – dos *neutrinos* que são lançados na superfície e que as manifestações se abastecem e somam ao seu campo morfogenético para serem. Quando trazemos toda luz solar para nossa nutrição e de nossos filhos, mais potência geradora de alegria e de manifestação da homeostase da fonte divina pode ser propagada em nossos corpos pelas frequências da terra. Sabemos que nos nutrimos também das energias das pessoas, palavras, ambientes e tudo a nosso redor, e pelos nossos pensamentos e imaginação. Além daquilo que nos chega pela não-localidade do campo e das informações e ressonâncias dimensionais, que são forças ocultas e fortes que atuam em nosso inconsciente. Com a ascensão da consciência local e todos os modos de integrar à consciência não-local, teremos plenitude em nos abastecer das boas energias e assimilar para o canal que somos as melhores vibrações.

Quanto à qualidade dos alimentos e à alimentação – busca dos orgânicos, plantios caseiros. Conhecer e acompanhar as discussões e pesquisas atuais sobre a saúde e o que somos a partir do que comemos. A energia de quem cozinha também interage com a dos alimentos. Toda interação que cada pequeno grão sofre até que chegue à nossa mesa, está contida no campo vibracional. Abençoar cada prato antes de nos alimentarmos neutraliza as energias negativas que podem estar nele. O templo Mãe em ação coloca a sua energia no preparo dos alimentos. Enquanto cozinha, dá comandos para que tragam saúde, harmonia, serenidade, vitalidade, à sua família, ou para quem estiver preparando, receba em vibrações e decretos. A consciência do Templo mãe compreende o profundo respeito que devemos ter a todo alimento; portanto, todas as experiências a conduzem para a demonstração desse valor em gratidão ao que está à sua frente. Estarmos atentas ao que está em nossas mãos em reciprocidade amorosa, desde o plantar a semente, a colheita do alimento na terra, a escolha na compra, o preparo até a alimentação.

O caldeirão do lar da deusa cozinha a vitalidade e a digestão, propagando energias e altas vibrações de intenções amorosas para toda a família. Precisamos do tempo a nosso favor para a qualidade da alimentação de nossos filhos, na busca adequada dos alimentos e das receitas, no preparo e nas celebrações de cada refeição que honramos e tornamos momentos de selos de convivência em alegria.

## ENERGIZANDO-SE: VOLTAR PARA O AMBIENTE INTERNO

Exercícios de relacionamento com nosso "eu sou" dedicados a achar a configuração quântica do nosso universo devem ser nossas práticas. A rotina do Templo Mãe é estabelecida pelas necessidades do contexto. Focando a integração de nossas consciências para ser quânticas, cada uma de nós deve meditar, respirar, ritualizar para estar atenta aos seus sentidos internos, às informações que capta pelos canais intuitivos, colocando-as em seu caldeirão e criando intenções para a sua realidade e as interações com a totalidade.



Estabeleçamos canais pessoais de energização: nossa família e nossa casa respiram e se alimentam da nossa energia, do Templo mãe. A casa é uma extensão da mãe terra, que está representada em nossos corpos, dos sutis ao físico, fomentada pela energia feminina. No nosso inédito presente, usemos toda a nossa criatividade com o propósito de inovar e criar o nosso agora. Há muitas iniciativas exponenciais no mundo atual trazendo caminhos para que cada singularidade pessoal possa expressar-se em sua totalidade criativa e vibracional.

## SINTONIZANDO O POSITIVO

Vamos vislumbrar que estivéssemos em condições de analisar o ambiente interno do útero em gestação com esses aparelhos e comparássemos os momentos de bem-estar, calma, tranquilidade e os outros de raivas, agitação, medo, estresse, memórias, etc. E se combinássemos a energização do ambiente em meditação e outras mulheres meditando em conjunto para alimentação positiva, amorosa, umas das outras? E as conexões com a natureza poderiam ser medidas? Depois de meditarmos e absorvermos as energias da árvore, da grama, do sol, do mar, conectando-nos à nossa natureza divina, como ficaria nossa energia? E a energia do bebê dentro do útero mudaria em cada experiência? Se víssemos as cores, as alterações, valorizaríamos mais as nossas condições de geradoras do novo Universo? Entraríamos mais em respeito profundo pelo *momentum* do universo M&F? E os pais incorporariam essa leitura das suas parcerias com as mães se pudessem observar tudo com os próprios olhos?

A concepção de que precisamos para viver a integração em nossas vidas, sentindo a experiência com consciência no mundo manifesto, é que somos todos uno. Todas as coisas, pessoas, animais, plantas, sentimentos, pensamentos, cidades e objetos são partes de uma mesma energia, que se afeta mutuamente. O alimento das substâncias do planeta é que faz as medidas das consciências, manifestando modelos coletivos da família planetária que canaliza os valores que estão em *potentia* nessa dimensão. O que existia em vigor na história do planeta, em termos de negatividades – doenças, tristezas, desilusões, atrocidades e prejuízos - por estados de consciências históricas e culturais, encontra-se em nós, numa espécie de arquivo que mantemos na nossa consciência singular. Enquanto vivemos no modo do aparato mental seccionado entre os hemisférios cerebrais, somos seres de visão fragmentada, condicionados aos valores dos interesses materialistas e, em nossas rotinas, mantemos os modelos de comportamentos e pensamentos dominados pelos regimes patriarcais, continuamos abastecendo os elementos e energias negativos, alimentando o ciclo destrutivo.

Nossas consciências humanas contêm os arquétipos coletivos, uma força inconsciente que nos atrela. São potenciais de gestação de informações históricas, os quais fazem com que as realidades surjam como as concebemos. Somos nós, mães, que fornecemos a substância energética para a fundação dos aparatos mentais dos nossos filhos. Os processos coletivos são, por outro lado, retroalimentados pelas consciências pessoais, um emaranhamento do campo.

Precisamos de cada mãe quando ela mergulha na experiência materna. Somos a autorreferência no processo de cocriação do Universo M & F, movimento contínuo de colapsos locais e comunicações pelas nossas consciências entrelaçadas hierarquicamente. Somos coletivamente intrincadas no processo de fazer as coisas surgirem, mas como fonte da substância planetária que há tantos anos está condicionada no negativo. Assim, a atenção na descontinuidade local, na cisão com todo o passado e no foco da mente inteira voltada para o agora é fundamental.

Para ativar a conexão da consciência quântica de nosso padrão de funcionamento do Templo Mãe, precisamos nos tornar grandes observadoras do presente. Compreender a nós mesmas como canal de energia das *potentia* do Universo, sintonizando as frequências positivas, selecionando as paisagens, os entornos e as vibrações para as medidas dos valores do bem, do amor, da bondade, da compaixão. Compreender que o funcionamento dos contextos surge das interferências de toda a rede de consciência e que, por ainda estarmos vivendo as estruturas velhas, temos as nuvens negativadas das estruturas querendo nos sequestrar.



## RE-CLAMAR: PEDIR DE NOVO

Paremos de reclamar do que está ruim! Se assim está, nós o fizemos surgir! Se assim ele emerge, é porque nós mesmas estamos criando essa medida! Somos a antena que capta essa frequência! Recriemos, portanto, a beleza em nosso interior. Reconectemo-nos à nossa habilidade estética da perfeição. Desejemos o belo e o positivo. Interrompamos o fluxo de pensamento e as luzes no negativo. Digamos a nossos filhos que o pensamento é como um trio-elétrico, só vai continuar se tiver quem o siga! Escolhamos nossos pensamentos, nossas palavras, nossas ferramentas. Respiremos, meditemos, reflitamos, sozinhas ou com ajuda, e percebamos nossa posição nos enredos que até hoje construímos, de modo a darmos saltos em qualidade existencial! Olhemos as coisas boas e positivas à nossa volta para iluminá-las! Façamo-las crescer em nosso foco de atenção e observaremos pequenos milagres a cada dia.

Criemos o positivo, o belo, o bom à nossa volta. Examinemos cuidadosamente como está nosso contexto e meditemos sobre ele, o espaço onde estabelecemos nossas relações - se as ondas de nossa frequência (pensamentos, energias, palavras) saltaram para um patamar melhor, mais amoroso. Escolha os ambientes que ajudarem a ampliá-la. É muito sutil a interferência que alguns ambientes e pessoas realizam em nossas vidas. Se desejarmos uma frequência vibracional divina, teremos que levar em conta onde a nossa energia esbarra, onde está conectada a comunicação não-local instantânea e onde estamos focando nossa consciência, interagindo em cada momento presente e escolhendo onde e com quem estar. Há de vir o *momentum* em que nossos filhos, seres de novas estruturas mentais, interajam nos campos morfogenéticos e cocriem um lugar maravilhoso para todos.



# O MOMENTUM

Cada mulher tem o poder para criar uma imagem maravilhosa em relação a si mesma. Estamos em nosso *momentum* – é tempo de olhar para nossos pensamentos e silenciar a mente barulhenta que nos afastou de nossa essência amorosa, intuitiva, bondosa, compassiva. Entrar em suspensão de nossos modelos do patriarcado e encarar as faces entrelaçadas da filha & mulher & mãe, recriando-nos em amor incondicional. Encarar a leveza que podemos sentir, ampliar nossas frequências e dar a nós mesmas a medida para olhar o agora, sentir as nossas asas nos libertando...

Quando minha filha escolheu passar sua experiência inaugural de trabalho no exterior, nas férias do primeiro ano da faculdade, num local que não era destino da maioria dos seus amigos, em São Francisco, Califórnia, disse a ela, antes do embarque, para manter o foco no *momentum* e sentir o abrir de suas asas quando pisasse naquele solo. Ela me telefonou ainda do aeroporto para contar que sentiu, ouviu e incorporou as asas que se abriram. Após três meses de trabalho duro em dois empregos e morando em albergue, transformou-se. Ultrapassou padrões e inspirou-se a buscar o que realmente desejava para a sua vida. Aprimorando as medidas de sua fonte-mãe, sincronizou seus campos morfogenéticos e criou as suas formas de ser mulher em seu tempo-espaço. Aos poucos, foi sabendo que não tinha a menor ideia de quais eram as suas expectativas para a sua felicidade. As asas que se abriram davam-lhe infinitas possibilidades e, aos 19 anos, sabia que poderia ser praticamente tudo o que sonhasse. Construir um voo solo estando em plena força e energia, e ao mesmo tempo compor o percurso tendo a estrutura no amor incondicional, são atos de extrema coragem, autoconhecimento e amor-próprio. Ter a liberdade para ser nada menos do que ela mesma em potencialidade pura, em consciência manifestada em cada experiência. As mulheres integradas às consciências quânticas abrem as suas asas e sabem que o tempo está acoplado ao mesmo espaço.

O fato é que repetimos as mesmas cenas que vivemos o tempo todo. As montagens dessas imagens são rotineiras na nossa construção do dia, vivemos no modo automático, condicionadas nas formas semelhantes de realizar cada pequena ação. Muitas vezes, percebo- me segurando o volante de modo idêntico ao que minha mãe segura. Vejo minha irmã e minha mãe paradas com o mesmo gesto: o dedo indicador segurando a bochecha, a caligrafia de minha mãe e minha filha em movimentos similares. A voz da Marcella ao telefone sendo confundida pela minha, pela entonação e pelo ritmo da fala, com gestos, vozes e hábitos que são adotados e praticados involuntariamente. Os conteúdos estruturais que formamos enquanto nos alimentamos da fonte-mãe são ainda mais profundos e intensos.

Como nos construímos? Temos consciência de nosso corpo? Que interpretações fazemos a respeito de nós mesmas para esse conjunto estampado? Todas as sensações que vivemos desde a nossa concepção estão em nós. Somos as mulheres do que fomos quando bebês, meninas e moças, resultado do processo das nossas relações com nossa mãe. Somadas às memórias transgeneracionais que passam desde a teia familiar, que não conhecemos até que as acessemos. Existem alguns caminhos para que possamos ver e liberar esses registros. A constelação familiar é uma delas, a micro-fisioterapia, outra, para exemplificar.

Se a condição materna que vivemos enquanto bebês consolidou-se sem o olhar, o toque, o afeto e o embalo, ou se não experimentamos o amor de nossa mãe, emerge o choro, a dor, a busca, a angústia. Sentimentos estigmatizados em nossas profundezas que nos escapam. O Corpo simbolizado e marcado que mostra a sua dimensão existencial. As escolhas que fazemos pelo trabalho, pela área de atuação e pelos hábitos diários são modos de nos relacionar conosco na tentativa de somar as sombras e os aspectos iluminados. Usamos nossos discursos cheios de conteúdos cognitivos/ afetivos/ energéticos, além dos corporais, formatos e sintomas, que podem ampliar nosso rever, escutar, reler e nos redescobrir. As energias que são anteriores ao aspecto consciente da mulher podem ser descortinadas pelas linguagens pertencentes ao manifesto mundo da realidade, pelos pensamentos, maneiras de agir, de se posicionar, de se relacionar conosco mesmas, com os seres, com o ambiente. As energias geradas pelas nossas formas-pensamentos, pelas nossas medidas para as coisas, atitudes frente as experiências, as escolhas nas interações, são compostos de nossos arranjos melódicos vibracionais, a nossa assinatura energética como a forma de estar e ser. A palavra é o decreto, a lei que modifica tanto as formas quanto as frequências que trarão a coemergência. Registramos enredos particulares pelo que observamos, pelo modo como selecionamos as informações e fazemos as sincronias de nossos ambientes interno e externo com a causação descendente, a energia da não localidade que nosso campo quântico acessa.

Como despertamos a integração da consciência quântica não-local ao nosso modo de operação mental local, ativando os princípios da incerteza, da complementaridade, do entrelaçamento, das infinitas possibilidades - o arcabouço de nossa verdadeira natureza - se seguimos funcionando por padrões repetidos? Podemos aumentar nossos decibéis subjetivos? Quais foram os exemplos que tivemos em nossas histórias?

Quais foram os modelos na escola, onde passamos anos de relações com o feminino, com o subjetivo, com a informação, com a cultura? Que influências causaram em nossos modos de pensar, gostar, desejar? Quais conteúdos não ditos, velados, despertaram nossa curiosidade? Como a linguagem era oferecida e como nos comunicávamos e nos expressávamos? Quem nos escutava? Como são nossos sentimentos em relação a nós mesmas? Como fazemos nossa mente desautomatizar-se?





Criarmos nossos mecanismos de desbloqueio, descobrirmo-nos e despertarmos! Rever-nos a cada dia, termos nosso ritual antes de dormir, antes de sair da cama, ao acordarmos. Encontrarmos o nosso *momentum* e refazermos o olhar. Como observadoras do nosso filme da vida, precisamos assistir a nós mesmas. Fazer a experiência de autoanálise em cenas escolhidas e filmadas traz as possibilidades reais de percepção, em autorreferência. É hilário como muitas expressões comunicadas ao externo, quando vistas por nós, não coincidem com as intenções. Atuar em frente ao espelho, prospectando as cenas como queremos dirigir a atuação, nos dá boas pistas para retirarmos algumas lentes do olhar.

Exercitamos algumas vezes essa recriação da cena em nossas direções internas de visualizações ou meditações ou jornadas. Revimos as filmagens de experiências cotidianas quando um outro filmou Mãe & Filho em interação. Mais comum do que imaginamos, as linguagens não-verbais, envolvendo movimentos faciais, expressões, entonações, mobilidade corporal e sequências de atitudes, são interpretadas de maneiras diferentes pelos interlocutores, até por nós mesmas quando nos enxergamos ao nos rever nas filmagens. O filho não aprende pelas coisas que ensinamos, muito mais pela absorção das múltiplas linguagens. As crianças nos primeiros anos de vida estão em íntima correlação com os ambientes internos do Templo Mãe, ao campo toroidal e às vibrações que emanamos, pela coerência do coração e cérebro-mente alinhados aos comportamentos, as linguagens mais influentes de nosso todo.

Para sermos nós mesmas em nossas belezas e auspiciosidades em nosso singular "eu sou", para conhecermos as nossas habilidades exclusivas com vistas à nossa atuação no mundo e à criação do universo M&F, para nascermos templos mães, precisamos desenvolver a criatividade fundamental, situacional, interna e externa. Ativarmos a integração de nossa consciência quântica, que é descontínua, sem repetições de qualquer modelo, pensamento, crenças e padrões, hábitos mentais – qualquer coisa que esteja fazendo parte da vibração local. Para o ato criativo, entramos em comunicação com a não localidade e a causação descendente, com a energia que se origina de nosso fragmento superior, cósmico, e podemos verificar se ampliamos a mente. Silenciamos a parte barulhenta e condicionada da operação cérebro-mente e vislumbramos o maravilhoso espectro da *potentia* que se configura como algo inédito, atemporal, indeterminado. O Templo Mãe traz formas criativas para a sua realidade, estabelecendo novas fontes de vibração energética que dá luz ao seu universo M&F.



Suspender-nos para nos dissolver. A exemplo de "O Sonho", compreendemos que somos o que nossas consciências conseguirem atingir. Para que o Templo Mãe abra as asas, gentilmente refaçamos as concepções a respeito da tessitura de nosso ser. Amorosamente vivamos cada respiração. A inversão dos polos revira nossa posição em reajuste como observadores. Acoplar em nosso voo quântico uma dimensão, sem tempo ou espaço, de todas as faces de nós mesmas desde a infância para redefinições de nossa consciência, nosso domínio e nossa atenção pelas nossas buscas – eu diria, caça às bruxas!

Cacemos nossos fragmentos de bruxa e de fada nos personagens de filha, irmã, menina, moça, mulher, mãe, e nas posições assumidas em versões de nossos cisnes, branco e negro! As duas faces da nossa imagem – Deméter e Perséfone, Eva e Maria, Madalena prostituta e esposa de Jesus – nas integrações dos fractais que vibram em novas possibilidades de manifestações, reformatando os sistemas de crenças e padrões, que nos rotulam e identificam. Somos Templo Mãe que se ilumina em toda a verdade e vida pela consciência do Filho e o coloca no centro de nosso altar como a potencialidade divina do puro amor que nos dá o 'reset' e esvazia, permitindo sermos a Fonte Mãe na nutrição da perfeição coconstruída em parceria entrelaçada.

## TÉCNICAS PARA ATIVAÇÕES DE CORPO E MENTE



O ato de nos conectarmos diariamente ao nosso estado de Templo Mãe exige o tempo a nosso favor, em nosso foco de atenção ativa para a conexão da frequência – que a nossa consciência no agora possibilita ao estado cocriacional. Nossa observação inicia-se pelo corpo, a forma do "eu sou" que traduz em linguagens seus contornos, sistemas, funcionamentos, o que o nosso corpo comunica, se o que os outros veem é coincidente ao que vemos. Os exercícios para a conexão das consciências devem ser movimentos particulares de encontro com o nosso corpo. Em um primeiro passo, muitas mulheres não conseguem entrar em atenção à linguagem corporal, aquele corpo é um elemento estranho, sem familiaridade, nada íntimo. Podemos contar com a assessoria e com as técnicas disponíveis, construídas ao longo da história da humanidade - principalmente a oriental – que incluam a respiração, a posição e o movimento.

Os rituais para integrar a consciência do Templo Mãe envolvem cantos, danças, elementos da natureza, água, fogo, terra, ar, que possam ativar os poderes e as energias. Conhecer as possibilidades de técnicas de movimentos já praticadas para trazer a nossa medida. Como exemplo, alguns encontros por meio dos quais tivemos a honra de nos depararmos com seres de luz em forma de mestres - em suas linguagens distintas de pilates, ioga, meditação, chi kung, corrida - aos quais agradecemos constantemente e em gratidão oferecemos as energias sempre renovadas. Participar de alguns momentos para subsidiar os nossos recursos e estruturas com o intuito de nos tornarmos conscientes de nosso corpo. A conexão com nossa morada permite uma comunicação em sincronia. A escuta ativa das linguagens que oferecem o poder da criação daquilo que é nossa exclusiva necessidade.

## O LAR DA DEUSA SINCRONIZA A ENERGIA

O nosso lar é um emaranhado de energias, desde o local onde está concebido e as informações da terra - do que existia ali antes, como foi planejado e executado, de toda pequena partícula de intenções –, até todas as execuções formam seu arranjo vibracional. Todas as pessoas que já passaram por aquela casa deixaram suas pegadas energéticas nessa teia. As cores e os objetos que compuseram seus ambientes também ressoam em seu campo.



Quando adentramos em novo lar, primeiro honramos a sua existência e integramos todas as vibrações em nosso universo, dando a ele a integração em nossa consciência. Se aprendemos a fazer leituras das vibrações do campo, por alguma técnica aprendida ou por habilidades parapsíquicas, o sentiremos em nosso campo áurico, sutil ou no corpo físico, além de podermos receber informações sobre o todo e o que ele nos comunica. A casa, antes de adotarmos como nosso lar, necessitará passar por processos de limpezas, simples ou difíceis, dependendo da história acumulada e sua ressonância com nosso campo pessoal ou familiar. As nossas intenções e sentimentos em relação à casa também serão absorvidos pelo campo das informações, que independem do tempo. Conhecemos pessoas que escolheram uma casa por se apaixonarem, embora não dispusessem do valor para a compra do imóvel por anos. Acontece de a casa ficar sem outro morador por aquela coerência entre a mente e o coração ter sido tão intensa, que as informações foram absorvidas no campo da casa e ninguém além do apaixonado consegue tê-la. Outros casos em que a família precisa vender uma casa por alguma razão que seja, mas muitos eventos aconteceram ali, com muitas emoções, e enquanto todos os moradores envolvidos não abrirem realmente seus corações para deixá-la ir, a casa não é vendida/comprada. Há histórias de casas que foram habitadas por pessoas que não gostavam de verdade dela – foi alguma ocasião de necessidade para a moradia. E acontecem variados elementos de sintomas, tanto da casa que se estraga, entope, queima, embolora, como das pessoas que não conseguem dormir, sentem dificuldades digestórias, dores na cabeça ou o corpo, pelas sintonias não estarem harmoniosas.



Consideremos tantas e quantas histórias nas paredes da memória de uma casa, quanto forem os anos de sua existência. Mais profundas e em mais técnicas serão necessárias as limpezas para retirar do campo as informações. Há maneiras de fazermos isso, de inúmeras formas – com defumações com ervas, com banhos de sais e ervas, banhos de anis, queimas de símbolos com pólvora, incensos, borrifações de ervas, de ouro e prata –, rituais simples de técnicas terapêuticas da mesma maneira que utilizamos nas pessoas. Depois do campo limpo, a fluidez retornar e a ressonância com seu campo toroidal pessoal estiver em harmonia, organizamos ritos de passagem como batismos da casa como parte da família. A sua alegria, gentileza, sentimentos evocados pelas formas que criar recebê-la em seu campo vibracional, ficarão embutidos nas informações. Podemos aproveitar sabedorias que nossas avós nos ensinaram e benzer cada ambiente, oferecer símbolos de oferendas como pão, sais e flores para abertura e acolhimento do campo, realizar rezas e orações; evocar mantras, realizar danças, plantar cristais nas 4 direções, ervas de proteção na entrada, nos limites da propriedade, etc. Em cada situação percebida, estarmos abertas a captar as linguagens e utilizá-las para harmonizar todos os seres é a prática adotada. Na decoração dos ambientes, perceber como conciliar as energias da natureza externa para os internos será como blindar os espaços.

Os elementos da natureza evocam as energias de acordo com as suas composições. As formas e seus arranjos em manifestação que cada aspecto da mãe terra apresenta, traduz a linguagem das vibrações que estão condensadas. Em nossa casa, estamos inseridas em seu campo frequencial e nas captações dos eventos circunstanciais que a atingirem, como uma antena. Dependendo da atenção que disponibilizamos às energias, damos mais espaço para que essa condição se manifeste de forma específica. Quando estamos abertas à comunicação com a *potentia* do Universo, podemos nos tornar foco de cargas negativas externas, já que abrimos nossa sintonia. Olhos para ver, para que sintamos as ressonâncias de alguns furacões - como aparelhos eletroeletrônicos que começam a pifar, animais que adoecem, plantas que murcham - são exemplos de que entramos em algum campo denso de energias negativas e a casa está captando e absorvendo. Sem conceituar, precisamos fazer nossos rituais de meditações, visualizações ou técnicas terapêuticas para ativar e praticar as energias em cura, perdão, agradecimento e intenções para desde aquele momento. São palavras simples que geram a intencionalidade compassiva e, rapidamente, as energias são transformadas.



O acolhimento do que nos acontece em profunda serenidade traz a consciência para uma possibilidade de existência onde compreendemos que não existe o bom ou o ruim - são essencialmente fatos e experiências. Nós é que damos o valor e a medida da dualidade. E nos comportamos de acordo com as nossas maneiras de olharmos em cada posição para as situações. A nossa consciência dará à medida que faz o enredo transformar-se em drama, romance ou aventura, terror. Qual é o valor que desejamos para a vibração de nosso lar? Concentremos nossa atenção.

Se vivermos brigas, discussões, desarmonias, desgostos, decepções, estresse em nosso lar, da mesma maneira que estamos emitindo para o campo informacional essas densas energias, iremos ser influenciados por estas, que ressoarão em nosso campo toroidal pessoal e em todos os seres que vivem na casa. Em cada presente momento, ler e integrar as informações que se apresentarem, incluindo-as em nosso universo e em coerência com seu coração, mente e espírito, saberemos como agir e do que o campo está precisando. Nosso lar é como mais um integrante da família. Vivemos em respeito e ampla percepção das informações que vão compondo o campo. Somente o amor pode dissolver, proteger e formatar a vida em manifestação múltipla no nosso lar.

A energia da mulher é que orienta principalmente a energia do lar, vibrando em ressonância desde o coração da mãe terra, o Templo Mãe e o campo informacional dele. Pode influenciar o ambiente, as pessoas, os animais, as plantas, as experiências daqueles que convivem. A partir daquele espaço, pode expandir-se para outros lugares e seres. A sincronia da consciência do Templo Mãe com a comunicação não local, que é plena em amor, e à energia local, alimentando das nossas estruturas internas e o espaço externo, fará com que o clima energético de nossa casa seja abundante na paz e no amor. As interações com estímulos externos que sofremos em nossas rotinas podem carregar energias mais densas e negativas para dentro do lar, principalmente pelas pessoas. Objetos, plantas e animais possuem outra estrutura, emanam e captam energia, mas diferenciada pelo ego que é humano, a sua natureza essencial é harmoniosa.



Somos muito mais partes sutis do que físicas. As pessoas têm conceitos e julgamentos a respeito de quase tudo e essa interação faz com que as vibrações do planeta, comumente negativas, estejam emaranhadas em nossos modos de ser e agir. O templo da deusa começa pelo seu ambiente interno, sua mente que está entrelaçada ao seu corpo, e ambos estão entrelaçados ao externo, onde se manifestam suas experiências e articulam-se as suas interações. Dos sonhos lúcidos podemos trazer evocações para predições de experiências, observar em nossa mente os detalhes do ideal. Se precisarmos de recursos, buscar nas fontes conhecidas, elementos da natureza, pessoas, e transformá-los em energia visualizada em cores para inseri-la no ambiente, na situação. Na meditação, podemos guiar a mente para rever uma experiência, acoplar novos comandos, retirando as energias negativas e visualizando a dissolução das antigas respostas.

O lar é o continente das frequências e vibrações onde estará a coemergência do Universo M & F. Desenvolvemos em nossa casa, os valores para o crescimento das habilidades e dos talentos de cada pessoa e do ambiente nas complexidades das relações da vida em família, onde alteramos as energias pelas ressonâncias dos campos emaranhados em fluxo constante. Quando estamos em sincronicidade com a energia transcendente, estando em nosso lar com a manifestação do Universo M & F, trazemos pela consciência da criança pequena a comunicação não-local em expansão das boas qualidades e vibrações harmoniosas para a organização e estimulação da vida no lar. Para o filho, o lar representa mais um aspecto do útero, da fertilidade amorosa e da nutrição energética para a expansão de seu ser e das potencialidades que possam se manifestar em seu desenvolvimento. O Templo Mãe cultiva o seu lar, seu espaço de ressonância da frequência do amor que estará em seu emaranhamento de consciência e de manifestação criativa para as rotinas familiares.



A organização de um ambiente que seja estimulante das boas energias é fundamental para propiciar as vibrações que manifestam o amor. Portanto, devemos selecionar os elementos que usaremos de acordo com a nossa intuição, com a conversa íntima em nosso ambiente interno, com os *insights* em nossos momentos de meditação, dos registros e das reflexões sobre as rotinas e as experiências com nossos filhos, pelos sonhos e experiências extrafísicas. O ambiente externo onde o Templo Mãe vive e manifesta as suas energias internas. Seus rituais e atos em todas as interações estendem os valores que vibram emanando e captando energias para todos os seres, influenciando e sendo influenciado em movimentos contínuos de comunicações entre os campos e os ambientes internos e externos.

A nossa escuta ativa e acolhedora estará em atenção gentil ao que nosso filho comunica dentro do lar: a criança irá mostrar, pelas suas linguagens e seu comportamento, se as energias se alterarem e se densificarem. O ambiente pode ter objetos com cargas energéticas negativas atreladas à sua história, que às vezes não conhecemos. A energia está em tudo e traz na interação suas forças. Já vivemos a experiência de passarmos a antena radiônica nos ambientes da casa e encontrarmos pontos negativos em alguns objetos. Poderia escolher doá-los ou realizar limpeza energética. Dependendo da ligação afetiva da família, do apego à peça, pode ficar difícil simplesmente eliminá-la. Mas é, sem dúvida, o melhor a ser feito. A energia de um objeto pode estar relacionada às pessoas do lar. Essa interação é que causa a negatividade. O fato de ele ir para outro ambiente pode neutralizá-lo instantaneamente. A sugestão é dar um nascimento positivo em um novo espaço e uma nova interação. Abençoando e criando a intenção amorosa, teremos uma nova etapa energética para o objeto.

Para limpeza e proteção do lar, devemos ter hábito diário de dar comandos para dissolver as negatividades e acoplar os tubos de conexões com as forças energéticas de nossos mestres, anjos, devas da natureza, comandantes estelares, cintura sacerdotal, os seres de luz que fazem a nossa ligação com o transcendente. Usar pedras, cristais, acender velas, aromatizar o ambiente com essências, óleos, encantar com flores, fazer banhos de purificação, proteção, limpeza, energização, criando nossos sacos de ervas, de pedacinhos de troncos, de flores.



Se houver árvore em nossa casa, ou em alguma região próxima ao local em que estivermos ou, ainda, uma outra em lugar que costumemos frequentar e onde nos sintamos bem, façamos uma varinha para ter na bolsa. Podemos escolher um pequeno galho de que gostemos e criar a nossa varinha, que serve como uma antena para conectar boas energias. Também devemos ter em nosso lar um bastão, um pedaço de galho um pouco maior ou mais alto, com o qual possamos ornar um vaso – são poderosos conectores dos espíritos das árvores. O templo Mãe traz a alegria e as boas energias quando canta e coloca a casa para ouvir sons que sincronizem as frequências do bem.

Assim como nosso ambiente interno, nossos sonhos, nossa comunicação e escuta com o nosso corpo, nosso templo e nossa meditação fazem parte do processo de expansão da nossa consciência local para a integração de nosso *self* quântico. A organização do nosso lar estará em acoplamento com o nosso *momentum*. Ninguém mais senão o templo mãe pode saber, sentir, intuir, escutar aquilo de que o nosso universo M&F precisa para vibrar na frequência do amor e reestruturar-se na homeostase dentro do lar – o ninho da proteção e do acolhimento, o espaço que nos abraça e aceita todas as faces dos seres.

## RECONECTANDO-NOS E REDESCOBRINDO-NOS

Qual relação mantemos com nossa morada, o nosso corpo? Já nos tocamos, sentindo as zonas de maior sensibilidade para a consciência corporal? Para compreender as linguagens possíveis em autoconhecimento, curiosidade e prazer? O que compreendemos por prazer? Já experimentamos o corpo nu em movimentos e sensações conosco mesmas?



Abrirmos as asas do cisne negro, encontrarmos com a face da superfície e das profundezas, de luzes e sombras, em um salto descontínuo na existência. As energias acumuladas disparam em catarses e sensações corporais, em rituais da deusa em vivência amorosa, em profunda intimidade e respeito. Sentirmos a pulsão em movimentos sincrônicos, em respiração para o interno, toques que deslizam ao cheiro, gostos, velas, águas quentes, sol, sons... Criarmos o Templo das relações afetivas em máximas experiências e trocas, para a abertura das asas negras. Sintamos onde há acúmulo de energia no corpo, na forma de dor e tensão em certas regiões. Indiquemos ao companheiro áreas para massagear – mostre os movimentos e flutue! Enquanto a dor vai sendo liberada, concentre-se nos movimentos de preensão da energia sexual em crescimento e expansão das forças internas. Sem julgamentos, percebam-se sagrados e façam o melhor que dois corpos e mentes em sincronicidade podem manifestar - como o Tao em perfeição, o *yin* e *yang*, o casal Crístico na frequência mais potente que produzimos: O Amor.

Precisamos criar nosso altar, nosso ambiente para incorporar as forças femininas e masculinas, para acoplar as energias da terra pelo chacra inferior, sentindo o fogo tomar conta de nosso corpo. Dar os comandos para ativar a conexão com as profundas forças que movimentam nosso quadril e atiçam a serpente, acordam a força primordial da deusa que vive em nós e irradia sensualidade. Eis algumas sugestões: vestir-se com roupas provocantes, colocar um salto, maquiar-se se desejar os olhos bem marcantes, boca com contorno mais escuro, e dentro mais úmido e mais claro. Lembremo-nos da imagem associada pelo homem aos lábios, que remete a coisas escondidas sempre desejadas. Respirar sempre com a boca fechada, com o abdome e o períneo contraídos, ajuda a manter a energia em retroalimentação – portanto, respiremos e sintamos. Escutar o corpo e acoplar as dimensões amplia a nossa mente com as energias que coemergirem na relação. Depois, escolher os papéis pelo nosso *momentum* e viver o agora! É essencial que cada uma de nós seja o seu corpo, sinta as suas linguagens, integre as faces, liberte-se no fluxo, voe! E pratique posturas de acordo com os pedidos de seu corpo, inclua o parceiro em sua energia e, conforme a sua condução, ambos evoluam nos movimentos.



# A DEUSA EM SEU TEMPLO

Necessitamos ainda nos reconectar à nossa natureza mais arcaica, essencial, da deusa que somos, e deixar fluir o que desejamos na propagação da energia vital. Criar nossos rituais, nossos banhos aromáticos, nossas posições de ioga, os ássanas particulares. Os ássanas são a parte mais conhecida da ioga no Ocidente. São as famosas posturas psicofísicas, aliadas importantes daquelas que desejam progredir no caminho do autoconhecimento que criamos escutando profundamente o nosso corpo. Se houver preferência, como modelo inicial, pelas práticas dos ássanas aprendidas na ioga, é um passo em direção à escuta do nosso corpo. Sou contrária aos modelos que nos aprisionam a formas de pensar e agir, que engessam as práticas em horários e locais. Todavia, reinventar um conhecimento construído pelas sabedorias milenares enquanto nossa mente está estreita e condicionada é um passo para poucos. Podemos conhecer o básico para depois criar o movimento próprio. Somos o discípulo e, depois, superamos o mestre, porque nosso corpo é único e tem uma comunicação profícua conosco.

O Templo Mãe precisa diariamente de elementos sagrados. O banho é um momento diário a ser priorizado em seu lar como o espaço de conexão da consciência local e não-local. É preciso sentir-se e descobrir a necessidade do agora para os movimentos, ritmos da respiração, comandos e decretos. É preciso ter momentos especiais de intimidade consigo, fazer amor em si mesma, tocar e acariciar, sentir o corpo suavizar. Em outras ocasiões, é preciso ativar a energia parada em áreas doloridas ou tensas, ir movimentando lentamente para detectar os pontos de bloqueio e entrar na vibração intensa de movimento e respiração curtos e rápidos. Assim, criaremos nossos rituais diários de energias em ritmos e movimentos, respirações e posições, articulando elementos da natureza aos comandos daquilo que precisamos e desejamos. Em nosso alongamento diário, devemos replicar os movimentos de vida do Universo na expansão e na contração daquilo que nosso corpo estiver comunicando. Se conseguirmos nos conectar aos sons do corpo, ao que ele comunica, perceberemos as dores, as energias acumuladas em certas regiões do corpo que ficaram paradas e gritam para que as tiremos dali. As gorduras localizadas em determinadas regiões do corpo da mulher – na maioria a barriga, as nádegas e os quadris –, as partes que nos caracterizam femininas, estão paradas ou com pouca energia? Algumas regiões de nosso corpo, quando são posicionadas para ser alongadas ou energizadas por movimentos curtos e enérgicos, para que a energia flua em harmonia, denotam dor. Sentir as energias que deveriam circular nos meridianos, no feminino e masculino, no *yin* e *yang*, no *chi*... como quiserem nomear. Quando elas não fluem harmoniosamente, podem ser acumuladas e traduzidas, sendo compreendidas como uma linguagem externando dores, torções, inchaços, sobrepeso, inflamações. No momento em que a dor aparece, lentamente criamos uma posição. Escutamos o corpo, congelamo-nos em um ássana e concentramos a respiração em posição. Podemos dançar, balançar, criando outros sinais em nosso corpo. Criamos passos e movimentos para o fortalecimento dos músculos que repetem as dores nas mesmas regiões. Olhamos na imagem do rosto enquanto sintamos e liberamos a energia da dor no espelho e lemos os detalhes. Percebemos as expressões enquanto a energia é liberada. Vejamos onde os vincos são mais marcados, se mudamos a face quando pensamos em algo. Então confirmamos se o que pensamos é o que está sendo comunicado, observamo-nos e de fora percebamos o que os outros entendem, relacionamos ao que é visível com as expressões automáticas que saltam antes do pensamento.



O Templo Mãe está integrado em sua consciência. Olhamos o nosso corpo e redescobrimos a intimidade, a beleza exclusiva, as linguagens secretas da sexualidade como fonte de amor e prazer pessoal em primeira medida de coemergência. Nosso corpo é sagrado e as energias que recebemos de nossa própria consciência traduzem-se nas suas formas. Teremos mais vitalidade, saúde e qualidade de vida quanto mais nos dedicarmos a cuidar de nosso corpo. Atitudes de carinho, dedicação, bons pensamentos e palavras, movimentos, alimentos, motivação, comandos de ativações de energias, limpezas, proteções, curas - tudo isso cria canais de conexões diários para acessar nossas maiores e melhores fontes de prazer e de amor-próprio. Se não existe ainda um ideal vivido, podemos construir em nossos sonhos a melhor imagem de nós mesmas. Em nosso imaginário, criarmos realidades, absorvermos cada detalhe em etapas de nosso ideal, de nossas escolhas sinceras por nós e para nós, por nosso amor incondicional ao que somente nós somos. A partir daí, renasceremos por nós mesmas!

*"Nascemos uma vez de nossas mães e inúmeras vezes de nós mesmas"*. Magui, 2018.

# BANHO, O RITUAL DA DEUSA

Um dos ritos essenciais para equilibrar nosso centro energético é criar a conexão com a natureza, trazer os elementos que possuem qualidades, propriedades, cores, aromas, vibrações de energias variadas, e nos alimentam de modo múltiplo pela sincronia de nossas frequências. De nossos recursos externos, em nosso embelezamento, ao nos fixarmos, olhos nos olhos, encarando as nossas medidas em nossa face e corpo. Ler o que eles comunicam e sintonizar, vislumbrar a mais amorosa mulher diante dos nossos olhos, irradiando-nos com nosso sorriso, elogiando-nos e dando comandos de alegria, saúde e plenitude. Enfim, colocando-nos no agora e respirando ao ar do *momentum.*

Precisamos nos resplandecer com a nossa estética, apreciar-nos, fruir diante de nós. Fazer as nossas danças energéticas no ritmo e no embalo de vibrações internas e seus formatos, linguagens e curvas. Sentir o *momentum* e vivê-lo com profundidade, enquanto conectamos nosso ambiente interno. Corporificar o elemento que o *momentum* está trazendo aos nossos olhos, pensamentos, palavras, sonhos, pele, ritmos, desejos, sintomas – leia-se: inteira. Sejamos nós mesmas e nos amemos incondicionalmente.



O elemento que temos o privilégio de ter disponível em casa é a água. Muitas tradições e rituais de deusas envolvem a água. Seu prana alimenta a vitalidade, a abundância e a fertilidade, conectando-nos ao nosso ambiente interno - ao útero, nosso caldeirão –expandindo as sensações de bem-estar, revivendo emoções. Como deusas, precisamos manter ativadas nossas conexões energéticas, que nos empoderam de forças vitais, alimentam nossos corpos sutis, circulam em nossos canais internos e nos trazem a consciência corporal, nosso encontro com o templo sagrado.

A energia da natureza ativa nosso cordão kundalínico para circular por todo o corpo. É como a história conhece o ritual da serpente associado às deusas das antigas civilizações. A serpente adormecida aquece-se das energias das profundezas da terra, como se fosse tocada por uma vara, levanta-se e sai como se entrasse na toca, deslizando pelo chacra básico, passando pela coluna até chegar ao chacra coronário, no alto da cabeça.

Dominar a energia vital e alimentar os nossos corpos sutis são processos que trazem o poder da deusa, nutrindo o físico que resplandece em harmonia.

Cada deusa precisa alimentar-se do prana, da energia que vem da natureza e nos sustenta de dentro para fora. Essa fonte das profundezas de nossa mãe Terra conecta-nos à integração de nossas cisões, sincroniza o agora e expande nossa mente em autoconhecimento, facilitando o encontro das nossas chaves pessoais.

A ativação da consciência quântica precisa da integração, de quem somos nós em nossa criação e gestão divinas. Estamos empoderadas! O movimento do Universo está contido na deusa e é acionado na respiração - outro foco de poder energético que se entrelaça com o *Kundalini* e culmina nos nossos chacras, que são centros de propagação e revitalização das energias que alimentam nosso corpo físico. No ato de respiração da deusa é fundamental aprender a respirar e perceber o *momentum* das necessidades de extravasar energias densas, limpar e ampliar as energias amorosas, florescer o amor e integrar.



É importante que cada uma de nós organize seu tempo-espaço para privilegiar o encontro da deusa em seu próprio templo, seu corpo, no banho. O mínimo é de uma hora por dia, para se dar uma medida. Uma hora destinada a si mesma, ao atendimento pessoal, ao cultivo do amor-próprio. O passo seguinte é organizar o ambiente. Pode ser no chuveiro ou no banho de imersão – o importante é ter o tempo disponível para a sua conexão. Devemos nos conectar a uma música que acenda nosso espírito, cantando ou ouvindo ou ambos. Usemos a nossa intuição para compor o ambiente, criar um ritual, mergulhar no aqui e agora, fazendo perguntas em voz alta sobre aquilo de que a deusa precisa no momento, estalando os dedos enquanto sentimos, entrando no fluxo da energia, chamando a nossa consciência amorosa e bondosa para estar presente, respirando e escutando.

*Quando a deusa adormecida Kundalini é despertada pela graça do mestre, então todos os lótus sutis e vínculos mundanos são atravessados. A pessoa deve elevar com firmeza e força a deusa Kundalini, porque ela é adoradora de todos os poderes miraculosos.* Shiva Samhita

O próximo passo é acionar o comando para as forças da natureza entrelaçarem a nossa energia, deixando-nos levar pela comunicação não-local, expandindo os sentidos, escutando-nos pelos canais internos. Para que os espíritos da natureza ofereçam suas energias, precisam estar presentes os elementos vitais: fogo, madeira, terra, metal e água. Para trazer o espírito do elemento fogo, podemos usar velas ou incensos. Para a madeira, intencionar os objetos que possam harmonizar o banho, como cachepôs destinados às velas ou vasos de pequenas árvores (bonsai) ou plantas. Fazer as nossas varinhas de galhos da natureza mais próxima a nós, utilizando-as para girar no espaço e ativar as energias que comandarmos - no sentido horário para o positivo que quisermos manter, e no sentido anti-horário o que precisar ser dissolvido e enviado para a vacuidade. O espírito da terra pode ser evocado nos vasos ou dando o comando para ativar a conexão dos cordões energéticos das profundezas da terra, como se fossem várias raízes que nos conectam. Precisamos sincronizar a mente com a energia não-local e com os elementos da natureza e suas frequências, vibrando de maneira ora lenta como um rio, ora silenciosa como a árvore, turbulenta e agitada como a tempestade e os ventos.

O espírito do metal pode ser intencionado por adornos ao ambiente ou ao nosso templo — como um anel que ainda pode carregar as energias ancestrais, tendo pertencido à nossa mãe, por exemplo — ou brincos, colares, prendedores de cabelo, objetos com significados na história da deusa. E, finalmente, o espírito da água do banho que purifica nosso corpo expurga o negativo, tonifica, aquece e harmoniza.

O passo seguinte é evocar o poderoso elemento etérico que usamos para manifestar nosso corpo nessa dimensão — o ar. O espírito presente até o último segundo em nossas vidas nessa dimensão. Um companheiro para termos em presença constante, integrado à nossa consciência. Uma força divina que nos guia, sinalizando-nos as predições, ânsia pela homeostase, favorecendo as conexões e integrações. Ficar em frente ao espelho e nos olhar, aumentando a lente para o interno. Estar em conexão conosco, escutando o nosso corpo, nossas linguagens, observando em nós os contornos, olhando a nossa manifestação subjetiva nessa dimensão, acolhendo-nos profundamente, compreendendo-nos, afagando-nos, aproximando-nos do nosso eu, fazendo amor. A expansão da consciência quântica tem por princípio a construção da unidade corporal. Nosso corpo é o universo, somos um holograma do todo. Os movimentos contínuos de contração e expansão estão em intenção e reciprocidade, de dentro para fora e de fora para dentro: estamos entrelaçados hierarquicamente ao que dá a vida ao sistema planetário. A inteligência do corpo conduz os movimentos que o regulam, o sustentam e o equilibram naturalmente. A respiração orquestra a sinfonia da mente, por isso a entendemos como a soma de todos os canais e toda a energia sutil - não somente a dos pulmões, mas em todos os órgãos, incluindo a pele – entrelaçada ao corpo inteiro. Trabalhar diariamente o exercício para estarmos conscientes dos movimentos de inspiração e expiração, expansão e contração, que pulsam e harmonizam os campos morfogenéticos de nosso corpo em linguagens e vibrações vitais. Algo que usaremos como nossa fonte de integração das consciências local e não local, as funções rítmicas *yin* e *yang*, feminina e masculina, das profundezas e da luz, das ondas complementares em *potentia* e em manifestações, do imanente ao manifesto, do céu à terra, da vida da deusa!



A mudança energética é um processo que se vincula à mudança do padrão da respiração. Comece o processo de conexão respirando com a boca fechada, pela expiração, soltando o ar lentamente, dando espaço para a entrada das energias da Fonte. Inspire com atenção e procure durante a expiração manter a mente limpa. Esse é o estado de "ponto zero", quando estamos presentes no momento do agora e conectadas ao nosso "eu sou", na não-localidade, emaranhadas na consciência quântica. Cada uma de nós deve conversar com a deusa, mergulhar no seu templo, criando posições no banho, sincronizar os movimentos do corpo com os energéticos de respiração enquanto a água abastece as sensações. Sintamos o *momentum* e concentremo-nos! Precisamos sorrir, nos amar, agradecer, perdoar e confiar em nós mesmas. Integrar-nos! Expressar os sons que surgirem, alongar-nos, movimentar-nos no nosso ritmo, massagear-nos suavemente ou vigorosamente, em conformidade com o que escutarmos do corpo. Vivamos a energia e alimentemos todos os nossos corpos, abastecendo o nosso poder energético com nossas criações.

Vamos conectar a energia vital da nossa deusa-mãe-filha, da abundância, da fertilidade, da sensualidade, força essencial da Terra. Imaginemos a serpente saindo da terra e se levantando- se para entrar em nosso chacra básico, trazendo a força das profundezas do solo e sincronizando a respiração ao movimento corporal. Ao deixarmos as pernas entreabertas na linha dos ombros, flexionando os joelhos em direção ao chão, podemos ir sugando a energia e impulsionando-a para dentro, de baixo para cima, imitando os movimentos das asas que se abrem no peito. Em seguida, usar os braços e as mãos para contrair e expandir as costas e o abdome, puxando o cordão energético para todos os chacras. Sentiremos o corpo esquentando, contraindo, soltando o períneo e respirando com ele mantendo o abdome sempre contraído, percebendo internamente o amarrado dos músculos até o abdômen. Na sequência, contrair e soltar os glúteos, trazendo vigor à nossa imagem da deusa, de forma sincronizada com a respiração e, abdome contraído, aumentar gradativamente a brasa no chacra básico. Daí, absorver, sentir o calor que vai se deslocando pela coluna, expandindo a energia interna, acendendo um a um os chacras - do básico, passando pelo sexual, umbilical, plexo solar, cardíaco, laríngeo e frontal, até o chacra coronário. Abramos os braços, alarguemos o peito, soltemos os sons!

Agora, recomendo a posição de reconexão das energias da deusa para os processos de limpeza energética por contaminações externas. Em pé, embaixo do chuveiro, afastar as pernas até um pouco além da linha dos quadris e dobrar os joelhos até alcançar o chão com as mãos.

Colocar as palmas das mãos unindo os polegares e os dedos indicadores, até formar um triângulo, posicionando-o no chão de modo que fique na direção do chacra frontal, nosso terceiro olho. Respirar e sincronizar os movimentos da inspiração e expiração com o corpo todo em contração e expansão, visualizando um *merkaba* de proteção – um veículo energético, uma estrela multidimensional onde nos encontramos – e absorver em nosso corpo as energias da terra ao céu. Sintamos, presenciemos, respiremos, conectemo-nos ao fluxo do Universo!

A seguir, devemos criar diferentes movimentos que traduzam, transpirem, comuniquem a coerência entre o interno e o nosso corpo, a respiração, os sons, a posição. Usemos as nossas habilidades intuitivas para sentir e expressar antes de pensar. Ampliemos as percepções em experiências inéditas, em sincronia com nosso *momentum*, de posição integrada ao agora, e vivamos as energias! É preciso compreender as linguagens, aceitar sem julgamento, integrar as energias e amar a nossa imagem. Sentir cada parte de nosso corpo, explorá-lo em movimentos e posições, observar-nos como a manifestação do amor incondicional, curtir a nossa obra-prima!



# O OLHAR PARA A DEUSA QUE SE REFLETE NO ESPELHO

Podemos olhar para nosso espelho e dizer: "Espelho, espelho meu, existe alguém mais bela do que eu?" E olhar como observadora de nós mesmas em generosidade pela beleza que constatamos.

Essa atitude pode mostrar o quanto ainda temos que caminhar em direção ao olhar para o agora, livre do passado, dos bloqueios e dos modelos que registramos como sendo nossos valores. Para algumas mulheres, ver a sua imagem no espelho é uma atitude evitada. Difícil de encarar e constatar que a imagem não reflete o esperado. Gostar de nós mesmas pode estar atrelado ao gostar de nossa imagem. Uma conjunção de fótons, partículas de luz retidas no espelho que se acomodam em nossos tradutores e nos dão uma colagem que nos reflete o *momentum*. O reflexo é a tradução de nossos aparatos mentais nessa dimensão, mas não carrega conceito algum. É a forma de nosso corpo de luz, de energia resplandecente colapsada em partícula para ser presença no mundo em quatro dimensões - altura, largura, profundidade e tempo. A imagem pessoal acoplada a um valor para nós foi construída desde a infância pela medida de nossa mãe, pela posição a que fomos comparadas em relação a qualquer outra criança da família, pelos padrões culturais e sociais, pelo sistema da manutenção da forma modelada em ideais midiatizados, incluindo a obsolescência das coisas no tempo, na sociedade ocidental, em que o antigo é desvalorizado. Os registros que fizemos nas interações internas e externas ao longo dos anos pela nossa consciência local compõem a colagem da visão da identidade corporal, que nem sempre está associada ao que sentimos e pensamos. Muitas mulheres são cindidas também em suas imagens e não conseguem encontrar a beleza e o amor-próprio. Então, submetem-se a procedimentos invasivos para deixar o corpo perfeito, mas, como sua imagem interna é outra, continuam em suas medidas longe do ideal, que talvez nunca alcancem. Outros tantos comportamentos em transtornos denotam as alterações que nossas mentes cindidas costumam manifestar, sinais das insanidades dos valores condicionados pelo materialismo.



Nossos contornos, nossas marcas, a cor de nossa pele, nossos olhos são as manifestações divinas inéditas compostas pela nossa consciência em interação na localidade. Somos luzes brincando, com a nossa mente, de ver formas dançando no tempo-espaço. É importante criarmos nossos caminhos para ver as próprias qualidades e nos admirar. Fazer gentilezas a nós mesmas, acarinhar-nos, acolher-nos, desenvolver o olhar da apreciação a nós. Precisamos nos livrar do passado que nos impõe julgamentos, abandonar os padrões de beleza, passar a cuidar da nossa imagem até que passemos a nos amar. Modificar os cabelos com os nossos cuidados, criando penteados e maneiras de prendê-lo. Tentar ficar com a versão natural, pelo menos por um dia, uma fase, um tempo pessoal. Para algumas mulheres, encarar o cabelo exatamente como é exige transformação em sua autoaceitação. É um primeiro passo. O espelho pode ser nosso aliado para manter nossa atenção ao que nosso corpo, nosso movimento e nossa postura vêm comunicando no agora.

O Templo Mãe que integra as consciências não local e local para as suas atitudes tem clareza de que a sua imagem é a mostra da sua perfeição, sua beleza, suas qualidades e habilidades singulares, sua diferenciação de qualquer outro ser. Utiliza-se das tecnologias, das conquistas da pós-modernidade para beneficiar seus talentos exclusivos, doar seu tempo ao amor-próprio e criar a manifestação. Pode chamar o "espelho, espelho meu" e a sua voz interna trará a sua imagem harmoniosa e confiante.

Gosto de me lembrar da penteadeira da minha mãe, estilo Luís XV, com um espelho central, emoldurado pela madeira, três gavetas na frente com puxadores de metal e uma banqueta com assento de veludo bordô. Lembro-me de sentar lá quando criança e me pentear, passar o pó de arroz e o ruge, enfiar grampos, bobes, lenço e até peruca e me admirar. Algumas vezes, sentava-me era para olhar nos meus olhos e conversar. Em certas ocasiões, o único olhar da casa que me enxergava era o meu diante do espelho. Falava comigo sobre as coisas que tinham acontecido e do que não gostava do meu comportamento – como se fosse uma outra de mim morando naquele espelho. E imitava as pessoas que me deixavam com raiva para que aquela da imagem pudesse vê-las. Contava para mim mesma do espelho sobre o que sentia diante dos problemas familiares. Tratava-se de um espaço onde eu era exatamente toda entregue a mim, observando-me da imagem de fora para a menina diante do espelho. Por fim, arrumava-me até me achar "a linda", dava-me um beijo e saía. Até que alguém limpasse a marca do beijo, não voltava a me sentar. Precisava ser realizada a limpeza do momento passado para que eu me autorizasse um novo encontro. Acho que é o movimento acertado para todas nós, em autogestão e recriação.

# UM SIMPLES MOVIMENTO

Quando chegamos a um estado de consciência em alerta ao presente e em sincronicidade com a ressonância não local, podemos nos considerar deusas em manifestação na Terra. Estamos integradas à natureza do planeta, ao ambiente interno e à consciência não local em uma economia sustentável que é propagadora de energia amorosa para alimentar o nosso universo M&F e expandir uma rede relacional com outras mulheres, outros filhos e em espaços igualmente diferenciados. Estando no modo de funcionamento integrado das consciências, devemos nos considerar em uma frequência de alta concentração de força, visualizando nosso lar, nosso corpo, dentro de uma esfera de proteção, um *merkaba*, onde uma barreira energética nos protege das frequências mais baixas, densas, das posições nas quais imperam o negativo. Mesmo assim, temos invasões de formas-pensamentos e formas-sentimentos negativos, estímulos de memórias e condicionamentos também negativos, facilmente irrompidos pelas experiências interativas. Considerando as condições energéticas em que nos encontramos e onde ficam as densas forças da negatividade, seria como sentir um vento a nos atingir, passando por nossa presença sem nos afetar. Pela diferença da frequência e da estabilidade de nossas estruturas morfogenéticas, fica mais difícil nos atingir, e, se algo nos desestabilizar, temos o passe de mágica certo para acoplar em nossa manifestação.



Precisamos compreender que, com um simples movimento de fechar os olhos e respirar energeticamente pelo chacra coronário, restabelecemos a energia e a comunicação não-local. Gosto de ter um som e um gesto para disparar a sincronia com a não localidade. Estalo os dedos e repito: "*Yin-yang*!", fechando os olhos e indo do meu chacra coronário em um tubo de energia até o campo superior. Quando a integração assumiu o nosso ser, confiamos na deusa que somos, podemos instantaneamente reestruturar nosso modo de operação da consciência, entrelaçando-nos hierarquicamente às energias poderosas do Universo perfeito e amoroso, aqui e agora em nossa existência.

É a habilidade do comando e da intenção da deusa em harmonizar a si mesma, calibrar a sua medida de olhar, reestruturar os seus pensamentos, sincronizar a ressonância do amor para conspirar a realidade em expansão de consciência, integrando a quântica.

Enquanto nossas estruturas estiverem em processo de formatação da deidade, precisamos dos rituais, das consagrações dos elementos energéticos, das posições da meditação e das práticas corporais, da impostação das mãos, das bênçãos ao que ingerimos e a quem damos atenção, de todo tipo de intenções positivas. Tudo com o propósito de abastecermos as conexões com aspectos de nossa fisicalidade e das concepções, a fim de gestarmos novas possibilidades energéticas, vislumbrarmos as nossas potências, alterarmos nossos padrões e hábitos, desvincularmos as energias sutis das memórias negativas, encontrarmos as chaves para acessar a plenitude de quem somos nós.

Seremos fonte de energia acessando, no fechar dos olhos, a amplitude de nossa mente quântica e, ao abri-los, estaremos instantaneamente gerando ondas amorosas aos campos morfogenéticos para alimentar as energias de novas formas amorosas de relações no nosso planeta.

# 9

# O UNIVERSO MÃE & FILHO

*Bebemos da fonte da perfeição divina – quando somos mães. Integramos os pacotes de luz que chegam das altas dimensões como nossos filhos. Seremos um universo que nasce para nos transformar em Templos do Amor. Mãe e Filho, resplandecem em nova existência.*

As comunidades científicas e os estudiosos do mundo todo estão tentando entender como ocorreu a primeira grande explosão do átomo primordial, o *Big Bang*, para detalharmos a estrutura do Universo. As mais avançadas pesquisas e investimentos resultaram nos experimentos do Grande Colisor de *Hádrons* (LHC - *Large Hadron Collider*, na sigla em inglês), que em 2008 foi adicionado ao complexo de aceleradores criado pelo CERN - *Conseil Européen pour la Recherche Nucléaire*, já mencionado no capitulo 6. O LHC é o maior e mais poderoso acelerador de partículas do mundo, que consiste em um anel de 27 quilômetros de ímãs supercondutores construído a 175 metros abaixo do nível do solo, entre a França e a Suíça, com várias estruturas em aceleração para aumentar a energia das partículas ao longo do caminho, tentando repetir o início de tudo. O grande acelerador, além de melhorar a compreensão sobre as partículas atômicas e subatômicas, tenta reproduzir as possíveis colisões entre elas quando viajam na velocidade da luz, verificando como produzem massa em um ambiente que se aproxima ao alto vácuo do espaço. Há pouco tempo, foram dados os primeiros passos com a descoberta do Boson de Higgs, uma partícula transportadora de força, que acreditavam os cientistas ser a primordial na construção de tudo que conhecemos. Por isso foi denominada vulgarmente de "Partícula de Deus", que reencaminha projetos e linhas de pensamento sobre a vida no planeta. Os pesquisadores estão pouco a pouco estendendo nossos conhecimentos sobre a física das partículas subatômicas, encontrando as antimatérias de algumas delas – como recentemente ocorreu com o Elétron, denominado de Pósitron, a sua carga positiva. Misteriosas situações ainda expõem um campo de várias hipóteses sobre os conhecimentos da consciência que somos como classe científica. Há variadas linhas de pesquisas e sequências distintas sendo realizadas, como as teorias de Stephen Hawking sobre os buracos negros e os seus limites no que considera o horizonte de eventos. Ele apresentou a teoria de que as informações sendo indestrutíveis não podem desaparecer quando ali caem e, portanto, permanecem na "Borda". A magia fabulosa em sabermos que ainda há muito espaço para descobrirmos e expandirmos em mentes brilhantes as possibilidades e os domínios.

A total interdependência entre tudo e todos que estamos nesse campo informacional é a premissa inicial. Todas as coisas estiveram juntas, todos os planetas, toda a matéria que compõem as galáxias, todas as bilhões e mais bilhões de estrelas, cada átomo de todo universo, estavam contidos em um espaço minúsculo, infinitamente menor que o núcleo do átomo, em uma única potência de energia concentrada que deu origem a todas as partículas que somos. Temos formas, classes, espécies, classificações diferenciadas, porém somos todos do mesmo "uno". Explodimos em condições extremamente difíceis de serem reproduzidas e observadas até hoje, nesse estranho universo de partículas sem trajetórias, espalhadas em nuvens de probabilidades, que conservam as energias, com emaranhadas informações fora de espaço-tempo, que são influenciadas instantaneamente pela nossa intenção em infinitas possibilidades, sempre disponíveis às nossas consciências, para vermos a realidade colapsada como somos, em diferenças exclusivas pelas informações.



Passemos a pensar sobre a relação de dois seres, formas conscientes que se originaram humanos em gêneros interativos. Em seu processo de evolução e continuidade das combinações tantas que já sofreram no macroprocesso, os seres humanos geraram um microuniverso de prosperação, onde uma nova explosão, agora de mesma espécie, garante a sua continuidade e sustentabilidade. Temos uma nova relação, de uma mesma origem, uma combinação das mesmas partículas dentro dos campos morfogenéticos humanos, energias e frequências, em compilação de vida.

A chegada ao planeta é uma experiência da Luz! O encontro da criação se inicia com uma grande explosão de luz, como vemos na imagem acima reveladora ao *momentum* da fecundação – revelam as imagens coletadas nas mais recentes descobertas dos cientistas da *Northwestern University,* em Chicago, USA, O encontro entre a matéria em unidade que permite a entrada de uma nova consciência no planeta reproduz um holograma ao Universo, a mágica experiência da potência luminosa criadora da vida, agora pelo espaço do Universo M & F.

## VIBRAÇÕES EMARANHADAS

Da consciência não-local do domínio transcendente, há uma convocação do presente para que nós, mulheres, criemos a intenção de abrirmos as estruturas, reencontremos a nossa essência, dissolvamos as limitações e os condicionamentos e nos tornemos a criatura- criadora em manifestação divina, compreendendo-nos como o Templo--Mãe. A consciência do novo ser ligada ao não manifesto, à *potentia* do campo unificado, escolhe a sincronicidade da vibração de nossa consciência mãe e se entrega ao berço do planeta, ao caldeirão da **deusa** - o ambiente interno mais intenso em possibilidades, capaz de trazer a potência para o nascimento de um novo universo.



Quando somos criadoras de nova existência, estamos em gestação de um sagrado ser e simultaneamente de nós mesmas, em uma hierarquia entrelaçada, que coemerge em potencialidade pura de criação em interação e reciprocidade. Temos o canal divino conectado a nós desde antes da fecundação, em sincronicidade amorosa que o par constitui em plena comunicação com o campo quântico não-local, luminoso, perfeito, harmonioso, divino.

Mesmo a mais silenciosa, escondida em algum canto da terra, diante da incerteza entre seu fluxo ou posição, pode ser mapeada em complementaridade entre as potências de suas ondas energéticas e suas partículas físicas. Ser solicitada instantaneamente por uma consciência espiritual de fora do tempo – espaço, para ser a sua Fonte-mãe no planeta. Somos canal & fonte- mãe ao mesmo tempo, absorvendo as perfeitas sincronicidades para a vida se manifestar e fornecendo o portal para a materialização do novo universo. A nossa consciência não-local é a matriz projetista-projeto de novas possibilidades de seres em estruturas infinitas em potenciais. O nosso aparato cérebro-mente, a artista-arte das formas e manifestações de interações no mundo. Integramos a consciência da mulher à consciência do ser divino que nos faz Templo - mãe, a mestra-mestranda que corajosamente se busca íntima e profundamente, se observa e escuta em autoacolhimento e amorosidade plena, nas linguagens internas da mente local e nas possibilidades quânticas. Somos tocadas pela consciência não local, do oceano primordial onde repousa a perfeição e a harmonia da fonte divina, o iluminado ser que nos oferece a experiência da luz para uma inédita criação humana – um novo e maravilhoso universo com todas as potencialidades em novo nível de existência – o da Mãe & Filho.




Abrimos nosso canal de frequências de energia e matéria para sermos o amor divino na qualidade humana. Quanto mais em fluidez compreendermos a experiência conectada à amplitude interna infinita que é o nada – onde tudo reside em potencial, nesse não tempo, não espaço, não manifesto, no campo de onde emergem os sonhos e as extras habilidades psíquicas que nos mantêm ao mesmo tempo em ondas de pura luz e partículas materiais. Unindo os modelos clássico e quântico – a mãe em presença local, e o filho a divina luz que se manifesta e seremos céu e terra em vibrações harmônicas que sentem a experiência física e onírica, mental e espiritual. Separados apenas na camuflagem das formas, unidos pelos campos energéticos, redimensionamos as estruturas de novos campos morfogenéticos na coemergência do Universo M & F.

## SOMOS RAÍZES & SOMOS ASAS

O Universo M & F, vivendo no modo integrado à consciência não--local e o cérebro-mente local, em complementaridade, estará com os pés bem fincados no chão na presença de cada experiência e ao mesmo tempo de asas abertas no voo da águia, sentindo as energias em potencialidade em cada elemento e interação.

A posição da consciência quântica local pela presença do filho sagrado, é o presente. Nele está toda a possibilidade criativa em potencial que descontinua todos nossos arranjos e memórias anteriores da mãe e nos oferece a liberdade verdadeira em potencialidade para a manifestação do universo M & F, em amor incondicional. Como a mulher é a estrutura mais antiga no campo clássico, na manifestação da realidade, na matriz local referencial de espaço- tempo, a sua pedra fundamental é a criação de si mesma em novas possibilidades de existência. Ativando as conexões entre a terra e a lua, os céus e o sol, os ciclos, a leitura das linguagens dos seres e objetos que compartilham a existência, unidos ao ambiente interno em seu cérebro-mente, coração, intestinos, às práticas que atuam para o equilíbrio da coerência pessoal da sua assinatura vibracional, que harmoniza os ambientes externos como seu corpo e seu lar. As interferências em nossa frequência essencial do feminino são da natureza do planeta, da manifestação e da evolução das consciências em suas facetas de interpretação. São multiversos em ressonância de energia, que afetamos e nos afetam incessantemente.



A mulher é *potentia* da deusa e, ao viver as experiências locais no mundo, sofre as ressonâncias das vibrações do ambiente externo - das pessoas, dos registros da sua história em contexto cultural, familiar, educativo, religioso, energético e espiritual. De tudo que se alimentou fisicamente e sutilmente, entrelaçando ao seu mundo interno, seus funcionamentos e processos, os níveis de possibilidades para ver, pensar, sentir, agir e ser ao longo da vida. Associados às conexões com consciência não local de seu "eu sou" superior e de seus guias, mentores, guardiões e protetores espirituais. Para sermos o Templo Mãe e adequarmos nossos ambientes internos e externos para a experiência da luz com o acoplamento da divina presença do filho, precisamos desejar ver a verdade, o caminho e a vida, a verdadeira natureza do ser iluminado. Devemos entregar a ele todas as nossas estruturas, nossos sistemas, nossos aparatos físicos e sutis - para que nos reformate em sua essência e nos reinicie como portal das elevadas frequências do campo da potencialidade pura para nosso ser na experiência da vida.

Ao alvorecer de cada dia, nascemos com a possibilidade infinita das energias criativas que orquestram a realidade em colapsos instantâneos. Somos a presença da fonte-mãe em silêncio de nosso passado, em suspensão de conceitos e em escuta ativa da fonte-filho, entrelaçando-se na potência da luz divina.

Vamos compor um curta metragem com nossas ideias. Você fica sabendo que a celebridade mais incrível que admira chegará na sua cidade e um sorteio será realizado para que uma pessoa seja a escolhida para hospedá-la. Por uma maravilhosa conexão do universo, a sua casa foi a premiada e você precisa estar muito bem preparada para que a celebridade se sinta bem e esteja em pleno conforto, bem alimentada, sua casa limpa e bem arrumada. Então você a recebe com todo amor e cuidado que pode oferecer a ela. Estará disponível para atendê-la por todo tempo em que será a sua hóspede e dará a ela o melhor tratamento que você conhece, respeitando-a, ouvindo-a, compreendendo-a em todas as suas peculiaridades. A celebridade terá a melhor estadia e levará com ela, para sempre, todo o tratamento que recebeu, que a fez mais feliz, e que a você terá profunda gratidão.



Essa celebridade é seu Filho. Conceba-o como a mais importante de seu universo, a mais admirável e aquela que merece de você o melhor respeito e o maior valor vividos em sua morada, com todo o amor. Um Grande Espírito, Um Ser da luz, Um Deus, um Avatar, um Mestre está à sua porta. Aceitando sem julgamentos e condições o que você é, em verdade de todas as suas faces. Pela consciência que você é, será a sua imagem divina traduzida em humana.

# DA LUZ DO CAMPO SUPERIOR PARA O UM NOVO UNIVERSO

As nossas estruturas estão sendo convidadas a darem os saltos. Movimentos pelo mundo afora mostram diversas áreas e atitudes humanas manifestando o desejo de despertar para evoluirmos em organizações, instituições e modelos, compreendendo que não estamos separados e que nos afetamos mutuamente. Vemos organizações populares, comunitárias, fazendo a diferença na sua existência contextual. Com o novo paradigma, as ciências precisavam refazer-se. Estava aberto o espaço para as mentes inquietas, para as experiências ainda não admitidas, para revisitar cada prática, cada verdade, toda relação. Conceitos perturbadores da ordem estavam comprovados.

Em minha experiência na terceira maternidade, conjunções de forças atraíram a frequência local para eu me oferecer em conexão à consciência não-local e estabelecer-me como a fonte-mãe cocriadora do universo novo com o filho divino. A convocação veio de fora da dimensão da realidade. Mais uma vez, a chave da leitura estava disponível aos meus olhos, mas só pude enxergar quando a luz se fez presente...



# O CAMPO MATRIZ DAS INTERAÇÕES

Será que as consciências locais chegarão ao dia em que, unidas na energia não local, transcendendo o nosso tempo e espaço, poderão fazer a borracha quântica manifestar-se e eliminar fatos que forem captados energeticamente antes de acontecerem? Ou simplesmente estarem integradas à *potentia* amorosa não local, evidenciando uma realidade divina em nosso espaço-tempo?

As estruturas necessárias para a comunicação fluída, não-local, sem sinais entre as mentes, ainda não se traduziram em campos morfogenéticos, dando-nos códigos compreensíveis em nossa etapa de desenvolvimento humano. As palavras representam, para a estrutura simbólica na nossa dimensão, a linguagem que compreendemos. A comunicação não local é feita pelas consciências. Algumas operações dos cérebros-mentes locais que possuem habilidades mais abertas, iluminadas, sensíveis e intuitivas – já conseguem compreender esses sinais e têm as suas experiências de comunicação não-local. Outras, que trabalham em dedicados esforços para ampliarem as chaves de buscas pessoais, vão ampliando suas possibilidades para ativarem as potencialidades. Ao chegarmos no número de mães para atingirmos o patamar que forma a massa consciencial necessária, todas estaremos beneficiadas. E as sementes da nova humanidade já brotarão em solos férteis de altas frequências para nossa propagação.

A Mãe, mesmo antes de integrar à sua consciência quântica, recebe sinais não-locais no momento em que o corpo responde à concepção. Dependendo da ativa leitura que faz de seu corpo e mente, poderá sentir e compreender. Uma sinfonia perfeita do desejo, com a intenção de muitas outras estruturas em fazê-lo. Mesmo que a gestação ocorra de maneira inconsciente para si – sem a intenção ou o planejamento, existe uma força maior – de variáveis infinitas para o encontro da luz e a explosão de um novo Universo. Algumas mulheres compreendem fatos a esse respeito, tempos depois. Como ocorreu comigo e toda a revolução das estruturas para reformatação de meu ser após ser convocada para a terceira maternidade. Há uma potencialidade da consciência superior em manifestar um espírito em missão em outra individualidade de Universo M&F. Quando encontram uma vibração favorável ao *momentum* que a humanidade se encontra, sincronizam as consciências entre a mãe e o novo ser. Quem está no comando das sincronias necessárias a fim de que exatamente todos os elementos estejam aptos para o evento miraculoso? A mãe, o filho ou a divina presença que comanda e protege a vida planetária?

A comunicação é ativa e intensa desde a gestação. Duas consciências quando se entrelaçam, terão seus spins correlacionados! Diferenças ocorrerão. Ampliações do campo morfogenético estarão em movimento, alterando a sensibilidade e oferecendo novos padrões físicos e sutis. Ambas as consciências do Universo M&F, estarão religadas à fonte criadora de tudo que é - da potencialidade pura - plugada em nosso campo. Às vezes, estamos com pouco recursos e podemos precisar de uma tradutora sensitiva. Se o campo dos sonhos faz parte de nossas ferramentas de reconexão, podemos encontrá-los nesse ambiente. Ou ainda receber a anunciação da sua vinda por um captador de mensagens dimensionais, como foi a minha experiência com o Guillermo, naquela noite de véspera de Natal. A consciência do ser de luz divina, na etapa que antecede a concepção, já está entrelaçada hierarquicamente à consciência da mãe e se comunica com ela. Apesar de nós nem sempre conseguirmos ter os olhos para ver e os ouvidos para escutar, não sermos o canal de alta frequência que consegue sincronizar as altas energias da luz querendo se acoplar. A nossa possibilidade pode precisar de recursos extras, canalizados por pessoas sensitivas. Ou se estivermos em trabalho para ampliação das percepções, como nas jornadas xamânicas, nas aberturas de campo pelas meditações, treinamentos da lucidez em experiências extrafísicas e parapsíquicas, espirituais ou mesmo se nossa atenção estiver em dedicação onírica, podemos acessar pelo campo dos sonhos.



Na fase da gestação, o bebê está ativo em complementaridade, em suas ondas potenciais da não-localidade que trazem a maravilhosa consciência divina na integração das operações locais de manifestação. A partir das células tronco em propagações e em expansões, sendo dia a dia transformadas nas células de cada órgão e sistemas físicos que sustentam a vida. Também na interação com o seu berço dimensional, alimentando-se da energia, dos pensamentos, das emoções, dos sonhos da mãe - do consciente e inconsciente – que vão articulando-se, transmutando-se e manifestando-se em forma humana. Como parte definitiva do campo toroidal da mãe, está localmente inserido – suas células, seu sangue, seus movimentos de contração e expansão – em comunicação da unidade, no uno do ser, o Universo M & F. O Templo Mãe integrado na realidade com a consciência não-local, quântica, poderá sentir, compreender, pensar, ser o bebê –

por vias inexplicáveis aos códigos humanos convencionais. Quando entrelaçamos o espírito de luz de um filho e estamos em sincronicidade com seu todo potencial, podemos compreender a riqueza, a abundância de seu oceano leitoso e emaranhar-nos. Estar em atenção inteira ao bebê – um grande mestre divino que acoplou em amor e luz de alta frequência em nossa existência - possibilita-nos compreendê-lo como um ser de *potentia* infinita, oferecendo-nos a oportunidade para os canais de comunicação arrebatarem-nos.

Podemos ter o espaço para compartilhar a sincronicidade do Templo Mãe, as experiências de conexões entre a consciência local e a consciência não local. São possibilidades para confiarmos em nossa dimensão divina, sentirmo-nos capazes de ultrapassar os sentidos, desligarmos a mente barulhenta e descontinuarmos o modo operacional do cérebro objetivo e lógico, religando-o no modo quântico. Descontinuar os modelos e crenças sobre a maternidade do passado. Criar os elementos de aporte à nova geração de filhos amados de mães conscientes – com circuitos cerebrais, neurais, que ativam os sistemas emocionais, que se manifestam no físico, em plenitude e harmonia – em integração à fonte divina nas estruturas do amor como a matriz da humanidade.




Precisamos criar espaços para falar mais sobre essas experiências, para legitimar essa forma de comunicação do universo "mãe & filho", singular e criativo. Compartilhar as experiências de comunicação não local vai nos trazer elementos para ajudar a decifrar alguns sinais que podemos estar recebendo, mas ainda não associamos a essa condição da deusa mãe. Vai nos dar a confiança necessária para abrirmos esse canal de comunicação efetivo e direto. Temos que descobrir quais são os nossos canais de mais sensibilidade, além dos sonhos. A intuição, a sensação na pele, a informação que nos chega pelos ouvidos, a amplitude de visão interdimensional, o coração nos mediando e fazendo-nos sentir a sabedoria. Encontrar o modo para receber e emitir os sinais das linguagens que unificam a terra e o céu, e mais adiante! Expressar quem somos sem que seja por meio de sussurros com alguém em quem confiamos, com medo das represálias e das interpretações.

Além disso, cria conexões entre as parceiras, outros universos M&F em etapas diferentes de desenvolvimento, para mais além das fraldas, da alimentação, do sono, das questões da rotina.

# MENTES CONDICIONADAS E SUAS PERCEPÇÕES

Em quase 20 anos de trabalho na escola, acompanhando as crianças desde pequenas até o ensino médio, observamos as famílias de bom acesso à cultura, de bom nível socioeconômico. A realidade de muitas mães em suas possibilidades limitadas da mente foi a de ser adestradoras de filhos. Conhecemos algumas crianças que ainda tinham algum brilho quando estavam na educação infantil e depois, na fase da adolescência, tornaram-se verdadeiros moribundos. Existem algumas mães que dizem não gostar de bebê porque é muito difícil se relacionar com alguém que não fala. A mente limitada presa ao modelo condicionado considera a linguagem verbal como a única possibilidade de interação. É a perpetuação da crença arcaica em plena era da informação digital, pós-moderna: o infante, sem voz e sem valor. Um ser passivo que exige cuidados das necessidades básicas. De acordo com essa visão, basta alguém que realize as atividades de higiene e alimentação que a criança será atendida em tudo que necessita. Estamos pondo um fim a esse modo de pensar e dando um salto na existência para a nossa sincronia com os seres de luz que chegam ao planeta. O bebê é divino. É a mais pura forma do amor incondicional.

Ao longo dos anos que acompanhei as relações entre as mães dos grupos de todos os meus filhos, percebemos mudanças nas safras das mentes e das percepções que foram ampliando-se em relação à infância e aos movimentos energéticos do planeta. Vislumbramos mais aberturas e ampliações de consciência, pequenas iniciativas ainda pelas necessidades de revoluções, mas já há buscas pelas conexões energéticas e espirituais. O acesso às informações foram também sendo alterados, e a velocidade com as quais podemos conhecer experiências e aprofundarmos em mais conhecimentos trouxe maiores benefícios aos Universos Mãe & Filho.

## OLHOS PARA VER — DO ZERO AOS SEIS

Uma das mais belas comprovações científicas realizadas com referência aos bebês e suas habilidades divinas está associada aos estudos realizados a respeito das frequências do padrão mental das crianças até os cinco/seis anos de idade, que foram comprovadas pelas experiências de medições, utilizando-se os aparelhos de eletroencefalograma (EEG), com a dominância das ondas *THETA*.



Essas ondas são predominantes nos exímios meditadores, nas experiências de felicidade verdadeira. Nas conexões profundas com a espiritualidade, com as emoções e percepções, intuições e nas mentes criativas. Nesse estado, se perde a limitação e o apego ao corpo físico. Ainda não conhecemos nada a respeito de experimentos sobre a consciência do bebê na fase gestacional. Será que há registros pelo mundo da variação dos estados de ondas cerebrais pelas vibrações captadas no ambiente do útero e pelo todo interno da mãe?

As ondas cerebrais em padrão *theta*, que foram medidas desde o nascimento - uma vez que ocorrem pelos equipamentos externos ligados ao crânio da criança – comprovam tamanha conexão divina do ser que chega. As medições são demonstrações do estado de consciência presente no filho que chega ao mundo. Uma oferta de profundo amor da fonte da perfeição infinita é endereçada à mãe e a convida para uma possibilidade de elevação de sua consciência pela sincronicidade que as frequências das altas esferas podem proporcionar pelo modelo de vibração que são de sua natureza. Da Fonte Filho, a formatação das estruturas da mãe em novas possibilidades de informações vindas do ser de luz conectado à consciência não-local, a inversão dos polos que nos abastecem de amor incondicional.

Comprovações que se utilizam de uma aparelhagem que apresenta uma matriz de leitura desenvolvida segundo as leis clássicas de aferições de ondas – portanto, tem os padrões científicos que não utilizam dos paradigmas quânticos. Mesmo assim conseguem nos dar os dados de que as mentes materialistas precisam para incluir novas concepções a respeito das nossas crianças. Os paradigmas quânticos ainda estão em desenvolvimento e sequer temos aparelhos que possam medir ondas instantâneas assim como as utilizadas na comunicação não local, superiores à velocidade da luz, como já sabemos ser o caso dos comportamentos de algumas substâncias subatômicas, como os neutrinos.

Os aparelhos antigos, com funcionamentos baseados na física clássica, demonstram uma pequena mostra das infinitas potencialidades observáveis em nossos filhos ao nascerem: são a face divina na Terra. Sem termos os domínios e a ampla visão sobre quem somos nós, sem a compreensão da grandiosidade de nosso ser espiritual, da *potentia* energética do universo não local em nossa essência, continuamos confinando os seres de luz que chegam. Haja visto o que se perpetua atualmente nas mudanças dos padrões cerebrais: na adolescência, o padrão das ondas cerebrais já se encontra em *Alfa* e, quando adultos, as ondas cerebrais são *Beta*. Se nós, Templos Mãe não nos abrirmos às possibilidades divinas trazidas por cada um dos filhos da luz, seu desenvolvimento no sistema local, alimentando-se das substâncias planetárias – incluindo as de nosso campo – perpetuarão os modelos condicionados e as estruturas dominantes. O padrão com os quais estamos inseridos nessa dimensão se torna a imagem e semelhança da humanidade na medida da consciência que somos.

*A presença de ondas teta no padrão cerebral de meditadores lembra-nos que crianças e jovens, até os 5 anos de idade, demonstram dominância teta, que evolui para a dominância alfa do padrão de vigília normal de adolescentes e, por fim, é substituído pelo padrão beta do adulto. Uma vez que crianças em processos de desenvolvimento quântico (isto é, são destituídas dos processos de percepção secundária), podemos especular que as ondas teta caracterizam, de alguma maneira, os processos primários da modalidade quântica no cérebro-mente.* GOSWAMI, Amit; REED, Richard E. &GOSWAMI, Maggie. *O universo autoconsciente: como a consciência cria o mundo material.* São Paulo: Aleph, 2007

# O ILUSTRE MESTRE, O FILHO

Quem é esse ser que estende seu espírito em estado de felicidade profunda nos padrões *theta* aos desajustes das nossas criações? Às nossas incapacidades de compreensão? Às limitações dos sentidos, das dimensões? Quem é esse ser que entrega o espírito em infinitas possibilidades aos nossos colapsos?



O ser de alta frequência da consciência divina, O Mestre Ilustre que se faz O Filho. O bebê, em intencionalidade de vida na experiência física, permite-se fluir na mais profunda demonstração de amor incondicional e entrega-se em reciprocidade à mãe. Acolhe qualquer forma corporal sem apego, aprende a se comunicar em nosso padrão de linguagem - que ainda necessita de sinais locais para ser compreendido - códigos limitadores de uma vasta possibilidade da fonte divina - identifica-se com o ego que oferecemos e apreende os valores e tudo que somos. Silenciosamente, em percepção plena em estado espiritual, mergulhado no oceano amoroso e perfeito da fonte divina de luz intensa, a sua consciência não-local, sente de maneira profunda, gentil e de amor incondicional, a sua fonte-mãe. O filho está entrelaçado em seu todo, suas profundezas e suas luzes, seus ambientes interno e externo, seus conteúdos nas dimensões locais e não locais. Alimenta-se de todas as suas energias em vibrações e harmonias, sem julgamento, acolhe em profundo amor os padrões energéticos que estruturam as formas de ser para pertencer ao Universo M & F e, depois, ao espaço-tempo dimensional.

Qual é o sentido? Onde está o propósito de vida de um ser com tamanha luminosidade chegar à nossa morada?

Temos águias aprendendo a viver como as galinhas, acreditando que são galinhas, comportando-se igual a uma, como a linda narrativa de Leonardo Boff em *A águia e a galinha*. Todos os espíritos adultos que compõem as mazelas do planeta nasceram como esses bebês divinos.

De quem é a missão? Como modificar as estruturas humanas?

## ENTRELAÇAMENTO HIERÁRQUICO OU EMARANHAMENTO

O emaranhamento ou entrelaçamento quânticos abordam um fenômeno característico da estranheza do mundo subatômico, no qual duas ou mais partículas são emaranhadas entre si. Quando alguma dessas recebem algum estímulo, as outras respondem ao dado estímulo instantaneamente. De certo modo, apesar de ser assumida a existência de mais de uma partícula, estas, de certo modo, não são completamente distinguíveis e nem separáveis. Um princípio clássico que diz: "dois objetos não podem ocupar o mesmo lugar", neste caso, pode ocorrer então de não só dois ou mais objetos poderem ocupar o mesmo espaço, mas, de certa forma, um objeto pode ocupar, num mesmo instante, dois ou mais lugares!

E o que é entrelaçamento? É um fenômeno quântico que liga duas partículas em uma distância tal que quaisquer atividades que aconteçam com uma delas imediatamente mudam as prioridades da outra – mesmo que a distância entre elas seja o Universo inteiro.

O cientista Albert Einstein chamava este fenômeno de "ação assustadora à distância", lembrando que, com "assustadora", ele queria dizer que tal evento era de dar medo! E, realmente, é bem estranho.

O Universo M & F é a comprovação, no mundo da experiência, da coerência quântica do Universo – um perfeito entrelaçamento: a energia da luz em seu todo potencial amoroso, perfeito e divino, que se sente atraída e vem assumir a matéria fornecida pelo aporte genético materno.

O *momentum* da concepção pode ser compreendido como o emaranhamento quântico. A mulher torna-se fagulha da imagem da criação, a deusa geradora de um novo universo, entrelaçando-se ao filho, também uma fagulha da imagem da criação, em consciência quântica transcendente. A energia do filho, em ondas infinitas de amor incondicional, proveniente da consciência unitiva, da fonte que tudo é, alimenta a possibilidade da expansão do cérebro-mente local da mãe para a consciência não-local em ressonância de comunicação instantânea. Enquanto ela o nutre com as substâncias planetárias para que se manifeste nesse mundo e desenvolva os seus aparatos físicos em todos os sistemas para a manifestação individual, local, real. O emaranhamento torna possível a conexão das duas energias que estavam separadas e entrelaça as existências da M&F, coemergindo em seu universo singular. A partir da concepção, estruturas fundamentais alimentam-se dos aportes energéticos e vibracionais da mãe que, no nascimento do bebê, trazem princípios morfogenéticos do universo M & F e manifestam-se em cada experiência pelos emaranhamentos dos sistemas quânticos em constante regeneração, em infinitas possibilidades.



Mesmo sendo duas pessoas separadas entre si, o entrelaçamento hierárquico e energético faz com que elas se evidenciem em campo energético toroidal, localmente nas operações dos cérebros-mentes em coerência dos sistemas que se comunicam e se sincronizam. Na manifestação da realidade, a Fonte-mãe é o modelo que dá a medida para que o corpo em separado esteja alinhado em suas redes neurais, em uníssono. O emaranhamento entre os dois mundos – o clássico, para o Universo poder existir em nossas estruturas cognitivas e físicas – e o quântico, da M&F, permite as ações fantasmagóricas à distância, como atribuiu Einstein aos efeitos percebidos.

Em cada novo Universo M & F, temos as condições para a criação de novas crenças e novos valores, mais iluminados, estruturados em criativas formas de viver a dimensão humana – nascendo como avatares divinos. Podemos vivenciar o amor incondicional, desenvolvê-lo entre a nossa relação com o bebê, e dali para o mundo, compreender que somos uma família planetária, que uma atitude afeta o todo, que temos um mundo manifesto a transformar em local de existência quântica. Das nossas experiências em nosso universo M&F, vamos ampliar a consciência quântica e ser a fonte de energia para uma forma de vida mais coerente, compassiva e amorosa. E nos transformar em cada nascimento – M&F - para um patamar acima de nossa consciência local, elevando nossas frequências às divinas, banhando-nos no oceano primordial de amor que recebemos em forma de filho.

# ENERGIAS ENTRELAÇADAS — A FONTE ENERGÉTICA DO UNIVERSO M & F



As energias do precioso Universo M & F afetam-se mutuamente e ao ambiente, podendo expandir-se em alegria, felicidade e amor, em vibrações positivas, ou retrair-se como resposta à falta de acolhimento, consideração, valor e afeto.

A comunicação não-verbal do bebê tem sido um desafio para muitas mães. Enquanto não podem compreender a linguagem do bebê, até que esteja coincidindo à sua estrutura cognitiva, não conseguem enlaçar suas interações. Mães com esse modelo mental geralmente transferem a relação para outra pessoa, acreditando que o passivo bebê só precisa de cuidados de higiene e de alimentação. As babás ou outras cuidadoras podem fazer isso, mas trarão os seus conteúdos energéticos, seus colapsos de possibilidades em suas relações para com os bebês. E se pudéssemos ver, além do corpo físico, as energias entre o bebê e a babá, enquanto a criança fosse trocada e cuidada, como seria? Podemos pensar em duas cenas: na primeira, a energia do bebê que acabou de chegar ao mundo, acostumado a uma vibração melodiosa, à procura da sua fonte para se carregar, se alimentar e, carente dela, tendo a sua energia contraindo-se, debatendo-se. Um passarinho na vidraça. Na outra cena, a babá muito bem-intencionada, cuidando de um corpo (penso nas enfermeiras na maternidade dando aquele banho no bebê – um pedaço de carne sendo banhado...), mesmo que essa pessoa tenha boas intenções e carinho pelo que faz, referimo-nos ao campo energético e vibracional em questão. O bebê se entrelaça à energia de quem está em interação com ele. O campo morfogênico do Universo M & F é a vibração de que nutre e sustenta o filho. Uma pessoa alheia estará conectada a sua história. Todas as informações que experimentou até o presente vibram em seus pensamentos, suas palavras e em seu olhar. O que terá para oferecer como pacote vibracional para o bebê? Como o ser de luz que recém aterrissou no planeta, absorve os colapsos das energias de uma vibração absolutamente distinta da sua fonte Mãe? A matriz do filho nessa realidade está na composição integrada à sua mãe no Universo que coemergiu entre ambos. São essas frequências que oferecem as informações para a vitalidade e nutrição humana que o espírito precisa nesse lugar totalmente desconhecido. A referência para a sua existência é aquele específico Universo exclusivo e de orquestra única entre a Mãe & Filho.



A mãe que segue no modo automático está sem a informação de que foi a escolhida pelo bebê, que a sua energia vibracional atraiu a consciência não-local, transcendente do bebê, convidando-o ao seu útero. O berço da humanidade é a fonte da produção da forma, de cada célula e cada sistema de todo o corpo. O bebê, ao nascer, compreende que a sua fonte o trará para esse funcionamento, dando-lhe significado e incluindo o seu campo toroidal todo – no sutil e no manifesto – o físico. Conhecemos comprovações sobre a memória celular, interpretada a partir dos inúmeros estudos, alguns explicitados nessas escrituras, que mostram as informações arquivadas nas células desde a concepção, trazendo assombrosas manifestações em nossa saúde, nossas emoções e relações por muitos anos de nossas vidas, às vezes por toda ela. Sabemos das considerações das memórias transgeneracionais repassadas desde os antepassados e suas experiências que sequer são conhecidas, armazenadas nas gerações ascendentes e propagadoras de sintomas.

Mergulhemos juntas nessa situação: você foi convidada para uma viagem em um super ônibus espacial de luxo, onde terá um quarto confortável, receberá todo o conforto que merece, as refeições mais incríveis que já provou. O trajeto é demorado e nele receberá a tutoria de uma pessoa que ficará à sua disposição e te dará uma formação sobre o destino desconhecido e com um modo de vida totalmente diferente do que conhece. Mas você só desembarcará quando estiver pronta. Você saberá tudo a respeito daquele planeta pela companhia de um tutor - escolhido pelas excelentes habilidades e muito condizentes com seu perfil. Ele se sente honrado e garante que será seu guia na experiência prática também. O guia é muito bem preparado, possui um pós-doutorado naquele planeta e antecipa todas as possíveis dificuldades que alguém da Terra pode apresentar e no curso serão superadas. Seu mestre falará com você na língua daquele planeta para que tenha alguma noção, explicará sobre a paisagem e o clima que são bem diferentes e você receberá todo o equipamento para superá-los. Na formação você receberá apoio para saber como se relacionar com os habitantes e seus costumes, será informada de como são as normas culturais e as regras para conviver. Mas o tutor insiste em te deixar muito tranquilo pois estará ao seu lado por um bom tempo, até que você possa ter autonomia. Chega então o grande dia e você desembarca. Fica atônita ao ver e sentir um planeta novo, diferente de tudo que já experimentou, com uma paisagem que não entende e uma língua que nunca ouviu. O tutor e você caminham juntos e em segurança vão até o local onde farão hospedagem. Você se sente feliz e vai descansar da longa jornada, para que depois possa sair para conhecer tudo aquilo à sua volta e aplicar todas as aulas que recebeu. Nunca mais o tutor regressa. Outros substitutos se apresentam, em cada momento aparece um diferente, falam sem que você possa entender, não compreendem seus gestos, não sabem quem é você e de onde veio e por isso não te respeitam. Não se interessam pelas suas dificuldades e te passam coisas para que você faça no prazo que determinam. Seus sentimentos não dizem nada naquele planeta, eles desconhecem o que significam. Levam você para fazer coisas e ver situações que não fazem parte da sua possibilidade física e mental. Ao longe você avista seu tutor, mas não pode alcançá-lo, nem o chamar. Ele está muito ocupado e te manda um aceno. E você, que chegou uma bagagem imensa de pacotes de informações diretas da fonte para colaborar para a evolução daquele planeta, para intervir nos danos não percebidos, e principalmente - para fazer a sua estadia em parceria com o tutor escolhido. Uma de suas missões era de que o tutor recebesse nova formação, inédita para aquele ambiente – onde ambos se tornassem sementes propagadoras de novas formas de ser e viver daquele local...

— "Como se sentiria? Qual sentido teria essa viagem? Como lidaria com o abandono? Como ficaria a sua energia? Você seria feliz nesse planeta?"



O Filho é esse viajante estelar, que chega ao planeta desconhecido.

As primeiras energias do filho ao chegar no planeta estranho estão entrelaçadas ao todo da MÃE. Ela é a Fonte de tudo: da segurança, da confiança, do aconchego, do alimento na fisicalidade, da nutrição das energias e frequências que fornecem o encaixe único e perfeito para que o filho divino, de nível muito superior de consciência, possa receber as formas para crescer e se desenvolver humano. Nenhuma outra fonte serve para a potencialidade da consciência da luz ser o projeto perfeito em missão no planeta.

A interação com a fonte mãe, em harmonia e conexão com o cérebro-mente e coração em coerência, faz a medida da extensão da frequência dos corpos sutis do filho, que amplia a luz na medida da intenção amorosa e atenção dela para com ele.

Do campo energético sustentador do entrelaçamento do Universo M & F, as manifestações físicas mostrarão a coerência ou serão comuns os comportamentos alterados. Como vimos nos exemplos anteriores da comunicação entre os campos energéticos das plantas, árvores, dos animais, dos seres que compartilham o espaço conosco, tudo está em vibração e em contínuo movimento, se afetando mutuamente. A atenção e a intenção dispensadas a cada coisa é que altera a manifestação de cada uma em vigor, crescimento, abundância ou ao contrário. A experiência da Dra. Jill é uma demonstração científica em como os campos sutis se expandem ou se comprimem na medida das interações afetivas e intenções das pessoas que convivemos. Os filhos desde que nascem até os primeiros anos de vida, estarão com suas frequências sendo alteradas conforme a sua Fonte –Mãe dedica sua atenção, intenção, coerência entre os sistemas neurais internos, além dos pensamentos, das palavras e das visualizações que tem para cada aspecto do filho.

Estudos recentes, da Faculdade de Medicina da Universidade de Washington, liderados pela dra. Joan Luby, comprovaram que as mães que demonstram afeto e apoio emocionais aos filhos interferem no crescimento de áreas cerebrais do hipocampo. A pesquisa dava às mães uma situação estressante para ser realizada em determinado tempo na presença dos filhos, simulando as rotinas familiares quando as mulheres estão atarefadas pelo trabalho, tarefas domésticas, e muitas vezes, mais de uma criança para cuidar. As mães que conseguiram resolver as situações e ainda estar disponível para as necessidades do filho tornaram as diferenças cerebrais em habilidades de aprendizagens, atenção e memória, desde que entraram na escola aos seis anos até a adolescência, enquanto foram monitoradas semanalmente por meio da ressonância magnética no cérebro. O ponto marcante nessa demonstração, comentado pela Dra. Joan, foi a constatação de que o cérebro da criança responde mais ativamente à atenção amorosa e apoio da mãe do nascimento aos seis anos. Da mesma maneira, afirma a pesquisadora que o apoio oferecido às mães é fundamental para que elas tenham recursos emocionais, mentais e físicos para estarem disponíveis aos seus filhos. O aumento em até duas vezes mais do hipocampo cerebral trará benefícios para toda a vida do filho. Comprova a sincronicidade entre o campo energético da criança pequena e todos os sistemas neuronais internos da mãe. A medida da coerência do coração da mãe, em seu olhar em atenção amorosa, na escuta, na disponibilidade, regulará todo o sistema interno cérebro-mente-intestino do filho, que se estabelece em expansão que trará o crescimento e habilidades em todo ser.

A epigenética demonstra o quanto o ambiente estressado afeta todo o crescimento e desenvolvimento das células humanas. Quando o ambiente está em relações amorosas e saudáveis, toda a propagação responde da mesma maneira.

O que a neurociência comprovou é que as crianças pequenas absorvem todo o estresse das mães em seu ambiente interno e externo. A física quântica demonstra que dois elétrons correlacionados em uma única vez terão para sempre os 'spins' – uma propriedade quântica que faz a correlação do emaranhamento ocorrer - responder de forma emaranhada, mesmo que estejam a milhões de quilômetros de distância, até em outras galáxias. A comunicação é instantânea e infinita. A interação entre a Mãe & Filho traz a conexão dos campos do par desde antes da fecundação. Portanto estão com seus 'spins' correlacionados intimamente desse momento para toda a existência em ambos, em comunicação instantânea. O comportamento de todas as células também responderá ao emaranhamento entre esse ambiente interno onde o filho é concebido, gestado, criado, até seu nascimento, absorvendo todas as frequências em expansão e contração das energias. Conforme a nutrição bio-psico-energética e espiritual com o que nós, mães, nos alimentamos – pelos movimentos que envolvem todas as interações internas e externas entre tudo e todos. Envolvem-se os pensamentos e as palavras, que geram comportamentos e atitudes. Os níveis de vibrações de todas as interações entre todas as coisas físicas e sutis que experimentamos será a medida da consciência que somos – resultando nos colapsos das ondas da potencialidade do campo quântico. O crescimento das células do filho, desde o acoplamento em nosso todo, depois do nascimento até os primeiros anos de vida – estarão sob essas medidas. A intensa multiplicação e crescimento das células ocorrem sobremaneira na gestação, ali está o fenômeno de maior intensidade. Efetivamente o todo de nosso ser são as condições de captação das informações que dão forma física e composição sutil ao espírito que se desenvolve humano.

A epigenética demonstra que as membranas da última camada mais externas das células - fazem o exclusivo desenvolvimento de duas partes do corpo do filho: o cérebro e a pele. As informações desse período de formação humana - que se comportará de acordo com o que absorve do ambiente da mãe, interno e externo, portanto, propício ou não a expansão saudável e em harmonia, estarão memorizadas para a toda a vida. Pois as células que estruturam todo o tecido epitelial são exatamente as mesmas que formam todo o cérebro da criança. Depois do nascimento, tudo que ela sentir, experimentar, absorver na pele, irá sentir e absorver em seu cérebro. Voltamos à neurociência, que chegou a recentes conclusões a respeito dessa comunicação da postura corporal sendo alimento das informações para o cérebro saudável ou disfuncional. Sabemos que os conhecimentos clássicos conferem às interferências dos hormônios da mãe, como a serotonina, um neurotransmissor importante na formação do cérebro do filho, por exemplo.



O Universo M & F é um campo emaranhado em todos os níveis de existência e de manifestação, entrelaçado pela comunicação instantânea dos cérebros-mentes, em operações locais, em suas complexas formações e sistemas; e das consciências não-locais - que envolvem as dimensões para além do espaço-tempo. Das conexões com o "Eu Sou" de cada par, e, também, das ligações - espirituais - dos guias e seres que acompanham cada alma, que se escolheram pelas vibrações e composições das suas melodias singulares e que estarão vivendo o agora infinito de cada dia nesse planeta.

A relação M&F compõe as energias do campo quântico que se entrelaçaram e se envolveram amorosamente nesse universo único, que vai transformando a existência no mundo da experiência na realidade em frequências que geram as linguagens. A medida da mãe vai dando sentido aos códigos absorvidos, o aporte de significado de mundo na relação com o corpo - em suas emoções e sensações, no foco do olhar, nas interpretações, nas escolhas subjetivas, no uso das palavras, das entonações, dos embalos... Nosso mundo e as relações entre os campos, é apreendido como código simbólico e seus significados imprimem as energias em manifestações na matéria a partir do corpo.

O filho está ligado à consciência superior, ao oceano primordial luminoso de amor incondicional, e vai sendo inserido nesse mundo entregue ao campo toroidal de energia e frequência da fonte mãe - pelo seu corpo, a primeira chave de acesso dimensional, que ativará as operações do cérebro-mente locais, pela matriz das leituras entrelaçadas de tudo o que a comunica como um todo, e de todo o inconsciente, a primeira chave de acesso, significado em valores e sentidos pela sua mãe. Desde a fecundação, gestação, no nascimento até a primeira infância, os esforços para a construção desses processos de inserção são intensos e profundos.



# A GERADORA DO UNIVERSO MÃE & FILHO

Somos o berço da humanidade, mas temos mantido as condições das relações com os sistemas opressores que deturpam nossas visões. Com as mentes estreitas, não conseguimos desfazer as amarras que vêm nos prendendo a tarefas acumuladas em nossos ombros, papéis que nos entregaram, avatares que passamos a conduzir acreditando ser nós mesmas. Inebriantes são os poderes que nos roubam com a nossa aquiescência. Rotinas com aspas de felicidade, alegrias postadas na rede, desejos artificiais, conquistas obsoletas, máscaras de relações...

É preciso ter coragem para desfazer as amarras! Libertar-se dos esperados percursos, dos modelos que vivem em nós! Precisamos nos conectar ao poder que temos, à deusa que somos, e acolher nosso maior propósito nesse mundo: ser Templo Mãe para renascermos no

Universo M&F. Abandonar todos os padrões e condicionamentos do patriarcado que afastaram a nossa natureza de deusa e enfraqueceram nossas ligações com a terra, com as energias, com o ato de gerar e criar os nossos filhos com olhos e medidas divinas. Devemos afastar as ressonâncias de formas-pensamentos e formas-sentimentos negativas de nossos lares, para que consigamos cocriar, junto com esses seres de luz, as novas melodias que darão os tons para novos campos morfogenéticos de nossas instituições sociais, escolares e familiares. Vibrando novas energias criativas, podemos modificar as formas de ser e fazer o feminino e as relações daqueles que nascem nesse planeta. Dar o salto em nossa existência, descontinuar o que aí está comprovado, declarado, exigido e evoluir em nossas consciências.

A consciência quântica da mãe é o primado para a criação de todas as condições, da potencialidade, das possibilidades criativas do singular e sensível entrelaçamento hierárquico que fazem coemergir o Universo M&F. Sustentado nas relações dos seres que vibram no amor incondicional, na bondade, na compaixão, na justiça e na beleza, modificando a vida do planeta. Somos a mostra da não-localidade: dois corpos em uno de sensações, comunicações instantâneas à distância. O filho é a parte da consciência superior não-local. Seu funcionamento não pertence ainda à lógica material – ele compreende profundamente, sente profundamente sem as palavras, sem os conceitos, sem o simbólico. A leitura que faz é de seus ambientes internos, como um leitor óptico – um scanner dos códigos para seu ambiente interno, como cordões energéticos entrelaçando-os, aos poucos, com o corpo físico, experimentando as sensações e sendo inserido na materialidade, no espaço – tempo do planeta. Uma mãe que está localmente conectada à energia da realidade, aterrada ao manifesto, ao mental, ao físico, ao trabalho, ao consciente padronizado, não disponibiliza suas energias em atenção focada ao filho. Sua concepção não vê em potencial, como campo aberto em possibilidades, ativo nas percepções e comunicações, em ebulição.

O Templo Mãe é hierarquicamente entrelaçado ao filho, em razão de energias e frequências divinas. Isso significa que a consciência não-

-local trazida pelo ser de luz que está se alimentando de sua matéria, alimenta-a mutuamente. O filho é uma fonte poderosa de energia, é a manifestação da *potentia* infinita e criativa descortinando-se diante dos seus olhos. Se a mãe está operando na relação com o presente, com cada momento do agora, está fluindo nos valores do profundo amor para cocriar a existência sem julgamento, sem conceito, sem padrão ou condicionamento do mundo manifestado. O filho dará à forma humana mais abundante e generosa da fonte da consciência divina entregue à mãe.

## O(A) FILHO(A) QUÂNTICO(A)

O filho(a) está em conexão com as ondas frequenciais da dimensão superior. Seus padrões cerebrais são formados de ondas *theta*, de infinita criatividade amorosa, na sincronia divina capaz de se comunicar instantaneamente ao todo da mãe, aos seus conteúdos manifestos e não manifestos. Nos primeiros anos de vida nessa dimensão, encontra-se em estado de meditação profunda, como um sonho acordado em sua mente ampliada, conectada ao universo transcendente. Ele percebe os ambientes simultâneos, integrados entre as dimensões não-local e local. Vive o UNO com o todo, no campo unificado sem significados de diferenciação, sente a energia pura que se faz presente em todos os seres, sem a necessidade dos sentidos. Sua comunicação é pela consciência e as linguagens que ainda não estão disponíveis a todo planeta.



A relação do Filho divino com a sua criadora apresenta as características:

• Não verbal – comunicando-se para além das palavras, o filho compreende profundamente toda a energia da mãe antes das suas manifestações, antes das intenções, porque está entrelaçado ao amplo campo quântico de sua consciência divina para além da dimensão das formas, dos conceitos e das estruturas;

• Não local – conectado em uno com o Universo, o filho está em sincronia com a consciência quântica da mãe, vive a complementaridade da presença na *potentia* divina, em percepção ampliada do todo da mãe, compreendendo-a instantaneamente, independente de ambos estarem corporalmente unidos ou no mesmo local ou distantes;

• Não manifesta – refere-se ao campo da energia pura e ilimitada, do leitoso oceano amoroso do Universo, da consciência primordial, não local – onde a consciência superior em alta frequência vibracional é toda *potentia*, entregue a uma possibilidade de existência nessa dimensão em posição do filho da mãe.

Os movimentos de colapsos da *potentia* do campo da potencialidade pura que fazem surgir a realidade – e, imediatamente, as novas infinitas possibilidades em conexões com a consciência cósmica superior e o cérebro-mente local, singular, manifestando o agora - criam o movimento contínuo e em infinito entrelaçamento do Universo M & F. Assumindo as "qualia" - conceitos daquilo que a mãe, a observadora inicial, consegue sincronizar nas realidades simultâneas ao ato de captar os estímulos de seus ambientes interno e externo, em seus pensamentos, sentimentos em paralelo ao campo quântico de sua consciência não-local entrelaçada hierarquicamente à do filho - o Universo M & F vai se manifestando. Enquanto não há observador, não há manifestação, não existe a medida, o Universo M & F é pura potencialidade e amor infinito.



A consciência da mãe cocria o universo entre ela mesma e o filho em todas as dimensões e interações que o seu nível de consciência conseguir acessar e compreender para ver e sincronizar. O filho, quanto menos tempo tiver de vida no planeta, viverá em estado meditativo profundo e, ao alimentar-se aos poucos de energia e materialidade, irá coemergindo no campo simbólico da sua fonte-mãe.

Consideremos agora as maravilhosas transformações em nossas concepções de gestação e desenvolvimento de um bebê com as estruturas quânticas dos campos morfogenéticos atuando na mãe e seu universo M&F! As expectativas, os sonhos, os desejos, os pensamentos, as conexões do todo da mãe - incluindo suas profundezas e seus conteúdos não manifestos – vão sendo captados pelo bebê e suscitando comportamentos que passam a ser marcados pelas palavras e registrados na realidade de suas consciências na coemergência do universo M&F. Assim, acomoda-se o seu "eu sou" ao todo da geradora, que alimenta o recém-conectado ao planeta pela palavra, pensamentos e sentimentos - todo o *momentum* da mãe e de suas medidas subjetivas. As leituras que o filho (a) faz dos significantes subjetivos da mãe estabelecerão a frequência de comunicação por algo que a envolva, atraia, suscite mais interação. Será um padrão único de funcionamento, arranjos, movimentos da relação singular.

A interação não-verbal, não-local e não-manifesta do filho (a) com a criadora irá compondo as melodias da sua existência em identificação com a medida do olhar da mãe e em simetria e reciprocidade amorosa, manifestando seu presente a ela. A complexa rede energética do Universo M & F está conectada às dimensões superiores e locais, e são simultâneos universos de possibilidades e manifestações.



Se a mãe não estiver conectada à sua dimensão de deusa, integrada à sua consciência quântica, atenta ao agora, poderá afirmar ou antecipar pelos pensamentos, os quais são fontes de energia ou palavras, que são códigos energéticos, que o bebê não dorme, é agitado, é nervoso, é bravo ou qualquer outra qualidade negativa. Identificação essa, com modelos do passado, decretando os colapsos de realidade no posicionamento do filho em um círculo vicioso e destrutivo das energias. A posição do filho, em desenvolvimento e crescimento no universo M&F, cada vez mais distante de seu fluxo potencial e criativo, estrutura-se naquilo que a sua consciência divina compreende como sendo os decretos de amor da sua fonte, a mãe. As associações feitas para ou pela mãe da aparência física do bebê com a de uma pessoa familiar podem gerar uma relação equivocada, modelada em referências antigas, em padrões de relacionamentos, em memórias de sentimentos, em registros do passado desde o primeiro olhar. Sabendo que o negativo é o aparato das estruturas condicionadas e que qualquer estímulo o faz crescer, a mãe afastará palavras ou pensamentos que irão fornecer a ele energia para tal.

Os bebês chegam entrelaçados ao Universo M & F para dar a possibilidade de uma existência totalmente criativa, descontinuada, pois os significados de todas as informações e estímulos são filtrados, trazidos como registros de realidade pela mãe. A mãe observa o bebê em seu corpo manifesto – formas, comportamentos, atitudes – e pode mudar a observação antes de os fatos coemergirem para depois dele, antecipando e predizendo a realidade! Para ser a mãe consciente, integrada ao campo quântico de que os ilustres mestres, filhos da luz necessitam, a mãe deve manter sua atenção suprema em seu ambiente interno. Assim, os estímulos negativos só existirão se a mãe conferir esse significado, se escutá-los e registrá-los.

Fantasmas da mãe que persistirem, reviverem e coemergirem no relacionamento com o filho, podem gerar afastamento, inadequação, atritos, formas-sentimentos ou formas- pensamentos negativos. Para manter-se livre da mente perturbada ou responsiva aos estímulos negativos, a mãe deve observar-se de fora da relação, pelo observador por trás da mente. M&F em uno têm comunicação, interação, energia e relacionamento colapsados no campo frequêncial, além de instantâneos abertos no campo potencial. Um choro pode significar a necessidade de algo sereno, se a mãe puder ouvir com serenidade.

A mãe precisa estar integrada na localidade, respirando e focada no *momentum*, conectada à não localidade, à sua consciência quântica, para observar atenta e profundamente o filho sem julgamento, acolher as informações e entrar em suspensão. Escutar o filho como o ser divino na manifestação, como a *potentia* criativa de nova forma de vida, em possibilidade inédita em interação entrelaçada ao Templo Mãe, faz com que a presença da consciência quântica seja a manifestação do mestre em missão, trazendo lições profundas sobre os ensinamentos mais verdadeiros para a vida, em cada agora da coemergência do universo M&F. A mãe, em generosidade e plenitude, entrega-se ao espírito filho, seu mestre da luz divina, na integração das dimensões e cocria a estrutura quântica de pensamentos, palavras, experiências – baixadas da fonte não-local que vibram no amor incondicional e no *momentum* criativo. A frequência do Universo M

& F se estabelece canal e fonte da matriz divina – está na propagação das energias superiores da consciência que vibra nos valores das dimensões superiores: onde a existência é perfeita e harmoniosa, compassiva, serena, bondosa, onde somente o amor em abundância torna a vida presente.

O Templo Mãe, consciente do seu poder de criação em cada infinito agora, tem como fundamento de suas novas estruturas:

• A presença em *potentia* divina – a conexão com a face deusa da mãe faz com que ela viva sem prisões com experiências do passado. O Templo Mãe em consciência quântica é conectado ao todo potencial manifestado na coemergência singular de si mesma e do seu universo M&F, na presença somente do amor incondicional;

• A escuta ampla em amor incondicional – todos os estímulos são registrados na frequência do amor sobre quaisquer valores. Toda manifestação do filho é olhada e medida na compreensão de que o ilustre ser divino, de intensa luz, emaranhado à dimensão do universo amoroso e criativo, entrelaçou-se à dimensão local da mãe para integrar a sua existência potencial e coemergir no Universo M & F em estruturas inéditas em missão para com a nova humanidade;

• A aceitação criativa – possibilidade de acolher sem julgamento as informações e as experiências, dissociando-se dos conceitos, criando o novo, inédito e descontínuo na medida do Amor;

• A escolha de ambientes e relações positivos – ativando a intuição da deusa, sentir e selecionar locais e pessoas que poderão favorecer as relações em conexões amorosas. O Universo M & F tem poderes para limpar as energias negativas e alterar a vibração dos ambientes, fechando seus corpos em suas chamas divinas e irradiando energias amorosas e bondosas para todos os seres. Porém, as estruturas planetárias ainda não estão inteiramente disponíveis para a medida do amor incondicional, de maneira que o campo entrelaçado de ambos pode entrar em uma ressonância inesperadamente. Então, utilizando das frequências das consciências que a mãe terra oferece para se reenergizar - e todas as conexões com os guias e seres de luz das estrelas, da família galáctica para a limpeza, proteção e imantação de seus campos;

• A palavra como decreto do Universo M & F - A palavra da mãe é um decreto forte e criador de campos morfogenéticos nos ambientes internos do filho e nas ressonâncias que criam as formas de suas manifestações, em seus comportamentos, atitudes e identificações;

• Para todo e qualquer estímulo ou ressonância negativa - que forem atingidos, deve ser eliminado e reestruturado pelas palavras, visualizações e comandos da mãe. As bênçãos diárias - palavras ditas em coerência entre a mente e o coração - ao filho, ao lar, aos caminhos, às relações, trazem a mudança dos estados vibracionais para às altas frequências. E criam um campo de proteção. A consciência no agora traz das potencialidades do campo quântico as manifestações da esperança, da imagem positiva, da perfeita capacidade, da confiança interna, das boas decisões;



• A atenção ao olhar para o infinito agora inicia-se pela conexão com o, Universo M & F (a) que processa da seguinte forma: buscar, respirar, imaginar, integrar, sonhar, usando nosso poder CRIATIVO! O potencial infinito de nosso cérebro está desativado pelas medidas da vida nos sistemas materialistas. Com o paradigma da nova ciência, sabemos sobre a natureza criativa e divina que somos e conscientes de nossas potencialidades para abertura do canal frequêncial pelo filho da luz. Acoplado ao nosso campo, podemos acessar a integração de nossas consciências local e não-local e ver, sentir e manifestar a verdade da iluminação. Seremos sábias e competentes nas experiências do Universo M & F para a composição de inéditas estruturas em possibilidades de vida criativas e amorosas no planeta.

# CRIATIVIDADE QUÂNTICA

A mulher quando acolhe em todas as suas possibilidades, em reciprocidade à força amorosa do Universo que contém as chaves para a reestruturação de todo o planeta, estrutura- se em Templo Mãe. A vida transforma-se profundamente a partir do *insight* da natureza do ser. A mãe consciente de sua missão estará em ressonância com a forma do ser divino, com base na sua natureza essencial que coemerge na vibração do amor incondicional, da bondade, da generosidade, da *potentia* infinita da consciência divina em abertura e formatação de todo seu ser. A fonte-mãe entrelaçada hierarquicamente à consciência não-local é alimentada e alimenta, é criadora e criatura de uma forma de energia expandida, conectada ao todo do oceano leitoso e nutritivo do amor incondicional que estabelece as partes e suas relações entre o Universo M & F.



A fertilidade e a abundância do campo energético alimentam cada parte interna e externa, no mesmo movimento de expansão e contração dos processos de vida do holograma no qual estamos inseridos. A condição para a coemergência do Universo M & F encontra-se na busca dos movimentos relacionais totalmente inovadores entre a mãe com ela mesma, com seu mundo interno, as relações com o filho, com os outros, com o ambiente e com o mundo externo. A mãe precisa buscar a conexão com a sua consciência superior de deusa, evocando seus poderes em geração e concepção de toda a situação de experiência como criação de ambientes dentro de sua autoimagem descontínua, dos seus pensamentos conectados somente no aqui e agora. Ela conseguirá isso escutando as múltiplas linguagens de seu filho, valorizando as comunicações que ele traz para a relação sem julgar, sem antecipar os significados, sem referendar as palavras que codificam nossa realidade limitada e, principalmente, sem posicionar toda a energia do filho da luz, mestre divino em fluxo potencial ao padrão negativo e condicionado do mundo conhecido.

Vamos deixar para fora das nossas medidas o passado ou o futuro, as expectativas modeladas pelo conhecido, os papéis culturais determinados, as concepções de criança passiva, sem valor, sem linguagem ou legitimidade. A visão de separatividade entre nós e o todo, a matéria como a única dimensão da existência, a autorreferência sem estima, sem confiança, sem amor-próprio, a desconexão de nossas consciências local e não local.

O Templo Mãe pode se utilizar das forças arquetípicas das deusas para incluir suas melodias em seu ambiente interno, que dará significados energéticos nas faces que puder trazer para a composição de seu ser. Compreendemos o manifesto na realidade como o campo da experiência criadora, onde podemos materializar energias do arquétipo escolhido para evocá-lo como uma linguagem soberana que orquestra o seu universo com seus poderes e palavras. Da maneira como nos comunicamos com as energias dos seres que estão compartilhando a existência conosco, trazemos as suas energias para ampliar nossa frequência. Também as medicinas dos animais, tanto na realidade ou em seus aspectos multidimensionais, alimentam nosso campo toroidal, sustentam nossos corpos. Podemos evocar a deusa naquilo que estamos em falta ou precisando elucidar ou potencializar. Os arquétipos das deusas oferecem ao nosso campo a possibilidade da existência como um xamã, absorvendo as energias na presença, com o cardíaco como o centro do Templo Mãe, revelando a sua inteligência conectada aos seres da realidade e aos espíritos protetores, cuidadores, emancipadores, criadores, guias de nossas ações, pensamentos, palavras, escolhas. A coemergência do Universo M & F está fundamentada na consciência da fonte mãe, que subsidia a energia a partir de si mesma e de seus movimentos interativos com a energia potencial de seu filho, que é a plenitude, a expansão, a sincronia entrelaçada ao amor incondicional do todo não local. Com a intensa propagação energética dentro de si, enquanto gera a energia divina na forma humana, a mãe & filho têm o entrelaçamento do todo potencial e infinito campo fértil pertencente à não localidade para a experiência criativa, em coemergência.

Como, ainda assim, conseguimos, depois de tantos milhares de nascimentos, dar lugar à existência putrefata da humanidade? Como conseguimos desligar o modo de operação da consciência quântica em detrimento dos valores das sociedades pós-modernas? A imagem que me ocorre para ilustrar a cena é a luminosidade do sol atingindo-nos em cheio, a ponto de nos fazer fechar os olhos instantaneamente, de modo a eles nunca mais se abrirem.

# COLAPSANDO AS ONDAS DE POSSIBILIDADES AMOROSAS

*As Escrituras Budistas afirmam que, em três anos, podemos atingir a condição de Buda – a supremacia da iluminação corpo-mente-espírito. O próprio Dalai Lama duvida disso, contestando que, de todos os iogues que já conheceu, nenhum atingiu essa mesma condição nesse tempo.* Escola Moderna Barakhamba,1994



Acredito que as Escrituras são reveladoras! E não foram totalmente interpretadas! Tenho pouco conhecimento sobre as Escrituras Budistas, mas confesso que a leitura entrou pelos meus chacras cardíaco e frontal, então os sentimentos da satisfação e da clareza integraram em minha mente! Com respeito profundo e admiração que tenho por Sua Santidade Dalai Lama, a sua leitura não pode interpretar as várias facetas codificadas nas maravilhosas palavras! Talvez os significantes da linguagem tenham dado uma posição à sua mente atrelada à linearidade, própria dos pensamentos lógicos. Pode ter usado a sua experiência, rica na formação de monges, e direcionou seus argumentos ao mundo adulto, matriz de suas referências. Nesse sentido, concordamos inteiramente com a Sua Santidade.

As revelações das Escrituras Budistas podem ser aplicadas e compreendidas se pensarmos no bebê. Da concepção até os três anos de idade, é possível tornar nossos filhos a atingir a condição de Buda, simplesmente permitindo que se manifeste na verdadeira natureza divina que a essência do ser de luz que chega ao planeta como nossos filhos. A condição de iluminação para uma pessoa em três anos ser um iluminado como um Buda refere-se a coemergência do perfeito Universo M & F!

O Universo M & F é um todo energético em possibilidades, são frequências de ondas espalhadas no oceano leitoso do amor, a natureza essencial do infinito divino luminoso. Pequenas ondas vibrando em dimensões simultâneas, as quais, em múltiplos entrelaçamentos, são colapsadas para dar as formas e se manifestar nesse mundo. O bebê é luz divina, perfeição e puro amor – que se manifesta fisicamente na forma da mãe, constituindo-se em corpo. Nasce em estado de meditação profunda, comunica-se com a mãe sem necessidade de sinais. A sua percepção é do campo estendido, das possibilidades infinitas - não está atrelada aos sentidos limitadores. Nosso filho é a consciência da fonte do amor em *potentia* – sem conceitos, sem formas, sem memórias dessa realidade dimensional. Faz a leitura simultânea dos espaços interno e externo, conhecendo mais da mãe do que ela mesma, pois está entrelaçado hierarquicamente à consciência da mãe – nas suas maneiras complementares, local e não-local. A habilidade para se comunicar com as energias dos corpos sutis da mãe é maior do que a compreensão das linguagens locais, que se utiliza dos sentidos para captar o mundo externo. O bebê é todo quântico – chega ao planeta no modo complementar à nossa existência - integrando a função da não localidade, da hierarquia entrelaçada, da descontinuidade ao processo da coemergência do Universo M & F – em harmonia e plenitude amorosa.

Vivemos nosso emaranhado singular e pessoal enquanto somos mulheres em interação no mundo manifesto - momento em que estamos imersas no tempo-espaço e lidamos com nossos processos de desenvolvimento, de busca das chaves para a autorreferência para nossa autoimagem positiva, confiante. Quando nos tornamos Templos Mães, todo o processo de autorreconhecimento é alterado. Temos reações desconhecidas, pontos de vista com novas nuances, sensibilidade modificada, energias diversificadas, alteração dos funcionamentos e dos sistemas, os simples e os complexos. Nossa forma vai dando as pistas de que entramos em um modo de ser totalmente desconhecido, descontínuo, incerto, criativo. Acompanhamos nossas medidas físicas alterando-se à medida que mais aporte energético do Universo em *potentia* vai se formatando em nós. Somos uma ebulição da consciência divina e iluminada na plenitude da criação, a geradora da vida. No campo fértil emaranhado entre ser e gerar, entrelaçamos a nossa existência às energias do universo transcendente enquanto gestamos o nosso filho, gestamos a mãe, co-emergimos nesse universo intra e interrelacional, redimensionamos toda a colagem que tínhamos feito a nosso respeito. Cada estímulo do mundo externo bombardeia campos internos nunca antes percorridos, sinaliza manifestações diferentes! Nosso ser não é mais pertencente somente ao planeta – incluímos no nosso campo a porção divina. Teremos convites exclusivos e intensas viagens a percorrer no Universo M & F, se acolhermos a vibração dos enlaces das consciências. A consciência não-local está ativa em nossa transformação, brindando-nos com melodias que energizam, sustentam, fortalecem, reacoplam nossas medidas, aumentam os sentidos internos, incorporam valores divinos para o nosso ser.

O Templo Mãe precisa iluminar com enormes refletores a sua existência para ser a observadora da sua rotina, silenciar a mente barulhenta e viver em cada momento a intensidade do potencial que surge de dentro de si mesma, em seu pensamento, seu olhar, seus sentimentos, suas medidas. Acolher as vibrações não locais, sincronizar as energias locais, entrar no fluxo do filho sagrado e entrelaçado a ela em *potentia* amorosa e divina. Suspender o conhecido e velho mundo, os modelos e padrões condicionados, considerar a descontinuidade, a incerteza, entrar inteira nesse maravilhoso universo aberto, estendido, entregue às suas habilidades de criação. O olhar da mãe é o canal receptor dos estímulos da realidade. O criador dos colapsos, das formas, dos sentidos, dos significados, das medidas que atraem os valores. A mãe desperta em sua consciência quântica sabe dos seus poderes! Consciente do Templo Mãe, busca a cada novo dia que amanhece sincronizar a auspiciosa perfeição do Universo como seu contexto interno e externo, e, entrelaçada ao filho da luz, para coexistirem ambos em potência e forma divina amorosa.

Ser mãe em consciência quântica é integrar o canal receptor dessa divindade com o mundo manifesto, consciente de que agora a nebulosa de possibilidades que pode se manifestar na realidade está em ressonância com as suas formas-pensamentos e formas-sentimentos. A mãe gera a si mesma e gera a medida da existência do filho. Se conhecermos um mundo negativo, doente, condicionado à guerra, ao medo e às injustiças, o bebê que está aterrissando suas energias nessa dimensão só irá conhecer os valores que nós fornecermos como medidas. Configurar a formatação das vidas entrelaçadas que surgem no Universo M & F depende da fonte que somos.

Os colapsos negativos do mundo continuam em processo pelas formas que ressoam dos campos morfogenéticos presos aos modelos negativos, aos sistemas condicionados, aos valores materialistas; mesmo estando em expansão e integração de nossa consciência local, nós e nosso filho, em cada encontro com um outro ser, outro ambiente, podemos manter o foco atento no ambiente interno.

Somos templo Mãe e acoplamos o filho divino em consciência entrelaçada em nosso universo, temos uma chama interna do amor incondicional não local acesa em nosso chacra cardíaco, que não se abala e não se apaga, que nos mantém em alegria constante, em bondade e generosidade para nossas interações, acolhendo-as sem julgamento, na descontinuidade dos pontos de vistas, conceitos e formas-pensamentos. Observamos a presença de nossas consciências integradas e emaranhadas aos sistemas em complementaridade em intensa serenidade, irradiando as energias amorosas de nossos corações e alimentamos as experiências para novas vibrações e formatos morfogenéticos.

# DO UNIVERSO QUÂNTICO M & F AO MUNDO DA EXPERIÊNCIA

Como serão as relações em um mundo onde os valores do Universo M & F começam a se propagar nos campos morfogenéticos das configurações das instituições? Os movimentos de busca estão em ressonância por todo o planeta, com a física quântica em eclosão. O efeito do observador modifica a concepção de realidade. Mais pessoas despertam e questionam o modo de vida materialista - que vem promovendo catástrofes na natureza provocadas pelas concepções da separatividade, dos recursos infinitos, da produção de lixo pelos excessos humanos. As redes tornam ainda mais instantânea comunicação. Centenas de jovens ativistas em questões mudam as relações sociais e culturais, eram eles as crianças que cresceram nesse início do novo milênio. O respeito pela individualidade torna as diferenças assumidas e acolhidas. Safras de mentes que foram questionadoras dos sistemas escolares, das normas de conduta, das crenças religiosas, que usam linguagens criativas e a arte como manifestações dos pensamentos, que praticam o amor livre. Os corpos da juventude que utilizam da comunicação instantânea em rede mostram polaridades em poder ser sem limites e sem máscaras, paralela a uma austera maneira de posicionar-se aos valores do *status quo*. Os questionamentos para com as instituições culturais são multiplicados em segundos, viralizados e organizados em rede. As formas de amor e de amar são múltiplas, todos os seres estão incluídos em possibilidades de amor e as reflexões atingem a todos em maiores velocidades, alterando as condutas e promovendo manifestações. A informação em rede também explode as falsas ideias e condutas antiéticas. E as mudanças darão um salto maior de órbita quando a comunicação em 5G atingir a todos. A tecnologia nessa nova velocidade não apresenta mais o 'delay' na entrega da informação: ela será de fato instantânea para 1 milissegundo, superando a marca atual que varia entre 60 e 98 milissegundos na 4G. Será fundamental que tenhamos um campo morfogênico de bases vibracionais nos valores cocriados pelos nossos filhos da luz - concebidos, gerados, paridos, nutridos pela Fonte Mãe -, em cocriação do Universo M & F, a mais perfeita frequência divina, luminosa e amorosa em manifestação humana.

# A MÃE TERRA, A CONSCIÊNCIA QUE NOS SUSTENTA E NUTRE

*Segundo a Teogonia de Hesíodo, um dos registros mais antigos sobre o surgimento dos deuses, no princípio surge o Caos - o vazio, e dele nascem* ***Gaia - a Terra****, Tártaro - o abismo, Eros - o amor, Érebo - as trevas e Nix - a noite. Filha do Caos, ela é a Mãe primordial do panteão Grego e de seus principais Deusas e Deuses. Geradora da vida e morte, é a fecundidade plena, absoluta e avassaladora.*



O planeta foi alterado por uma pandemia que acelerou processos que estavam lentamente sendo inseridos, como o ensino à distância. Com a necessidade de rever o trabalho e as questões da maternidade, o lazer e as relações foram reinventados para preservação da vida e valorização do respeito. Os ambientes nos lares precisaram de recomposição. Cresceram os investimentos em locais afastados e priorizando a natureza. As crianças foram para casa aprender sem contato físico e sem olhar para as janelas das almas. As mães foram observadas em suas possibilidades e recriaram rotinas, acumulando as funções das outras instituições. Criaram novas linguagens em seus lares para a maternagem estar como a prioridade de toda a sociedade. Os filhos nasceram isolados de familiares e dos convívios sociais, amedrontados pela doença e experimentando a vida e morte nos discursos e nas relações no lar. A ideia de família planetária nunca foi vivida de modo tão impositivo. A concepção de que nada está distante de si mesmo, cada unidade faz sua contribuição para o bem maior. Os modelos da vida urbana evidenciaram uma economia em novas formas de consumo. A exacerbação dos supérfluos foi reduzida e os olhares para o caminho em mais verdade foi aprendido. Passamos a olhar apenas nos olhos, manter distâncias e tocar somente se bem desinfetados e sem toques físicos.

Precisamos cultivar o espaço interno, o silêncio, a contemplação dos sonhos, a ampliação da mente, a posição de observadora de nós mesmas, a integração das consciências, as atitudes da ecologia subjetiva. Devemos nos expressar e criar espaços-tempos para novas comunicações, novos designs, novas estruturas e, principalmente, novas relações. Vamos imaginar uma década de crianças e mães entrelaçadas hierarquicamente, que reestruturaram suas mentes para a consciência divina operar localmente, olhando para o mundo com a visão do bem, do amor, da bondade; que, em suas atitudes diárias, reconfiguraram-se como seres de luz, desenvolvendo-se enquanto desenvolvem o ambiente na coemergência.



A instituição familiar delineia-se em uma nova economia a partir da necessidade do universo M&F. Assim, a deusa integrada à mulher propaga novos tempos-espaços de relações com o companheiro, com o lar, com o trabalho, em imagens novas e perturbadoras de verdades. Quanto maior for a integração da consciência da mãe, mais reflexões e criações de ideias darão forma a uma nova matriz. A escola que o Templo Mãe em integração consciencial irá coconstruir para complementar o desenvolvimento de seu filho estará entrelaçada ao Universo M & F, em iguais saberes em atenção à infância para coemergir na concepção dos novos paradigmas, rompendo as antigas estruturas.

O Templo Mãe em sua consciência quântica dá o salto em sua existência, integrando a sua missão dos filhos divinos em manifestação da luz e do amor como a sua prioridade. Desenvolver-se em novas posições criativas que a façam presente na estruturação das instituições da sociedade civil – que integra a força da parceria, do cuidado, do acolhimento, da compassividade, da bondade, dos canais e fontes de amor em todas as formas de relações em respeito incondicional a todos os seres, os modelos da deusa, em nossos modos de sermos e vivermos nesse planeta. Chegamos a um *momentum* planetário decisivo. Estamos alinhadas às frequências da deusa Gaia que arrasa as estruturas e as perpetuações dos valores do patriarcado que vêm dominando seus recursos, explorando suas fontes de energia e trazendo à superfície o que estava putrificando no submundo, oprimindo seus seres, ampliando contravalores para a vida em abundância e plenitude.

Como Templos Mães, estamos entrelaçados e em coerência com os rufares dos tambores dos nos nossos peitos, que pulsam nos movimentos rítmicos e expansores. Centram nossos corações dentre as quatro direções, que nos enraízam em forças nutridora da galáxia luminosa intraterrena que conectam os espaços internos à superfície e aos externos. Suscitam a frequência dos campos toroidais que se afetam em uma melodia viva, manifesto em nossos filhos, os seres em consciências da essência divina da natureza harmônica da Mãe Terra, que renascem infinitos até o fim da vida.



## O Filho em Potência Criativa

Filho é a forma mais representativa da presença divina diante de nossos olhos e em conexão com nosso coração. Entrega-se à sua mãe com o seu inteiro. Suas ondas cerebrais em profunda meditação estão sincronizadas com a frequência divina - do puro amor, infinito e sem condições, repousa em um oceano de bondade e generosidade. Acolhe a mãe em dimensões terrenas, fragmentadas, por escolher a missão planetária e se oferecer ser o incondicional amor. Para se alimentar das energias e substâncias planetárias, entrelaça-se hierarquicamente à fonte-mãe. Oferece as suas energias em potencialidade com a luminosidade divina para experimentar a vida nessa dimensão, em possibilidade do inédito criativo das estruturas humanas. Reinicia formas de ser e viver pelo presente que oferece à mãe para saltar em existência consciencial e a integração das consciências do Universo M & F, fornece a medida e os comandos para a manifestação da luz divina no planeta.

## Concepção do(a) Filho(a)

É primordial compreender o(a) Filho(a) como ser da luz em manifestação divina da consciência quântica, em comunicação não local integrado a mente local. Perceber os ambientes internos e externos com o cérebro-mente ampliados, comunicando-se por linguagens da inteligência superior e que não distingue a separação dos corpos, sente a felicidade genuína, vive em conexão e em estado de graça e alegria, contempla a genuína vida em harmonia. Amar incondicionalmente o templo Mãe e elevar as suas possibilidades para expansão amorosa da luz. É o avatar das altas frequências dimensionais, chegando para se fusionar à sua mãe escolhida. Transforma-a em Deusa e oferece a formatação do Templo Mãe, baixando desde a fonte divina a mais perfeita frequência do amor infinito. Toda e qualquer interação com o Filho deve ser comunicada, considerando-o como um ilustre mestre, ser divino. Convidando-o para acolher o presente, pedindo sua autorização como ação antecipatória das atitudes. Avise sobre as intenções a respeito das ações externas sobre o seu corpo e solicite licença em sinal de profundo respeito. Dialogue com ele desde o nascimento sobre suas ideias e sentimentos, sobretudo, e escutando seu ser em totalidade. Antes da linguagem convencional, nosso filho comunicará pelas múltiplas possibilidades. Conscientes que somos da conexão com a fonte divina que nosso filho mantém por muito tempo após o nascimento, todas as interações estarão em comunicação com ele. Nosso filho (a) tem a comunicação de um ser divino, com tudo e todos a sua volta, sentindo as vibrações de todos os seres, os pensamentos e emoções, os odores. As frequências de todos ambientes e coisas são absorvidos pelo campo e compreendidos pelas consciências integradas. O Templo Mãe transmite tudo o que pensa e planeja sobre o dia ao filho (a), incluindo as pequenas decisões em relação à sua pessoa, e incluindo-o ativamente nas decisões. Com a abertura das comunicações entre as consciências locais e não-locais do Universo M & F, as compreensões serão afinadas e integradas, entre:

• Todo o sentir, experimentar, imaginar, sonhar, pensar, falar, tocar, ser o corpo, sacralizar a morada, ler as posturas corporais, viver os afetos amorosos, os cuidados e aconchegos, as gentilezas do toque, os primeiros campos matrizes de manifestações divinas na experiência humana;

• Os sentimentos são as frequências que trazem as medidas dos colapsos de ondas e as coerências para os sistemas neurais;

• As palavras, veículos de energias propagadoras das frequências que trazem a Potência da manifestação;

• O cardíaco como a inteligência central, intuitiva, em complementaridade na fisicalidade e em conexão com o campo da potencialidade pura. Por ele são feitas todas as medidas no desenvolvimento, é a inteligência que mais colabora com as escolhas a serem tomadas;

O(A) Filho(a) é o ser divino que nos oferece a experiência da luz. Ele se entrega à Fonte Mãe sem condições e julgamentos para a primeira missão, que é elevar as possibilidades da consciência da mãe, reiniciando os sistemas - integrando a frequência do amor em abundância divina. Ele está entrelaçado ao campo toroidal da fonte mãe e faz ressonância em sincronicidade com todos os aspectos dos sistemas neurais dos ambientes internos e externos, das informações conscientes e inconscientes. O(A) filho(a) é gestado e nutrido e se desenvolve na medida da consciência integrada da fonte mãe como somos. Nos primeiros anos de vida, vive em conexão entre as dimensões e se estivermos em atenção plena ao infinito agora, seremos transformadas e transformaremos as habilidades e as competências, expandido as estruturas do espaço-tempo. O filho está ativo desde antes da fecundação nas relações e inserido ao todo da mãe. Sua linguagem é sensível e compreensiva, estabelecendo contatos, por meio de linguagens sutis e comportamentos, com as suas nutrições energéticas. Incluímos na nossa meditação diária as questões que emergem a partir das reflexões sobre o Universo M&F, dando-lhe as informações para o campo potencial da consciência não-local, trazendo as considerações para as práticas e caminhos como o observador para além das manifestações humanas em coemergência. Estabelecermos a comunicação ativa com o filho desde a gestação a respeito de tudo - das reflexões, incertezas e dúvidas, nossos pensamentos e análises em verdades e pedidos de parcerias, gentilezas, cuidados, acolhimentos, trocas, afetos, confiança, liberdade. A vida em aprendizado na experiência humana que se mantém integrada na consciência da fonte divina. E que nos mantêm conectados e energizados pelos seres espirituais em dimensões e frequências distintos que nos auxiliam e protegem.

Somos o Universo M & F dialogando como canal e fonte locais e não-locais, em nossos rituais e práticas que integram o modo espiritual e humano em plenitude amorosa e em harmonia.

## Ser fonte de luz na nova economia gerada pelo Universo M&F



Propomos novas formas de atuação que permitam a relação, a presença em atenção ao infinito agora em plenitude amorosa em cada espaço-tempo do nosso filho. Pensemos em novas maneiras de gerir recursos financeiros que complementem a integração das nossas consciências local e não-local. A reflexão singular sobre a coletividade, e das coletivas entre si, em rede virtual ou presencial, nutre os campos para formatos inovadores que podem disparar modelos morfogenéticos em pensamentos quânticos que trazem a luz da *potentia*, do imanente, do não local. São descontinuidades em nossos contextos singulares, mas profundos, pouco a pouco consolidadas, assim como possibilidades e pistas para que cada Universo M & F possa sintonizar elementos sutis de transformação. Se o nosso recurso não for suficiente para encontrar nosso *self* quântico, peçamos ao ser de luz, nosso filho, que nos ajude a encontrá-lo, que baixe as informações do campo da potencialidade pura para nossa operação local. A energia e a ressonância estão em abertura, e entregues a cada Templo mãe que se sincronizar e intencionar o despertar.

Estamos no *momentum* de cocriar a existência das relações e das instituições em novas frequências morfogenéticas, as quais produzem as formas de uma nova economia que estabelece o Universo M & F como a prioridade da cocriação da vida em estruturas divinas.

Pensemos compassivamente no bebê, que deve se ajustar à energia de uma fonte tão desconhecida logo que chega ao igualmente desconhecido planeta Terra tridimensional. Um drama para a mãe que quer amamentar e não tem condições fisiológicas para isso. Qual é a verdade? Desejo versus impotência da mãe? Outra história: quando a mãe não quer amamentar e o corpo grita vazando o leite. A mãe, por evitar o sofrimento, oferece a mama ao bebê. Como o bebê a vê? O que sente ao ser alimentado? Que energia a fonte provê? A mãe que decididamente não amamenta tem em seu princípio a procriação, mas não o assujeitamento ao bebê, a doação ao outro, a entrega ao desconhecido, ao incerto, ao amor incondicional. Sem nenhuma referência julgadora, apenas como observadora, são muitas mães com as quais mantive contato profissional em estudos de casos, relações, trocas ou constatações, e que estão em minhas medidas da mãe que sou. Como dizer isso com as palavras que nunca são ditas? Sem desejo de ferir, apenas de espelhar a nossa autorreferência para gerar movimento de expansão de nossas consciências locais, reafirmo as reflexões. A necessidade da análise para gerar ampliação de reflexões, convites ao mergulho em nós mesmos. A legitimação das nossas falhas, incertezas de todos os tamanhos, que podem colapsar mudanças pelo fato de incluirmos a nós mesmas como parte da unidade sem distinção. Somos todas as Mães & Filhos!



### Escutar o(a) Filho(a) com todos os sentidos

A interação entre a mãe quântica e o filho quântico, sua fagulha criadora, não dá espaços para as energias negativas do mundo incorporarem-se ao campo morfogenético do Universo M&F. Os estímulos negativos continuarão a existir na realidade e desaparecerão à medida que dermos importância zero e atenção nula aos sinais que captarmos e emitirmos. As informações positivas que somos e acoplamos da Fonte Filho divino da luz, em nosso lar, em nossos campos toroidais, nos ambientes internos, nossas visualizações, intenções, são capazes de neutralizar e aniquilar a existência das energias que nos fazem mal, baixam nossas frequências, sejam de quais direções vierem. A forma de evitarmos o que nos dificulta ou traz sofrimentos faz com que as energias persistam.

Quando somos a força que atrai para a unidade compassiva e amorosa, que acolhe e integra as incoerências e as baixas frequências, como observadores divinos de nosso Universo M & F, somos como um buraco negro no universo, de intensa força de contração que se transforma em potência de informações em horizontes de eventos, até o desaparecimento completo em antimatéria, na dimensão onde estava. Provocamos uma espiral de limpeza energética que influencia todas as informações acopladas em todos os ambientes. Devemos visualizar os sonhos para cada dia e manter o cérebro-mente local em fluidez para as informações sincronizarem e as manifestações ocorrerem. Ensinemos o filho a sonhar sobre pequenas coisas e visualizar sonhos em detalhes daquilo que quer experimentar. Isso gera as reações em coerência dos sistemas neurais que acionarão os componentes físicos, mentais, energéticos e espirituais como se fosse vivido na realidade. Manter a lucidez nos sonhos e sonhar na vigília integra as operações local e não- local e amplia a comunicação com todos os seres e objetos. O Filho mantém as ondas cerebrais em padrão *theta* até comprovadamente os três anos de idade, na primeira fase da infância desde a gestação. E essas ondas cerebrais podem permanecer ativas se coemergirmos em existência criativa em nosso Universo M&F. Compreender seus processos de assimilação e percepções como meditadores experientes, que vivem desapegados ao físico e manifesto, que estão conectados ao espiritual, como consciência divina, estão em todos os locais ao mesmo tempo, em comunicação instantânea, em amorosidade sem julgamentos, em plenitude da presença em harmonia. O filho da luz é nossa celebridade de maior respeito que hospedamos em nossa morada por um breve espaço-tempo, enquanto nos reestrutura para elevarmos. Ao nos formatar, também formata a sua divindade na manifestação humana. Estabeleçamo-nos em atenção ativa ao momento presente, similar ao treino do ar e da voz quando aprendemos a cantar. Temos que segurar o ar até o máximo de nossa capacidade para manter a voz, como uma interferência na chama de uma vela, sem força suficiente a ponto de apagá-la. Estendendo a saída do ar, a voz mantém-se em intensidade e aumenta na duração. Em cada novo exercício, a quantidade de tempo também se eleva. Ou seja: vamos ampliando o período de integração entre as nossas consciências, manifestando a integração do *self* quântico por mais tempo a cada novo amanhecer. Aos poucos e dependendo de cada movimento e dos caminhos criativos do universo M & F, conseguimos observar a mãe na relação horizontal com o todo em expansão do campo áurico e captar a sincronia ativa da relação vertical do canal de energia que baixa e eleva pacotes informacionais, desde aqui até a fonte e ao contrário.





As experiências com o meu filho Guillermo, quando sintonizei meu *self* quântico e mantive a duração e o tempo de minha conexão com a consciência não local, trouxeram-me compreensões das linguagens do seu ser em inéditas cenas que nos nutriam e energizavam mutuamente. Para escutar o incrível divino bebê, temos que manter os canais abertos, descobrir quais são os nossos e os dele, explorando-os em rituais de nossa referência. Os contornos, as melodias, as vibrações de cada Universo M & F não podem ser repetidos. O nosso olhar, em mergulho na medida dos nossos ambientes, interno e externo entrelaçados, compreenderá o que é único e irrepetível, complexo e sublime. Maravilhosos gostos de nossas sutilezas entrelaçadas as possibilidades de manifestações criativas.

Em todas as situações em que o Templo mãe fará movimentos reais ou mentais – para o nosso cérebro-mente, não há diferenciação entre a realidade física experimentada ou a imaginação e a visualização –, o filho estará em sincronicidade, sem necessidade dos sentidos que captam os sinais. São conexões energéticas e frequenciais de um pequeno ser de luz, o filho sagrado, em plenitude da consciência divina expandida em todo o ambiente externo, como campo sutil de fonte de ressonâncias da luz entrelaçado em todo nosso ser. A consciência do filho divino da luz não faz julgamentos dos fatos, avaliação das experiências, escolhas das relações que coemergem no Universo M & F. Ele é a presença amorosa que não é carregada dos conceitos, das formas, das leis, dos negativos dispositivos mentais! Nossa energia dispara o processo de reinicialização da localidade, da fisicalidade. A mãe & o filho renascem muitas vezes das suas consciências e intenções, no contínuo infinito em manifestação.

## Ser fonte da intenção amorosa e compreender o filho na reciprocidade divina

Em todo o movimento em direção ao filho (a) na ordem dos pensamentos ou nas atitudes e palavras, no campo manifesto da realidade precisamos estar com o foco nos espaços que façam a nutrição dos processos de expansão.



Percebemos a mudança na conexão de nosso universo quando as ações incluem o bebê em todos os momentos de consciência: quando usamos as nossas linguagens, com sinais expressos por meio das palavras ou sem sinais, pelos pensamentos com ou sem a presença física, nas visualizações ou conexões com a consciência superior. Precisamos ter a clareza de que, à medida que nos tornamos mais disponíveis em nossos aspectos complementares – com os quais olhamos para o nosso filho com todos os nossos sentidos, acolhendo sem julgamentos a sua magnífica energia e interação –, entramos nos parâmetros de nosso bebê para as atuações em cenas, estando ao seu lado, sendo levadas por suas ideias, suspendendo as nossas premissas e permitindo ao Filho da Luz ser a nossa Fonte de recursos. É essencial que nos esvaziemos de nós e nos deixemos resetar nas dimensões e percepções demonstradas pela criança, ratificando uma verdadeira intenção da filosofia de São Francisco de Assis: *"Fazei de mim um instrumento de vossa paz (...)"*. O ato de nos disponibilizarmos ao nosso filho divino do amor possivelmente trará iluminação, sentimentos e experiências para uma vida na presença amorosa em plenitude e serenidade.

A palavra que nos marca, simboliza, limita e insere no mundo do significado, que passa a ter sentido como pertença a cada ser, deve ser medida de inserção do bebê em todo o movimento do nosso universo M&F. Desde o pedido de licença para entrar no quarto, tocá-lo na troca de fraldas, nas massagens, até a conversa sobre o que vamos realizar no dia - tudo deve ser comunicado ao bebê, inclusive e principalmente a intenção da verdade amorosa pela conversa: colocar na palavra aquilo que o corpo sabe, mas a mente não se deu conta, explicado anteriormente. A criança que não receber a coerência entre o que capta das frequências da fonte-mãe e a informação silenciada comunicará pelas suas posturas corporais e comportamentos aquilo que mostrará em sintomas, alterações de comportamentos, sonos, hábitos alimentares, saúde em geral. Quando a fonte mãe dialoga – mesmo que tenha causado sofrimento ao filho, aborda com respeito e cuidado amoroso, gentileza e compaixão os acontecimentos –, o perdão absorve instantaneamente as relações e limpa o campo das interferências que causavam a incoerência. Devemos conversar sobre todos os acontecimentos, mesmo que pensemos que o filho não estava consciente da história. As ondas cerebrais em padrão *theta* o fazem apreender informações pelo sentir, e pelo espiritual ele sabe sobre a fecundação, o momento da notícia da gravidez, da gestação e do que se passou no inconsciente da mãe. Sabe sobre o nascimento e algumas vezes quando a mãe começa a conversa e omite alguns pontos, a criança sabe dar detalhes e completa o discurso sob seus pontos de vistas e como se sentiu. A possibilidade de ver sobre os tempos quando a palavra não estava estruturada, permite que tenhamos a compreensão da consciência não-local de dimensão superior observando todas as experiências enquanto o bebê está "dormindo", gestado, não fala, etc. E a imensa responsabilidade em percebermos como o nosso ser em sua totalidade precisa de formatação e continuada formação nas frequências das altas consciências para elevar nosso nível mental local. O ser de luz que chega, como nosso filho, comprova que tem habilidades da consciência divina e se a fonte mãe demonstrar e efetivar diariamente as potencialidades dele, legitimando para continuar suas conexões, ampliará a luz de seu ser oferecendo o que nossa existência materna precisa e que a humanidade depende para sua evolução como planeta.

## Compreender o corpo como um catalisador energético

A criança, se respeitada como a fagulha divina, responderá em reciprocidade para ressoar novas formas de relação com seu corpo - sua primeira manifestação física na realidade. Um corpo respeitado e legitimado resplandecerá em possibilidades criativas. Será um avatar divino criando relações e manifestações da luz em nossa realidade. Compreendendo o seu corpo como um canal e uma antena de energia, podemos ativar nosso cérebro-mente e a comunicação entre os sistemas neurais, do coração e intestinos, com a respiração, por meio do campo físico, realizando posturas de práticas meditativas que acalmam as ondas cerebrais e por conseguinte todos os hormônios, o sistema respiratório e cardíaco, as glândulas que ativam cada chakra. Além de realizarmos práticas de yoga, ássanas, tai chi chuan, chi kun, que levam aos domínios dos sistemas internos pelo movimento que dá ao cérebro- mente a habilidade de ler e ativar todo o funcionamento integrado que gera a saúde e a qualidade de vida e bem-estar.



A nossa consciência, quando entra em atuação a cada abrir dos olhos pela manhã ao acordarmos, colapsa o que estava em potencial espalhado por todas as dimensões a cada oxirredução. Nesse espaço pela manhã, ao sairmos do sono e adentrarmos na vigília – ou quando estamos indo dormir entre a vigília e o sono –, há um limiar de consciência que podemos acessar para vislumbrarmos nosso Universo M & F, potencializando nossos pensamentos e palavras para a manifestação. O campo das infinitas possibilidades quando estamos nesses estados alterados de consciência torna-se canal de manifestação, basta treinamento. Para a criança, esses momentos são ainda mais efetivos quando a mãe fica ao lado dela para fazê-la dormir e enquanto está adormecendo repete falas e visualiza os sonhos para serem realizados. Nesses momentos, trabalhamos como a borracha quântica, falando o futuro de uma cena que criamos que pode apagar dores e traumas, medos e situações negativas. Existindo um filho divino ser da luz em desenvolvimento por perto, temos à disposição uma fonte de amor em conexão a nosso favor.

O bebê, quanto menor, está mais em sincronia com a consciência divina, em seu todo amoroso e virtuoso de comunicação sem a necessidade de usos de sinais locais, percebendo a mãe em sua inteireza desconhecida de si mesma e em abundância generosa. Então, entrega-se na dimensão diminuta e limitante pelo desejo da experiência na relação com o ser que ama incondicionalmente: aquela que o gerou, gestou, nutriu, modelou e inseriu no planeta. De toda a sua energia expandida, conectada à *potentia* imanente, vai se permitindo colapsar-se à medida da consciência da sua Fonte-mãe.



O Templo mãe, fonte de toda a substância terrena, deve energizar o seu dia ao acordar todas as manhãs. Dar comandos para limpar as energias, proteger o seu lar e trazer as frequências energéticas que gerem os campos morfogenéticos de seu Universo M & F somente do amor incondicional. Ela precisa olhar-se nos olhos e sentir o amor por si mesma, elogiar-se, observar as suas formas em conexão com o oceano leitoso da perfeição inédita de seu "eu sou", sentir-se a deusa. E mais: manter a chama acesa do amor em seu coração, o que confere energia ao seu ambiente interno em abundância e plenitude, acolhendo os fatos das experiências sem julgamento e compreendendo-as como apenas situações manifestadas que, em nossos registros, são codificadas como positivas ou negativas para encarar cada interação no agora como escolha da sua consciência com vistas a ascensionar as frequências de suas vibrações.

Massagens diárias ao nosso bebê, e antes de iniciarmos, devemos dar comandos aos nossos pensamentos em intenção amorosa e usar as palavras para manifestar os decretos. Por exemplo: "Luz de um ao infinito, reestruturando, reenergizando e reintegrando todos os corpos, em todas as estruturas, em todas as dimensões, em todos os tempos e espaços, em meu nome..., como a fonte-mãe, entrelaçada ao universo 'mãe &filho' e em sincronia com os mestres de luz, solicito, autorizo, ativo, nesse instante mesmo, somente o amor!" Visualizar esferas de luz, bolhas, *merkaba* em seu universo M & F, em seu lar, em cada um dos filhos e de todos que amamos. Incluir todos os seres e objetos e, especialmente a sua mãe e a nossa mãe terra.

As ações e experiências do Universo M & F envolvem várias situações. Por exemplo, proporcionar situações de experiências corporais intensas em que mãe & filho olhem-se, escutem-se, criem códigos, estabeleçam diálogos, interajam em múltiplas opções de ambientes, materiais, momentos, horários. Na banheira, no chuveiro, na mangueira, no parque, na feira, no museu, nas massagens corporais –como a *shantala*, maravilhosa, que possa servir de disparo para a sua criação ou a possibilidade do primeiro passo. E, também, outras técnicas, caminhos diversos, linguagens que privilegiem o contato e o diálogo. Dançar suavemente, cantar para o bebê a música escolhida desde a gestação, embalar, conversar sobre os pensamentos e emoções, sobre as cenas vistas sob o olhar do observador atento, explicar as dificuldades de adaptação no mundo dele e falar sobre a sua compreensão das dificuldades dele no seu mundo. Integrar-se nas linguagens, na escuta, no ato de maternar, de estar presente, de brincar de corpo e alma! Divertir-se com o filho para se colocar no lugar de outras formas de vida que nos trazem energias, ensinando a respeitá-las pela compaixão. Sentir-se árvore, pedra, animal, rio, tempestade, vento, ar... Escolher os elementos de cada experiência para colocar-se em sincronia com a energia sutil e viver as formas de vida distintas com respeito e amorosidade em relação a si e ao bebê. Ensinar o filho a entrelaçar a sua natureza divina nessa dimensão tempo & espaço, incorporando as energias dos elementos do planeta –terra/ água/ fogo/ ar/ éter. Nas brincadeiras e experiências com todo seu corpo, absorver as energias das manifestações, observando as leis clássicas nas interações incluírem as energias sutis que os olhos não conseguem captar. Muitas crianças relatam as suas percepções muito além da matéria.

Temos nossas vidas transformadas e se desfrutamos do tempo como fruição da compartilhada experiência nessa dimensão – serão inúmeras situações que cada par colecionará em suas relações. Lembramos de algumas para ilustrar com o Guillermo, que demonstrou muitas vezes suas percepções ampliadas na realidade - quando desenhava logo que acordava aos três anos, seus registros eram de seres com espadas luminosas, naves, símbolos estelares. Por volta dos quatro anos, dizia para a Marcella e para o Demétrio que eles estavam dourados/ verdes/ azuis..., descrevendo a luz que via em torno do corpo físico. Na sala da terapeuta holística que a família frequentava para manter as altas frequências, via uma mandala girar logo embaixo da maca onde deitávamos, possivelmente via o que deveria estar ali para as funções nos trabalhos. Na escola, por três situações quando estava na ed. Infantil, não chegava perto de algumas pessoas e, mais tarde, vínhamos a descobrir serem estas de má índole. Algumas delas, inclusive, estavam na docência. Em várias ocasiões, quando saíamos passear, sentia o ambiente ou as pessoas que ali se encontravam e pedia imediatamente para irmos para casa. Às vezes, depois de irmos embora, acabávamos nos sentindo mal ao chegarmos em casa ou ainda, ficamos sabendo de fatos bem ruins que aconteceram. Na sessão de Cura Quântica com Rodrigo Romo – com o qual eu realizei várias formações –, desenhou uma espada enquanto conversávamos. Depois que percebemos o desenho era igual à espada do Arcanjo Miguel - que durante o atendimento se ofereceu para ser seu guardião até os nove anos. Segundo Romo, o que recebeu de informação foi de que as energias do Guillermo eram da hierarquia de Mãe Maria e do anjo Rafael, sendo somente fonte de amor. Necessitava de um fiel escudeiro, a partir daquele momento. Depois de fazer a formação de um dos cursos do Rodrigo Romo, estava no processo de limpeza energética por alguns dias, com vômitos e mal-estar, deitada. Estava chegando meu aniversário e a Páscoa no mesmo fim de semana. Estávamos prestes a cancelar o encontro familiar, até que o Guillermo entrou no quarto e disse-me: -Chega, mamãe! Esfregou as duas mãos e colocou sobre minha cabeça. O Marcelo tinha saído para buscar algum chá e algo leve para eu tentar comer. Quando voltou e me encontrou no sofá da sala, espantou-se. Contei o que havia acontecido e o Gui completou: Já estava na hora do fim! E pronto. Em um salto de frequências, estava curada.

## REGISTRAR AS EXPERIÊNCIAS EM FOTOS E FILMES PARA ORGANIZAR ARQUIVOS SOBRE OS EVENTOS QUE POSSAM GERAR A AMPLIAÇÃO DA CONSCIÊNCIA

Na pedagogia, chamamos de metacognição o momento em que se revisa o processo percorrido para a apreensão dos conhecimentos – compreender o subjetivo, singular, nas relações e oportunidades. Tanto a mãe quanto a criança um pouco mais crescida (quando pode dominar a linguagem falada, por volta dos seus dois anos) podem se ver e se rever, observar e observar-se. Com isso, mais desenvolvimento para a relação pode ser gerado e ampliado para as experiências posteriores. Ressaltamos que a estimulação das telas às crianças pequenas é bastante nociva, por apresentarem sons e movimentos rápidos que super estimulam as ondas *theta* e alteram todo o funcionamento dos sistemas e ritmos neurais. Mesmo programações feitas para o público infantil não são recomendadas para as bem pequenas, pela excessiva informação das luzes artificiais que entram pelos olhos e atinge as capacidades cerebrais. Quanto mais a criança estiver em práticas de vivência de seu corpo em múltiplas experiências, possibilidades e interações – em alegria e espontaneidade e da criatividade –, mais desenvolvimento do seu cérebro ocorrerá e em equilíbrio daquilo que a primeira fase da infância necessita para ampliar as habilidades e as linguagens.

# NUTRIÇÕES DIÁRIAS

Fazer a criança compreender que nos alimentamos das energias que podemos captar nas interações com pessoas, ambientes, plantas, animais, elementos da natureza. Vivenciar, no Universo M&F, os rituais de captação de energia local em rotinas de comandos, limpezas, proteções. Ensinar ao filho divino desde pequeno que somos uma família planetária: que todas as energias que brincam entre si e se abraçam e mudam em cada encontro. Ampliar os sentidos comuns da criança quando pararmos para contemplar em silêncio, agradecermos os sinais que recebermos e ensinarmos a ler as linguagens da natureza. Incluir as percepções da criança, legitimando e querendo saber mais e de variadas formas de comunicação. Como as suas consciências integradas em *theta*, sentem, veem, se comunicam, interagem no mundo. Criar múltiplas maneiras de expressão da sua assinatura vibracional, fazendo desenhos, cantando, montando cenários, pintando telas, quadros, rolos, azulejos, vidros, panos. Estar na natureza e ampliar a escuta com os olhos do espírito permite à criança falar e representar em arte a realidade vivida e sonhada. Incluir como rotina, a dimensão onírica nas trocas entre M&F.



*Com a evolução do materialismo, as pessoas passaram a alimentar-se em qualquer lugar, comer qualquer coisa para voltar o mais rápido possível ao trabalho. No lar do Templo mãe, as refeições em família são prioridade, momento em que há tempo para todos se energizarem e viverem os preciosos sabores com quem amam. A criança alimenta-se das energias e das substâncias materiais para viver. É necessário cultivar com ela os espaços de plantio, cuidado, escolhas e preparo dos alimentos. Incluir, nas visitas da semana, as feiras de alimentos onde a mãe possa mostrar o cheiro, a cor, o nome e os rituais que envolvem a alimentação. Finalmente, ensinar o filho a abençoar os seus alimentos - especialmente a sua água - e praticando em sua presença a bênção e os comandos para limpar as informações negativas que podem estar em cada refeição. Realizar experimentos com a criança são brincadeiras divertidas e estimulantes: como colocar arroz cozido de uma mesma panela em dois potes e em cada um deles, escrever palavras contrárias. No pote 1, palavras positivas, como bonito, eu te amo, gratidão... no pote 2, a mesma quantidade de arroz e escrevermos palavras negativas, como bobo, burro, idiota, chato, eu te odeio... a criança pode escolher todas as palavras. A cada dia, nos dirigimos aos dois potes e repetimos o que está por escrito em palavras e vamos fotografando e observando os resultados. Fizemos essa experiência quando Guillermo estava no quarto ano e levamos à escola o aprendizado. O pote de arroz que recebe as palavras positivas fica intacto e sem cheiro, por muito tempo. Já o arroz do pote 2 - embolora e esverdeia em poucos dias, manifestando a sincronicidade com as nossas intenções. A criança aprende na prática sobre o valor das intenções e como estamos construindo a nossa realidade em interação entre tudo e todos, como afetamos e somos afetados sempre. As experiências do Cymatics também são possíveis de realizarmos em casa. Outra filosofia a ser integrada na rotina é a saudação ao sol e a captação dos seus raios pelos olhos ao entardecer. Captar os fótons solares com o filho em deliciosos piqueniques no fim da tarde, são experiências maravilhosas que trarão boas lembranças. Viver a natureza e suas vibrações estando junto dela: sentindo tudo que emergir em cada experiência, em gratidão e saudação a todas as formas de vida. Escutar o que sente a criança em contato com cada elemento natural, estimular a falar e expressar em múltiplas linguagens sobre as interações. Ler, diariamente, seu livro junto do filho, além de ler para ele, são modelos vibracionais que trazem bons momentos.*

# CONFIGURAÇÕES DO UNIVERSO M & F

Todas as possibilidades existem...

Somos o Templo Mãe! Respiremos e fluímos em consciência quântica criadora... Ativando a dimensão amorosa da fonte divina: nosso filho da luz ...

# SENTIR O AMBIENTE INTERNO E EXTERNO AMOROSO

Conectemo-nos ao amor incondicional. Pensemos em uma pessoa ou deidade que seja somente amor e entrelacemos a nossa energia à dela, pedindo a ela que nos forneça o recurso do amor incondicional ao nosso aporte energético. Façamos isso mentalmente, vislumbrando os detalhes e sentindo em nosso chacra cardíaco a conexão com o cordão de luz que do nosso coração emana para todo o nosso corpo. Isso se chama pedir recursos. Visualizemos a nossa conexão com o universo não-local por meio de cordões luminosos que se ligam ao nosso corpo pela extensão de toda a nossa coluna. Do alto, construamos os detalhes da cena e passemos a vivê-la em uma dimensão escolhida. Então, imaginemos o nosso ambiente interno e externo, onde cocriamos a existência com nosso filho na medida do amor incondicional, deixando a cor rosa em todo o espaço, um cordão dourado multidimensional envolver o nosso coração e o do bebê. Elejamos o amor como o veículo para nosso berço energético.

Podemos voltar a variadas cenas que guardamos com nossos filhos. Com a ascensão dos níveis de consciência, recorrermos a elas e dirigirmos com visão do observador, alterando os detalhes e incluindo as adequações e coerências amorosas que não tivemos recursos para vivermos. O tempo e o espaço lineares só existem nessa dimensão, portanto, se sentirmos e visualizarmos uma cena passada ou criarmos uma futura, com muita verdade e coerência, iremos manifestá-la em alguma possibilidade dimensional e com treinamento da consciência podemos trazer à manifestação.

# CRIAR A DIMENSÃO DOS SONHOS PARA O NOSSO UNIVERSO

Imaginemos a dimensão dos sonhos para visualizar o ideal do Universo M&F. Pensemos no mundo sem a dimensão tempo-espaço, sem as estruturas mentais limitadas, sem modelos condicionados. Um campo de atuação da fisicalidade onde as leis são quânticas. Vibra ao ser estimulado pelas energias que enviamos, pelos pensamentos, palavras, sentimentos e mais ainda pelos decretos e intenções. Onde somos a consciência que observa e cocria a presença criativa na experiência da interação de nós mesmas e de nosso filho. Em frequências auspiciosas do universo amoroso, compreendemos que somos e estamos em interação com distintas formas de consciência que nos oferecem energias. Podemos utilizar tudo que está a nossa volta, para absorver as potencialidades vibracionais que se apresentam pelas formas, cores, odores, aspectos da essência da natureza das coisas. Vivemos em um campo morfogênico onde cada ser está em sincronia com a sua divindade e coemerge em harmoniosas interações que podem beneficiar todos os seres.



Agora, coloquemos a nossa imagem, a de nosso filho e do nosso universo nessa estrutura e observemos, de modo a sentir, apreender os detalhes. Se quisermos tornar plástica essa imagem, podemos desenhá-la, pintá-la, simbolizá-la e deixá-la ao alcance diário. Da mesma forma, podemos criar símbolos para conexões frequenciais para momentos de meditações, para cura de sintomas, como, por exemplo, uma dor de garganta. Intencionar e visualizar uma potência divina simbólica, traduzindo em desenho, em cores para utilizarmos como medicina vibracional. Unindo à imposição das mãos, potencializamos a criação do campo de cura. Podemos modificar as estruturas das moléculas da água, escrevendo palavras que decretam as intenções em um copo de cristal – para tudo que necessitamos. Nossas células ouvem as nossas intenções e recriam suas interações. Nosso cérebro lê as nossas expressões faciais e posturas corporais e correspondem com produções de hormônios e movimentos de sistemas e forças para adequá-los. Inclusive a nossa casa vibra em um campo de acordo com os cuidados e as intenções que dedicamos a ela. Lembremos como as filosofias xamânicas, tudo está no todo e se comunicam incessantemente. Apenas as nossas habilidades é que estão aquém da potencialidade do universo. Com a Deusa Mãe, nossas consciências se tornam mais integradas. Se formos ampliando as concepções de que tudo está nos oferecendo a harmonia, saberemos como articular as informações do campo da Mãe Terra. A saúde de nossa família e das vibrações harmoniosas de nosso lar está em nossas conexões e formas de integrar as energias daquilo que cada consciência vibra em essência. Visualizar uma bolha luminosa dourada e azul em torno de nossa casa, ter flores e cristais para irradiar as suas energias, colocar os decretos que ali só permanece o que nos faz bem e nos traz alegria. Inserir na entrada elementos naturais que sejam protetores, como Arcanjo Miguel ou a planta da espada de São Jorge. Colocar um copo de água em nossas mãos, em frente ao coração, e bendizer com o que precisamos em cada momento para a cura imediata e desde a porta ir adentrando a casa - borrifando ou espargindo com os dedos as gotas pelos ambientes. As plantas estão em vibrações do campo quântico, se comunicam com nossas frequências e às vezes surgem em nosso caminho se oferecendo para aquilo que é nosso bem. Podemos captar as vibrações das flores deixando junto delas um copo de água – elas modificarão as suas informações, harmonizando-se a elas, e então podemos utilizar como nossa medicina. As árvores são verdadeiras antenas de conexão entre a Mãe Terra – as raízes energéticas que nos nutrem – e o Pai Sol – que nos envia os fótons para absorvermos a luz. Sentarmos e abraçarmos uma irmã árvore já nos oferece sustentação energética. Estarmos em sua presença para dar decretos de reconexões para nossas nutrições – integrando as conexões possíveis que desejamos. Ou usarmos as suas partes – folhas, troncos, frutos, com as nossas intenções para nos oferecer novas vibrações. Beber água ensolarada, ou seja, deixada à luz solar para modificar as suas estruturas e, se somadas às nossas intenções, estarão nos atendendo e modificando as formas para o que necessitamos. Utilizar dos recursos das energias da natureza em sua potência divina em trocas com nosso campo para elevar nossas frequências ou realizar limpezas energéticas ou ainda, selar a proteção. A força da oração – conhecida ou um mantra – também podem ser utilizadas para alterar os padrões frequenciais, pois quando ficamos no fluxo das palavras, permitimos que a posição que nos encontramos se dissolva e acessamos o divino, em benção e proteção. Os diálogos abertos e sinceros com a espiritualidade, expondo as nossas verdades, atrairão/ emanarão as vibrações que almejamos.

Criarmos rituais em momentos coletivos de arquétipos que evocam as forças inconscientes que estão em vibração para nos utilizarmos como oportunidades de crescimento – como a Páscoa, por exemplo, cujo campo morfogenético está significado para deixarmos morrer o que não nos serve mais na existência e renascermos em vida nova. Decretos escritos a lápis, que feito da mesma substância do carbono, são mais facilmente inteirados à mãe terra - no tempo verbal presente do indicativo - e depois ler em voz alta, para a palavra criadora expandir as informações. Por fim, dar 3 assopros de vida para selarmos. Queimamos o papel e as cinzas enterramos como oferenda para passar ao campo informacional da terra e ir ao passado como manifestado.



# SER A ENERGIA PERFEITA EM MANIFESTAÇÃO

Visualizemos o nosso campo energético. Se precisarmos como passo inicial, poderemos usar referências pessoais, utilizar um lugar-cena ou objeto que amemos, um gosto acolhedor, um aroma amoroso, uma cor de que gostemos, um som gostoso, uma lembrança boa da infância para liberar de nosso ambiente interno boas energias. Sincronizemo-nos às energias da fonte que tudo é, do Universo em oceano leitoso e amoroso onde estamos imersas, alimentando os nossos canais de energia, dos nossos corpos sutis até o nosso corpo físico, vibrando os chacras. Precisamos sentir nossas dimensões em múltiplas faces, ampliar nossa consciência como uma força energética, sem forma, sem limite. Ser a luz instantânea em multiversos, vibrar nossas cordas energéticas em harmonia e amorosidade com todo o nosso ser.

Uma possibilidade... Cada uma de nós deve escolher a sua deusa em imagem e assemelhar-se a ela. Imaginar-se com a árvore mais frondosa e bela que puder. Colocar seu tronco entrelaçado ao dela, misturar-se, emaranhar-se... Pelo seu chacra básico, direcionar todos os cordões energéticos para o centro da Terra, ver as nuances mais maravilhosas de cores ou definir cores que estejam relacionadas ao que está precisando, ao que sente pelas cores, de qual gosta mais, qual está usando mais, qual é a cor da natureza nesse período. E sentir o calor que vem das energias profundas acender seus chacras inferiores com as energias que vêm dos cordões da Terra, alimentando-os. Colocar uma frequência de som que possa ampliar a sua vibração, criar seus sons e entoar. Imaginar a frondosa energia superior da árvore a partir do seu coração, seu chacra cardíaco. Visualizar a coloração do verde mais iluminado que conseguir imaginar, sentir os ventos nas folhas, florear se quiser. Em seguida, sentir o sol e a troca com os fótons poderosos, fotossintetizar. Manter o amor como a forte chama interna em seu coração - inabalável, inesgotável, atemporal, que irradia em todo o seu ambiente interno e externo, que alimenta os cordões energéticos de seu filho e de todo o seu lar, sua família e amigos e familiares. Espalhar essa energia amorosa em suas meditações diárias e vislumbrar de seu coração os cordões energéticos envolvendo seu Universo M & F (a), sua família e amigos, além de todo o planeta, beneficiando a todos os seres.

# ENTRELAÇAR AMOR, TEMPO & ESPAÇO E ENERGIA AO UNIVERSO M & F

O amor é a mais sublime condição da consciência divina, é a frequência da essência da mente de Deus. A matriz de nosso Universo M & F é como um *merkaba* - um veículo multidimensional, uma nave que envolve todos os elementos. A mãe e o (a) filho (a) e seus campos toroidais & a dimensão local – tempo & espaço – e a não-local, em uma hierarquia entrelaçada. Para ajudar a fomentar a formatação, incorporando a autoreferência, podemos utilizar um símbolo de entrelaçamento que nos seja amistoso. Somos um holograma vibracional local, cocriado pela nossa mente entrelaçada a do (a) filho (a) para nos inserir na matriz não local. Da fonte que tudo é, abastecemos o nosso universo singular, criando as estruturas e formas morfogenéticas para a vida da mãe e do filho.





A partir do nascimento do Universo M&F, todo o campo informacional do filho mestre da luz – que quanto menor mais estará acoplado à fonte não-local - à consciência que somos. Quanto maior for nosso autoconhecimento e nossa busca pelas chaves da integração da mente local à não-local, as medidas e os valores que acoplamos, transformarão todas as interações na frequência do amor. O princípio da incerteza invade a malha energética, fazendo que tenhamos ou percepção do fluxo ou da posição que estamos. A mãe integrada ao campo quântico precisa manter integrada sua presença no agora, consciente da integração do modo deusa em manifestação das estruturas amorosas e criativas. Assim, ela irá ver e sentir somente o que seu estado desperto e sua consciência conseguirem elaborar. Os rituais energéticos e conexões espirituais, a meditação, os sonhos, as viagens astrais, as jornadas, etc, são ferramentas para de ampliação da percepção e da comunicação entre as dimensões. Quando necessário, a mãe fará a inclusão das energias e das frequências que sentir, escolhendo os recursos de outras fontes e canais – da Mãe Terra, de outras pessoas, de cristais, cores, comandos, elementos equilibrantes. Portanto, diariamente a mente local da mãe se desloca para a posição de fora do Universo e procura ampliar a sua atenção nos fatos ocorridos. Criar as descontinuidades criativas para fatos que mãe e filho experimentaram – "como seria se". Visualizar os detalhes observados e sentidos de algo que foi negativo, transmutando a continuidade para uma possibilidade amorosa, serena, bondosa. Como observadora nas vertentes horizontais e verticais das relações possíveis, em serenidade, a mãe antecipará situações para apagar o que quer registrar de outra maneira. Criando o efeito da borracha quântica, antes de o evento ser colapsado, a realidade do universo estará modificada pelas predições dos comandos e decretos bem firmados pelas visualizações e sensações, antes de ele ser manifestado.

## BUSCAR NOSSOS SÍMBOLOS ENERGÉTICOS



O Universo é uma potencialidade pura transcendente – um campo quântico de pura energia - que traz pelo olhar do observador, as possibilidades para o mundo manifesto. Os registros dos significados de acordo com as medidas de nossa consciência coemergem como realidade da experiência. Podemos compreender os colapsos da manifestação como uma escolha dentre as ondas das infinitas possibilidades disponíveis em um oceano leitoso, trazidas para a dimensão da realidade pelas nossas combinações do *momentum* em nosso presente. Um campo informacional em movimento infinito entre os pop-ups de manifestações de nossa consciência e novas ondas de possibilidades. Complexas e infinitas são as intercorrências que conferem as estruturas que consistem os movimentos no universo.

Além das informações que surgem do campo morfogenético da coletividade, dos arquétipos que como humanos guardamos sobre as coisas como são. Com a participação de uma consciência observadora, surge a realidade colapsada do universo energético potencial. As informações são autorreferência captadas a partir de sincronias energéticas em formas de símbolos, sons, vibrações, insígnias, letras, cordas, pensamentos, palavras. Todas as manifestações de nossa realidade dimensional são campos de informações que contêm energia de determinadas frequências, que compõem a atração para os colapsos. O Templo Mãe busca suas chaves para manter as energias em frequências positivas e propagar campos morfogenéticos amorosos em suas interações. Utilizando a integração das consciências local e não-local, ampliamos o campo áurico em torno dos corpos na fisicalidade e sentimos ou recebemos informações pelo nosso filho ou pelos seres guias, quais rituais, ferramentas, procedimentos diversos escolher para que voltemos a perfeita harmonia da Deusa em seu Universo M&F.

Há técnicas variadas para que estejamos atentas ao espaço-tempo, em um estado de atenção permanente da vibração energética e espiritual. Evocar símbolos universais e sons, se utilizar de conhecimentos guardados pelos ancestrais, pelas antigas tradições e seus códigos e ritualizações, pelas tradições dos antepassados de nossa linhagem familiar, pela nossa intuição. Criar mais potencialidades para o *momentum*, trazer vibrações para o que necessitamos - de cura, proteção, limpeza, integração, potencialização, precipitação ou transmutação.

Todas as pessoas são fontes e canais de energia. Podem receber e doar, levar e absorver, sentir e refutar, influenciando ambientes e absorvendo ou propagando diversas formas energéticas vibracionais, inclusive comunicando instantaneamente as suas energias em formas de pensamentos entre pessoas que estão localmente distantes. Todas as trocas amorosas de energias entre seres humanos, animais, plantas e demais consciências revigoram a todos.

É importante criarmos intenções de energias para nosso Universo M & F em cada dia que renasce. Dar comandos para quais energias atrair e transformar de acordo com o que queremos ver em nosso ambiente, que sejam somente aquelas que vibrem na bondade, na alegria, na saúde, na abundância, no amor. Trata-se de um ritual diário que envolve as energizações para nossos filhos – então, devemos falar as palavras, os comandos das nossas intenções. Sentir em coerência com o que queremos ver. Dessa maneira, as informações configuram-se, alinham-se, estruturam-se. Somos o pilar estrutural de nosso lar e nossa família – a recomendação é fazer a limpeza energética das antenas negativas –, formas-pensamentos ou formas-sentimentos. Caso observemos mágoas, medos e tristezas, raivas ou frustrações no registro das experiências em nós mesmas ou em nosso universo M&F, mesmo que tenham sido geradas ou recebidas - façamos a faxina! E, em nossa meditação, banhos diários e nas experiências com nosso(a) filho (a) - precisamos ritualizar e integrá-las, substituí-las por decretos, comandos, cenas, informações, cheiros, gostos e recursos positivos, bons e belos. Quando saímos alterados por qualquer motivo da nossa essência divina na frequência do amor, precisamos voltar a integrá-la com sabedoria e serenidade.



## REFAZER OS CAMINHOS, RECONECTAR AS EXPERIÊNCIAS

É importante se lembrar de que, na consciência não local, o tempo & espaço não existem. O Universo é o espaço infinito onde está o campo da potencialidade pura, a Fonte divina. Acessando a dimensão dos sonhos, temos como observar (-nos) as configurações do campo quântico, impermanente, incerto, em descontinuidade, na verdadeira liberdade essencial. À dimensão dos sonhos, assim como à nossa consciência, somente nós temos acesso. Podemos rever com detalhes os ambientes que nos remetem à matriz existencial, como a experiência de "O Sonho", por exemplo, para refazer momentos da nossa vida e reconectar a cena para reenergizarmos. Já as situações que queiramos ou precisemos mudar, basta um fechar dos olhos e sentir a mente e o coração em coerência máxima de alinhamento. Dessa maneira, para a nosso aparato mental, não há diferença entre o vivido ou imaginado, somos a consciência divina que reorganiza toda a estrutura. Observando como o diretor do espetáculo, podemos ser os recursos – pelo nosso campo de informações abastecidos de novos pacotes no instante presente ou emprestando da natureza ou de outra consciência amorosa que disponibilize a nossa cura. Com toda bondade, o faremos para o bem maior e em nossa ética espiritual, pedimos o consentimento se aquilo antes não nos pertencia. Situações que forem aparecendo em nossa memória – aquelas que nos marcam em traumas ou dores e insistem em nos revisitar, porque justamente não as resolvemos. Vamos denominá-las como as experiências de interações ou registros negativos – que alteram, desestabilizam, baixam as frequências de nossa consciência quântica, como a deusa criadora, a fonte do amor divino na dimensão física. Quanto maior nossa presença e busca de vivermos em integração entre as consciências, mais rapidamente seremos observadores em outro campo de visão – da águia. Escolher um momento de tranquilidade e respirar (variadas são as maneiras de fazê-lo), conversando com a cena, montando os detalhes e sentindo com os meios internos – o que nos dá outra perspectiva. Poderemos mudar as energias, manipulá-las como se fossem matéria, tirá-las de um lugar. Dando comandos para dissolvermos, integrando as aprendizagens ou transmutando. Pelos recursos de informações de outras fontes, ativar outras frequências. Com calma, mantendo a serenidade e visualizando a refacção do contexto, explorando os detalhes que formam a manifestação na realidade. Manter-se em conexão, respirando sempre e dando tempo para as reconfigurações serem efetivadas. Observar e acolher sem julgamento os fatos. Com todo amor, ir mudando as informações e as linearidades das causas, acrescentando o perdão, a compaixão, a bondade e a beleza, substituindo os significados como oportunidades de crescimento. Estabelecer um símbolo para cada uma das situações, assim poderemos retornar em outras oportunidades, como uma chave para abrir a cena escolhida revisitada e modificada, por exemplo, um elemento que marque aquele ambiente ou uma palavra, nome ou gesto que servirá para ativação. Em algumas dessas experiências, precisamos voltar várias vezes para observá-las, pois vamos adquirindo as habilidades genuínas do sentir e pensar a cena em similaridade à realidade, quanto mais treinos realizamos. A nossa mente vai sendo melhor compreendida quanto mais avançamos na autoconsciência. As aplicações dos estudos e pesquisas nas nossas práticas fazem com que avancemos nas possibilidades dos usos dos conhecimentos. Vamos nos tornando magas, sacerdotisas, Deusas mães — fazendo magias serem manifestadas. A física quântica nos propicia a sabedoria para ampliarmos a percepção da realidade e vivermos para além das leis clássicas do mundo macro. Sábias mulheres que retiram os véus da percepção ilusória e convidam outras para perceberem a força criadora que somos.

"*— Eu Vejo Você! A sua Cura é a minha Cura!*

*O meu Universo é o seu Universo!*

*Somos a mudança que queremos no Mundo!*"

O nosso(a) filho (a) está ligado na consciência não-local por muito tempo. Chega ao planeta em frequência de ondas cerebrais *theta*, que possibilitam contemplar os ambientes por vias que não são esquadrinhadas cientificamente. Nós, Mães, o compreenderemos à medida da consciência que somos. Quando coemergirmos como Templo do Amor, colaborarmos para que a sua essência divina seja expandida na experiência humana. Seremos o canal para que o espírito de luz possa expandir a sua assinatura vibracional junto de nosso Universo M&F, nos ambientes onde nos relacionarmos a iniciar pelo nosso lar e nas relações mais próximas, até estendermos para a não-localidade. Portanto, o (a) filho (a) poderá ser uma fonte de informações e vibrações para nosso equilíbrio e harmonia. A partir dos familiares e relações mais próximas, vamos tendo olhos para ver e aprendendo a ler os sinais que comunicamos e que nos comunicam sobre os espaços internos e externos, locais e não-locais. Integrando e coconstruindo nosso ser e viver, no modo da Deusa – somos a inteligência do universo naquela expansão do oceano luminoso, que compreende sem julgamento. Transformamo-nos em observadores contemplativos, somos a serenidade da mente. Cada filho está entrelaçado ao campo morfogênico no Universo M&F, nos oferecendo modelos divinos de existência para permanecermos nos contínuos movimentos da integração da consciência não-local. Escolhemos a manifestação da hierarquia entrelaçada na frequência do amor, somos criadores e criaturas simultaneamente. Para além do nosso campo quântico integrado em manifestação amorosa, damos nascimento ao campo de força energética, vibracional e espiritual que atrai outros Universos M & F para a ampliação em uma rede planetária sustentada em novas possibilidades de sermos uma nova humanidade que vive o Amor.

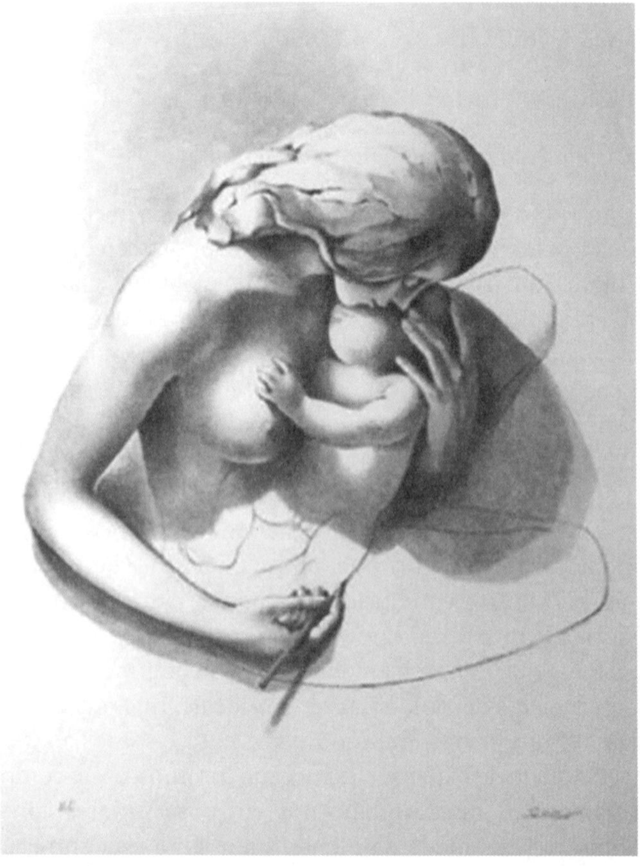

"Mãe e filho", reprodução da litogravura de Claude Serre.

"Ninguém tem a verdade, mas cada um de nós pode sintonizar-se com a própria verdade e conhecimento e expressá-los à sua maneira. Foi o que fiz e espero que cada um faça o mesmo".

Robert Happé

www.editorainverso.com.br
facebook.com/editorainverso
@editorainverso
(+55 41) 3254-1616 e 3538-8001
(+55 41) 99798-7623